dtv

Ger Groot

UND ÜBERALL PHILOSOPHIE

Das Denken der Moderne in Kunst und Popkultur

Aus dem Niederländischen von
Bärbel Jänicke

dtv

Ausführliche Informationen über
unsere Autoren und Bücher
www.dtv.de

Die Übersetzung dieses Buches wurde von
der niederländischen Stiftung für Literatur gefördert.

Nederlands letterenfonds
dutch foundation
for literature

Weiterführende Informationen zu diesem Buch finden Sie unter
www.degeestuitdefles.com

MIX
Papier aus verantwortungsvollen Quellen
FSC® C002795
FSC www.fsc.org

Deutsche Erstausgabe 2019

Satz: Uhl + Massopust, Aalen
Gesetzt aus der Minion Pro
Druck und Bindung: Livonia Print, Lettland
Gedruckt auf säurefreiem, chlorfrei gebleichtem Papier
Printed in Latvia • ISBN 978-3-423-28171-3

Inhalt

Im Film ›Life of Brian‹ (›Das Leben des Brian‹) aus dem Jahr 1979 parodiert das Team von Monty Python auf brillante Weise die moderne Auffassung, dass alle Menschen ganz verschieden sind und jeder selbst denken sollte. (beide: Alamy)

Einleitung

Descartes, Rousseau, Nietzsche, Lefort, Hegel, Teilhard, Heidegger, Foucault

Die launenhafte Geschichte des modernen Menschen

Was für ein Wesen ist das Säugetier, das auf zwei Hinterbeinen geht, sich seines Denkens bewusst ist, materielle Hilfsmittel gebraucht und seine Umgebung nach seinen zuvor entwickelten Vorstellungen gestaltet? Was sollen wir von dem Wesen, das biologisch als *homo sapiens* bezeichnet wird, halten? Das ist vielleicht die wichtigste oder jedenfalls die erste Frage, die sich die Philosophie stellen muss. Schließlich beginnt jedes Denken bei sich selbst, oder besser gesagt: bei dem Wesen, *das* denkt. Das scheint selbstverständlich – aber ist es das auch?

In diesem Buch werden wir sehen, dass ziemlich große Fragezeichen dahinterzusetzen sind. Und mehr noch: dass dies für sehr viele der Vorstellungen gilt, die wir über uns selbst hegen. Wir, die heutigen Menschen, betrachten uns selbst als Individuen, lange bevor wir uns als Mitglieder natürlicher Gemeinschaften sehen. Wir sind Träger unveräußerlicher Rechte und wollen die Geschicke unseres eigenen Lebens selbst bestimmen. Wir sind rationale Wesen, finden unsere Authentizität vielleicht aber noch stärker in dem, was wir fühlen und begehren.

Wir betrachten uns als einander gleiche oder zumindest gleichwertige Wesen, aber gerade in unserer Einzigartigkeit finden wir unseren eigentlichen Wert. Wir haben gelernt, uns als eine von der Evolution des Lebens hervorgebrachte Tierart zu sehen, aber mehr noch als von allem, was die Wissenschaften darüber zu berichten haben, lassen wir unser Leben davon bestimmen, was das für uns bedeutet, und davon, wie wir die Welt erleben. Die *life sciences* haben entdeckt, dass wir komplizierte Maschinen sind, aber wir vergessen das augenblicklich wieder, sobald wir uns in Krisenmomenten des Lebens fragen, was wir *selbst* sind und worin in dem Leben, das wir führen, unsere Bestimmung liegt.

Alle diese Ideen haben – ebenso wie ihre internen Widersprüche – eine viel launenhaftere Geschichte und sind oft viel jüngeren Datums, als wir annehmen. In diesem Buch werde ich der Spur dieser Ideen in ihrer Entwicklungsgeschichte nachzugehen versuchen. Oder besser gesagt: Ich werde die Geschichte der allmählichen Entwicklung unseres eigenen Selbstbildes bis zu dem, was wir heute sind – oder zu sein meinen –, nacherzählen. Das ist eine lange Geschichte, die in der Tiefe der Zeiten beginnt. Hier werden wir uns jedoch auf die letzten vier Jahrhunderte konzentrieren: die Zeit, die gewöhnlich als Moderne bezeichnet wird.

In vielerlei Hinsicht kam in diesen Jahrhunderten der Geist aus der Flasche. Plötzlich geriet das Denken in einen Strudel, der das Bild der Welt veränderte. Unmerklich veränderte sich auf diese Weise auch die Gestalt des Menschen. Vieles, was in ihm schlummerte, trat an die Oberfläche, manches Mal mit großer Wucht. Er entdeckte, dass er ein Individuum war, vielleicht schon, bevor er sich selbst als ein soziales Wesen sehen konnte. In ungeahntem Maße lernte er, sich die Welt gefügig zu machen, und konnte sich schließlich fast selbst als Gott wähnen.

Natürlich kann auch die Moderne nicht sein, was sie ist, ohne das, was ihr vorausging. Darum werden wir hin und wieder auf frühere Zeiten und Entwicklungen zurückgreifen. Auch im Mittelalter fand bereits vieles statt, was sich als entscheidend für uns erwiesen hat, ganz zu schweigen von dem revolutionären Durchbruch des Christentums zu Beginn unserer Zeitrechnung. Was sich damals bereits unterschwellig ankündigte, konnte sich in vielerlei Hinsicht erst seit Beginn der Reformbewegung des 16. Jahrhunderts tatsächlich verwirklichen. Bis zum heutigen Tag versuchen wir noch immer, mit den Folgen dieser Entwicklung ins Reine zu kommen.

Eine sinnliche Geschichte

In ›Und überall Philosophie‹ möchte ich sichtbar und hörbar machen, wie wir – selbstbewussten und zugleich unsicheren – Menschen zu Beginn des 21. Jahrhunderts geworden sind, wer wir sind. Seit mit René Descartes der radikale Zweifel Einzug gehalten hat, entfalten sich Philosophie und Wissenschaft in einem einzigen langen Ringen mit dem Erbe der Religion. Die Spuren dieses Ringens lassen sich überall in der Kultur wiederfinden. In der Musik sind sie zu hören, in der bildenden Kunst zu sehen, in der Architektur zu bewohnen, in der Gartenbaukunst zu durchschlendern. Die philosophische Geschichte, die dieses Buch erzählt, ist in eine Vielzahl von Bildern und Klängen eingebettet, die ihre philosophische Botschaft preisgeben, wenn man sie nur scharf genug in Augenschein nimmt. Philosophie ist keineswegs »nicht ganz von dieser Welt« – wie wir es gelegentlich über Menschen sagen, die nicht alles so ganz auf die Reihe bekommen –, sondern gerade »von und in dieser Welt«, eine alles durchziehende Geschichte, die in höchstem Maße »mundan« oder »mondialisiert« ist.

In den Studierstuben der Universität oder in internationalen Fachpublikationen – wie interessant diese auch sein mögen – fühlt sich die Philosophie eingeengt, wenn ihr nie etwas frische Luft gegönnt wird. Ihre Geschichte ist vor allem anderen auch eine *sinnliche* Geschichte. Denn Philosophie handelt stets von der Welt und der Wirklichkeit. Sie hat immer eine Botschaft – an ihre eigene Zeit und über die Zeiten hinweg auch an Menschen aus ganz anderen Epochen. Wie technisch und abstrakt sie gelegentlich auch sein mag, geht es ihr doch immer um etwas Konkretes. Um etwas, das Menschen den Schlaf raubt oder irgendwann geraubt hat. Etwas, das die intimste Lebenserfahrung betrifft oder gerade die weitestgehende Organisation der Gesellschaft und des Staates, in der Menschen leben müssen.

Blutleer wird Philosophie erst, wenn sie sich dessen nicht mehr bewusst ist oder mutwillig das Gespräch mit den Menschen auf der Straße, im häuslichen Kreis oder am Arbeitsplatz meidet. Wenn sie sich in einem Lied von

Holistische Architektur In den vergangenen Jahren hat sich der Bankensektor nicht beliebt gemacht. Er wird für Habsucht, Kapitalflucht und die größte Finanzkrise seit den Zwanzigerjahren des vergangenen Jahrhunderts verantwortlich gemacht. Doch setzte bei manchen Banken schon vor Jahrzehnten eine Gegenbewegung ein, die größeren Nachdruck auf das menschliche Maß und die Notwendigkeit einer »holistischen« Sicht auf die Wirklichkeit legen wollte. Einige Banken brachten das in der Architektur ihrer Gebäude zum Ausdruck. Der 1987 eröffnete Hauptsitz der NMB-Bank wurde in einem organischen, anthroposophisch inspirierten Stil erbaut (oben: Architektenbüro Alberts & Van Huut Archief). Fünfzehn Jahre später eröffnete die ING-Bank einen gläsernen Hauptsitz mit dem Beinamen »der Schuh« oder »das Bügeleisen« auf der Grundlage ökologischer Prinzipien. Durch die Verwendung einer »doppelten Hülle« und einer speziellen Vorrichtung ist das Gebäude energiesparend.

Wandmalerei in der Rue du Chat-qui-Pêche, der schmalsten Gasse von Paris. (© Foto: Raluca Csernatoni)

Frank Sinatra oder einem mechanischen Puppenspiel aus dem 18. Jahrhundert selbst nicht mehr wiedererkennt. Daher handelt es sich bei diesem Buch nicht nur um ein Lesebuch, sondern auch um ein Seh- und Hörbuch mit einer eigenen Website, auf der die unterschiedlichsten Bild- und Tonfragmente zu finden sind.

Wer gut hinschaut und hinhört, kann in der Architektur der Amsterdamer Schule, der Malerei Caspar David Friedrichs, in Wagners Opern oder einem Lied von Ramses Shaffy die Philosophie ihrer Zeit wahrnehmen. Man sieht und hört Kant und Schiller, Nietzsche und Sartre durch die Kunstwerke hindurch. Philosophie ist überall, in allen Winkeln der Gesellschaft – nicht allein in den Künsten, sondern auch in Werbetexten, in Pornografie und selbst in Graffitis auf Straßen und Wänden. Philosophie taucht in Gassen und auf Bretterzäunen auf, wo, wie Boudewijn de Groot schreibt, »die Worte des Propheten« zu sehen sind, die die Passanten dazu bewegen, ihre Schritte zu verlangsamen.

Nehmen Sie etwa die anonyme Wandmalerei, die auf dem Cover dieses Buches zu sehen ist. Wer ist dieser düstere Mann, der hinter dem Elektrizitätskasten zum Vorschein zu kommen scheint, während er einen feuerroten Schirm in die Höhe hält? Handelt es sich um den von einem Straßenkünstler festgehaltenen Schattenriss eines realen Mannes? Oder eine Variation des surrealistischen »Mannes mit der Melone« von Magritte, als Erinnerung an die alte Weisheit, dass die Wirklichkeit nur Schein ist? Und was macht diese Katze da? Sitzt sie neben ihrer Angel und wartet genau unter dem Schirm, bis endlich etwas anbeißt? Wonach angelt sie wohl? Diese Katze ist eine schelmische Anspielung auf den Namen der Straße, doch die Bedeutung des gesamten Bildes bleibt im Ungewissen.

Der Schirm erinnert an eine vereinzelte Notiz in Friedrich Nietzsches nachgelassenen Schriften: »Ich habe meinen Regenschirm vergessen.« Eine kleine Kritzelei ohne jeglichen Kontext, von der wir zugleich wissen und nicht wissen, was er damit gemeint haben könnte. Jacques Derrida hat ihr eine faszinierende Betrachtung gewidmet, auf die ich im Kapitel 22 zurückkommen werde.

Der Tod Gottes, der Tod des Herrschers

Was ist der Mensch? Das ist die Kernfrage des Fachgebiets, das »philosophische Anthropologie« genannt wird: die philosophische Disziplin, in der der Mensch Klarheit über sein eigenes Wesen zu erlangen versucht.

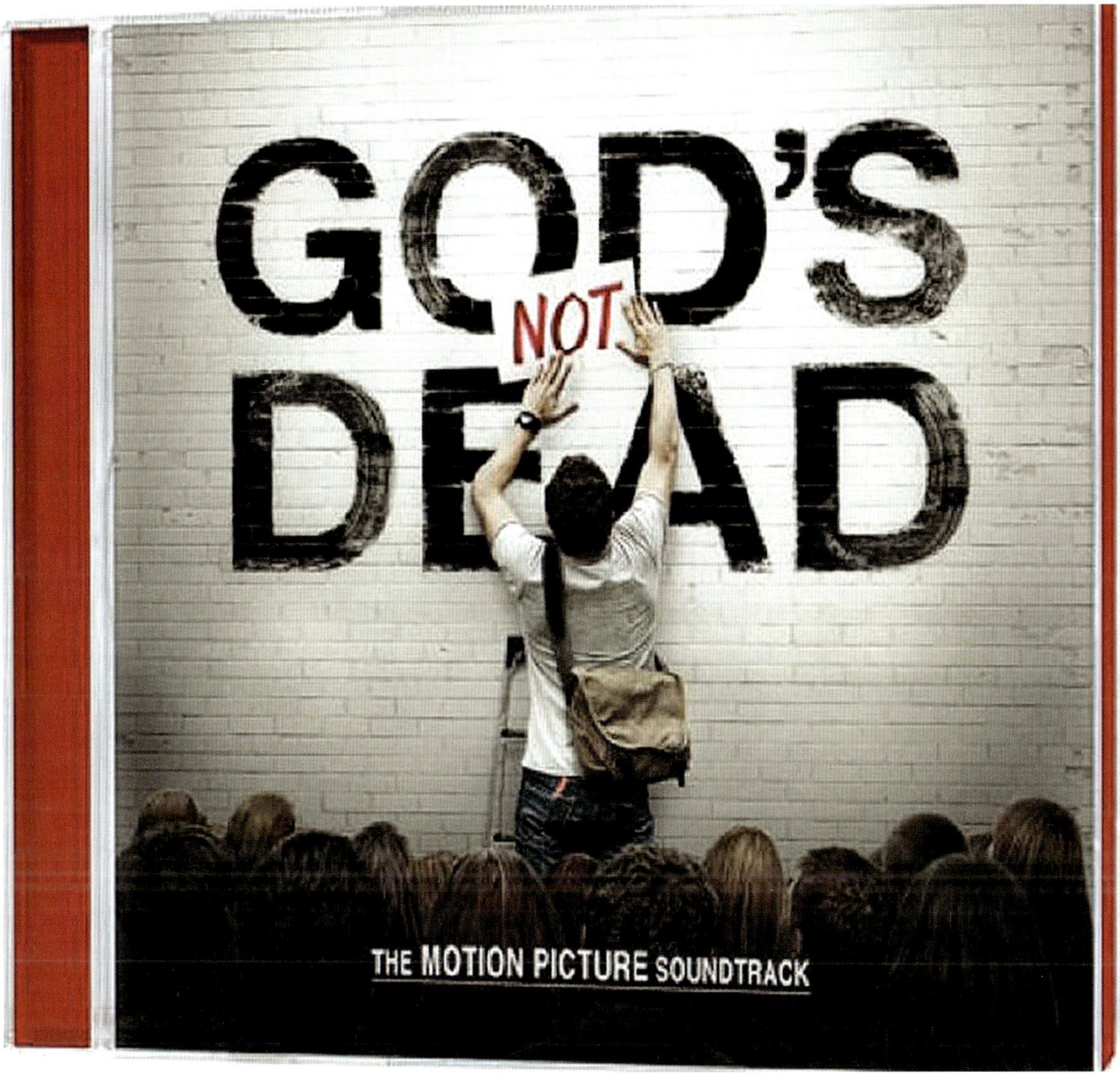

Nicht jeder ist mit dem »Tod Gottes« in der westlichen Kultur glücklich. Vor allem in den USA ist darüber ein unerbittlicher Streit im Gange, wobei sich die Positionen auf beiden Seiten ziemlich zu radikalisieren drohen. Sehr deutlich wird das in dem Film ›God's Not Dead‹ aus dem Jahr 2014, in dem ein Student die Sinnhaftigkeit des Gottesglaubens gegenüber einem verbissen atheistischen Philosophiedozenten verteidigt. Der Film endet mit einem Konzert der christlichen Popgruppe Newsboys, die in ihrer Musik und ihren Videoclips »die frohe Botschaft« ihres Evangeliums verkündet. (Abbildung: SCM Verlag)

Das ist eine andere Frage als diejenige, die die Wissenschaften über den Menschen stellen. Die Philosophie fragt nicht danach, wie der Körper arbeitet, wie das Gehirn funktioniert oder wie die Wahrnehmungsorgane ihre Reize an das Gehirn weiterleiten. Sie nimmt all das durchaus zur Kenntnis, stellt dann aber die Frage, was das für die Art und Weise bedeutet, in der sich der Mensch selbst in seiner Welt erfährt. Er kann sich selbst als eine Ma-

Göttliche Souveränität Der englische König Karl I. (1600–1649) wird durch die Krone vom Licht Gottes beschienen.

schine sehen – und wie wir in diesem Buch sehen werden, wurde diese Ansicht philosophisch im Laufe der Geschichte auch vertreten. Aber er kann sich selbst auch als einen Geist betrachten, für den die Materie nur ein Anhängsel darstellt. Er kann sich nach dem Modell des Computers als ein informationsverarbeitendes System ansehen oder als eine Seele, die sich auf Erden inkarniert hat, um danach zu ihrem Schöpfer zurückzukehren.

All diesen unterschiedlichen Auffassungen begegnet man in der Philosophiegeschichte der vergangenen vier Jahrhunderte. *Eines* ist dabei zentral. Vom Beginn der Moderne an, die wir meistens mit dem 16./17. Jahrhundert beginnen lassen, steht der Mensch im Mittelpunkt der Welt, in der er lebt. Er ist ihr Anfang und Ende, ihr Dreh- und Angelpunkt. Zur Erleichterung mancher und zum Verdruss anderer hat er Gott aus der Position verdrängt, die er sehr lange behauptet hatte.

René Descartes' Denken stellt einen radikalen Wendepunkt dar, mit dem die moderne Philosophie einsetzt. Näherte man sich bis dahin der Welt vom Ausgangspunkt des Göttlichen, so wird nun mit dem Anbruch der Moderne der Mensch zum Ausgangspunkt der Geschichte. Das sollte schließlich zu einer völligen Umwälzung der Relationen innerhalb des Denkens führen, zuvorderst der Relation zwischen dem Absoluten und dem Kontingenten bzw. Bedingten. Mit dem Göttlichen gerät auch das Absolute immer mehr aus dem Blickfeld, und das sollte die Philosophie nur schwer verwinden können.

Man könnte die Geschichte der modernen Philosophie – jedenfalls die Geschichte der philosophischen Anthropologie – als einen einzigen permanenten Versuch lesen, mit diesem Verlust eines göttlichen Bezugspunkts ins Reine zu kommen. Die Bedeutung dieser Thematik geht weit über die religiöse Frage hinaus, ob jemand an Gott glaubt. Viel bedeutsamer ist das, was ich »die Architektur des Denkens« nennen möchte. Sie verändert sich in dem Moment radikal, in dem die Wirklichkeit ihren Orientierungspunkt im Menschen und nicht länger in Gott findet. Letzterer war einst absolut, doch der Mensch konnte sich diese Rolle unmöglich anmaßen. Wenn der Mensch in der Moderne »Gott wird« oder sich zumindest »als Gott aufspielt«, wie es manchmal heißt, muss er zugleich Rechenschaft über seine Endlichkeit und Begrenztheit ablegen, die für ihn nun einmal wesentlich sind.

Das lässt sich anhand der politischen Geschichte illustrieren.* Zu den erschütterndsten

* Ich lasse mich dabei vom Denken Claude Leforts inspirieren: *Wat is politiek?*, Amsterdam: Boom, 2016.

Ereignissen, die sich in den vergangenen Jahrhunderten abgespielt haben, gehört sicherlich die Französische Revolution. Mit ihr fand das *Ancien Régime* sein Ende, und eine neue Form des politischen Denkens nahm ihren Anfang. Was war das Neue daran? Das lässt sich am besten erkennen, wenn wir uns zunächst anschauen, wovon es sich absetzte: von der theokratischen Ordnung, in der bis 1789 die politische Welt verwurzelt war.

Im Zentrum dieser Ordnung stand der Herrscher, der seine Legitimität unmittelbar aus den Händen Gottes empfing. Das Symbol dafür war die liturgische Salbung, mit der der französische König von jeher inthronisiert wurde. Der Herrscher stand in einer direkten Beziehung zum Weltenschöpfer, dessen Allmacht die Quelle *jeglicher* legitimen Machtausübung auf Erden war. Der König war sowohl sein Stellvertreter als auch sein Sprachrohr. In ihm kam nicht nur die göttliche Souveränität zur Erscheinung, auch andere himmlische Tugenden strahlten auf ihn ab: Weisheit und Güte. Der wahre König war ein wohlwollender, besonnener Herrscher, der von der besonderen Gnade Gottes, dessen Stellvertreter er war, inspiriert wurde.

Das ging in der Praxis natürlich gelegentlich schief. Auch dem Ancien Régime mangelte es nicht an törichten, hitzköpfigen oder schlichtweg boshaften Herrschern. Aber um diese »Betriebsunfälle«, für die das mittelalterliche Denken im äußersten Fall die Lösung des Tyrannenmordes als zulässig ansah, geht es uns hier nicht. Uns geht es um die Struktur und den Zusammenhang des Modells, nach dem die Wirklichkeit angeblich eingerichtet war. Dieses Modell war vollkommen kohärent. Dank seiner unmittelbaren, sakramentalen Verbindung zu Gott vereinten sich im Herrscher Legitimität, Güte und Weisheit. Sein Handeln war nicht nur rechtlich verbürgt, sondern konnte auch als etwas erachtet werden, das sich aus der unfehlbaren Allwissenheit, die Gott zukam, ableitete.

In England forderte das Parlament im 17. Jahrhundert Mitwirkungsrechte, mit dem Ergebnis des Habeas-Corpus-Gesetz 1679 und der Bill of Rights 1689. Mit der Französischen Revolution und dem daraus hervorgehenden Republikanismus fand die Unfehlbarkeit des Königs ein radikales Ende. 1793 wurde Ludwig XVI. auf dem Schafott enthauptet. Das war keine x-beliebige Exekution eines *citoyen* (»Bürger Capet« wurde er abschätzig genannt) in einer langen Reihe von Hinrichtungen. Mit dem Fall des Beils der Guillotine wurde auch der Staat buchstäblich enthauptet. Man hatte die Spitze der Machtpyramide gekappt, die sich vom Herrscher auf die niederrangigeren Stufen der Verwaltung und der Würdenträger erstreckte und ihrerseits »überirdisch« an der erhabenen Souveränität Gottes vertäut war. Und damit hatte man natürlich auch das Band zwischen der irdischen Macht und der göttlichen Allmacht, aus der sie sich ableitete, zerschnitten.

Aus diesem Grund war diese Exekution aus Sicht des »alten« Denkens nicht nur politisch, sondern auch religiös welterschütternd – eine Blasphemie sondergleichen. Mit *einem* Schlag hatte sich das gesamte Weltbild verändert, alles darin hatte eine neue Bedeutung erlangt. Das Haus war wieder eingerichtet, seine Architektur allerdings radikal umgestaltet. Den Herrscher hatte man zwar getötet, doch den Begriff »Souveränität«, der bis dahin mit ihm verbunden gewesen war (*L'état, c'est moi*, hatte Ludwig XIV. noch gesagt), war man noch nicht losgeworden. Irgendwo musste die Macht schließlich ihre Legitimität und letztlich ihr Fundament herbekommen.

Dieses Fundament wurde das Volk selbst. In einem schwindelerregenden Manöver tauchte die Souveränität von der Spitze der Pyramide zu deren Basis hinab. Die Volkssouveränität wurde (manchmal unausgesprochen, wie im niederländischen Grundgesetz) zum neuen Prinzip der politischen Ordnung, die darin ihren Anfang nahm. Legitim war Machtausübung von nun an nur dann, wenn sie aus dem Volk hervorging und beim Volk Zustimmung fand.

Dieser Gedanke wurde von den modernen Ideen eines »Gesellschaftsvertrags« vorbereitet, die im 17. und 18. Jahrhundert in England und Frankreich entstanden waren. Für die neue Französische Republik war vor allem das Denken von Jean-Jacques Rousseau richtungsweisend gewesen. Der Wille des »einen«, der im Ancien Régime gegolten hatte, wurde durch den Willen »aller« ersetzt – den Willen der Versammlung aller Bürger, von denen nach und nach jeder Einzelne als Bürger der neuen Republik Träger und Teilhaber der Legitimität wurde.

Das brachte allerdings zwei große Probleme mit sich. War der Wille des Herrschers *ein* Wille gewesen, so erwies sich der Wille des Volkes gewöhnlich als recht uneinheitlich. Dennoch musste der neue Staat eindeutige Gesetze erlassen und Entscheidungen treffen. Das Volk konnte mit vielen Stimmen sprechen, aber der Staat hatte nur *eine* Stimme.

Wie kommt man von dem (heterogenen) »Willen aller« zu dem *einen* »allgemeinen Willen«?, fragte sich Rousseau. Als der Aufklärer, der er zumindest zum Teil war, setzte er viel, wenn nicht alle Hoffnung auf die vernünftige Einsicht. Sie sollte letztendlich, auf dem Wege der Begründung und Argumentation, deutlich machen, was der rechte Weg war. Aber auch diese Vernunft erwies sich als ziemlich heterogen. Sich auf sie berufend, gerieten sich die unterschiedlichen Parteien in der jungen Republik schnell in die Haare. Und sich noch weiterhin auf sie berufend, versank die Republik in einem Terror, der mit jedem, der anderer Meinung war, kurzen Prozess machte. Auf Menschen, die dem, was »die Vernunft« gebietet, nicht beipflichten können oder – schlimmer noch – nicht beipflichten wollen, kann man nun einmal keine Rücksicht nehmen.

Kein Bezugspunkt

Der Terror fraß schließlich seine eigenen Kinder – doch damit war das Problem nicht gelöst. Und zwar nicht nur, weil der *eine* politische Wille des Herrschers fortan durch den heterogenen politischen Willen des Volkes ersetzt wurde, sondern auch weil hinsichtlich der Frage, was denn nun eigentlich das *Gute* sei, das politisch getan werden sollte, kein entscheidendes Kriterium gefunden werden konnte. Eine gewisse Zeit hatte man die Vernunft noch als einen neuen Gott verehren wollen, um mittels dieses »transzendenten« Standpunkts die irdische Welt, wie unter dem Ancien Régime, zu einer Einheit zu verschmelzen, doch auch diese Vernunft erwies sich in der Praxis der politischen Auseinandersetzung als ein unsicherer Führer, den sich fast jeder vor seinen Karren spannen konnte.

Den Ausweg aus dieser Sackgasse fanden Rousseau und seine Geistesverwandten im Mehrheitsprinzip: Was die meisten Stimmen erhält, gilt. Das ist ein ziemlich willkürliches Prinzip. Einen logischen Zusammenhang zwischen dem Guten und der Stimmenmehrheit gibt es nicht. Selbst wenn man davon ausgeht, dass eine Überzeugung, die von vielen getragen wird, mehr Chancen auf Richtigkeit hat als der Standpunkt einer Minderheit, bleibt man noch in einer pragmatischen Form von Wahrscheinlichkeit stecken, die manchmal funktioniert, manchmal aber auch nicht. Die Verbindung zwischen legitimer Macht und Einsicht in das Gute, wie sie im Ancien Régime von deren beider Verwurzelung in Gott gewährleistet worden war, ist von den Verfechtern der Demokratie gekappt worden – und seither bleibt uns nichts anderes übrig, als das Beste zu hoffen.

Die Demokratie ist als Prinzip einer logischen und legitimen Machtausübung also viel weniger kohärent als das System, das sich zugutehalten konnte, von einem über jeden Zweifel erhabenen absoluten Prinzip geleitet zu werden. Mit dem Republikanismus ist der Ort der Macht frei geworden, wie der französische politische Philosoph Claude Lefort festgestellt hat. Dieser Ort wird zwar vom Präsidenten, der Regierung oder notfalls dem gesamten Parlament besetzt, aber niemand ist mehr im Besitz der Macht. Die Macht ist zu einem Wanderpokal geworden, der heute diesem, morgen jenem zuerkannt wird, niemand ist mehr Herrscher »von Gottes Gnaden«.

Was für die Ausübung der Macht gilt, gilt auch für deren *guten* Gebrauch. Niemand kann noch den Anspruch erheben zu *wissen*, was gut ist – die Unwissenheit gehört zum Wesen der Demokratie. Sobald jemand von sich behauptet, über dieser Unsicherheit zu stehen, versetzt er jeden rechtschaffenen Demokraten in Alarmbereitschaft. Regiert wird auf der Grundlage von Ansichten, Meinungen und Überzeugungen, die mehr oder weniger wissensbasiert sein können. Aber letztendlich bleibt das alles tastende Spekulation, die zu gegebener Zeit von anderen Ansichten abgelöst wird, die sich nun ebenso tastend im Gebrauch der Macht zu üben versuchen.

So hat in der politischen Ordnung ein kohärentes System dem ziemlich unlogischen, provisorischen, von Zufall und tastenden Versuchen abhängigen System weichen müssen, das wir »parlamentarische Demokratie« nennen. In ihm ist jeglicher absolute Orientierungspunkt verloren gegangen. Es hat weder ein Zentrum noch Sicherheit, es sucht Schritt für Schritt seine Orientierung zu finden und ist selten besonders konstant. Daher balanciert es immer am Rande seiner eigenen Abschaffung entlang. Der Gedanke an eine Ordnung, die ihren festen Halt an *einem* sicheren und richtungsweisenden Polarstern findet – der Ruf nach dem starken Mann –, bleibt der Demokratie wie ein geheimes Verlangen eingeschrieben, ein Verlangen, dem sie nicht nachgeben kann, will sie sich nicht zur Parodie ihrer selbst machen.

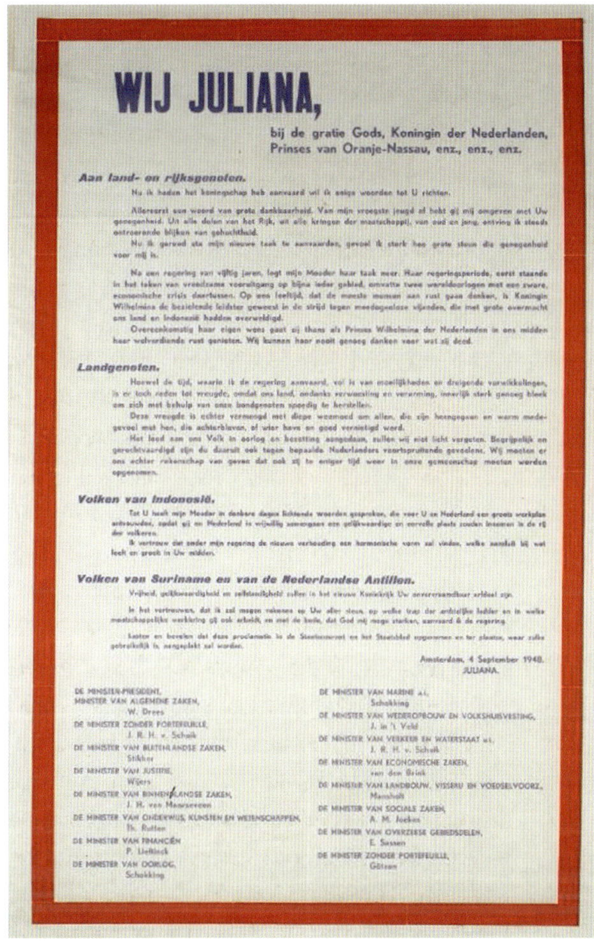
WIJ JULIANA,

bij de gratie Gods, Koningin der Nederlanden,
Prinses van Oranje-Nassau, enz., enz., enz.

Aan land- en rijksgenoten.

Landgenoten.

Volken van Indonesië.

Volken van Suriname en van de Nederlandse Antillen.

Amsterdam, 4 September 1948.
JULIANA.

DE MINISTER-PRESIDENT,
MINISTER VAN ALGEMENE ZAKEN,
W. Drees

DE MINISTER ZONDER PORTEFEUILLE,
J. R. H. v. Schaik

DE MINISTER VAN BUITENLANDSE ZAKEN,
Stikker

DE MINISTER VAN JUSTITIE,
Wijers

DE MINISTER VAN BINNENLANDSE ZAKEN,
J. H. van Maarseveen

DE MINISTER VAN ONDERWIJS, KUNSTEN EN WETENSCHAPPEN,
Th. Rutten

DE MINISTER VAN FINANCIËN
P. Lieftinck

DE MINISTER VAN OORLOG,
Schokking

DE MINISTER VAN MARINE a.i.,
Schokking

DE MINISTER VAN WEDEROPBOUW EN VOLKSHUISVESTING,
J. in 't Veld

DE MINISTER VAN VERKEER EN WATERSTAAT a.i.,
J. R. H. v. Schaik

DE MINISTER VAN ECONOMISCHE ZAKEN,
van den Brink

DE MINISTER VAN LANDBOUW, VISSERIJ EN VOEDSELVOORZ.,
Mansholt

DE MINISTER VAN SOCIALE ZAKEN,
A. M. Joekes

DE MINISTER VAN OVERZEESE GEBIEDSDELEN,
E. Sassen

DE MINISTER ZONDER PORTEFEUILLE,
Götzen

Von Gottes Gnaden Auch die niederländischen Könige bis hin zu Willem Alexander bezeichnen ihre Legitimität in offiziellen Schriftstücken als verliehen »von Gottes Gnaden«. Aus der Vorstellung heraus, dass Staat und Kirche strikt getrennt werden sollten, hat sich dagegen mittlerweile einiger Widerstand geregt, der vorerst jedoch nicht viel Begeisterung entfacht. (Reclame Arsenaal-Foundation)

Unter dem Ancien Régime war die Idee eines transzendenten Orientierungspunktes noch glaubwürdig. Gott war eine Realität. Doch seit dem Tod Gottes gibt es keinen Weg mehr zurück. Wer heute noch an eine absolute politische Leitfigur zu glauben vorgibt, entscheidet sich zwangsläufig für einen *Führer* oder *caudillo*, der unausweichlich als falscher Gott menschlicher Machart demaskiert werden wird. Die Politik hat irgendwann ihrem Polarstern abgeschworen. Von da an sind wir gezwungen, mit den Konsequenzen dieser Entscheidung klarzukommen und die labile Unsicherheit *jeglicher* Ordnung zu akzeptieren. Wir mussten die gesamte Architektur der Politik wieder neu entwerfen, seither sieht die Welt radikal anders aus.

Was für die Politik gilt, gilt für alle Bereiche des menschlichen Tuns: für Erkenntnis und Wissenschaft, Kunst und Schönheit, Recht und Gerechtigkeit, und auch noch für den Sinn und Zweck des Wesens, das der Mensch ist. Einst gab es einen alles bedenkenden und alles erschaffenden Gott, der für den Zusammenhang des Universums und den Sinn des menschlichen Lebens garantierte. Doch diese Rolle konnte der Mensch nicht ohne Weiteres übernehmen. Seine Erkenntnis blieb jedenfalls begrenzt, ohne große Aussicht auf Vollkommenheit, weder auf kurze noch auf lange Sicht, noch in Ewigkeit.

Das musste sich auch die Wissenschaft nach und nach eingestehen. Was zuvor in der theistischen Perspektive als Unwissenheit und Unvollkommenheit vor dem Hintergrund des allumfassenden Wissens Gottes galt, wurde in der Moderne zu einem *Mangel* des Wissens selbst – ein Mangel, der fundamental wurde und daher nicht mehr nebensächlich oder akzidentiell war. In der Moderne gab es einfach kein alles überspannendes Wissen mehr, keine göttliche Perspektive.

Sollte es je möglich werden, diese Beschränkung aufzuheben? Sollte sich der Mensch in seinem wissenschaftlichen Eifer jemals so weit entwickeln können, dass sein Wissen so groß und allumfassend werden würde wie jenes, welches einmal Gott zugeschrieben wurde? Von der Hoffnung darauf lebt die Wissenschaft. Ihr methodischer Ausgangspunkt liegt in der Überzeugung, dass ein umfassendes Durchschauen der Wirklichkeit möglich ist: eine *theory of everything*, wie es der britische Physiker Stephen Hawking genannt hat. Diese von Ferne winkende Aussicht ist es, die der Grundlagenforschung ihre Dynamik verleiht. Philosophen hatten schon früher über einen solchen Vollendungspunkt in der Entwicklungsgeschichte des menschlichen Geistes spekuliert. Schon vor etwa zweihundert Jahren war Hegel davon ausgegangen, dass die Geschichte irgendwann in etwas kulminieren (und damit enden) würde, was er »den absoluten Geist« nannte.

In den Fünfzigerjahren des vergangenen Jahrhunderts fand der Jesuit Pierre Teilhard de Chardin große öffentliche Resonanz für seine Theorie, dass der Kosmos, das Leben und der Mensch in eine Entwicklungsdynamik eingebettet seien, die letztlich zu einem »Punkt Omega« führe: dem Endpunkt der Evolution, in der Geist und Materie ihre ultimative Versöhnung in einer Abrundung fänden, die, auf anderem Wege, *auch* die Vollendung der Religion bedeutete.

Vielleicht ist der »Punkt Omega« nur ein asymptotischer Punkt: etwas, dem wir uns zwar immer mehr annähern, das wir in Wirklichkeit aber nie erreichen können. Oder vielleicht etwas, das in immer weitere Ferne rückt, je mehr wir uns darum bemühen, unsere Sehnsüchte zu erfüllen. Bisher haben die meisten Erkenntnisse, durch die wissenschaftliche Fragen geklärt wurden, lediglich eine Menge neuer Fragen nach sich gezogen. Unser Wissen ist

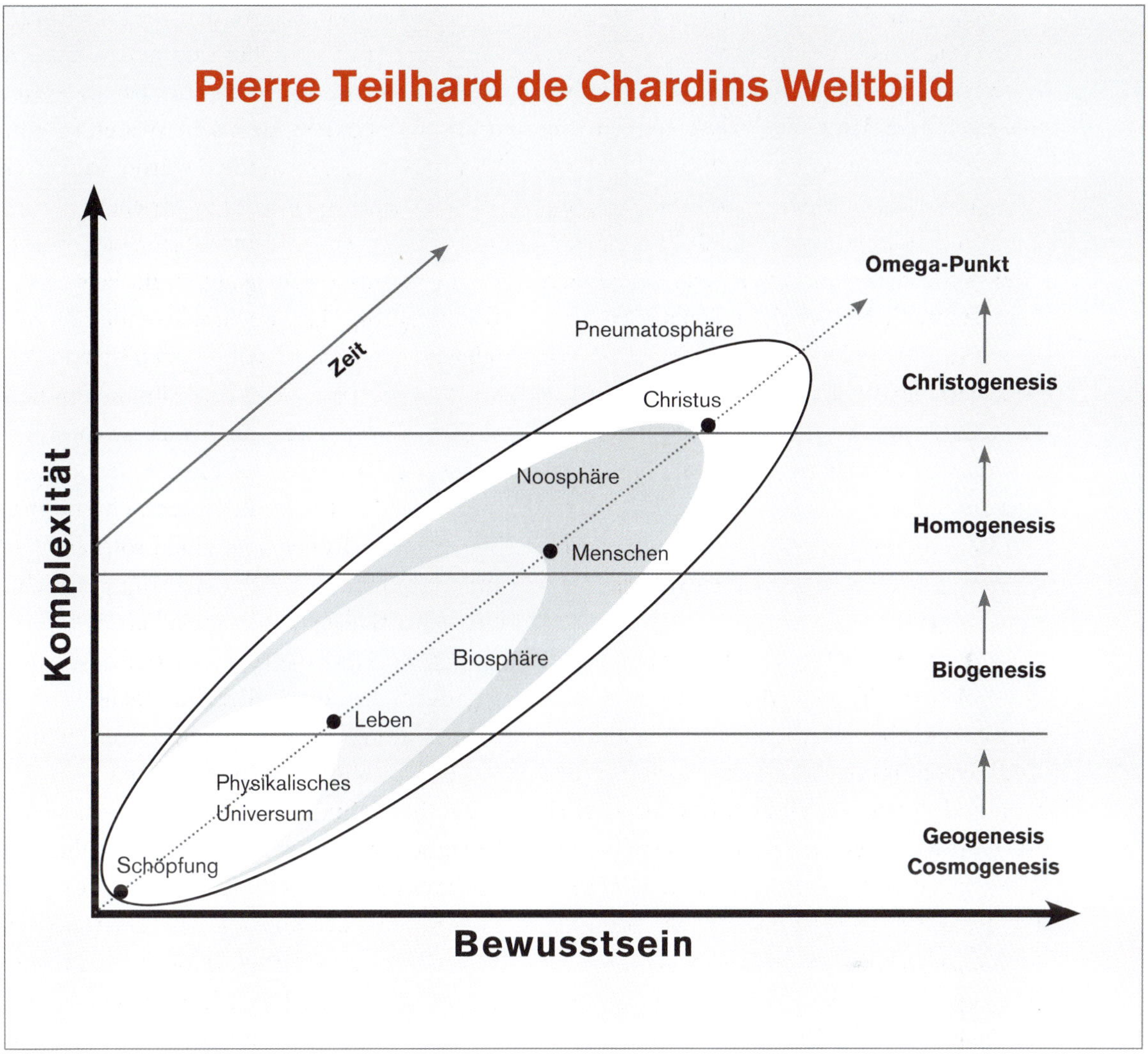

Punkt Omega In dieser Grafik wird Teilhard de Chardins kosmologische Eschatologie visualisiert: eine Entwicklung in die Richtung eines »Punktes Omega« (rechts oben).

größer geworden, aber mehr noch unser Bewusstsein davon, was wir alles *nicht* wissen. Während wir immer klüger werden, treiben wir in einem sich fortwährend ausdehnenden Wirrwarr voller ungelöster Rätsel und Unsicherheit umher.

Wir können nicht ausschließen, dass sich diese Unsicherheit letztlich als ebenso »fundamental« erweisen wird wie das Fundament absoluten und umfassenden Wissens, nach dem die Moderne auf der Suche war. Mit anderen Worten: dass nicht nur unser Wissen, sondern auch alle anderen Grundkategorien unseres Daseins – die Ethik, die Ästhetik, die Politik und das Recht – ohne einen absoluten Bezugspunkt auskommen müssen.

Einst orientierten sich auch diese Kategorien an Gott als Polarstern; in ihm fand alles Wahre, Gute und Schöne sein unerschütterliches Kriterium. Aber als der Mensch dessen Platz ein-

L'année dernière à Marienbad In den Sechzigerjahren fand das Bewusstsein, dass die Welt kein Zentrum hat und sich alles wie in einem Karussell dreht, in dem selbst die Wahrheit zweifelhaft wird, auch in der Literatur und im Film ein Echo. Der faszinierende und desorientierende Film ›L'année Dernière à Marienbad‹ (›Letztes Jahr in Marienbad‹) des Regisseurs Alain Resnais und des Schriftstellers Alain Robbe-Grillet von 1961 ist hierfür vielleicht das eindrücklichste Beispiel. (akg-images/Album/Terra)

nahm, veränderte dieser Platz selbst seinen Charakter tiefgreifend. Wie »absolut« der Mensch auch gerne sein möchte, seiner fundamentalen Begrenztheit und Endlichkeit wird er aller Voraussicht nach nicht entkommen.

Solange der moderne Traum vom gottgewordenen Menschen andauert, entgeht die Philosophie nicht dem Widerspruch zwischen dem humanistischen Anspruch, in ihm eine neue universelle Grundlage gefunden zu haben, und dem menschlichen Unvermögen, diesem Anspruch gerecht zu werden. Damit wandelt sich die gesamte Landschaft, in der die Philosophie operieren muss. Der Verlust der göttlichen Sicherheit in der fortschreitenden und immer resoluter atheistischen Moderne mündet in den Verlust *jeglicher* definitiven Sicherheit und unbestreitbaren Grundlage.

Der sterbliche »Gott-Mensch«

Ironischerweise sehen wir also, dass die Moderne in ihrem Glauben, sich von Gott befreit haben zu können, von den Konsequenzen dieser »antitheologischen« Entscheidung weiterhin heimgesucht wird.* Der Kampf mit dem religiösen Erbe der Philosophie war nicht ausgefochten, sondern begann erst richtig damit, was Nietzsche »den Tod Gottes« und das Aufgeben der Illusion von *Hinterwelten* nannte: des Traums einer metaphysischen Wirklichkeit, die »echter« wäre als die Realität dieser Welt. Nietzsche selbst machte sich darüber keine Illusionen. Was der Gedanke, »dass Gott tot ist«, *wirklich* bedeutet, werde sich frühestens ein Jahrhundert später erweisen, meinte er – und er hat recht behalten. Auf die Moderne, in der der Mensch glaubte, den Platz Gottes einnehmen zu können, folgte eine Zeit, die mit einem oft falsch verstandenen Begriff als »Postmoderne« bezeichnet wird und in der sich nach dem Tod Gottes auch der »Gott-Mensch« als sterblich erwies.

Das bedeutete, dass der anthropologischen Wende der frühmodernen Zeit (ungefähr vom 16. bis zum Ende des 18. Jahrhunderts), die letztendlich zum Tod Gottes geführt hatte, in der spätmodernen Zeit (ab Beginn des 19. Jahrhunderts) ein neuerlicher radikaler Umbruch folgte. Auch dabei spielte der Mensch eine Schlüsselrolle. Zuerst hatte er als Gott gelten wollen, unter Wahrung der metaphysischen Landschaft, die einst den Theismus umgeben hatte. Nun wurde er in seine eigene Unvollkommenheit zurückversetzt, schleppte darin aber die metaphysische Landschaft unverändert mit sich mit. Der Mensch war nicht mehr der Mittelpunkt der Welt und für manche Autoren sogar nicht einmal mehr des Denkens – darin bestand die ultimative Konsequenz des Abenteuers der Moderne. Im Anschluss daran kam die Frage auf, ob es denn überhaupt so etwas wie einen »Mittelpunkt« gab, in dem Begriffe wie »Wahrheit«, »Ordnung« und »Einsicht« Bedeutung erlangen könnten.

Das Unternehmen, den Menschen an die Stelle Gottes zu setzen, verlief also alles andere als problemlos. Das menschliche Können erwies sich als erschütternd begrenzt, fehlbar und zuweilen als ausgesprochen boshaft. Außerdem ist es überhaupt nicht so klar, wozu dieses »Können« gut ist und ob man alles, was man *kann,* auch *soll.* All diese Dilemmata machen im Laufe des 19., vor allem aber des 20. Jahrhunderts eine immer gründlichere Besinnung auf den Menschen notwendig. Sind der Mensch und sein (Un-)Vermögen einmal zum Dreh- und Angelpunkt des Denkens geworden, wird die Frage nach dem Menschen selbst zu einem zentralen Auftrag der Philosophie. Von der Frage »Was ist der Mensch und was ist seine Stellung?« wird von nun an die Orientierung der Philosophie abhängen.

Wenn wir uns anschauen, wie im 17. Jahrhundert mit Descartes die Moderne einsetzt, dann können wir deren Ende mit Nietzsches Gedanken vom »Tod Gottes« bereits kommen sehen. *Daran* anschließend kündigt sich in den Sechzigerjahren des 20. Jahrhunderts »der Tod des Menschen« an, besonders im Denken des französischen Philosophen Michel Foucault. Nicht, dass Foucault den Menschen als biologisches Wesen zugrunde gehen sah, wie manche dachten. Foucault sah vielmehr das Ende des Menschen als absolutem Subjekt voraus, das in der Moderne den Platz Gottes hatte einnehmen wollen.

* Siehe zu diesem Thema das Werk des kanadischen Philosophen Charles Taylor, vor allem seine großen Werke *Quellen des Selbst*, Frankfurt a. M.: Suhrkamp, 1996, und *Ein säkulares Zeitalter*, Berlin: Suhrkamp, 2012.

Nach Nietzsche hat sich das Denken über den Menschen im 20. Jahrhundert dann auch erneut radikal verändert. Der Mensch ist nicht mehr das allmächtige Subjekt der Moderne, er muss lernen, sich selbst als ein begrenztes Wesen zu sehen, das in vielerlei Hinsicht von Kräften, Strukturen oder Stimmen abhängig ist, die nicht seine eigenen sind.

Letzteres ist ziemlich wörtlich aufzufassen. In der Philosophie des 20. Jahrhunderts rückt die Sprache immer stärker ins Zentrum des Denkens. Philosophen wie Heidegger oder die französischen Strukturalisten sehen in der Sprache die alles bestimmende Instanz, der der Mensch und seine Welt ihr Sein zu verdanken haben. Die menschliche Autonomie, die in der Moderne immer größere Bedeutung erhalten hat, muss nun erneut weichen – allerdings nicht einem persönlichen Gott, sondern, wie bei Heidegger, einer unpersönlichen Stimme, die ihn in der Dichtung anspricht, oder, wie bei den Strukturalisten, einer Sprachstruktur, die bestimmt, was er ist und was seine Möglichkeiten und Unmöglichkeiten sind.

Über die Entwicklung des modernen Subjekts – von seiner Geburt bis zu seinem Tod – ließe sich sagen, dass Gott wohl im religiösen, aber noch nicht im metaphysischen Sinne tot war. Der Geist war aus der Flasche, versuchte aber verzweifelt, noch ein metaphysischer Geist zu sein, der alles ordnete und allem Sinn verlieh. Anders gesagt: Der moderne Mensch glaubte, dass Gott zwar gestorben sei, sein Hausstand aber noch problemlos weitergeführt werden könne, wenn sich der Mensch nur selbst zum Stellvertreter Gottes aufwarf. Was er – von dieser einmaligen Gelegenheit geschmeichelt – mit Freude tat.

Zwischen diesen beiden Polen spielt sich die Geschichte der philosophischen Anthropologie ab, zumindest vorläufig. Denn auch nach dieser zweiten Wende gibt es noch sehr viel über den Menschen zu sagen, was für die Philosophie größte Bedeutung hat. Schließlich geht es ihr nachgerade um den Menschen: um das einzige Wesen, das, soweit wir wissen, zu philosophieren vermag. Sein Platz ist vielleicht etwas aus dem Zentrum gerückt, er ist nicht mehr Hüter und Hort der Wahrheit, aber er ist noch immer die einzige denkende Instanz, die wir haben.

Daher geht es immer *um* den Menschen, auch wenn das Denken der vergangenen hundert Jahre – von Freud und Nietzsche bis Heidegger und Derrida – sein selbstbewusstes »ich« nicht mehr so exklusiv im Zentrum verortete. In diesem Buch werden wir dieser Entwicklung nachgehen – anhand einer Reihe historischer Figuren und Stationen, von denen einige zum Kanon der Philosophie gehören, andere eher ihrem Schattenbereich zuzuordnen sind. Letztlich ist die Philosophie nichts ohne ihre Geschichte. *Wesen ist, was gewesen ist,* würde dies der Philosoph Hegel, der bedeutendste Denker des geschichtlichen Charakters der menschlichen Wirklichkeit, formulieren. Das Wesen von etwas lässt sich an seiner Geschichte ablesen. Wenn wir verstehen wollen, wer wir *heute* sind, müssen wir uns anschauen, wie wir *geworden* sind, wer und was wir sind. Diese Geschichte des Menschen versuche ich nachzuzeichnen, innerhalb und außerhalb dessen, was gewöhnlich unter »Philosophie« verbucht wird.

Woody Allen, ›Crimes and Misdemeanors‹ Was geschieht, wenn sich die absolute Grundlage des Lebens und die Moral auflösen? In vielen Filmen Woody Allens ist diese Frage mehr oder weniger explizit präsent. In ›Crimes and Misdemeanors‹ (›Verbrechen und andere Kleinigkeiten‹) aus dem Jahr 1989 wird das auf wunderbare Weise in einer alltäglichen Diskussion über Religion, Lebensregeln, Strafe und Belohnung am Esstisch einer jüdischen Familie deutlich. Die eines Mordes schuldige Hauptperson hört in tiefer Verwirrung dem zu, was in Wirklichkeit ihre eigene Erinnerung und zugleich ihr Gewissen ist.

»If it turns out that there is a God, I don't think he's evil.
But the worst that you can say about him is that basically he's an underachiever.
If God exists, I hope he has a good excuse.«
– Woody Allen
(akg-images/Album/Orion Pictures)

René Descartes. Porträt
von Frans Hals, 1648.

1

Sicherheit zerschlagen – und wiedergewonnen

Clemens non Papa, Descartes, Anselm von Canterbury

Der flämische Priester und Komponist Jacobus Clemens lebte in der ersten Hälfte des 16. Jahrhunderts und ist unter dem sonderbaren Namen Clemens non Papa bekannt. Vermutlich erhielt er ihn, weil es zu jener Zeit einen Papst gab, der ebenfalls Clemens hieß. Der Deutlichkeit halber fügte man im Falle des Komponisten hinzu, dass *nicht* der Papst gemeint war. Daher: Clemens non Papa.

Clemens muss ein recht lustiger Vogel gewesen sein, der das ein oder andere Gläschen – und vermutlich auch den lockeren Lebenswandel, der damit einherging – nicht verschmähte. Dennoch schuf er neben weltlichen Liedern auch ein großes geistliches Œuvre, sowohl in Französisch und Latein als auch in Niederländisch. Ein schönes Beispiel dafür ist das besinnliche Lied ›Godt es mijn licht‹ (›Gott ist mein Licht‹).

Godt es mijn licht en mijn salicheyt
In Hem soo wil ick betrouwen.
Hij leert en sticht door Sijn Majesteyt
Al die ghene die op Hem bouwen.
Zijn goetheyt fijn
Sal eewich sijn.
Hij gaert melc ende wijn
Niet om te vercoopen.
Al waert dat Hij mijn siel dede pijn
Nochtans sal ick op Hem hopen
Want Sijn bermhertigheyt staet altijd open.

Gott ist mein Licht und meine Seligkeit,
Auf ihn will ich vertrauen.
Er lehrt und erhebt durch seine Herrlichkeit
All jene, die auf ihn bauen.
Seine Güte fein
Wird ewig sein.
Er bereitet Milch und Wein,
Nicht um sie zu verkaufen.
Auch quälte er die Seele mein,
so will ich doch auf ihn hoffen.
Denn seine Barmherzigkeit
steht allzeit offen.

Warum beginne ich dieses Kapitel über zerschlagene Sicherheit mit einem fast fünfhundert Jahre alten geistlichen Lied? Weil sich in dem Liedtext bereits die Zwiespältigkeit unseres modernen Lebensgefühls ankündigt. Gott, so lässt Clemens non Papa seinen Chor singen, sei das »Licht« und die »Seligkeit« der Menschheit. Auf ihn »vertraute« man, auf ihn »baute« man. Seine »Güte fein« und »Barmherzigkeit« überspannte die ganze Welt, in einer Ewigkeit, die in scharfem Kontrast zur Bedingtheit und Unvollkommenheit des irdischen Lebens stand.

Diese Vorstellungen waren bis vor Kurzem auch in unserer Gesellschaft ziemlich selbstverständlich, und sie sind auch heute in Kirchen und sogar in einigen religiös geprägten Radiosendern noch häufig zu vernehmen. Sie sind uns vertraut, aber zugleich vertrauen *wir* ihnen nicht mehr ganz, denn wir haben die Sicherheit verloren, dass sich über das Irdische tatsächlich eine »Ewigkeit« spannt. Das war bei Clemens noch längst nicht der Fall; es sollte noch zwei Jahrhunderte dauern, bevor sich bei einigen Denkern des 18. Jahrhunderts der Atheismus ganz zaghaft zu einer einleuchtenden Weltanschauung entwickelte.

Gleichwohl hat bereits bei Clemens eine sehr subtile Veränderung gegenüber dem zuvor herrschenden hochmittelalterlichen Lebensgefühl eingesetzt. Gott thront noch immer in der Höhe, als unumstrittener Weltenherrscher, doch hat sich in seine Lobpreisung eine Intimität eingeschlichen, der einige Jahrhunderte zuvor eher mit Verwunderung und Unverständnis begegnet worden wäre. Als Perotinus im Paris des 12. Jahrhunderts einen Lobgesang auf Maria vertonte, war der – vom Dichter-Theologen Philippe le Chancelier verfasste – Text längst noch nicht so innig, obgleich die darin gepriesene Mutter Gottes, als Mittlerin zwischen Gott und dem Menschen, dazu besonders einzuladen schien. In Perotinus' ›Beata viscera‹ blieb Maria auf Distanz:

Beata viscera
Marie virginis
cuius ad ubera
rex magni nominis;
veste sub altera
vim celans numinis
dictavit federa
Dei et hominis.

Seliger Schoß
der Jungfrau Maria,
an deren Brust
der König von großem Ruf,
der in veränderter Gestalt
die Kraft der göttlichen Natur verbarg,
einen Bund zwischen
Gott und Mensch besiegelte.

Clemens war schon viel moderner als Perotinus. Manche verdächtigten ihn sogar einer gewissen Sympathie für den Protestantismus, der zu seinen Lebzeiten dem schon weitaus länger schwelenden Verlangen nach kirchlicher und religiöser Erneuerung eine Stimme verlieh. In seinen Worten und auch noch in deren Vertonung ist Gott dem Menschen nahegekommen. Er thront nicht mehr im Himmel, sondern ist in das tägliche Leben hinabgestiegen: Selbst der Handel der gewerbetreibenden Bürger (»nicht um sie zu verkaufen«) erhält darin seinen Platz. Und inniger als je zuvor steigt er hinab in die Seele des Gläubigen – *jedes* Gläubigen, nicht nur der religiösen Sachverständigen der Geistlichkeit.

Bemerkenswert ist auch, dass Clemens' polyphones Werk in Niederländisch und nicht in Latein gesungen wird. Mit anderen Worten, das Lied versucht, in unmittelbaren Kontakt mit der Seele des Gläubigen zu treten, und geht dafür über die formelle Sprache der Kirche hinaus. Sehr behutsam vollzieht sich ein Bruch in Bezug auf die Einbettung, in der sich der Gläubige seit jeher befand und die in gewissem Sinne zwischen ihm und Gott stand. Diese Beziehung wird nun direkter; was bedeutet, dass sich mit der Zeit der Akzent vom umfassenden kirchlichen Bezugsrahmen auf die individuelle Person des Gläubigen selbst verlagert. In dieser Hinsicht verläuft eine direkte Linie von Clemens zu den Arien in den Passionen Johann Sebastian Bachs, die ebenfalls in der Sprache des Volkes geschrieben sind:

Ich will dir mein Herze schenken,
Senke dich, mein Heil, hinein.
Ich will mich in dir versenken.
Ist dir gleich die Welt zu klein,
Ei, so sollst du mir allein
Mehr als Welt und Himmel sein.

Das bringt Gott näher – gefährlich nahe sogar, denn wie wir sehen werden, führt diese Intimität auf lange Sicht paradoxerweise gerade zu einem Absterben des Glaubens. Mit der Reformation begann sich der Ort, den der Mensch im Gefüge von Himmel und Erde einnahm, sehr behutsam zu verschieben. Vorerst blieb dieses Gefüge noch völlig von Religiosität durchädert. In vielerlei Hinsicht kann man sogar sagen, dass die Reformation eine Verstärkung des religiösen Bewusstseins bedeutete. Die Moderne, die ihren Glauben verloren hat, scheint hier also noch weit entfernt zu sein. Doch der Schein trügt. Gerade in ihrer Zuspitzung auf den individuellen Menschen bereitet die Reformation in vielerlei Hinsicht die moderne Sichtweise vor, innerhalb derer Gott immer weniger und der Mensch immer mehr zum Dreh- und Angelpunkt und zur Grundlage der Welt wird.

Johann Sebastian Bach, Ölgemälde von Elias Gottlob Haußmann, 1746.

Skepsis

Vollkommen unvorbereitet kam diese Reformation natürlich nicht. Die Hinwendung zur persönlichen Frömmigkeit und Verinnerlichung hatte in den vorangehenden Jahrhunderten schon stark eingesetzt, zum Beispiel mit dem Aufkommen der »Brüder vom gemeinsamen Leben« von Geert Groote und der Beginen- und Begardenbewegung, die sich vor allem im niederländisch-belgischen Raum und im Rheinland einer großen Popularität erfreuten. Wer noch weiter zurückgehen möchte, wird schließlich beim Kirchenvater Augustinus landen, der um das Jahr 400 in vielfacher Hinsicht die (aller-)ersten Anstöße zur Verinnerlichung des Menschen gab, die für das moderne Subjekt so kennzeichnend werden sollte.

Doch die Philosophie brauchte selbst nach der Reformation noch mehr als ein Jahrhundert, bevor sich auch in ihr eine solche Hin-

Links: Auf diesem Ölgemälde von Benozzo Gozzoli aus dem 15. Jahrhundert wird Thomas von Aquin von Platon und Aristoteles flankiert, sie helfen ihm, den islamischen Philosophen Averroës aus dem heutigen Andalusien zu besiegen. Rechts: Auf der Tafel von Andrea di Bartolo flüstert der Heilige Geist in Gestalt einer Taube Thomas von Aquin die Wahrheit ein. Vergleichen Sie diese Darstellung mit derjenigen, auf der Karl I. durch seine Königswürde (die Krone) von Gott inspiriert wird (siehe S. 14). Es handelt sich jeweils um dieselbe transzendente Gnade, die ihnen den gebührenden Platz zuweist und sie in die Lage versetzt, die ihrer Bestimmung gemäße Aufgabe zu erfüllen. Beide gründen im Absoluten, aus dem alle legitime Macht und jede wahre Erkenntnis entspringt.

wendung zum Subjekt einbürgerte. Das verlief im 17. Jahrhundert in vielerlei Hinsicht ziemlich indirekt und in gewissem Sinne noch etwas halbherzig. Die Bühne, auf der sich diese Wendung vollzog, war die Bühne der Wissenschaft und der menschlichen Erkenntnis. Denn auf diesem Gebiet hatten sich spektakuläre Entwicklungen ergeben. Zahllose neue Erkenntnisse hatten sich Bahn gebrochen: Die Welt hatte sich geografisch plötzlich als viel größer, reicher und vielfältiger erwiesen, als man sich das je hatte vorstellen können, und ein exakter Blick auf die Natur hatte den Menschen gelehrt, dass sehr viele Annahmen, die die Menschheit jahrhundertelang über die Natur gehegt hatte, falsch gewesen waren.

Das war unzweifelhaft als Gewinn zu verbuchen, doch es gab auch Verluste. Denn gerade die Tatsache, *dass* die nun überholten Auffassungen so lange als kanonisch hatten gelten können, war für die früheren Denker immer das Siegel ihrer Richtigkeit gewesen. Das menschliche Wissen hatte sich von der Illusion leiten lassen, dass seine Wahrheit auf dem sicheren Boden unantastbarer Autoritäten gründe. Es waren einerseits die Kirchenväter gewesen, andererseits die griechischen Philosophen – vor allem Platon und Aristoteles –, auf die sich die mittelalterliche scholastische Wissenschaft felsenfest berufen zu können glaubte. All dieses Wissen wurde letztendlich vom Rückgang auf die Offenbarung Gottes verbürgt: des absolut Allwissenden, aus dem letztlich jede Erkenntnis entsprang.

Was die neuen Wissenschaften entdeckten, bot also eine verblüffende neue und tiefgreifende Einsicht in die Wirklichkeit, aber diese Einsicht war zugleich verwaist. Sie besaß nicht mehr das »autoritäre« Siegel der Wahrheit, unter dem sich die mittelalterliche Wissenschaft und Philosophie noch als die sicheren und rechtmäßigen Erben von unbestrittenen *auctoritates* – den Lehrmeistern wahren Wissens – hatten betrachten können. Die paradoxe Folge davon war, dass die Wissenschaften umso skeptischer wurden, je mehr sie entdeckten.

An der Möglichkeit einer unerschütterlichen, absoluten Gewissheit begann manch ein Philosoph und Wissenschaftler im 16. und zu Beginn des 17. Jahrhunderts immer stärker zu zweifeln. Darin zeichnete sich schon die Krise ab, die die Moderne dauerhaft kennzeichnen sollte. Das Band zu einem *absolutum*, das sich als weniger verlässlich erwies als angenommen, wurde durchschnitten. Aber was trat an seine Stelle? »Sind wir dazu verurteilt, fortwährend in Skepsis und Unsicherheit umherzuirren«, fragte man sich. »Lässt sich denn noch ein absoluter Punkt finden, in dem unser Leben verankert werden kann und sich unsere Erkenntnis ihrer selbst versichern kann?«

Cogito ergo sum

Nein, wir sind *nicht* zu ewiger Skepsis verurteilt, sagt René Descartes, nachdem im 17. Jahrhundert einige Jahrzehnte ins Land gegangen sind. Es ist die Wissenschaft selbst, die den Weg zu einem neuen Fundament weist, worauf sich das Wissen mit absoluter Sicherheit gründen kann. Diese Wissenschaft ist die Mathematik, der erfolgreichste Wissenschaftsbereich in diesem Jahrhundert. Wie seit jeher orientiert sich zu jener Zeit die Philosophie bei ihrem Versuch, es endlich zu einer »echten« Wissenschaft zu bringen, an diesem Vorbild.

Dementsprechend führt Descartes, als der brillante Mathematiker, der er auch ist, die Mathematik in die Philosophie ein, um einen Ausweg aus der Sackgasse zu finden, in der das Wissen inzwischen gelandet zu sein scheint. Wie kommen wir zu absolut verlässlichem Wissen? Indem wir unser Vorgehen an der Geometrie ausrichten, antwortet Descartes. Diese sucht nach einem formalen und *sicheren* Ausgangspunkt, um anschließend von dort aus über Ableitungsregeln immer wieder neue *wahre* Aussagen (»Thesen«) zu generieren.

Auf diese Weise baut die Mathematik ihre Erkenntnis immer weiter aus, wobei die formalen Ableitungsregeln dafür sorgen, dass die absolute Sicherheit des Ausgangspunkts auch in den darauffolgenden Schritten stets erneut zur Gänze erhalten bleibt. Das müsse auch die Philosophie als Fundament des vernünftigen Denkens tun.

»Die Erkenntnisse nämlich, welche die Fassungskraft des menschlichen Geistes nicht übersteigen, sind alle durch ein so wunderbares Band miteinander verknüpft und lassen sich auseinander durch derart notwendige Folgerungen ableiten, daß es keiner großen Kunst und Geschicklichkeit bedarf, um sie zu finden, wenn man es nur versteht, mit den einfachsten zu beginnen und sich von da schrittweise bis zu den erhabensten zu erheben«, schreibt Descartes im Vorwort seiner als Dialog erschienenen Abhandlung ›Die Erforschung der Wahrheit durch das natürliche Licht‹.* Wenn die Philosophie sich an diese geometrische Vorgehensweise (»Axiomatik«) hält, dann kann sie sicher sein, dass ihre Behauptungen zutreffen und ihr Wissen daher ebenso gut fundiert ist, wie es die Menschen im Mittelalter von ihrem Wissen annahmen. »Ich darf also wohl hoffen, daß […] die von mir vorgetragenen Wahrheiten den Leser zufriedenstellen werden, obgleich ich sie weder von Plato, noch von Aristoteles entlehne«, folgert Descartes.**

Damit allerdings zieht zwischen den antiken und den modernen Denkern unmerklich eine gewisse Differenz ein. Denn bei Descartes steht nicht mehr in erster Linie die Wahrheit der wissenschaftlichen Behauptungen zur Diskussion, vielmehr dreht sich alles um die Sicherheit, mit der diese getroffen werden können. Wahrheit bezieht sich auf den Inhalt; der mittelalterliche Mensch glaubte sicher sein zu können, dass das, was Aristoteles sagte, *wahr* ist, weil *er* es als *auctoritas* sagte. Bei Descartes liegt die Garantie aber nicht mehr in der Wahrheit und in der Autorität desjenigen, der eine Aussage trifft, sondern in der Sicherheit der Aussage *selbst*, die dadurch gewährleistet ist, dass sie auf eine methodisch richtige Weise abgeleitet wird. Sicherheit liegt mit anderen Worten nicht in der Person, die spricht, sondern in der Methode, die diese anwendet.

Daher hat Descartes diesen Gedankengang 1637 unter dem Titel ›Discours de la méthode‹ (›Abhandlung über die Methode‹) veröffentlicht. Es ist ein revolutionäres Buch geworden, das sonderbarerweise auch noch etwas anderes mit dem gemein hat, was wir bei Clemens non Papa erfahren haben. Ebenso wie ›Godt es mijn licht‹ ist der ›Discours de la méthode‹ nicht in Latein, der traditionellen Sprache der Gelehrsamkeit, verfasst worden. Auch Descartes nimmt für seine methodologische Revolution Zuflucht zur Umgangssprache. Er wird zwar einige Jahre später denselben Gedankengang auch noch einmal in Latein niederschreiben, aber das tut dieser ersten revolutionären Geste keinen Abbruch.

Descartes' Gedanke ist ebenso elegant wie einfach. Wenn unklar ist, welcher Wahrheitsgehalt alles Wissen hat, über das ich verfüge, muss ich, um Sicherheit zu erlangen, an allem, was ich weiß, zweifeln. Das Einzige, was ich dann übrig behalte, ist der Akt des Zweifelns selbst. Alles verschwindet aus dem Reich der Sicherheit, doch gerade der Akt des Verschwindenlassens ist dazu unentbehrlich – und das ist der Zweifel. Dieser Zweifel erweist sich nun als der Weg (*hodos* im Griechischen) zur Sicherheit: *Methode* bedeutet wörtlich »dem Weg folgend«.

Was ist der erste Schritt auf diesem Weg, nachdem Descartes das Terrain radikal eingeebnet hat? Es ist die Feststellung, dass Zweifeln ein Denk-Akt ist und ich diesen notwendigerweise voraussetzen muss, um alles unsichere Wissen zu beseitigen. Es ist logisch unmöglich, dies zu tun, *ohne* zu zweifeln; der Akt der resoluten Skepsis muss als ein Ausgangspunkt (*axioma*) vorausgesetzt werden. Und damit ist auch notwendigerweise das Denken vorausgesetzt. Denn wo gezweifelt wird, wird gedacht. Diese Einsicht nimmt Descartes zu seinem

* René Descartes, Die Erforschung der Wahrheit durch das natürliche Licht, in: ders., *Regeln zur Leitung des Geistes. Die Erforschung der Wahrheit durch das natürliche Licht,* übers. u. hg. v. Artur Buchenau, Hamburg: Meiner, 1959, S. 68.

** René Descartes, Die Erforschung der Wahrheit durch das natürliche Licht, S. 115.

Ausgangspunkt. Der weitestgehende Punkt, bis zu dem ich mit der Nicht-Akzeptanz der Selbstverständlichkeit des Gegebenen zurückgehen kann, ist der universelle Zweifel. Und Zweifeln ist Denken. Wenn ich als Philosoph zweifle, denke ich.

Nicht dass Descartes tatsächlich an dem, was er sieht, zweifelt, an der Welt oder sogar an Gott. Sein Zweifel ist ein theoretisches (»methodisches«) Denkexperiment, mit dem er den Skeptikern vorführt, dass es unmöglich ist, an *allem* zu zweifeln. Besser gesagt: dass dieser Zweifel geradewegs zu einer Binsenwahrheit führt. Im ›Discours de la méthode‹ lautet sie: *Je pense, donc je suis.** Aber bekannter ist die lateinische Formulierung dieses Satzes. In der 1644 erschienenen ›Principia philosophiae‹ findet sich »ego cogito, ergo sum«, daraus wurde mit der Zeit das knackige *Cogito ergo sum.*** Dieser Satz ist einer der berühmtesten Einzeiler der Philosophiegeschichte geworden.

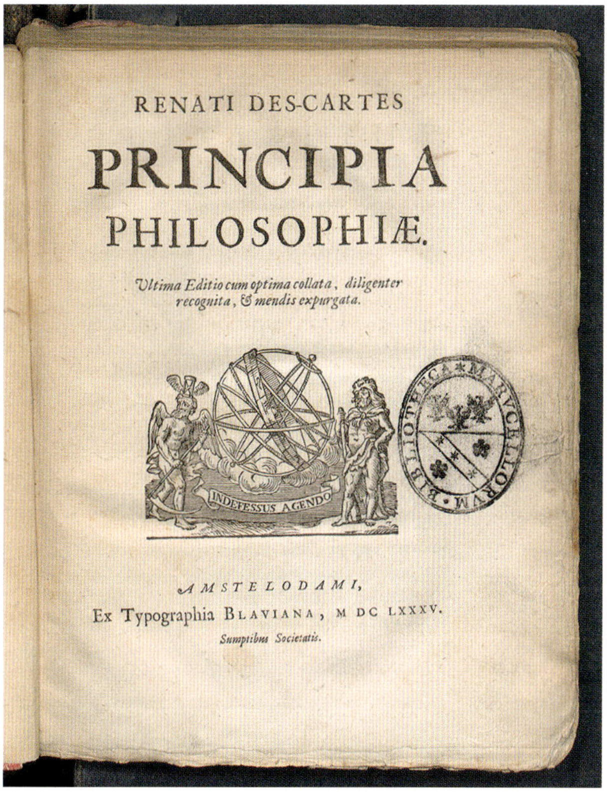

René Descartes, ›Principia Philosophiæ‹, 1685.

Das ist die absolute Sicherheit, die Descartes mittels seiner radikalen Zweifelmethodik entdeckt: Es existiert etwas, dessen ich sicher sein kann. Es gibt Denken, oder es gibt Gedanken. Erst im 20. Jahrhundert sollten Philosophen und Psychologen darauf hinweisen, dass man daraus noch nicht direkt auf die Existenz eines »Ichs«, das denkt, schließen kann. Descartes hat jedoch noch nicht wissen können, dass das Denken selbst subjektlos sein kann. Sogar bis ins 19. Jahrhundert sollte ein nicht-bewusstes oder ich-loses Denken undenkbar bleiben. Nietzsche und Freud werden nach Descartes' ›Discours de la méthode‹ noch so etwa 250 Jahre auf sich warten lassen.

Und wie Descartes noch nichts von »unbewussten« Gedanken ahnen kann, so kann er sich auch kein Denken vorstellen, das nicht vollkommen klar und durchsichtig ist. Nicht dass er sich dessen nicht bewusst wäre, dass Menschen oft vagen, falschen und missverständlichen Vorstellungen anhängen. Sein ganzes Gedankenexperiment ist vielmehr darauf gerichtet, die Skeptiker zu widerlegen, die behaupten, *jedes* Denken sei in Nebel und Unsicherheit gehüllt. Doch als Descartes einmal mit dem *Cogito ergo sum* den ersten Stein zu einem verlässlichen Denken gelegt hat, entfaltet sich auch die Möglichkeit eines Erkennens, in dem diese Verlässlichkeit Schritt für Schritt weitergeführt wird und das nun gerade in der Orientierung an dieser Klarheit ihr Kriterium findet.

* René Descartes, *Discours de la méthode*, übers. und hg. v. Christian Wohlers. Hamburg: Meiner, 2015, S. 58/59.

** René Descartes, *Meditationes de prima philosophia*, übers. u. hg. v. Christian Wohlers, Hamburg: Meiner, 2008.

Descartes' Gott

Auch was die klaren Ideen anbetrifft, lässt sich Descartes von der Geometrie leiten. So wie es in der Geometrie vollkommen deutlich ist, was eine Linie oder ein Punkt ist, so sind auch die Vorstellungen, mit denen das Bewusstsein operiert, im Prinzip nicht für Zweideutigkeiten empfänglich. Aber wo kommen diese klaren Ideen her? Nicht aus der sinnlichen Wahrnehmung, meint Descartes, denn diese sind alles andere als vollkommen. Ein Mensch kann sich irren: Gerade darin liegt doch der ursprüngliche Grund für seine ganze Suche nach einer absoluten Sicherheit. Am schärfsten zeigt sich das am Begriff »Vollkommenheit« selbst. Aus dem Unvollkommenen kann das Vollkommene nicht abgeleitet werden, stellt Descartes fest. Zumindest nicht, ohne dass jemand bereits selbst über ein Prinzip der Vollkommenheit verfügte. Also muss dieser Begriff – ebenso wie alle anderen klaren, also vollkommenen Ideen – von vornherein ins Denken eingelegt oder eingeboren sein. Und wer anders als Gott, der schließlich die Vollkommenheit selbst ist, könnte das getan haben?

Aber existiert denn Gott überhaupt? Jawohl, sagt Descartes. Wenn Gott ein Wesen ist, das in allem vollkommen ist, dann muss dieses Wesen auch unabhängig (von mir) existieren können. Abhängigkeit würde ja bedeuten: Un-Vollkommenheit. Daher kann Descartes gleich den zweiten Schritt in seiner axiomatischen Begründung tun. Nachdem er zunächst aus dem Zweifel die Existenz des Ich abgeleitet hat, konnte er nun auch noch die Existenz Gottes herleiten, und zwar aus den Verstandesbegriffen, die das zweifelnde Denken in sich selbst wiederfindet. Ich, der Unvollkommene, bin abhängig von Gott, will ich überhaupt zu klaren und deutlichen Ideen fähig sein. Also existiert Gott. Denn wie sollte ich von etwas Nichtexistentem abhängig sein können, das dennoch gleichzeitig vollkommen sein soll?

Das ist eine spitzfindige Beweisführung, die heute allerdings niemanden mehr überzeugen wird. Und auch bei Descartes mutet sie etwas seltsam an. So »modern« sein Zweifelexperiment des *Cogito* ist, so altmodisch klingt dieser Gottesbeweis in unseren Ohren. Das ist nicht verwunderlich, denn Descartes variiert damit eine Argumentation, die schon mehr als ein halbes Jahrtausend zuvor von dem normannisch-englischen Theologen und Philosophen Anselm von Canterbury entwickelt worden ist. Anselm entfaltete sie in seinem um 1077 verfassten Buch ›Proslogion‹.

»Und zwar glauben wir, dass Du (Gott) etwas bist, über dem nichts Größeres (nihil maius) gedacht werden kann«, schreibt Anselm in seinem *Proslogion.** Er geht also von einer Gottesdefinition aus, aus der er – mit ebenso großer Eleganz wie jener, mit der Descartes den Zweifel zum Schlüssel zu sicherem Wissen machen wird – eine Wahrheit über das ableitet, was existiert. Von allen Vorstellungen, die ich habe, kann ich sagen, dass sie nur in meinem Geist bestehen – aber die Definition von Gott widersetzt sich dem.

Ein Gott, der bloß eine Idee ist, ist schließlich nicht etwas, »über dem nichts Größeres gedacht werden kann«. Der Gott, der zudem noch wirklich existiert, ist immer noch größer und umfassender. All dem, was die Idee schon beschrieben hat, wird die Existenz noch hinzugefügt. Und daher wird Gottes Existenz notwendigerweise durch die Vorstellung impliziert, die

* Anselm von Canterbury, *Proslogion*, übers. u. hg. v. P. Franciscus Salesius Schmitt O. S. B., Stuttgart-Bad Cannstatt: Friedrich Frommann, 1962, S. 84/85.

wir von ihm haben. Das zu leugnen wäre etwas Widersinniges – ebenso widersinnig, als wenn Descartes sagen würde, dass ich an allem zweifeln kann, *ohne* zu denken und ohne zu existieren. »Es existiert also ohne Zweifel ›etwas, über dem Größeres nicht gedacht werden kann‹, sowohl im Verstande als auch in Wirklichkeit«, folgert Anselmus.* Aus Descartes' Anverwandlung dieses ontologischen Gottesbeweises von Anselm von Canterbury geht hervor, wie heikel eine scharfe Abgrenzung zwischen Perioden der (Philosophie-)Geschichte ist. Descartes erweist sich in diesem Punkt noch dem Mittelalter und der Scholastik tributpflichtig. Haben wir ihn zuvor noch als den Herold der Moderne gepriesen, so müssen wir diese Worte daher sogleich wieder halb zurücknehmen. Alles Denken fließt; in der Geschichte gibt es keine scharfen Trennlinien.

Gleichwohl hat sich zwischen Anselm von Canterbury und Descartes auch an diesem Punkt etwas Wesentliches verändert. Der Gläubige des Mittelalters, der den ontologischen Gottesbeweis entwarf, war ein ganz anderer Mensch als der methodische Zweifler, der fünfhundert Jahre später davon »axiomatisch« Gebrauch machte. Und das hat eine Menge mit dem Werdegang des Menschen zu tun, zu dem wir, noch einmal fast vierhundert Jahre später, geworden sind.

* Anselm von Canterbury, *Proslogion*, S. 86/87.

Johann Elias Hoffmann, Kämpfende Putti (1725)

Streitgespräch zwischen Engeln Descartes' Beweisführung hat in der Kultur der folgenden Jahrhunderte tiefe Spuren hinterlassen. So taucht sie beispielsweise mehr als dreihundert Jahre später en passant im Roman ›L'hereva de donya Obdúlia o Les temptacions‹ (›Die Erbin von Frau Obdúlia oder die Versuchungen‹) des spanisch-mallorquinischen Autors Llorenç Villalonga auf. Darin führen zwei Schutzengel ein Streitgespräch, der eine ganz und gar rationalistisch, der andere eher intuitiv, wodurch dieser Descartes gerade besonders nahekommt. »Es scheint so, als glaubtest du nicht an Gott«, wirft der eine dem anderen vor. Woraufhin Villalonga fortfährt:

»Ich glaube sehr wohl an Gott«, reagierte der andere Engel ruhig, »denn ich glaube an mich selbst, und ich kann nichts anderes sein als eines seiner Geschöpfe.«

»Das bedeutet«, rief der rationale Engel entrüstet, »dass du die erhabene Existenz Gottes von so etwas Nebensächlichem wie deiner persönlichen Existenz abhängig machst! Das bedeutet, dass Gott nicht existieren könnte, wenn du nicht existiertest!«

»Er würde für mich nicht existieren, das versteht sich von selbst.«

»Aber die objektive Wahrheit … Bist du etwa Kartesianer geworden?«*

---

* Llorenç Villalonga, *L'hereva de donya Obdúlia o Les temptacions*, Barcelona: Ariel, 1964. Zit. nach: ders., *Dood van een dame & De verleidingen,* Leiden: Menken Kasander & Wigman Uitgevers, 2016, S. 257.

2

Der Mensch ein Subjekt

Descartes,
William Harvey,
Fritz Kahn

Auch Descartes kann den Aufbau seines Systems nicht ohne Gott bewerkstelligen. Gott ist es, der garantiert, dass die klaren und deutlichen Ideen, auf die ich in meinem Denken treffe, wahr und verlässlich sind. Ein wirklich vollkommener Gott hätte schließlich nicht die Boshaftigkeit besitzen können, mich systematisch zu täuschen. Und auch wenn es gelegentlich schon einmal vorkommen kann, dass ich mich irre, so darf ich doch den Ideen, die mit meinen Wahrnehmungen korrespondieren, durchaus vertrauen. Es besteht nun einmal ein Unterschied zwischen Wachen und Träumen. Die Vernunft lehrt uns, so schreibt Descartes, »dass nicht alle unsere Gedanken wahr sein können […], und dass Gedanken, die Wahrheit enthalten, unfehlbar eher bei den Gedanken angetroffen werden müssen, die wir haben, wenn wir wach sind, als bei denen in unseren Träumen.«*

So rettet sich Descartes aus der Skepsis, aus der er – sehr ingeniös und intelligent – den Hebel erschafft, mit dem er sich zur Gewissheit aufschwingen kann. Mag Descartes so gesehen philosophisch immer noch ein getreuer Gläubiger sein, so unterscheidet sich seine Position doch radikal von der des Anselm von Canterbury. Anselm geht von einer Definition aus, die innerhalb der Glaubensgemeinschaft seiner Zeit akzeptiert ist. Zudem entfaltet er seine Argumentation in Form eines Gebets. Anselm dankt Gott dafür, dass er ihm nicht nur die Gnade des Glaubens geschenkt hat, sondern auch die Möglichkeit, sich selbst vernünftig von dessen Wahrheit zu überzeugen.

Bei Descartes gestaltet sich das Ganze vollkommen anders. Sein ›Discours‹ ist kein Gebet, sondern ein Tagebuch bzw. ein Forschungsbericht. Er legt dar, wie er Schritt für Schritt zu dem Gedankengang gelangt ist, mit dem er die Verlässlichkeit des Denkens und in der Folge die Verlässlichkeit der Empirie als unumstößlich erweist. Der Gottesgedanke ist dabei ein zusätzlicher Zwischenschritt für das Denken geworden, im wahrsten Sinne des Wortes ein Gedanke, eine Idee. Im Grunde ist Gott nicht viel mehr als eine Hilfslinie, die, wie in der Geometrie, die Beweisführung gleichsam von der Seite her stützen soll.

Letztendlich ist das *Cogito* der absolute Aus-

* René Descartes, *Discours de la méthode. Im Anhang: Brief an Picot, Adrien Baillet: Olympica*, übers. u. hg. v. Christian Wohlers, Hamburg: Meiner, 2015, S. 70/71.

Descartes' *Cogito ergo sum* ist unzählige Male paraphrasiert, zitiert, parodiert und variiert worden. Wie nicht anders zu erwarten, trat dabei die logische Unumgänglichkeit, die Descartes ihm ursprünglich zuschrieben hatte, in den Hintergrund; es blieb nur die Suggestion einer unumgänglichen Eigenschaft des Sprechers übrig: »Ich bin ein denkendes Wesen, und *folglich* bin (oder tue) ich dies oder das.« Philosophisch gesehen geht damit das Argument verloren, dennoch machen all diese Variationen sehr wohl deutlich, wie tief sich diese kraftvolle Formel in unser alltägliches Bewusstsein eingenistet hat. (imgur.com – drkaj, 8.1.2015)

gangspunkt: »Ich denke.« Fortan wird die Welt von dieser allerersten Gewissheit her gedacht, die eine Gewissheit des menschlichen Subjekts ist. »Der gesunde Menschenverstand ist die am besten verteilte Sache auf der Welt«, so beginnt Descartes seinen ›Discours‹ selbstbewusst.* Anselm von Canterbury rät seinem Leser hingegen: »Sei frei ein wenig für Gott und ruhe ein bisschen in ihm. ›Tritt ein in die Kammer‹ deines Herzens, halte fern alles außer Gott und was dir hilft, ihn zu suchen.«**

Das bedeutet eine radikale Veränderung innerhalb der philosophischen Perspektive – hier setzt die philosophische Moderne erst richtig ein: Während man sich der Welt bisher vom Ausgangspunkt des Göttlichen näherte, wird mit Beginn der Moderne der Mensch zum Ausgangspunkt der Art und Weise, die Welt zu denken. Aufschlussreich ist der Bedeutungswandel des Begriffs, der in dieser ganzen Wende den Dreh- und Angelpunkt darstellt: »Subjekt«. Wortwörtlich bedeutet »Subjekt«: »das Zugrundeliegende«, »dasjenige, worauf sich alles gründet«. *Subiectum* war die lateinische Übersetzung des griechischen *hypokeimenon*, womit in der klassischen Philosophie das

* René Descartes, *Discours de la méthode*, S. 4/5.

** Anselm von Canterbury, *Proslogion*, S. 74/75.

fundamentalste Sein (bzw. Seiende), das alles trägt, bezeichnet wurde.

In der Neuzeit wird »Subjekt« jedoch zu einer Beschreibung des Menschen als einer bewussten Person. Möglicherweise verbirgt sich darin anfangs noch etwas Passives: Ich bin ein Subjekt, das heißt ein Untertan des Königs. Ich bin ein Rechtssubjekt, das heißt dem Gesetz unterstellt. Aber ich bin auch – und darin kündigt sich bereits die Wende an – der Rechts*träger*, der sich auf das Gesetz berufen kann. Und letztendlich werde ich als Bürger, wie wir in der Einleitung gesehen haben, selbst zur Grundlage und zum Träger der legitimen politischen Macht und des rechtmäßig erlassenen Gesetzes.

Aus einem passiven wird ein aktives Subjekt. Grammatikalisch ist das Subjekt eines Satzes dessen handelnder *Gegenstand.* So wird das moderne Subjekt letztlich zum Träger und Ausgangspunkt von allem, es ist dasjenige, was alles in Bewegung setzt. Damit ist es zum Nachfolger Gottes geworden, auch wenn sich das an all den Wandlungen, die die Bedeutung des Wortes durchläuft, nicht unmittelbar ablesen lässt. Denn es ist auch das »Subjekt«, das in älteren Romanen und Kriminalgeschichten meist als »zwielichtig« oder »verdächtig« dargestellt wird.

Mensch, Tier und Maschine

Der Mensch wird bei Descartes wenn nicht zum Maß, so doch zur Grundlage aller Dinge. Was für ein Mensch ist das? Worin liegt das Eigentümliche dieses Wesens, das ihn offenbar von allen anderen Tierarten auf Erden unterscheidet? Für Descartes ist der Mensch zuallererst ein Denk-Wesen, wenngleich er sicherlich auch in den Blick nimmt, dass das menschliche Gemüt aus mehr als nur logischen Schlussfolgerungen besteht. 1649 veröffentlicht er sogar ein ›Traité des passions de l'âme‹, eine »Abhandlung über die Gemütsbewegungen der Seele«, in denen er die menschlichen Passionen in fast katalogisierender Weise beschreibt. Doch die Ratio bleibt für ihn das entscheidende Charakteristikum des Menschen. Die Passionen sind nützlich, weil sie ihm Energie verleihen und ihn zum Handeln und Denken anspornen. Aber sie dürfen nicht die Oberhand gewinnen oder selbstständig ihrer eigenen Wege gehen, wie das bei den Tieren der Fall ist.

Dass Mensch und Tier scharf voneinander geschieden sind, lässt sich Descartes zufolge am menschlichen Sprachvermögen ablesen. Im fünften Abschnitt des ›Discours de la méthode‹ sagt er ausdrücklich: »Denn es ist sehr bemerkenswert, dass es überhaupt keine so stumpfsinnigen und dummen Menschen gibt, sogar die Wahnsinnigen nicht ausgenommen, die nicht fähig wären, verschiedene Worte zusammenzustellen und aus diesen einen Text (discours) zusammenzustellen, durch den sie ihre Gedanken einsichtig machen, während es überhaupt kein anderes Tier gibt, das ähnliches zuwege brächte, so vollkommen und vorteilhaft veranlagt auch immer es sein mag.«*

Wie einflussreich und weitgehend geteilt dieses Kriterium in Descartes' Zeit war, verdeutlicht die Äußerung, die der französische Kardinal Melchior de Polignac laut Diderot im Pariser Jardin du Roi zu einem Orang-Utan getätigt haben soll: »Sprich und ich taufe dich.«** Das Sprachvermögen ist das exklusive Kenn-

* René Descartes, *Discours de la méthode*, S. 98/99.

** Denis Diderot: »Gespräche mit d'Alembert«, in: ders., *Philosophische Schriften I*, Frankfurt a. M.: Europäische Verlagsanstalt, 1967, S. 579/580.

zeichen der Seele. Ein sprechender Affe müsste also eine Seele haben und daher einem Menschen gleichgestellt werden. Doch leider hatte man auch im 17. Jahrhundert noch keinen sprechenden Orang-Utan zu Gesicht bekommen.

Kein Wunder also, dass beim Menschen dieses Vermögen, das ihn vom Tier unterscheidet, von Descartes auch herausgehoben wird. Der Mensch hat zwar Emotionen und einen Willen etc., doch über all das ragt in ihm das Luzide und Vernünftige hinaus. Der Mensch ist zuallererst ein denkendes Wesen, schreibt Descartes in seinen ›Meditationen über die erste Philosophie‹, in denen er vier Jahre später seinen Gedankengang aus dem ›Discours‹ wieder aufgreift. Das Tier hingegen ist eigentlich nicht mehr als eine Art Maschine. Im ›Discours‹ hatte er es schon als einen »Automaten« bezeichnet.* Allerdings als einen Automaten, der von Gott geschaffen ist und daher, wie könnte es anders sein, »unvergleichlich viel wohlgeordneter ist« als alles, was die Menschen zustande gebracht haben.

Diese Assoziation des Tieres mit einem Automaten ist im 17. Jahrhundert nicht so verwunderlich. Es ist die Zeit der Automaten. An den Fürstenhöfen werden selbsttätige Maschinen vorgeführt, die für großes Aufsehen sorgen. Den größten Erfolg haben Konstruktionen, die die Form eines Tieres haben und auch dessen Bewegungen und Laute imitieren. Ein Großmeister in dieser Kunst sollte der Instrumentenbauer Jacques de Vaucanson werden, wenngleich er erst ein Jahrhundert nach Descartes lebte. Er baute eine mechanische Ente, die mit den Flügeln schlagen konnte.

Doch auch zu Descartes' eigener Zeit ist die *bête machine* in aller Munde, das Maschinen-Tier, dessen Geheimnisse durch den Automaten enthüllt zu werden schienen. In den Funktionsmechanismus des Körpers erhielt man dank anatomischer Forschung und Vivisektion immer mehr Einblick. Schon 1628 hatte der englische Arzt William Harvey seine ›Anatomische Studie über die Bewegung des Herzens und des Blutes bei Tieren‹ veröffentlicht, in der er die Funktion des Blutkreislaufes darlegte – mochte das Werk auch erst mit einigen Jahrzehnten Verspätung größere Bekanntheit erlangen. Das Herz, stellt Harvey fest, ist eine Pumpe, wobei es sich hierbei um eine Erfindung handelte, die selbst relativ neuen Datums war. Die Vivisektion ihrerseits zeigt, wie die Mechanik des Lebens arbeitet: Berührt man einen Nerv, zieht sich ein Muskel zusammen, im Eingeweidesystem kocht und brodelt es wie in einer Retorte, Muskeln und Skelett gehorchen den gleichen mechanischen Gesetzen wie Kräne und Hebel. Darauf geht auch Descartes in seinem ›Discours‹ und vor allem in dem postum veröffentlichten ›L'homme‹ mit den Kapiteln »Über die Maschine des Körpers« und »Wie die Maschine des Körpers bewegt wird« ausführlich ein.**

Die Erfolgsgeschichte der Automaten im 17. und 18. Jahrhundert war also nicht nur eine Sache des Amüsements. Man erhielt so wirklich mehr Einblick in die Funktionsweise des Organismus. Aber man war auch von der Funktion der Maschine an sich fasziniert. Hier offenbarte sich ein Höhepunkt menschlichen Erfindungsgeistes, worauf man nicht wenig stolz war. Hatte man doch nicht nur aus eigener Kraft das Rätsel des Organismus enthüllt, sondern auch die Natur – in all ihrer Rätselhaftigkeit – nachbilden können. Entdeckung und

* René Descartes, *Discours de la méthode*, S. 96/97.

** René Descartes, »L'homme/Der Mensch«, in: ders., *Die Welt. Abhandlung über das Licht. Der Mensch*, übers. u. hg. v. Christian Wohlers, Hamburg: Meiner, 2015, S. 172–189 u. S. 189–212.

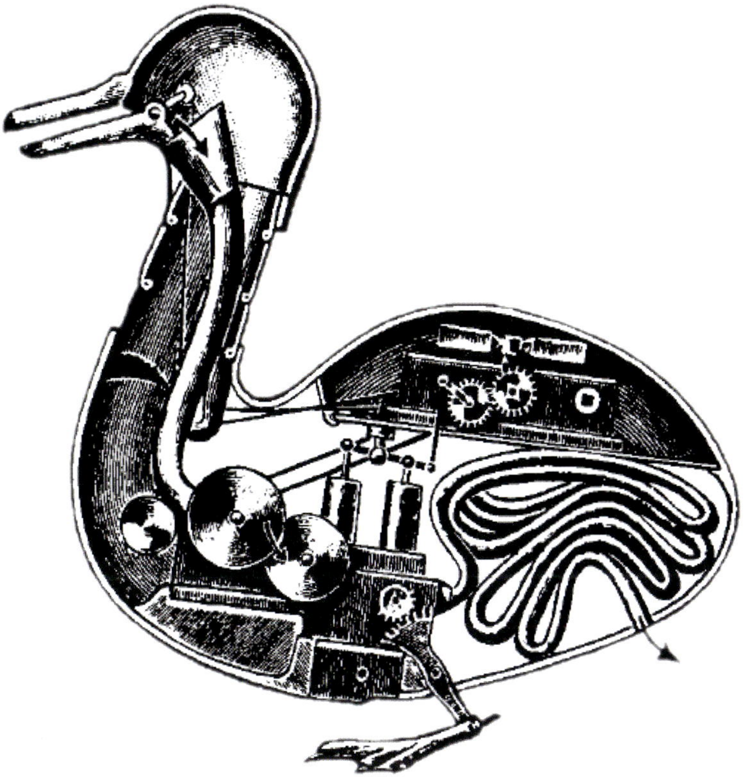

Die mechanische Ente (1738)

Erfindung flossen in dem Gefühl zusammen, dass man die Fähigkeiten Gottes zwar nicht auszustechen vermochte, ihnen aber immerhin ein Stück nähergekommen war. Die Popularität der *bête machine* ging daher nicht allein auf den Geist der Wissenschaft zurück, sondern nährte sich auch von menschlichem Stolz, wenn nicht gar Hochmut.

Das sollte nicht das letzte Mal in der Geschichte der Fall gewesen sein. Die Parallelen zur heutigen Diskussion über künstliche Intelligenz drängen sich förmlich auf. Der Computer von heute ist der Automat des 17. Jahrhunderts: ein Apparat, den jeder mit offenem Mund staunend betrachtet. Und so geschieht das, was, wie der Groninger Psychologe Douwe Draaisma angemerkt hat*, im Laufe der Geschichte immer geschieht: Die technische Erfindung wird prompt zum Modell dessen gemacht, dem sie am meisten gleicht, das aber noch nicht enträtselt ist. War das Tier im 17. Jahrhundert ein Automat, wird das menschliche Gehirn im 20. Jahrhundert zu einem Computer. In gewisser Weise sind wir damit nach vier Jahrhunderten wiederum bei Descartes gelandet. Erneut wird der Mensch zu einer *res cogitans*, nur besteht er heute nicht mehr aus geistiger »Substanz«, vielmehr ist das Denken selbst zu (»grauer«) Materie geworden.

* Douwe Draaisma, *Het verborgen raderwerk*, Baarn: Ambo, 1990, S. 97 ff. u. 139 ff., und *Die Metaphernmaschine. Eine Geschichte des Gedächtnisses*, Darmstadt: Primus-Verlag, 1999, S. 213 ff.

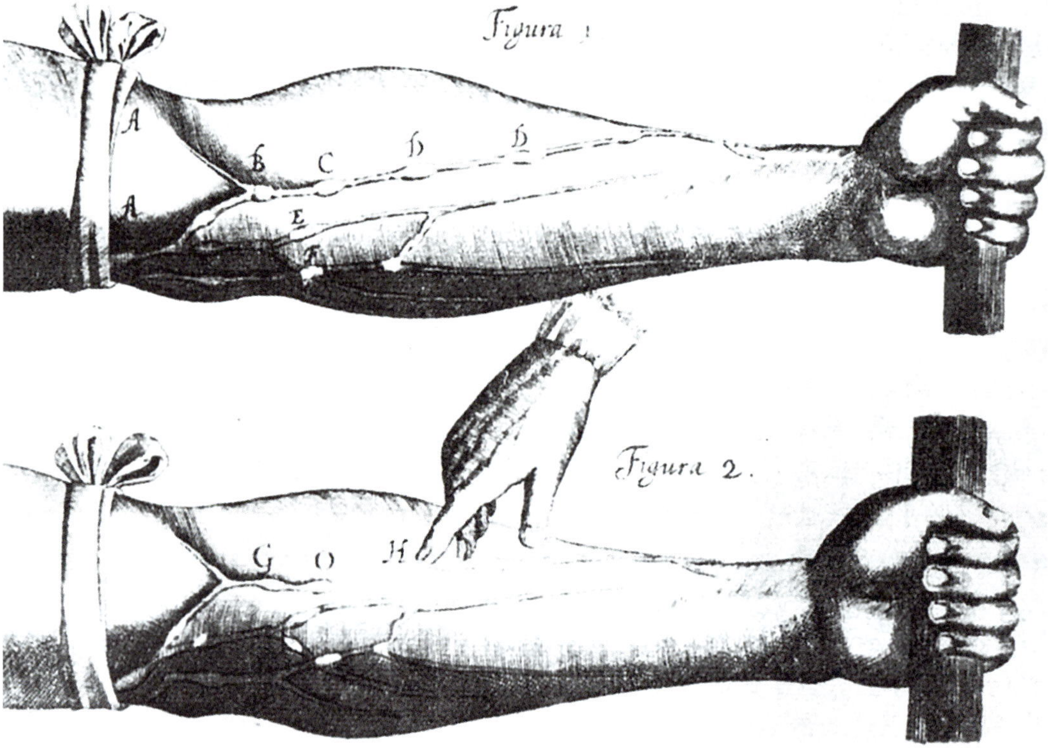

Ein Experiment aus William Harveys ›Exercitatio Anatomica de Motu Cordis et Sanguinis in Animalibus‹.

Ein Steuermann auf seinem Schiff

Zu Descartes' Zeit war diese materielle Sichtweise des menschlichen Geistes noch undenkbar. Aber wie gut man die körperlichen Funktionen auch nachbilden und daher durchschauen zu können glaubte (Descartes beschreibt im 5. Abschnitt seines ›Discours‹ ausführlich die Funktionsweise des menschlichen Körpers), sollte es doch noch lange dauern, bis eine Technik zur Verfügung stand, die vermeintlich auch das Denken mechanisieren konnte.

Daher bleibt das Denken für Descartes eine ebenso rätselhafte wie ausschlaggebende Eigenschaft des Menschen, die ihn vom Tier unterscheidet und zur Krone der Schöpfung macht. Allein der Mensch hat eine vernunftbegabte Seele, die außerdem unsterblich ist, daher muss die Seele unabhängig vom Körper existieren. Das Vernunftvermögen lässt sich weder auf die Mechanik dieses Körpers reduzieren noch daraus ableiten – die Seele muss, auch in Hinblick auf das ewige Leben, gesondert und als etwas Gesondertes geschaffen worden sein.

Das lässt Descartes keine andere Wahl, als im Menschen zwei verschiedenartige Substanzen zu postulieren. Einerseits gibt es den Körper, der unverkennbar Übereinstimmungen mit den Tierkörpern aufweist und der daher bloße Materie ist. Andererseits gibt es das Denken, die vernunftbegabte Seele, die zwar an den Körper gekoppelt ist, sich davon aber weitgehend frei machen kann (wir können träumen oder in Gedanken reisen) und sich nach dem Tod definitiv vom Körper löst. Die erste Substanz nennt Descartes die *res extensa* oder »ausgedehnte Sache« – »ausgedehnt«, weil das charakteristischste Merkmal der Materie darin besteht, Raum einzunehmen. Die zweite Substanz nennt er *res cogitans* oder »denkende Sache«.

So zerfällt das menschliche Wesen bei Descartes in zwei ganz verschiedene Sachen. Dieser Dualismus ist der Preis, den er für seine Rettung der Sicherheit und Verlässlichkeit des Wissens zahlen muss. Mit dieser Konsequenz fühlt er sich selbst auch etwas unbehaglich und tut sein Möglichstes, um sie in den Griff zu bekommen. Es reicht für die vernunftbegabte Seele (die denkende Sache) nicht aus, »dass sie im menschlichen Körper untergebracht ist wie ein Steuermann auf seinem Schiff, außer vielleicht um seine Glieder zu bewegen, sondern dass sie notwendigerweise mit ihm enger verbunden und vereint sein muss, um außerdem Empfindungen und Triebe ähnlich den unsrigen zu haben und so einen wahren Menschen zusammenzusetzen«, so schreibt er gegen Ende seines ›Discours‹.* Aber er ist nicht besonders erfolgreich darin, diese Einheit wirklich zu verankern. Kurz nach dem Zweiten Weltkrieg wird der britische Philosoph Gilbert Ryle Descartes' Menschenbild als *the ghost in the machine (das Gespenst in der Maschine)* beschreiben: Der Körper ist eine Mechanik, und irgendwo schwebt darin ein Gespenst herum, das wir nicht mit Händen greifen können.**

Dieses Problem bleibt nicht auf die Philosophie beschränkt. Auch die Psychologie wird sich später damit schwertun. Vergebens versucht sie sich vorzustellen, wie der Geist ar-

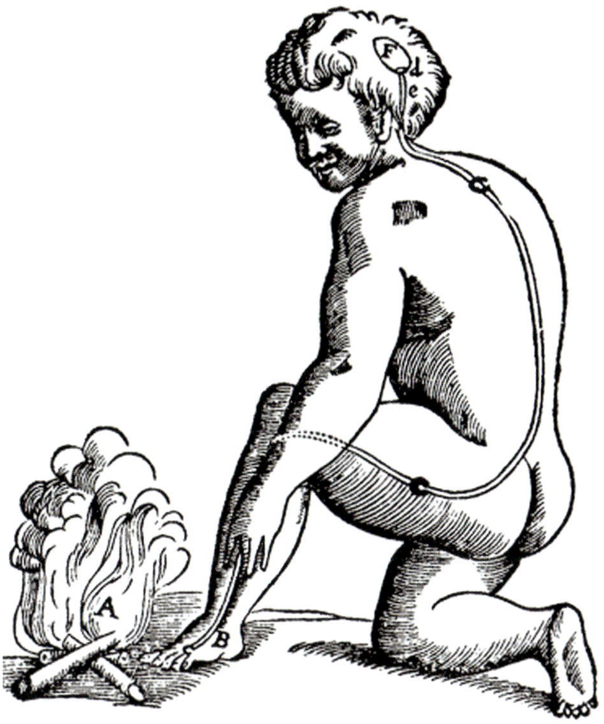

Eine Abbildung aus Descartes' Abhandlung ›L'homme‹, in der er zeigt, wie der Körper Sinneseindrücke (die Hitze des Feuers) an das Gehirn weiterleitet, das daraufhin seinerseits »die Maschine« des Körpers in Bewegung setzen kann.

beitet, indem sie das Gehirn mit Dingen vergleicht, die wir aus dem normalen Leben gut kennen und durchschauen zu können glauben: mit mechanischen Gebrauchsgegenständen oder gesellschaftlichen Organisationen.

In den Visualisierungen des deutschen Arztes und Wissenschaftspopularisators Fritz Kahn, der zwischen 1922 und 1931 eine fünfbändige Buchreihe über ›Das Leben des Menschen‹ veröffentlichte, ist das denkende Gehirn 1938 zu einem Büro geworden. »Das Buch über Dich!«, verkündet eine Anzeige aus dieser Zeit. Das Gehirn ist zu einer Art Direktionsraum und

* René Descartes, *Discours de la méthode*, S. 100/101.

** Gilbert Ryle: *Der Begriff des Geistes*, übers. v. Kurt Baier. Stuttgart: Reclam, 1982, S. 13.

Kommunikationszentrum geworden; nicht besonders weit von Descartes' »Steuermann auf seinem Schiff« entfernt.

Auf einer anderen von Kahns Illustrationen ist das Gedächtnis als Film dargestellt, der aufgenommen, entwickelt und aufbewahrt wird. In einer späteren Auflage ist schon eine wesentlich stärker ausgearbeitete Darstellung zu sehen. Aus ihr wird aufs Neue deutlich, wie begierig von den aktuellsten technischen Neuheiten Gebrauch gemacht wird, um doch wenigstens etwas von der Funktionsweise des Geistes zu verstehen. Hier dient ein vollständiges Kino als Modell, und obwohl sich der Tonfilm offenbar noch nicht durchgesetzt hat, steht im Projektionssaal nun doch eine »Sprachorgel«, die bei den entsprechenden Bildsequenzen wie eine Art »Explicateur« die passenden Wörter verlauten lässt.

In Kahns »Kino« fehlt jedoch etwas Entscheidendes, um das es in einem Kino letzten Endes geht: der Zuschauer, der die Bilder sieht. In seinen kinematografischen Metaphern finden sich zwar Menschen, allerdings nur als Bediener der darin aufgestellten Apparate. Der Zuschauer, der eigentlich erst das Bewusstsein (oder Descartes' »Seele«) repräsentierte, erhält hier keinen Platz. Das verhält sich auf den ersten beiden von Kahns Illustrationen anders. Dort wimmelt es in den Direktionsräumen und den Büros geradezu von Menschen. Aber hier erhebt sich ein anderes Problem: Wie muss man sich das Bewusstsein in diesen Direktionsräumen und Büros vorstellen? Offenbar sitzen im Kopf des Menschen noch kleinere Menschlein – es kommt zum bekannten Droste-Effekt.

Das Bewusstsein ist also entweder leer, wie im Filmtheater, oder es sitzt ein »Menschlein« (ein *Homunculus*) darin – womit die Erklärung einem unendlichen Regress anheimfiele. Denn wie sähe das Bewusstsein dieses Homunculus wiederum aus? Außerdem bleibt unklar, wie das Bewusstsein nun genau in Wechselwirkung mit dem Körper steht. In ›L'homme‹ hatte Descartes die Zirbeldrüse, die im Zentrum des Gehirns liegt, als den Ort ausgemacht, an dem sich der Übergang von einer »Materie« zur anderen vollzieht – aber eigentlich nur deshalb, weil er sich keine andere Funktion dieses merkwürdigen kleinen Organs vorstellen konnte. (Heute weiß man, welche Funktion die Zirbeldrüse hat: Sie produziert das Hormon Melatonin.) Ihre Funktion blieb jedenfalls rätselhaft. Letztendlich hat dieser kartesianische Dualismus mehr Fragen aufgeworfen als beantwortet.

Das Problem des Verhältnisses zwischen Körper und Geist, vor allem ihrer Wechselwirkung, sollte die Geschichte der Philosophie in den Jahrhunderten nach Descartes weiterhin beschäftigen. Immer wieder von Neuem wird man versuchen, diese Zweiteilung zu überwinden, indem man Geist und Körper auf *eine* Substanz zurückführt. Manchmal gewinnt dabei der Geist die Oberhand, ein anderes Mal der Körper. Heute geben sich die Neurobiologie und die Kognitionswissenschaften alle erdenkliche Mühe, zu zeigen, wie sich das Bewusstsein durch die Reduktion auf eine der wissenschaftlichen Beobachtung zugängliche Funktion der Materie erklären lässt. Dick Swaabs Bestseller ›Wir sind unser Gehirn‹ (Droemer, 2010) ist dafür ein schlagendes Beispiel.

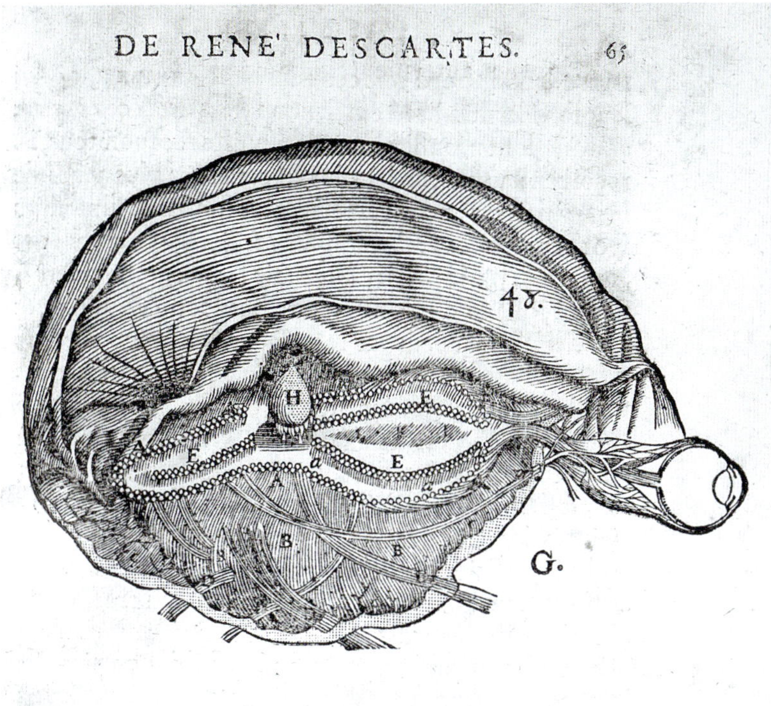

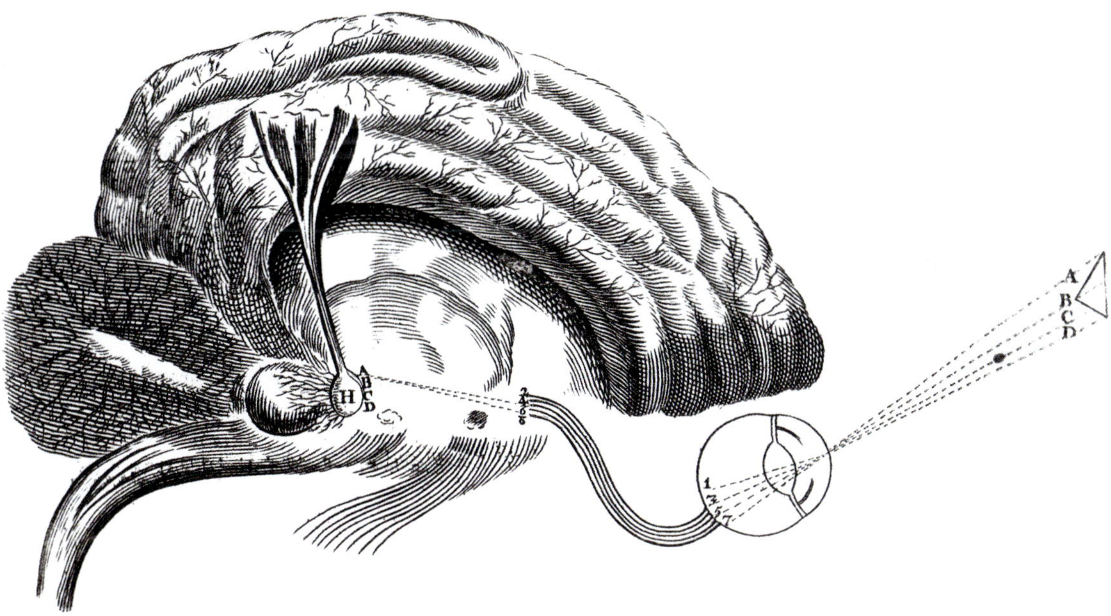

Descartes nahm an, dass die Zirbeldrüse (H) die Verbindung zwischen der physischen Wirklichkeit des Menschen (hier der visuellen Wahrnehmung) und der geistigen Wirklichkeit des Bewusstseins und der Seele bildet. Abbildungen aus René Descartes: ›L'homme/Der Mensch‹. (Oben: Descartes: Gehirn mit Zeichnung der optischen Nervenlinie. Credit: Wellcome Colleciton. CC BY. Unten: Descartes: Das Nervensystem. Diagramm des Gehirns und der Zirbeldrüse. Credit: Wellcome Collection. CC BY).

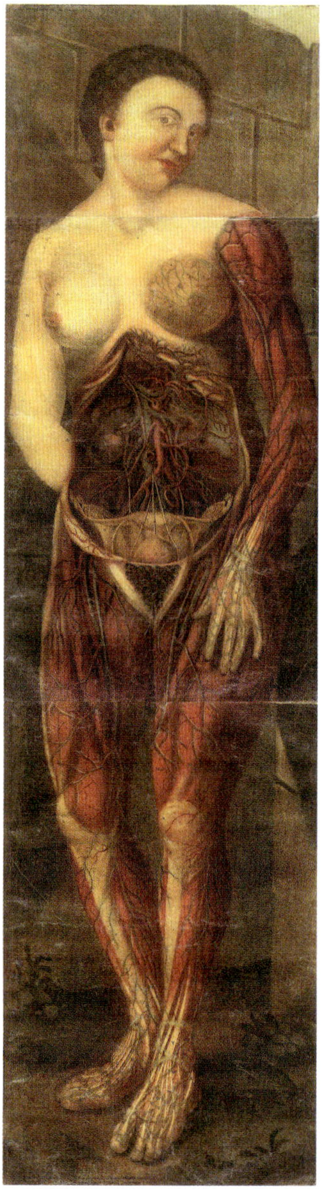

Eine anatomische Darstellung aus der Mitte des 18. Jahrhunderts von Jacques-Fabien Gautier d'Agoty. (akg-images/ Universal Images Group)

3

Spinoza,
Mozart,
La Mettrie,
Ryle

Eine komplizierte Maschine

Neurophysiologie war im 17. Jahrhundert eine noch unbekannte Wissenschaft. Ebenso unbekannt und zunächst undenkbar war die Vorstellung, dass die Seele, die bei Descartes noch unauflöslich mit dem Gottesbegriff verbunden war, auf etwas Materielles zurückgeführt werden könne. Doch in welchem Verhältnis standen Seele und Materie denn dann zueinander? Einige von Descartes' Schülern versuchten, das Unerklärliche zu erklären, indem sie – ebenso wie er selbst – den Ball zu Gott zurückspielten. Nicht zu Gott als dem vollkommenen Schöpfer, der aufgrund seiner Vollkommenheit notwendigerweise existieren musste und für die Zuverlässigkeit der menschlichen Wahrnehmung bürgte. Sondern zu Gott als dem Schöpfer, der zwischen den beiden radikal unterschiedlichen Wirklichkeitssphären im Vorhinein eine Harmonie geschaffen hatte. Blies jemand in der materiellen Welt eine Kerze aus, dann *sah* er, dass es dunkel war, auch wenn Letzteres nicht durch Ersteres verursacht wurde.

Nach Ansicht dieser cartesianischen Denker entfalteten sich die Wirklichkeit der Welt und die Wirklichkeit des Bewusstseins wie zwei parallel verlaufende Ströme, die streng genommen unabhängig voneinander waren, sich aber dennoch gegenseitig zu beeinflussen schienen. Man kann das mit der Tonspur eines analogen Films vergleichen. Auf dem größten Teil der Filmrolle folgen die transparenten Fotos so schnell aufeinander, dass sich der Eindruck eines sich schnell bewegenden Bildes ergibt. Am Rande der Filmrolle befindet sich jedoch eine Tonspur, die optisch gelesen wird und im Prinzip vom Bild unabhängig ist. Nur der Träger (der Filmstreifen, auf dem beide liegen) vereint sie und sorgt dafür, dass das bewegte Bild tatsächlich selbst zu sprechen scheint.

Vergleicht man diesen Filmstreifen nun mit Gott, hat man mehr oder weniger die Lösung, die im Anschluss an Descartes ersonnen wurde, um das, was in der materiellen Welt geschieht, und das, was sich im Bewusstsein abspielt, synchron verlaufen zu lassen und so den Anschein einer Wechselwirkung zu erwecken. Das vollbringt Gott, indem er bei jedweder Gelegenheit (*occasio*) lenkend eingreift und Innen- und Außenwelt aufeinander abstimmt – so dachten »Okkasionalisten« wie Nicolas Malebranche darüber. Oder er hatte (wie im Beispiel der Filmrolle) die Schöpfung von vornherein schon so eingerichtet, dass sich Welt und Bewusstsein aus sich selbst heraus parallel entwickelten – diese Ansicht vertraten der deutsche Mathematiker und Philosoph Leibniz

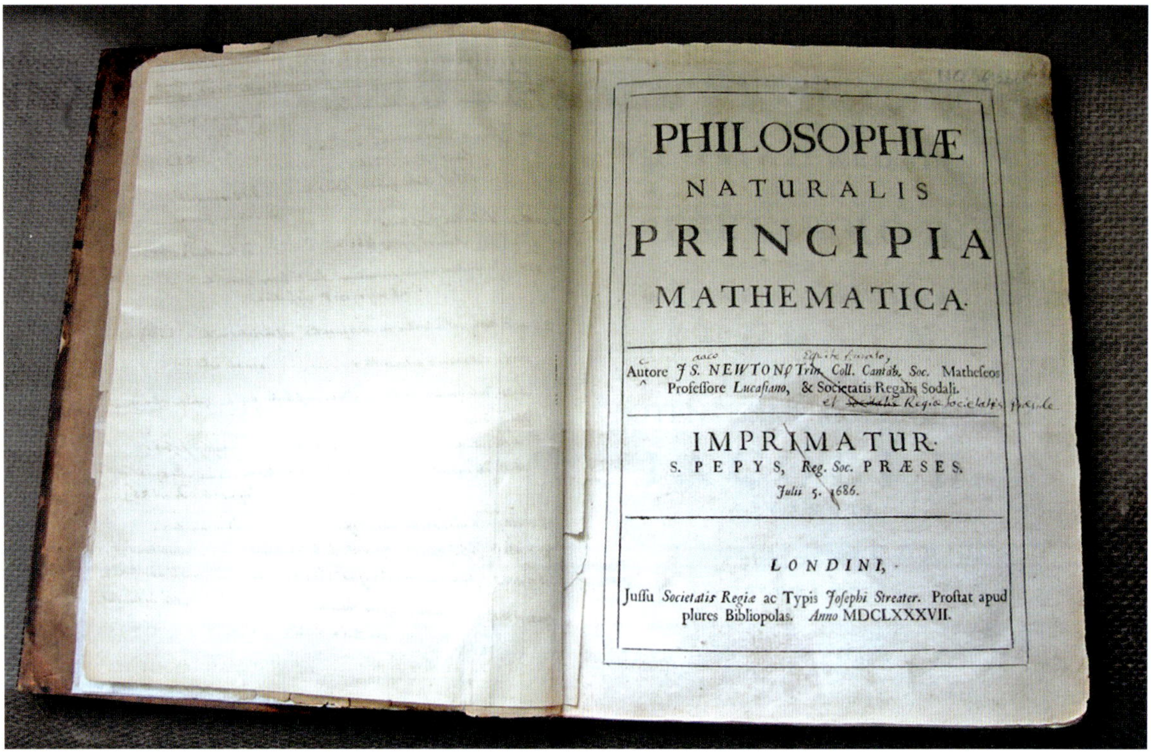

Isaac Newtons ›Philosophiæ Naturalis Principia Mathematica‹ wurde 1687 in lateinischer Sprache veröffentlicht.

und etwas früher bereits der flämisch-niederländische Philosoph Arnold Geulincx. »Nach meinem Befehl und Willen geschieht nichts in dieser Welt«, schrieb Geulincx, »auch die Bewegung meiner Glieder ist nicht die Folge meines Wollens, sondern die Bewegung begleitet lediglich meinen Willen.«*

In derselben Anmerkung illustriert dies Geulincx mit dem berühmt gewordenen Bild der beiden Uhren, die nicht den geringsten Einfluss aufeinander ausüben, dennoch in genau demselben Moment die Stunde schlagen – weil sie nun einmal so eingestellt wurden. Letzteres war Wasser auf die Mühlen jener Denker, die die Auffassung vertraten, Gott habe die Welt zwar erschaffen – wo sollte sie sonst herkommen? –, sie aber danach ihrer eigenen Mechanik überlassen. Gott sei eine Art Uhrmacher gewesen, der das Uhrwerk der Wirklichkeit zwar entworfen und in Gang gesetzt, es anschließend aber sich selbst überlassen habe.

Dieser »Deismus«, der den Gottesglauben noch kurz vor Toresschluss mit dem, was der niederländische Wissenschaftshistoriker E.J. Dijksterhuis »die Mechanisierung des Weltbildes« genannt hat, zu vereinigen versuchte, gewann im 17. und 18. Jahrhundert in philosophischen Kreisen an Popularität. Einerseits sehen wir erneut, dass die zeitgenössische Technik die Metaphern lieferte, um philosophische Probleme verständlich und vielleicht auch

* Arnout Geulincx, *Ethik oder Über die Kardinaltugenden*, Meiner: Hamburg, 1948, S. 69.

lösbar zu machen. Uhrmacher wie der bereits erwähnte Automatenkonstrukteur Vaucanson gehörten nun einmal zur Avantgarde jener, die zeigen sollten, wozu der Mensch technisch in der Lage ist. Auf der anderen Seite besiegelte Isaac Newton Ende des 17. Jahrhunderts die schon längere Zeit gehegte Vermutung, dass sich die Welt als Ganzes in den Gesetzen und Formeln der Mechanik fassen ließ.

Wunder und göttliches Eingreifen waren nach der Veröffentlichung von Newtons bahnbrechendem Werk ›Philosophiae Naturalis Principia Mathematica‹ (›Die mathematischen Grundlagen der Naturphilosophie‹ bzw. der Physik) im Jahr 1687 nur noch schwer zu verteidigen. Newton selbst allerdings verstand sich nicht nur als Physiker und Mathematiker, sondern auch als leidenschaftlicher Theologe. »Die Schwerkraft erklärt die Bewegungen der Planeten, kann aber nicht erklären, wer die Planeten in Bewegung gesetzt hat«, schrieb er. »Gott regiert alle Dinge und weiß, was getan wird oder getan werden kann.« Glaube und Wissenschaft standen in dieser Zeit viel weniger in scharfem Gegensatz zueinander, als man heute gelegentlich annimmt.

Das ändert nichts an der Tatsache, dass sich der Deismus in seiner strengsten Form einer misslichen Schlussfolgerung nicht entziehen konnte. Gott mochte den »Film« der Welt und die »Tonspur« des Bewusstseins von Anfang an genau aufeinander abgestimmt haben, die Tatsache, dass sie weiterhin synchron liefen, ließ sich aber nur erklären, wenn man ihren Verlauf als einen notwendigen Prozess ansah.

Unwillkürlich schlich sich damit nicht allein in das Konzept der Materie, sondern auch in das des Bewusstseins die Annahme einer natürlichen, »mechanischen« Kausalität ein. Mit der Idee eines freien Willens des Menschen war das, wie sich zeigen sollte, auf die Dauer nicht zu vereinbaren.

Schon ab der Mitte des 17. Jahrhunderts sah sich Spinoza dazu gezwungen, in seiner Philosophie – die noch mehr als die Philosophie Descartes' nach dem Vorbild der Mathematik modelliert war – die Freiheit zu leugnen. Und es wird nicht erstaunen, dass er im gleichen Atemzug auch Gott »naturalisierte«. *Deus sive natura,* »Gott oder auch die Natur«: mit dieser Formel führte er die Wirklichkeit, die bei Descartes auseinandergefallen war, wieder auf ein einziges Prinzip zurück.

Ob Spinoza damit zu einem Atheisten geworden war oder eher zu einem Mystiker, der Gott in allem erblickte, ist bis auf den heutigen Tag ein Streitpunkt geblieben. Beide Extrempositionen – die erste noch mehr als die zweite – brachten für den, der sich zu ihnen bekannte, lebensgefährliche Risiken mit sich. Es bedurfte einer tief greifenden kulturellen Umwälzung, um es auf eine Gottesverleugnung ankommen lassen zu können – und, was mindestens ebenso umstritten war, den Menschen wider alle religiöse Lehrauffassungen radikal zu naturalisieren. Auch hier gingen diese beiden Entwicklungen Hand in Hand.

Das Jahrhundert der Demaskierung

Das 18. Jahrhundert entwickelte sich zum Jahrhundert der großen »Entlarvung«: der Demaskierung aller – oder jedenfalls sehr vieler – Werte und Wahrheiten, die bis dahin als unantastbar gegolten hatten. Die Aufklärung sollte in Amerika und in Frankreich zu zwei politischen Revolutionen Anstoß geben, die in der Frage legitimer Machtausübung eine nachhaltige Veränderung herbeiführen würden. Zunächst war sie jedoch von einem nüchternen und respektlosen Blick auf alles gekennzeichnet, was unlängst noch Ehrfurcht gebietend erschien.

Jean Huber, ›Dîner des philosophes‹ (1772/73).

Ein unerschrockener Freigeist hielt Einzug, der sogar vor der Entlarvung der Moral als ein fadenscheiniges Deckmäntelchen, das dazu diente, die egoistischen Motive zu verbergen, nicht zurückschreckte. Fast nichts entging diesem Entlarvungseifer, der sich kein X für ein U vormachen ließ und am liebsten die ganze Welt samt ihren Werten auf den Kopf stellen wollte.

Der neue Typus des Denkers, der hier in Erscheinung trat, hatte meist keine akademische Prägung. Er interessierte sich nicht für die »Schulphilosophie«. Sie war blutleer, zweitrangig, erneuerungsfeindlich, wenig aufregend, klerikal, fromm und bestenfalls scharfsinnig, aber langweilig – all das, was wir heute Universitätsphilosophie im schlechtesten Sinne nennen würden.

Es brodelte im intellektuellen Leben, nicht so sehr in den (klerikalen) Hörsälen, sondern mehr noch in den Kaffeehäusern und Salons, die in diesem Jahrhundert großen Anklang fanden. Die Denker und Schriftsteller, die dort auftraten und in Frankreich als *Philosophes* bekannt werden sollten, waren d'Holbach (der 1770 ein ebenso materialistisches wie atheistisches ›Système de la nature‹ veröffentlichte), Helvétius, d'Alembert und natürlich Voltaire. Sie alle waren keine Professoren, sondern Publizisten, Journalisten, Verleger – und das, was wir seit Ende des 19. Jahrhunderts »Intellektuelle« nennen: radikal sowohl auf politischer als auch auf philosophischer und wissenschaftlicher Ebene.

Die Vornehmen unter ihnen schrieben vornehm aufgemachte Bücher – das vornehmste von allen war wohl die große ›Encyclopé-

Les Liaisons dangereuses In einem Gespräch zwischen den beiden Protagonisten von ›Les Liaisons dangereuses‹, dem Briefroman von Pierre-Ambroise-François Choderlos de Laclos, Vicomte de Valmont und Marquise de Merteuil, tritt die Verderbtheit eines zu »kultivierten« Adels deutlich hervor (links Brief 10, rechts Brief 96).

die‹, die unter der Ägide von d'Alembert und Diderot das gesamte Wissen ihrer Zeit in sich zu vereinen beanspruchte. Die weniger Vornehmen schrieben alles, was ihnen Geld für den eigenen Lebensunterhalt einbrachte; ihre Bandbreite reichte von Spott- und Schmähschriften, Pornografie und Schundromanen bis zu philosophischen Traktaten, in denen sie eigene oder gestohlene Ideen propagierten.*

Die Pornografie des 18. Jahrhunderts verfolgte nicht selten eine politische und ideologische Zielsetzung. Allem voran entlarvte sie die allzu idealistischen Auffassungen einer in der Ehe gebändigten und »handzahm« gemachten Sexualität, indem sie den Menschen zu einem triebgeleiteten Wesen naturalisierte. Marquis de Sade sollte Ende des Jahrhunderts den Höhepunkt dieser Entwicklung bilden. Bei ihm wurde der libidinöse Mensch zugleich zur radikalen Negation aller Göttlichkeit, oder besser gesagt: Der Mensch erreichte das Göttliche erst in der Verfolgung seiner Triebe.

Doch die Pornografie enthielt überdies oft auch eine explizite politische Botschaft, in der

* Siehe dazu Robert Darnton, *Literaten im Untergrund. Lesen, Schreiben und Publizieren im vorrevolutionären Frankreich,* München u. Wien: Hanser, 1985.

›Così fan tutte‹, Oper von Wolfgang Amadeus Mozart aus dem Jahr 1790. Ankündigung der Erstaufführung.

Wolfgang Amadeus Mozart, Gemälde von Johann Nepomuk della Croce, Ausschnitt.

vor allem die beiden mächtigsten Institutionen des *Ancien Régime* scharf angegangen wurden: die Kirche und der Adel. Letzterer geriet wegen seiner tatsächlichen oder unterstellten Liederlichkeit in dem Skandal erregenden Briefroman ›Les Liaisons dangereuses‹ von Pierre Choderlos de Laclos aus dem Jahr 1782, am Vorabend der Französischen Revolution, besonders heftig unter Beschuss. Sex ist darin vollkommen einem Machtspiel mit Verführung, Unterwerfung und Rufmord als dessen wesentlichen Ingredienzien ausgeliefert.

Diese Publizisten, Denker, Journalisten und Lehrer des 18. Jahrhunderts sind vor allem *weltlich* eingestellt. Ihr Geist wird brillant von der Figur des Don Alfonso personifiziert, die in Mozarts Oper ›Così fan tutte‹ von 1790 (also ein Jahr nach der Französischen Revolution) eine Schlüsselrolle spielt. Don Alfonso ist eine Mischung aus Philosoph (als solcher wird er auch bezeichnet) und einem *practical joker*, der seinen beiden jungen Schülern mithilfe einer Wette die Augen für die zynische Wirklichkeit der Welt zu öffnen versucht.

Don Alfonso ist nicht nur ein friedliebender Mann, wie er zu Beginn der Oper sagt; hier zeigt er sich als Bürger, der allmählich die Rolle der – von den beiden Schülern, die sofort mit dem Degen parat stehen, repräsentierten – Aristokratie übernimmt. Er ist auch ein Mann, der lieber an die Erde als an den Himmel glaubt. An welchen Himmel denn auch? An den Himmel der überirdischen Liebe, die die beiden Schüler (Guglielmo und Ferrando) in ihren beiden Geliebten (Fiordiligi und Dorabella) zu erkennen glauben? Keineswegs, sagt Don Alfonso: Frauen seien keine überirdischen Wesen, kein Ausbund von Treue, ähnlich dem Phönix, der zwar in aller Munde sei, den aber niemand je zu Gesicht bekommen habe. Frauen seien als irdische Wesen denselben Tugenden und vor allem *Un*tugenden wie alle

Menschen unterworfen, die letztlich auf einen sehr körperlichen Prozess von Begehren, Lust und Appetit zurückzuführen seien.

Um das zu beweisen, fordert er die beiden Schüler zu einem Experiment auf: Sie sollten zunächst vorgeben, man habe sie zur Armee einberufen, und dann heimlich, in Verkleidung unkenntlich, zurückkehren. Anschließend sollten sie versuchen, die Geliebte des jeweils anderen zu verführen – dann würden sie schon sehen, wie es um diese berühmte Treue stände. Die beiden jungen Männer lassen sich auf das Experiment ein; Don Alfonso behält in diesem scheinbar frivolen, in Wirklichkeit aber alles verheerenden Sittendrama recht – auf Kosten großen Leids und herber Enttäuschung, worüber die Liebe letztlich nur mit großer Mühe triumphieren wird.

Doch die Entlarvung ist nicht mehr ungeschehen zu machen. In Zukunft werden die Liebenden nie wieder so naiv sein wie zuvor, wie auch die westliche Zivilisation nach dem 18. Jahrhundert viel von ihrer Naivität ein für alle Mal eingebüßt hat.

Joseph Wright, ›A Philosopher Giving a Lecture on the Orrery‹, 1766 (akg-images/Erich Lessing).

La Mettrie: Der Geist ist eine Funktion

Am radikalsten tritt diese Enthüllung der Wirklichkeit im Werk des französischen Arztes Julien Offray de La Mettrie zutage, der den von Descartes hingeworfenen Handschuh der *bête machine* aufnimmt und dabei selbst vor der »Heiligkeit« des Menschen nicht zurückschreckt. »Der Übergang von den Tieren zum Menschen ist kein gewaltsamer; die wahren Philosophen werden darin übereinstimmen«, schreibt er.* Auch der Mensch ist eine Maschine, nicht mehr und nicht weniger, stellt er in einer Streitschrift mit dem programmatischen Titel ›L'homme machine‹ fest, die 1748 in ganz Europa für Aufruhr sorgte.

La Mettrie war Arzt: eine Berufsgruppe, die in ihrem Denken über den Menschen schon häufiger mit ernüchternden Ansichten Aufsehen erregte (und noch weiter erregt). Er studierte bei Boerhaave in Leiden, und ebenso wie Descartes veröffentlichte er sein anstößiges Pamphlet in den Niederlanden, wo die Pressefreiheit relativ groß war – vorsorglich anonym. Nicht ohne Grund: Die erste Auflage wurde verbrannt, der Herausgeber vor Gericht gestellt, und der Autor selbst musste die Flucht ergreifen, er folgte der Einladung des aufgeklärten preußischen Königs Friedrich des Großen nach Berlin.

Das 17. Jahrhundert war das Jahrhundert der Mathematik. Das 18. wurde das der Erforschung der Materie und der Physik, wie das 19. Jahrhundert das der Biologie und der Geschichte werden sollte. Bei der Erforschung der

* Julien Offray de La Mettrie, *L'homme machine. Die Maschine Mensch*, übers. u. hg. v. Claudia Becker, Hamburg: Meiner, 1990, S. 53.

Porträt von Julien Offray de La Mettrie von Pierre-Guillaume-Alexandre Beljambe.

Natur, so La Mettrie, müssen wir uns von der Wahrnehmung, nicht von vorgefassten (»angeborenen«) Ideen leiten lassen. Und ginge es um den Menschen, seien Ärzte dafür am ehesten prädestiniert, vor allem wenn sie (wie er selbst) außerdem noch Philosophen seien.

Wer La Mettries Ansicht nach jedenfalls kein Recht hatte mitzureden, waren die Theologen, auch dann nicht, wenn sie sich als Philosophen verkleideten. Er hätte es am liebsten gesehen, wenn man die Rechtsprechung den Ärzten überlassen hätte. »Sie allein könnten den unschuldigen von dem schuldigen Verbrecher unterscheiden. Wenn die Vernunft Sklavin eines verderbten oder rasenden Sinnes ist, wie kann sie ihn dann beherrschen?«, fragt er sich prophetisch.*

Heutzutage ist diese Forderung weitgehend durch die Psychologisierung der Rechtsprechung eingelöst. Bevor der Richter sein Urteil fällt, lässt er sich von Psychiatern für gewöhnlich darlegen, ob der Verdächtige »zurechnungsfähig« ist oder nicht. Das heißt: ob keine nicht-bewussten oder unbewussten Elemente im Spiel sind, die die Funktionsfähigkeit des freien Willens und daher des moralischen Gewissens bei der Ausführung des Verbrechens blockiert haben.

La Mettrie ist von der Erklärungskraft der mechanischen Wissenschaft, die von der Omnipräsenz des Kausalitätsprinzips ausgeht, überzeugt. Was für die äußere Natur gilt, muss auch für den Menschen gelten. Daher fährt er in seiner Abhandlung einen Frontalangriff auf die Seele: das spezifische menschliche Attribut, das bei ihm sowohl das (Selbst-)Bewusstsein als auch die Vernunft und das Gemüt zu umfassen scheint. Seiner Ansicht nach ist dieses Attribut nicht vom Körper unabhängig, wie Descartes behauptet hat.

Das zeige sich allein schon an dem Einfluss, den die Ernährung auf das Geistesleben ausübt: »In der Schweiz gab es einen Amtmann namens Steiger von Wittighofen, nüchtern war er der unbestechlichste und selbst der nachsichtigste Richter; aber wehe dem Unglücklichen, der auf der Anklagebank saß, wenn jener ein üppiges Mittagessen hinter sich hatte! Er war imstande, den Unschuldigen ebenso hängen zu lassen wie den Schuldigen.« Und: »Welche Macht eine Mahlzeit hat. Die Freude lebt in einem traurigen Herzen wieder auf; sie überträgt sich auf die Seele der Tischgenossen, die

* La Mettrie, *L'homme machine. Die Maschine Mensch,* S. 39 u. 81.

ihr mit heiteren Liedern Ausdruck verleihen, worin der Franzose sich auszeichnet.«*

Klingt in Letzterem ein beträchtliches Maß an Weichherzigkeit des Mannes an, der zu seiner Zeit von vielen als ein wahres Monster angesehen wird, sich aber dennoch auch einer gewissen Nostalgie nicht entziehen kann? In seiner unerschrockenen Naturalisierung des Menschen zeigt sich La Mettrie jedenfalls nicht von Nostalgie bewegt. Der menschliche Körper ist »eine Maschine, die selbst ihre Triebfedern aufzieht – ein lebendes Abbild der ewigen Bewegung. [...] Ohne Nahrung verschmachtet die Seele, gerät in Raserei, und entkräftet stirbt sie. Sie ist eine Kerze, deren Licht im Augenblick des Erlöschens noch einmal aufflammt. Ernährt aber den Körper, schüttet in seine Gefäße kräftige Säfte und stärkende Getränke: dann bewaffnet sich die Seele, ebenso edel wie diese, mit stolzem Mut.«**

Der Mensch ist ein kompliziertes chemisch-mechanisches Gebilde mit einer Vielzahl von Funktionen, die aus La Mettries Sicht nach dem Modell von Zug- und Schubkräften, Hebeln und hydraulischen Apparaten arbeiten. Dieses Modell wird auch Freud hundertfünfzig Jahre später wieder verwenden, es dann aber weniger wörtlich nehmen als La Mettrie: Der psychische Mechanismus lasse sich noch am ehesten mit einem hydraulischen Drucksystem vergleichen, meint Freud.

Bei La Mettrie scheint sich diese Parallele schon anzukündigen, wenn er in seinem ersten Kapitel vom »Wahn« von Mann und Frau spricht, die »von Enthaltsamkeit und Gesundheit verfolgt werden«. Er schreibt wie ein Sexologe *avant la lettre:* »So macht es diesem schüchternen und sittsamen Mädchen wenig aus, jegliche Schamhaftigkeit und Scheu verloren zu haben; es betrachtet den Inzest nur noch so wie eine Kupplerin den Ehebruch betrachtet. Wenn ihre Bedürfnisse nicht sofortige Befriedigung finden, so werden sie sich keineswegs auf die einfachen Zufälle eines Gebärmutterkrampfes, auf die Manie etc. beschrän-

Ein schönes Beispiel für die Psychologisierung des Verbrechens bietet der Schlussteil des Filmes ›Psycho‹ von Alfred Hitchcock aus dem Jahr 1960. Der Psychopath Norman Bates hat in seinem Hotel eine Reihe von Frauen ermordet, doch sein Denken war dabei von der Stimme seiner toten Mutter beherrscht; sie hat ihn zu seinen Taten getrieben. In seinem Geist haust also in Wirklichkeit ein anderer (akg-images/Album/Shamley Productions).

* La Mettrie, *L'homme machine. Die Maschine Mensch*, S. 35 ff.

** ebd.

ken; diese Unglückliche wird an einem Leiden sterben, für das es doch so viele Ärzte gibt.«*

Aus all dem schlussfolgert La Mettrie, dass die Seele als eine selbstständige und getrennte Entität nicht existiert. Das Denken ist nichts anderes als die Organisation und das Funktionieren der Körpermaschine. Entsprechend ist auch Moral seiner Ansicht nach nicht mehr als ein Gefühl, das letztlich auf Angst und Furcht beruht. Die Goldene Regel: »Was du nicht willst, dass man dir tu, das füg auch keinem anderen zu« habe ihre Wurzeln offenbar in diesen Angstgefühlen. Und diese Art von Gefühl, die ein gewisses Bewusstsein voraussetzt, lasse sich auch in den körperlichen Organen nachweisen: Man betrachte nur das Zusammenziehen der Muskeln, wenn sie gereizt werden! Das Denken, das auf derartige Weise in der lebenden Materie diffus gegenwärtig ist, wird umso komplexer, je komplexer der Organismus wird. Mit anderen Worten: Denken ist eine Funktion der Materie.

Damit greift La Mettrie den Ideen weit voraus, die im 20. Jahrhundert von Gilbert Ryle, dem wir bereits im vorigen Kapitel begegnet sind, vertreten werden sollten. In seinem Buch ›The Concept of Mind‹ aus dem Jahr 1949 (dt. ›Der Begriff des Geistes‹) lädt Ryle den Leser dazu ein, mit ihm einen Rundgang über den Campus der Universität von Oxford zu machen, an der er lehrt. Seine Begleiter bekommen die Bibliothek, die Hörsäle, die »Colleges« und das Rektorat zu sehen. Aber allein ein Kartesianer würde danach noch fragen: »Wo ist denn die Universität?«**, schreibt Ryle. Ersetze »die Universität« durch die Seele und alles, was der Besucher zu sehen bekommt, durch den Körper, und du wirst den »Kategorienfehler« erfassen, an dem Descartes laboriert, so Ryle. Die Seele wird dann wie eine Art »Sache« betrachtet, dem Körper ähnlich, aber von anderer Art: *res cogitans* versus *res extensa* – »Sachen« sind sie aber beide.

Wie wir bereits gesehen haben, musste Descartes zu diesem Kunstgriff Zuflucht nehmen, um der unsterblichen Seele eine selbstständige Existenz zuerkennen zu können. Wie sollte sie sonst den Tod des Körpers überleben? Ryle ist von diesen theologischen Einschränkungen nicht mehr belastet, daher kann er den »Geist« (er spricht von *mind* und nicht von *soul*) als das Organisationsprinzip des menschlichen Lebens und Handelns auffassen. Obwohl er aus diesem Grund oft in die Schublade des Behaviorismus gesteckt wird (des psychologisch-philosophischen Positivismus, nach dem der Geist aus dem *Verhalten* des Menschen besteht), fühlt sich Ryle selbst eher der Phänomenologie zugehörig, die die Wirklichkeit als ein Zusammentreffen von Materie und Bewusstsein begreift.

Ob sich das bei La Mettrie ebenso verhielt, lässt sich durchaus fragen. Natürlich lag das feinsinnige Denkmuster, das die Phänomenologie entwickeln sollte, damals noch mindestens anderthalb Jahrhunderte in der Zukunft. Die Bilder und Metaphern, mit denen er seine Gedanken veranschaulichte, waren ironischerweise eher von Descartes entlehnt, vor dessen Geisteskraft (anders als vor jener seiner ihm sklavisch ergebenen Anhänger) er großen Respekt hatte. La Mettrie folgt Descartes in der »mechanischen« Hälfte seiner Philosophie und radikalisiert sie. Was Descartes über Tiere sagte, sagt La Mettrie über den Menschen.

---

* La Mettrie, *L'homme machine. Die Maschine Mensch*, S. 37 u. 39. »Gebärmutterkrampf« ist ein altertümlicher Begriff für Hysterie, nach dem griechischen *hystéra* (Gebärmutter).

** Gilbert Ryle, *Der Begriff des Geistes*, Stuttgart: Reclam, 1982, S. 14.

Gegen Ende seines Traktats schreibt er: »Man gestehe mir nur zu, dass die organisierte Materie mit einem Bewegungsprinzip versehen ist, welches allein sie von derjenigen unterscheidet, die es nicht ist […], und dass bei den Tieren alles von der Unterschiedlichkeit dieser Organisation abhängt, wie ich es hinreichend bewiesen habe.«* Er schließt nicht einmal aus, dass Affen sprechen lernen können – während Descartes gerade das Sprachvermögen noch als eine der deutlichsten Kennzeichen der menschlichen Vernunft und Überlegenheit angesehen hat.

Einige Dressurbeispiele lassen das seiner Ansicht nach plausibel erscheinen. Eine Dressur ist nichts anders als der Mechanismus der Erziehung, mit dem wir auch Kinder aufziehen und mit dem sich die Menschheit im Laufe der Jahrhunderte selbst zu entwickeln vermocht hat. Auf dieselbe Weise wird im 20. Jahrhundert der behavioristische Psychologe Burrhus F. Skinner jedes menschliche Verhalten und jeden Lernprozess als einen »konditionierten Reflex« auffassen, ebenso wie vor ihm schon der russische Psychologe und Physiologe Iwan Pawlow.

STAR TREK Die Idee, dass Körper und Geist eines Menschen in ein Paket von Informationen aufgesplittet und dann an einen anderen Ort weitergeleitet werden können, wird in der Serie ›Star Trek‹ verwendet: »Beam me up, Scotty!«

»Ziehen wir also die kühne Schlussfolgerung«, schreibt La Mettrie, »dass der Mensch eine Maschine ist, und dass es im ganzen Universum nur eine einzige Substanz – in unterschiedlicher Gestalt – gibt.«** Alles ist *res extensa*, um es mit Descartes zu sagen, und das Denken (die Seele, das Bewusstsein) ist davon nicht mehr als ein Epiphänomen. Mit der Zeit wird daraus die Science-Fiction-Vorstellung hervorgehen, man könne den Geist in einen Computer downloaden. »Geist« ist schließlich nichts anderes als eine bestimmte Organisation der Materie, und diese Organisation kann man in Information übertragen und als solche digitalisieren. Das Denken muss sich dann auch auf streng wissenschaftlichem Weg untersuchen lassen. Diese Vorstellung sollte zum Programm der positivistischen Humanwissenschaft (vor allem der positivistischen Psychologie) werden, die sich Ende des 19. Jahrhunderts zu entwickeln beginnt.

* La Mettrie, *L'homme machine. Die Maschine Mensch*, S. 119.

** ebd.

Mary Wollstonecraft
Shelley, gemalt von
Richard Rothwell, 1840.

Boris Karloff als
Frankensteins Monster
(akg-images/Fototeca
Gilardi)

4

Monster und der freie Wille

Mary Shelley, E. T. A. Hoffmann, Turing, Kant

Die Idee einer menschlichen Maschine und damit eines machbaren Menschen nimmt in der Kultur des 18. Jahrhunderts allmählich Gestalt an. Etwa fünfzig Jahre nach La Mettrie schreibt Mary Shelley darüber eines der berühmtesten Bücher der Science-Fiction-Literatur. Ihr Roman ›Frankenstein‹ aus dem Jahr 1818 erzählt von der Erschaffung eines Menschen mittels wissenschaftlicher Kunstgriffe, auch wenn dabei noch reichlich von vorhandenem menschlichem Material Gebrauch gemacht wird. Die Ehrfurcht gebietende Möglichkeit, dass die Wissenschaft wirklich an den Punkt gelangen könnte, nicht nur das Rätsel des Lebens, sondern sogar das des menschlichen Lebens zu entwirren, und sich damit über die Macht Gottes zu erheben versucht, kommt im Untertitel, den Shelley ihrem Buch gegeben hat, klar zum Ausdruck: ›The Modern Prometheus‹.

In der Tat: Das Wort »modern« taucht hier schon als Zuspitzung des menschlichen Hangs auf, nach dem Göttlichen zu greifen. Hatte schon der Prometheus der klassischen Mythen den Göttern das Feuer gestohlen, so stahl er nun dem Schöpfer auch noch das Geheimnis des Lebens und seiner Erschaffung. Die berühmteste Verfilmung dieses enorm populären Buches, mit Boris Karloff in der Rolle des Monsters, lässt darüber keinen Zweifel aufkommen. »It's alive!«, stößt der halb geniale, halb wahnsinnige Doktor Frankenstein aus, als ein erstes Zittern die Gliedmaßen des Monsters durchzieht. Und gleich danach heißt es: »Now I know how it feels to be God!«

Doch die Schwelle des göttlichen Privilegs wird nicht gefahrlos überschritten. Der Roman ›Frankenstein‹ unterstreicht die Schattenseiten, die das neue Wissen, das sich der Mensch erobert, mit sich bringt. »Lerne von mir«, lässt Shelley ihre Hauptperson sagen, »wie gefährlich der Erwerb von Wissen ist und wieviel glücklicher der Mann ist, der glaubt, daß sein Geburtsort die ganze Welt sei, als jener, der größer sein will, als die Natur erlaubt.«* Zum überschwänglichen Optimismus der Aufklärung gesellt sich das Bewusstsein, dass alle menschlichen Fähigkeiten, auch die strahlende Vernunft, dunkle Winkel in sich bergen – und das hat seinerseits Rückwirkung auf die Vorstellungen, die der Mensch über sich selbst hegt.

Ebenso wenig wie sein Wissen ist der Mensch selbst ohne Schattenseiten, und deren

* Mary Wollstonecraft Shelley, *Frankenstein oder Der neue Prometheus*, München u. Wien: Carl Hanser, 1993, S. 65.

Zeichnung von E. T. A. Hoffmann für seine Erzählung ›Der Sandmann‹.

Reichweite kann er kaum noch überblicken. Im Laufe des 19. Jahrhunderts überbrückt er eine gewaltige Distanz: von der Selbstverherrlichung seiner eigenen Vernunft und ihrer elektrisierenden Versprechungen bis zur freudianischen Erkenntnis am Ende des 19. Jahrhunderts, dass sich das Bewusstsein in keiner Weise selbst beherrscht und sich permanent von dem irrationalen Unbehagen bedroht sieht, das auf seinem Boden ruht.

Fast zum selben Zeitpunkt, zu dem Mary Shelley in einer Villa am Genfer See an ihrem Zukunftsroman arbeitet, schreibt in Deutschland E. T. A. Hoffmann – er war als Komponist gescheitert und verlegte sich nun auf das Schreiben – seine Erzählung ›Der Sandmann‹, in der er die Gedankenwelt La Mettries und die im 17. Jahrhundert verbreitete Mode der mechanischen Tiere noch eindringlicher fortspinnt. Die ziemlich komplizierte Geschichte erzählt von dem düsteren Rechtsanwalt Coppelius, der vorgibt, »Augen zu verkaufen«. An wen? An den Uhrenmacher Spalanzani, eine späte Reinkarnation von Vaucanson, der die Augen offensichtlich dazu verwendet hat, eine Puppe zu erschaffen, die so lebensecht ist, dass sich der Student Nathanael sogar in sie verliebt. Doch hatten »ihre Augen etwas Starres, beinahe möcht' ich sagen, keine Sehkraft, es war mir so, als schliefe sie mit offnen Augen«, erklärt Hoffmann. Und auch ihre Unterhaltung ist ziemlich dürftig. Aber schließlich küsst er sie: »Eiskalte Lippen begegneten seinen glühenden!«*

Auch mit dieser Geschichte geht es nicht gut aus – die Erzählung entfaltet sich in der horrorhaften Atmosphäre, die nun in der Literatur ein neues Genre ins Leben rufen wird. Die Gruselgeschichte entspricht dem Hang zum Düsteren und Irrationalen, das sich auf den Wogen des romantischen Gemüts das 19. Jahrhundert zu erobern anschickt. Aber dieser Horror betrifft nicht nur die unergründlichen Tiefen, in denen sich die natürliche Wirklichkeit letztlich dem forschenden Blick entzieht, mit dem die Aufklärung ihre Geheimnisse entschleiern zu können vermeinte. Der Horror bringt auch das Erschrecken vor diesem Blick selbst zum Ausdruck, mit dem der Mensch seine eigene Grenze überschreitet und einen Bereich betritt, der für ihn immer tabu gewesen war – und es vielleicht auch besser bleiben sollte.

Der Mensch entdeckt seine eigenen grenzenlosen Fähigkeiten – und erschrickt darüber ebenso sehr, wie er sich dafür begeistern kann. Er ist von diesem Moment an ein doppelt zwiespältiges Wesen. Nicht nur Geist und Materie, sondern auch das Göttliche und das Menschliche kämpfen in ihm um den Vorrang. In diesen Jahren bringt das auch der spanische Maler Francisco Goya in seiner berühmten Radierung ›Der Schlaf der Vernunft gebiert Ungeheuer‹ zum Ausdruck.

Federzeichnung von Francisco de Goya, eine Vorstudie seiner berühmten Radierung ›Der Schlaf der Vernunft gebiert Ungeheuer‹ (1797–1799).

Ein halbes Jahrhundert nachdem E. T. A. Hoffmann seine Erzählung veröffentlicht hat, arbeitet der damals enorm populäre französische Komponist Jacques Offenbach die Geschichte zu einer Episode in seiner Oper ›Les Contes d'Hoffmann‹ aus, in der er Hoffmann selbst die Rolle des Studenten Nathanaël übernehmen lässt. Gegen Ende dieser Episode wird Hoffmann auf den Ball eingeladen, auf dem Spalanzanis Puppe (die dieser konsequent »meine Tochter« nennt) ihr »Debüt« in der *society* geben soll – wovon zunächst weder die Gesellschaft etwas ahnt noch Hoffmann, der sich sehnlichst wünscht, mit dieser bildschönen Olympia zu tanzen.

Dann laufen die Dinge schief. Die Mechanik der Puppe ist zwar in der Lage, ein Lied her-

* Hoffmann, E. T. A., *E. T. A. Hoffmanns Erzählungen*. München u. Wien: Hanser, 2000 (Der Sandmann (Olimpia), S. 225–263.

vorzubringen, doch Olympias Konversation bleibt im weiteren Verlauf auf das eine Wort *oui* beschränkt. Das Sprachvermögen des mechanischen Menschen scheint über die Grenzen, die Descartes dem Sprachvermögen des Tieres gesetzt hat, noch nicht besonders weit hinauszugehen. Die Maschine spielt verrückt, und der arme Hoffmann kann nur mit großer Mühe aus Olympias Fängen befreit werden, die nicht mehr aufhören will zu tanzen.

Plötzlich stürmt nun Coppélius in den Saal, voller Wut, weil die Augen, die er geliefert hat, noch immer nicht bezahlt wurden. Und vor den Augen der ganzen Gesellschaft – *und* vor den Augen Hoffmanns selbst – reißt er die Puppe in Stücke. Nun erst beginnt allen zu dämmern, was geschehen ist; sie drücken es mit den Worten aus, die auch schon Descartes verwendete, als er das Wesen des Tieres beschrieb: *Un automate! Il aimait un automate*! Er war verliebt in einen Automaten!

Singende Puppe Olympia singt in ›Les Contes d'Hoffmann‹ (»Hoffmanns Erzählungen«) ihr Lied ›Les oiseaux dans la charmille‹ (›Die Vögel im Laubengang‹) (Ester Osborne, 1907).

The Imitation Game Auf eine Maschine, die das menschliche Denkvermögen wirklich nachahmen konnte, sollte man noch mindestens ein Jahrhundert warten müssen; bis Alan Turing – der Erbauer des ersten künstlichen Gehirns – während des Zweiten Weltkriegs dazu den ersten konkreten Ansatz in seinem erfolgreichen Versuch machte, den Code der deutschen Chiffriermaschine Enigma zu entziffern. Die Geschichte wird im Film ›The Imitation Game‹ von 2014 erzählt (akg-images/Album/Black Bear Pictures).

Eine Art Sache

Wie durch Zauberhand verwandelt Offenbach Hoffmanns düstere Erzählung in ein fröhliches Spektakel. Während sein desillusionierter Protagonist »Hoffmann« mit ungläubigem Entsetzen in Olympias leere Augenhöhlen blickt, amüsieren sich die Umstehenden über seine Naivität und die Leichtigkeit, mit der er sich zum Narren halten ließ. Hat sich der Zeitgeist mittlerweile so sehr gewandelt? Oder ist der Humor, von dem das ganze Œuvre Offenbachs durchdrungen ist, schlichtweg eine andere Möglichkeit, mit den Dilemmata ins Reine zu kommen, mit denen sich der Mensch umso unvermeidlicher konfrontiert sieht, je mehr die Verwissenschaftlichung der Kultur fortschreitet?

Mit seiner Entscheidung für die totale »Naturalisierung« des Menschen haut La Mettrie den Gordischen Knoten durch, in den Descartes die Wirklichkeit verstrickt hat, als er diese in zwei völlig unterschiedliche Substanzen unterteilte: in eine denkende (res cogitantes) und eine ausgedehnte (res extensae) Sache, also einerseits geistig/denkend, andererseits körperlich. Doch hat er dafür auch einen Preis zu zahlen. Wenn der Mensch wie eine Maschine funktioniert, wenn er (oder in Olympias Fall: sie) ein Automat ist, dann wird auch sein Handeln nach maschinellen Gesetzmäßigkeiten verlaufen. Er wird ein rein kausal bestimmtes maschinelles Machwerk ohne freien Willen und daher auch ohne Moral sein. Er funktioniert einfach, wie eine Pumpe, ein Hebekran oder eine Nähmaschine funktioniert: nach den Gesetzen von Ursache und Wirkung, von Zug- und Schubkraft. Eine eigene Entscheidungsmacht hat er ebenso wenig wie ein Webstuhl oder eine Dampfmaschine. Es ist alles eine Angelegenheit von Hebeln, Kabeln, Druck und Zentrifuge.

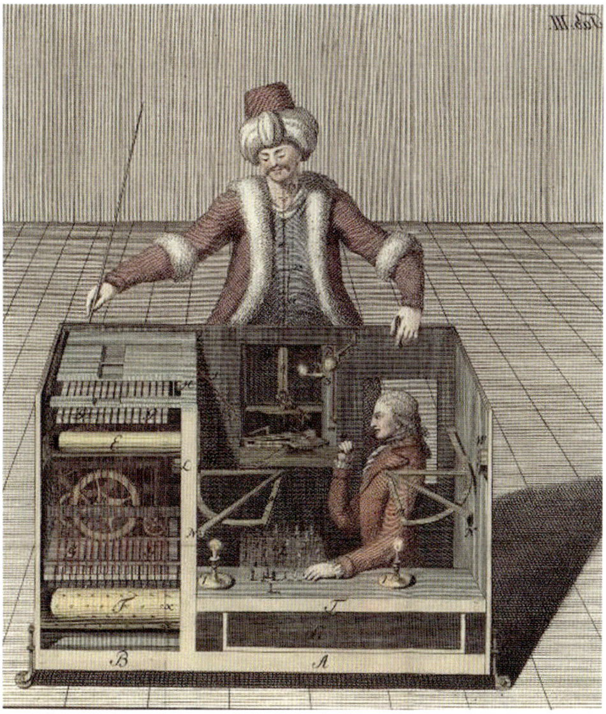

Schachautomat Gegen Ende des 18. Jahrhunderts behauptete der ungarische Erfinder Wolfgang von Kempelen, er habe einen Automaten entworfen, der ebenso gut Schach spielen könne, wie der von Jaquet-Droz schreiben kann. Von Kempelen reiste mit seinem »Mechanischen Türken« durch ganz Europa und sogar durch die Vereinigten Staaten. Aber es war Betrug. In der Maschine saß ein echter Mensch verborgen: Klein von Statur, aber mit einer hohen Schachbegabung (Kupferstich eines Schachtürken, 1789).

Diese Überzeugung zieht sich wie ein roter Faden durch die Wissenschaftsgeschichte der vergangenen beiden Jahrhunderte hindurch. Sie hat eine solide Tradition ausgebildet; viele ihrer Annahmen werden kaum noch bestritten. So findet sich fast niemand mehr, der noch verteidigen wollte, dass es mehr als *eine* »Substanz« in der Welt gäbe. Wir sind allesamt zu »Monisten« geworden, im Sinne des von Ernst Haeckel gegründeten Monistenbundes, der zu Beginn des 20. Jahrhunderts eine strikt auf naturwissenschaftlichen Erkenntnissen fundierte Weltanschauung propagierte.

Ernst Haeckel und der Monistenbund 1906 gründete der deutsche Zoologe, Philosoph und Darwinist Ernst Haeckel den »Deutschen Monistenbund«, dem sich schon bald andere anschlossen: Wissenschaftler wie der Chemiker Wilhelm Ostwald und der Zoologe Ludwig Plate, Künstler wie Karl Hauptmann, Schriftsteller wie Wilhelm Bölsche, Psychologen wie Friedrich Jodl und sogar Theologen wie Albert Kalthoff. »Tausende und Abertausende finden keine Befriedigung mehr in der alten, durch Tradition oder Herkommen geheiligten Weltanschauung«, so lautet der Gründungsaufruf, »sie suchen nach einer neuen, auf naturwissenschaftlicher Grundlage ruhenden einheitlichen Weltanschauung.«

Aber anders, als es sich Haeckels Monistenbund vorgestellt hat, ist es ganz und gar nicht universell akzeptiert, dass sich die gesamte von Menschen erfahrene Wirklichkeit auf Materie zurückführen und mit der Methode der positivistischen Wissenschaft beschreiben lässt. Wie auch immer das Bewusstsein mit der Materie zusammenhängen mag, dieses Bewusstsein und die Welt, in der es lebt, lässt sich nicht auf das stoffliche Substrat reduzieren, auf dem es beruht. Das Bewusstsein ist nicht bloß ein Anhängsel der Materie, sondern durchläuft eine eigene Entwicklung mit eigenen Gesetzen und Eigenschaften. Wenn alles Materie ist, dann sind das Bewusstsein und das Denken vielleicht die »Innenseite« dieser Materie: nicht in dem Sinne von der Materie unterschieden, dass sie unabhängig von ihr existieren könnten, aber ebenso wenig eins mit ihr oder in allen Hinsichten aus der Materie erklärbar. Bereits die unbestreitbare Gegebenheit, dass ich mir meiner selbst bewusst bin und eine Welt *erfahre*, scheint eine eigene Realitätsebene vorauszusetzen.

So entwickelt sich in der Wissenschaft und Philosophie neben einer streng reduktionistischen Strömung eine Tradition, die zwar nicht im kartesianischen Sinne dualistisch ist, aber dennoch die eigene Realität des Denkens und Bewusstseins – und damit der menschlichen Wirklichkeit – aufrechterhalten will. Selbst der strengste Positivismus, so besagt diese Tradition, müsse eingestehen, dass beide, das Bewusstsein und die Welt, in der sich das Bewusstsein befindet, *existieren*. Das ist schließlich die erste Tatsache, auf die unser eigenes Denken stößt.

Natürlich kann der Positivismus dagegen anführen, dass dies nur eine trügerische Begleiterscheinung der materiellen Wirklichkeit sei. Aber seltsam ist das schon. Denn letztlich beruht ebendiese positivistische Philosophie oder Wissenschaftsausübung in erster Linie auf der Tatsache, dass der Philosoph oder Wissenschaftler denkt – und dass dieses Denken einen ernst zu nehmenden Inhalt hat. Wenn dieses Denken dann zu dem Schluss führt, dass Materie das Einzige ist, was existiert, dann sägt es sich in einem gewissen Sinne den Ast ab, auf dem es selbst sitzt.

Außerdem ist der materielle Reduktionismus eine methodische Entscheidung, keine Notwendigkeit. Wir müssen ihn vielleicht begrüßen, wenn wir positivistische Wissenschaft betreiben wollen, aber das ist immer eine vorläufige und praktische Option. Der Reduktionismus reicht über seine eigene Legitimitätsgrenze hinaus und wird inkohärent, sobald er *mehr* will als das und behauptet, die Wirklichkeit als solche zu beschreiben. Wenn sich die Wissenschaft mit anderen Worten nicht nur um der Forschung willen dazu entscheidet, die Wirklichkeit bloß unter einem einzigen Aspekt zu betrachten, sondern auch glaubt, daraus schlussfolgern zu können, dass dieser eine Aspekt der einzige sei, der *existiert*, muss ein solcher Salto mortale zu Absurditäten führen.

Davon waren viele Philosophen während der vergangenen beiden Jahrhunderte nach wie vor durchdrungen. Doch wenn sich der Dualismus Descartes' ebenfalls als intellektuell unbefriedigend und unhaltbar erweist, wie müssen Geist und Materie denn dann zusammen gedacht werden? Zwischen dem Materialismus, der an der *res extensa* (Materie) ansetzt, und dem Idealismus, der alles auf die *res cogitans* (Geist) reduzieren will, sollte sich in den darauffolgenden beiden Jahrhunderten auf je unterschiedliche Weise die Frage nach dem Wesen des Menschen entfalten. Das wichtigste Problem, das die Philosophie zu lösen hat, besteht darin, wie der Mensch als körperliche Entität, die den Naturgesetzen der Materie unterworfen ist, dennoch ein freies Wesen bleiben kann, das für die Gesetze der Ethik empfänglich ist.

Porträt Immanuel Kants von Johann Gottlieb Becker, 1768.

Was kann ich wissen?

Es ist der preußische Philosoph Immanuel Kant, der gegen Ende des 18. Jahrhunderts für dieses Problem in seinem überaus einflussreichen und revolutionären philosophischen Œuvre eine Lösung sucht. Er durchdenkt das Verhältnis zwischen Innen und Außen (Selbstbewusstsein und Körperlichkeit) auf eine neuartige Weise, die sich für die moderne Philosophie als prägend erweisen sollte. Auch Kant, der stark unter dem Eindruck des Werks von Newton und der modernen Naturwissenschaften seiner Zeit steht, geht von *einer* materiellen Wirklichkeit aus: von der mechanischen, den Gesetzen der Kausalität unterliegenden Wirklichkeit, von der La Mettrie und die Materialisten des 18. Jahrhunderts ausgingen.

Aber anders, als es die materialistische Tradition intendiert, sieht Kant im Kausalitätsprinzip keinen Grund, die menschliche Freiheit zu leugnen. Er gesteht allerdings ein, dass

Porträt Alexander Popes von Michael Dahl, 1727.

das universelle Gesetz der Kausalität einerseits und das Gesetz der Freiheit (das heißt der Moral) andererseits in einem Spannungsverhältnis zueinander stehen. Naturwissenschaftlich müssen wir sagen: »Alle Begebenheiten sind mechanisch-kausal verursacht«. Aber aufgrund unserer Selbsterfahrung können wir auch das Gegenteil behaupten: »Nicht alle Begebenheiten sind mechanisch-kausal verursacht« – zum Beispiel nicht diese Handlungen, die ich aus freiem Willen ausführe.

Diesen Widerspruch löst Kant nicht auf, indem er Letzteres aus Ersterem herleitet, sondern im Ausgang von beiden Annahmen das Phänomen »Mensch« untersucht und hierbei der Frage nachgeht, wie es möglich ist, dass sie beide – trotz ihrer Widersprüchlichkeit – dennoch wahr sein können. Seine Antwort wird lauten: Diese »Antinomie der Vernunft« (die augenscheinliche Unversöhnlichkeit, mit der sich diese beiden Behauptungen gegenseitig auszuschließen scheinen) stellt keinen echten Widerspruch dar, weil sich die Annahmen in unterschiedlicher Weise auf die Erkenntnis und Wahrnehmung der Wirklichkeit beziehen. Dasselbe gilt für andere »Antinomien« wie etwa »der Kosmos ist endlich« gegenüber »der Kosmos ist unendlich«.

Um dies näher zu erklären, ist Kant noch mehr als frühere Denker gezwungen, sich die Frage zu stellen, was für ein Wesen der Mensch – in dem sich dieses Paradox schließlich auftut – eigentlich ist. In der Philosophie, so schreibt er in seiner Einleitung zu seiner ›Logik‹ aus dem Jahr 1800, geht es um das Beantworten dreier Fragen: 1) Was kann ich wissen? 2) Was soll ich tun? 3) Was darf ich hoffen? Die erste Frage wird von der *Metaphysik* beantwortet, die zweite von der *Ethik*, die dritte von der *Religion*. Und diese drei Fragen, schreibt er dann, sind auf *eine* Frage zurückzuführen: 4) Was ist der Mensch?*

Philosophie ist also im Grunde genommen Anthropologie. Auch der englische Philosoph David Hume, der Kant stark beeinflusst hat, implizierte in seinem ›Treatise of Human Nature‹ (»Ein Traktat über die menschliche Natur«) von 1739/1740 bereits etwas Ähnliches. Kurz zuvor hatte Alexander Pope in seinem großen Lehrgedicht aus dem Jahr 1734, das nicht umsonst ›An Essay on Man‹ (»Ein Ver-

* Immanuel Kant, *Schriften zur Metaphysik und Logik*, Werke in zehn Bänden, Bd. 5, hg. v. Wilhelm Weischedel, Darmstadt: Wissenschaftliche Buchgesellschaft, 1983, S. 447 f.

such über den Menschen«) heißt, geschrieben:

Know then thyself,
presume not God to scan,
The proper study of mankind is Man.

Erkenne dich selbst,
versuche nicht, Gott zu durchschauen,
Der wahre Forschungsgegenstand der
Menschheit ist der Mensch.*

Aber Kant formuliert diese Wendung zum ersten Mal philosophisch explizit und richtungsweisend. Seine Studie *Anthropologie in pragmatischer Hinsicht*, die zwei Jahre vor seiner *Logik* veröffentlicht wurde, kann er daher mit dem programmatischen Satz beginnen: »Alle Fortschritte in der Kultur, wodurch der Mensch seine Schule macht, haben das Ziel, diese erworbenen Kenntnisse und Geschicklichkeiten zum Gebrauch für die Welt anzuwenden; aber der wichtigste Gegenstand in derselben, auf den er jene verwenden kann, ist der Mensch: weil er sein eigener letzter Zweck ist. – Ihn also, seiner Spezies nach, als mit Vernunft begabtes Erdwesen zu erkennen, verdient besonders, Weltkenntnis genannt zu werden, ob er gleich nur einen Teil der Erdgeschöpfe ausmacht.«**

Die Frage nach dem Menschen ist nicht mehr nur ein Teilbereich der Philosophie, untergeordnet der Disziplin, die von jeher als die grundlegendste der philosophischen Disziplinen angesehen wird: der Metaphysik, das heißt der Disziplin, die nach den Grundstrukturen der Wirklichkeit fragt. Ganz im Gegenteil, die Rollen haben sich nun verkehrt: Die Metaphysik wird der Frage nach dem Menschen untergeordnet. Bei Kant findet die spezifische Wende der modernen Philosophie zum menschlichen Subjekt ihren Abschluss.

Aber mit dem Begriff »Metaphysik«, den Kant hier einführt, hat es etwas Sonderbares auf sich. Denn mit der Unterordnung dieser Disziplin unter die anthropologische Fragestellung erhält auch die Frage nach der Struktur der Wirklichkeit (Metaphysik) eine andere Bedeutung. Die Frage lautet nun nicht mehr: »Wie ist die Wirklichkeit beschaffen?«, sondern: »Wie ist *der Mensch* beschaffen, dass für ihn eine ›Wirklichkeit‹ existieren kann?«

Der Gegenstand der Metaphysik ist für Kant zuallererst nicht die Realität an sich, sondern das »Ich«. Dies zeigt sich schon an der ersten von Kants Fragen: »Was kann *ich* wissen?« Er bezeichnet sie als die Grundfrage der Metaphysik. Metaphysik ist, mit anderen Worten, *Erkenntniskritik* und Kritik der Vernunft geworden. Von nun an bestimmt das »Ich« das Wie und Was der Welt. Dabei dürfen wir das Wort »Kritik« nicht als etwas Negatives verstehen, sondern in der ursprünglichen Bedeutung des Wortes: als »gründliche (kritische) Untersuchung«. Entsprechend hat Kant die Untersuchung der ersten seiner drei Fragen dann auch benannt. Er veröffentlichte sein grundlegendes Werk unter dem Titel: ›Kritik der reinen [theoretischen] Vernunft‹ (1781).

»Was kann ich wissen?« und vielleicht noch eher: »Was kann ich *nicht* wissen?« ist Kants grundlegende erkenntniskritische Frage. Und, so können wir hinzufügen, Kant bemüht sich auch, die Grenzen zwischen dem, was wir mittels des Verstandes und der Sinne herausfinden

* Alexander Pope, *Vom Menschen / Essay on Man*, hg., eingel. u. übers. v. Eberhard Breidert, englisch – deutsch, Hamburg: Meiner, 1993, S. 1 f.

** Immanuel Kant: *Schriften zur Anthropologie, Geschichtsphilosophie, Politik und Pädagogik, Erster Teil*, Werke in zehn Bänden, Bd. 10, hg. v. Wilhelm Weischedel, Darmstadt: Wissenschaftliche Buchgesellschaft, 1983, S. 339.

können, und dem, wovon wir auf anderen Wegen eine Vorstellung haben können, aufzuzeigen. Diese Unterscheidung sollte wesentlich zur Auflösung des augenscheinlichen Widerspruchs zwischen der allumfassend herrschenden kausalen Notwendigkeit der Natur und der Freiheit des menschlichen Willens beitragen.

Wahrnehmung und Fernsehen

Wie rettet sich Kant aus diesem Widerspruch? Zunächst stellt auch er fest, dass wir nichts wissen können, was wir nicht mit unseren Sinnen wahrgenommen haben. Diese scheinbar selbstverständliche Erkenntnis überfiel ihn bei der Lektüre der Werke der britischen Empiristen – vor allem David Humes, der ihn mit seinem *Treatise* aus seinem »dogmatischen Schlummer« geweckt habe. Dieser »dogmatische Schlummer« bestand in der Vorstellung angeborener Ideen innerhalb der sogenannten rationalistischen Schule, die von Descartes über Leibniz und Wolff in Deutschland Verbreitung gefunden hatte. Solche angeborenen Ideen gibt es nicht, behauptet Hume. Sie werden empirisch, in der Erfahrung selbst, gebildet.

Damit stimmte Kant vollkommen überein. Aber ebenso wie für Descartes blieb für ihn dennoch ein Problem ungelöst. Wie Descartes der Auffassung war, die Idee der »Vollkommenheit« könne unmöglich aus der immer unvollkommenen Wirklichkeit entspringen, so rang Kant mit dem Prinzip der Kausalität. Mögen wir auch in der wahrgenommenen Wirklichkeit sehen, wie sehr alles diesem Prinzip entspricht, so nehmen wir diese Kausalität streng genommen nun gerade *nicht* wahr. Was *sehen* wir denn? Ereignisse, die aufeinander folgen: Zuerst rollt die eine Billardkugel, dann die andere, so hatten es die englischen und schottischen Philosophen schon in ihren Herrenzimmern wahrgenommen, wo immer ein Billardtisch bereitstand. Doch nichts zwingt uns zu der Vorstellung eines unvermeidlichen, notwendigen und allzeit gültigen Zusammenhangs zwischen diesen beiden Ereignissen.

Man kann den Stoß wiederholen und sich dadurch daran gewöhnen, dass die Ereignisse immer auf gleiche Weise aufeinander folgen. Auf diese Weise hatte Hume unsere Gewohnheit, überall Kausalität wahrzunehmen, erklärt. Doch diese Gewöhnung ist für Kant zur Einsicht in das Naturgesetz der Kausalität nicht ausreichend. Dieses Prinzip ist viel stärker als bloße Gewohnheit: Das hatte schon Newton deutlich gemacht. Wir *können* die Welt einfach nicht anders sehen als eine gesetzmäßig verlaufende Ordnung von Ursache und Wirkung.

Der Begriff der Kausalität ist die Voraussetzung dafür, dass wir die Welt sehen, wie wir sie sehen, folgert Kant. Der empiristische Ausgangspunkt bedarf also einer Ergänzung. Mit Wahrnehmung allein lässt sich Erkenntnis nicht erklären. Notwendig ist auch eine Reihe von Formen, die diese Wahrnehmung strukturieren. Dies leisten, so Kant, zunächst die »Anschauungsformen« der Sinnlichkeit: Raum und Zeit. Denn ohne diese beiden Anschauungsformen können wir uns überhaupt keine Welt vorstellen.

Und dann gibt es gewisse Denkformen, mit denen wir die Wirklichkeit auch logisch ordnen. Kant nennt sie »Kategorien«. Es handelt sich hierbei um eine Art von »Operatoren«, die Aspekte enthalten wie »Verneinung« und »Bejahung« (etwas ist der Fall oder nicht), »Gemeinsamkeit« (wahrgenommene Dinge zeigen gewisse Übereinstimmungen) und logische Beziehungen wie Konjunktion und Disjunktion (»und« und »oder«). Und was für uns das Allerwichtigste ist: Diese Kategorien umfassen auch die logische Implikation: *wenn – dann*.

Kant reserviert diese »Bearbeitungsschemata« für eine spezielle geistige Fähigkeit, die er Verstand nennt. Das ist nicht das Gleiche wie Vernunft. Der Verstand denkt nicht, er hat auch kein Selbstbewusstsein, er besteht nur in der Bearbeitung des unstrukturierten Stroms sinnlicher Eindrücke zu einem geordneten Bild, worin sich ein Zusammenhang abzeichnet. Denn erst nach der Strukturierung mittels des Verstandes *erkennen* wir die Dinge in ihrer Einordnung in das Schema einer Welt. Erst dann können wir mittels unserer *Vernunft* darüber *nachdenken*. Die Ordnungs- oder Strukturierungsprinzipien, die der Verstand anwendet, sind also selbst etwas Geistiges, sie sind nicht der Wirklichkeit entlehnt. Im Gegenteil: Nur dank ihrer gibt es für uns so etwas wie die »Wirklichkeit«.

Kants Gedankengang lässt sich am besten mit der Funktionsweise eines altmodischen Röhrenfernsehers vergleichen. Wie funktioniert der? Das Bildsignal kommt in Form eines Stroms elektrischer Impulse an. Diese werden mittels einer Kathodenröhre über die Anode auf den Bildschirm abgefeuert, der an der Innenseite mit einer fluoreszierenden Schicht bedeckt ist. Sobald ein Elektronenteilchen auf die Bildröhre trifft, leuchtet der Bildschirm an diesem Punkt auf.

So müssen wir uns auch die Sinneseindrücke vorstellen, die Kant zufolge den Geist erreichen. Auch sie haben die Form einer langen Reihe von Impulsen. Und ebenso wie bei der Bildröhre formen sie noch kein Bild. Sie müssen bearbeitet werden, damit aus diesem »Haufen« von Impulsen eine kohärente Vorstellung oder ein Bild der Wirklichkeit erstellt wird.

Beim Fernsehgerät geschieht das mithilfe eines doppelten Satzes von Magneten, der die Bahn der Elektronen horizontal und vertikal ablenkt. Auf diese Weise »beschreibt« der Elektronenstrahl den Fluoreszenzschirm Zeile für Zeile. Da das sehr schnell passiert und die Pünktchen, die dadurch auf dem Schirm aufleuchten, schneller aufeinander folgen, als es das Auge nachvollziehen kann, entsteht daraus die Illusion eines Bildes, einer Wirklichkeit.

Kant sieht in der Entstehung des Wirklichkeitsbildes vor unserem geistigen Auge etwas Ähnliches am Werke. Die Sinneseindrücke treffen als Impulse ein und werden dann von den Anschauungsformen und Kategorien bearbeitet, ähnlich wie das die Magneten beim Fernsehbildschirm tun. Und auch hier ist das Resultat letztlich ein kohärentes Bild.

Einen Unterschied gibt es aber doch. Beim Fernseher wissen wir, dass in der Kamera eine genau umgekehrte Bearbeitung stattgefunden hat. Das Bild, das in die Kamera kommt, wird in eine lineare Folge von elektrischen Impulsen »aufgelöst«, die über Kabel oder Ätherwellen beim Fernsehapparat eintreffen und dort wieder zum ursprünglichen Bild zusammengesetzt werden. Doch bei Kant wissen wir nicht, was sich jenseits der Funktion des »Verstandes« (der Magneten) abspielt. Wir können die Welt nur so sehen, *wie* wir sie sehen, das heißt als *im Vorhinein* durch Anschauungsformen und Kategorien strukturiert. Es steht kein Umweg zur Verfügung, über den wir die Welt so sehen könnten, wie sie »an sich« ist – wenn wir uns davon denn überhaupt eine Vorstellung machen könnten. Die Welt ist also, so muss Kant schlussfolgern, wie *wir* sie konstruieren. Sie ist nach den Ordnungsprinzipien geordnet, die in *unserem* Geist enthalten sind.

Kant setzt also ebenso wie Descartes voraus, dass der Geist über eine Anzahl angeborener Prinzipien verfügt. Aber anders als bei Descartes handelt es sich dabei nicht um inhaltliche Ideen; es sind Strukturprinzipien, eine Art Schablonen, Operatoren oder – wie ge-

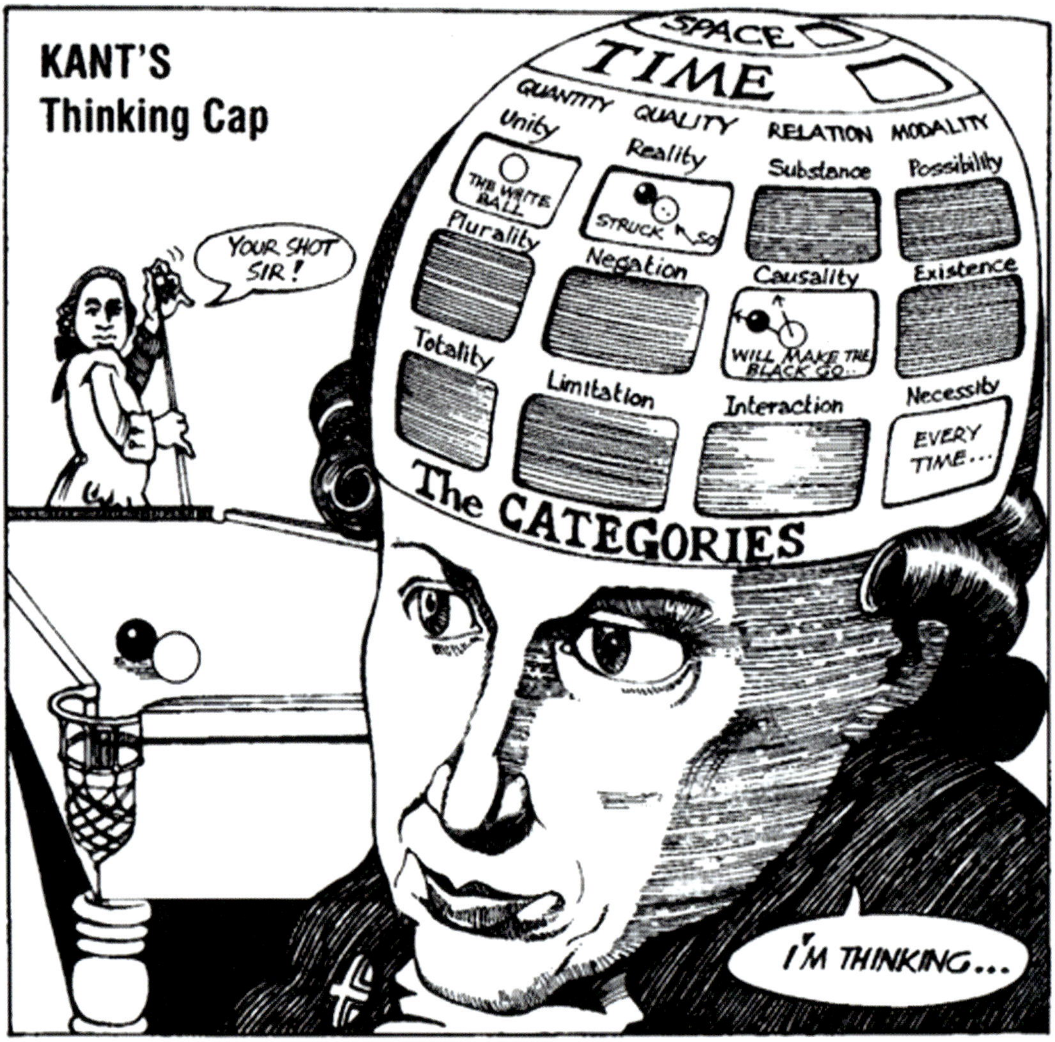

Kant und seine Kategorien. Wir können die Welt nur dank einer Reihe logischer »Formen« sehen, die unsere Sinneseindrücke zu einem zusammenhängenden Ganzen ordnen: zur Welt. (© Ralph Edney, 1996).

sagt – logische Formen. Diese sind der bloßen Empirie enthoben: nicht weil sie göttlichen Ursprungs sind wie bei Descartes, sondern weil sie logisch jeder Empirie vorausgehen. Man entdeckt sie nicht durch metaphysische Spekulationen, sondern durch eine genaue Analyse der Wahrnehmung selbst und der Frage, was für so etwas wie Wahrnehmung notwendig ist: Was sind ihre Existenzbedingungen?

Diese analytische Herangehensweise, vom Bestehenden auszugehen, ist für die neue Gestalt kennzeichnend, die die Philosophie nun anzunehmen beginnt und in der die Metaphysik zur (Erkenntnis-)Kritik wird. Man fragt nicht nach einem höheren (göttlichen oder *transzendenten*) Prinzip über dieser Wirklichkeit, sondern nach dem, was logisch in Bezug auf die Wirklichkeit, wie sie uns erscheint, vorausgesetzt werden muss, damit sie das bewirken kann, *was* sie bewirkt. Darum spricht Kant hier von *transzendentalen* Prinzipien. Sie schweben nicht über der Wirklichkeit, sondern überschreiten deren Grenzen gewissermaßen rückwärtig. Wir argumentieren rückgängig von dem, was da *ist*, zurück zu dem, was notwendigerweise da *sein muss*.

Auf diese Weise leitet Kant ab, wie empirische Erkenntnis möglich ist und wie dabei formgebende Prinzipien des Verstandes notwendigerweise vorausgesetzt werden müssen. Mit der revolutionären Konsequenz, dass es vom Subjekt abhängt, wie die Welt aussieht, und nicht umgekehrt. Denn schließlich sind es die Anschauungsformen *meiner* Wahrnehmung und die Kategorien *meines* Verstandes, die dem Bild der Wirklichkeit Form verleihen. Kant geht dabei offenbar davon aus, dass diese Schemata für alle Menschen gleich sind: Sie sind schließlich an die Kategorien der Logik gebunden. Jedenfalls hat sich eine radikale Wende vollzogen. Noch viel stärker als bei Descartes ist der Mensch bei Kant zum Fundament der Wirklichkeit schlechthin geworden. Das heißt: der Wirklichkeit, wie sie mir erscheint. Eine andere Wirklichkeit haben wir nicht mehr.

Persische Miniatur, 1553.

5

Miniaturen und die Goldene Regel

Kant, Pamuk

Subjektivistisch können wir Kants Philosophie nicht nennen. Dafür entbehrt sie des wechselhaften Elements, das für uns heute in diesem Wort mitschwingt. Freilich macht Kant als Philosoph den ersten Schritt in Richtung eines Denkens, das die Wirklichkeit auf das zurückführt, was *erscheint:* Die Welt ist nicht mehr etwas in sich Ruhendes, sondern ein Phänomen, das dank seines Erscheinens für *mich* Form erhält.

Etwa hundert Jahre später wird die Phänomenologie diesen Gedanken weiterspinnen und im Anschluss daran wiederum die Existenzphilosophie, die diesem noch recht unterkühlt technischen, erkenntniskritischen Schema die heißblütigere Färbung eines Gemüts verleihen wird, das fühlt, erlebt, hofft, sich fürchtet und sehnt. Eines Gemüts zudem, dem die Welt aus diesen Empfindungen heraus immer wieder in einem anderen Licht erscheinen wird. Unmittelbar davor wird Friedrich Nietzsche sogar behaupten, Wahrheit sei nichts anderes als eine Form des Perspektivismus: Wahrheit verändert sich mit dem Wechsel des Standpunkts, den jemand einnimmt; sie wird daher die absolute Entschiedenheit, mit der sie einst die eine »göttliche« Wahrheit zu verkörpern beanspruchte, definitiv verlieren.

Lange bevor die Philosophie diese Schlussfolgerungen zieht, lässt sich diese subjektivistische Revolution der Perspektive in der Malerei bereits *sehen.* Die neuen Techniken der Malerei, die seit der Renaissance und vor allem seit Beginn der Neuzeit das Erscheinungsbild der europäischen Malerei verändern, illustrieren schon im Vorfeld den Triumph des individuellen Gesichtspunkts über die allgemeine, subjektlose Repräsentation »der« Wirklichkeit schlechthin. Der Fluchtpunkt, der seither die Komposition der westlichen Gemälde dominiert, ist schließlich nichts anderes als die Auszeichnung des betrachtenden Blicks des Malers als bildbeherrschendes Prinzip. Als Betrachter sehen wir nicht nur, *was* er sieht, sondern sehen es auch mit seinen Augen: Wir sehen es, *wie* er es sieht. Die Wirklichkeit richtet sich nach ihm. Es gibt keine objektive Ordnung mehr, sondern nur noch eine zufällige Rangordnung, die das Korrelat eines ebenso zufälligen Gesichtspunkts ist.

Wie revolutionär das gewesen ist, lässt sich heute kaum mehr nachempfinden. Dazu sind wir viel zu sehr an die Allgegenwart von Perspektive und Fluchtpunkt in der Malerei gewöhnt, und dem hat sich seit anderthalb Jahrhunderten die Fotografie noch hinzugesellt – »als Be-

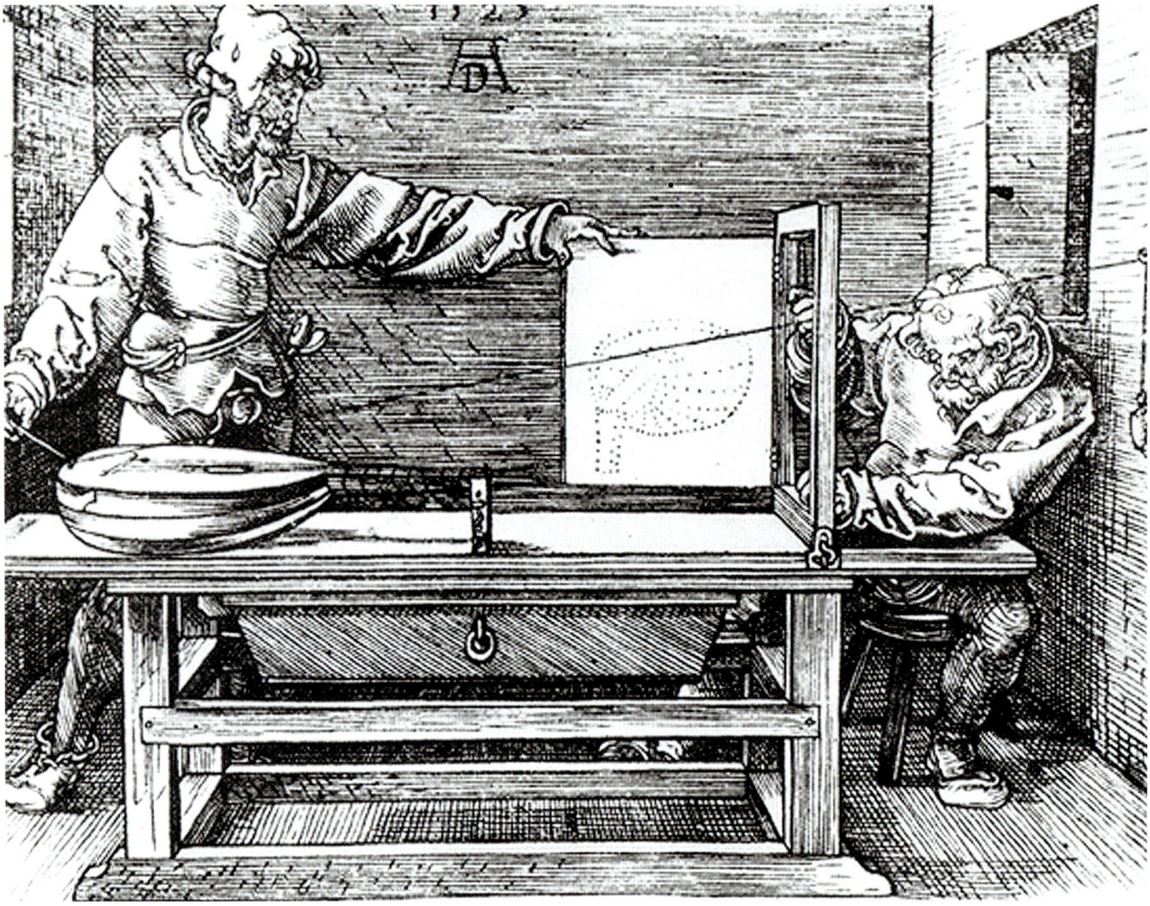

Die Technik des perspektivischen Zeichnens nach Albrecht Dürer.
Albrecht Dürer: ›Der Zeichner der Laute‹ (1525).

siegelung ebendieser Perspektive«, jubelt der westliche Geist daraufhin triumphierend. Die Kamera, das Paradebeispiel für den objektiven Blick, hat bestätigt, wonach unsere Maler bereits seit dem 15. Jahrhundert als nicht nur natürlichste, sondern auch einzig *richtige* Form der Repräsentation strebten. Siehst du wohl: die Kamera »sieht« genau das Gleiche, was wir sehen und was der Maler sieht.

Aber eigentlich ist das ein Zirkelschluss. Die Tatsache, dass die Kamera den einzig richtigen »Blick« des perspektivisch Malenden imitiert (oder ihm gerade als Vorbild dient), ist nur von Bedeutung, wenn wir davon ausgehen, dass sich die Repräsentation der Wirklichkeit nach einem solchen Blick richten *muss*. Wir unterstellen mit anderen Worten, dass der Perspektivismus des natürlichen Auges für die Welt maßgeblich ist, dass sie also tatsächlich so ist, wie wir sie sehen oder – in der oben verwendeten Begrifflichkeit – wie sie uns erscheint.

Eine wunderbare Illustration dieser Wende findet sich in dem Roman ›Rot ist mein Name‹ des türkischen Literaturnobelpreisträgers Orhan Pamuk. Die Handlung spielt im Milieu der osmanischen Illuminatoren und Miniaturmaler um das Jahr 1591. Es sind unruhige

Zeiten. Der fundamentalistische Prediger Nusret Hodscha ruft Hölle und Verdammnis über die Zügellosigkeit, den Ungehorsam gegenüber dem Koran, den gesungenen Aufruf zum Gebet und das Kaffeetrinken herab – und auch über jede Form der Malerei, die von der Schule der alten persischen Meister aus Herat abweicht, der Stadt, die einst das Zentrum der Miniaturkunst war und heute in Afghanistan liegt.

Mitten im Roman geht der Meisterilluminator Osman durch die Straßen Istanbuls; es ist – so sinniert er –, als ob er durch seine eigenen Bilder ginge. »Wären wir auf einem fränkischen Bild, liefen wir über den Rahmen aus dem Bild hinaus, sobald wir in eine Straße einbiegen; ist es aber ein Bild nach der Art der Herater Meister, dann kommen wir zu dem Ort, wo Allah uns sehen kann; sind wir auf einem chinesischen Bild, können wir nie aus ihm herauskommen, weil die Bilder der Chinesen lang und ohne Ende sind.«*

Die Buchmaler haben allen Grund, sich Sorgen zu machen. Die Darstellung von Personen ist dem Koran nach streng genommen verboten, wird aber toleriert, solange sie zu den Randverzierungen gehören, mit denen die osmanischen Manuskripte ausgeschmückt werden. Sobald die Darstellungslust jedoch darüber hinausgeht und die Miniatur zu einem selbstständigen Gemälde wird, ist der vom Koran gesetzte Spielraum überschritten. Das Gleiche gilt für Illuminationen, die den Verlockungen des individuellen Ausdrucks und der Perspektive erliegen.

Diese Verlockung wird gegen Ende des 16. Jahrhunderts immer größer. Die europäische Malerei hat schon über die Jesuitenmission in China Eingang gefunden und übt über Venedig ebenfalls Einfluss auf das Osmanische Reich aus, wo sich die Buchmaler von zwei Seiten in die Zange genommen fühlen. Der Streit wütet mitten unter ihnen, und er wütet sogar in ihrer eigenen Seele. Denn ein jeder erkennt den Reiz eines persönlichen Stils und einer realistischen Darstellung. Doch was bedeutet dies für ihr ohnehin schon angespanntes Verhältnis zu den Vorschriften des Korans? Völlig überzeugt sind sie von der Legitimität der westlichen Neuerungssucht jedenfalls noch nicht. Wie sehr die »venezianische« Porträtkunst auch die Sinne betören und dem Ego schmeicheln mag, ihre Konsequenzen reichen doch weit über die der einzelnen Abbildung hinaus. Sie werfen ein ganzes Weltbild über den Haufen.

Was ist, um nur einen Punkt herauszugreifen, dieser berühmte »individuelle Stil« denn anderes als eine Form von Unvollkommenheit? – so fragt sich einer der Buchmaler. Wenn die großen Meister vergangener Zeiten Vollkommenheit erlangt haben, was von niemandem bestritten wird, wer würde sich dann noch den Launen seiner eigenen Persönlichkeit hingeben, die das Resultat, gemessen an diesen hohen Standards, prinzipiell herabsetzen würden? Und gilt das Gleiche nicht auch für die Einführung der Perspektive, wodurch die Darstellung die Wirklichkeit nicht mehr zeigt, wie Gott sie sieht, sondern wie sie die Menschen sehen?

Die göttliche Rangordnung der Welt geht verloren, sobald sie mit Hilfe von Perspektivlinien und Fluchtpunkt dargestellt wird, sinniert einer von Osmans Buchmalern. Ein Hund kann größer sein als ein Sultan, oder ihn sogar teilweise den Blicken entziehen. Und ist es nicht der Sinn der Malerei, Menschen die höchsten, nicht jedoch die geringsten Einsichten zu vermitteln? Oder sie zu dem Ort zu geleiten, an dem Gott uns sehen kann, wie es einer von ihnen ausdrückt? Wird in der perspektivischen

* Orhan Pamuk, *Rot ist mein Name*, Frankfurt a. M.: Fischer Taschenbuch, 2003, S. 315.

Die Perspektive ist trügerisch und verzerrt die objektive Wirklichkeit: So denken die Illustratoren von Orhan Pamuk darüber. Persische Miniatur von Mir Sayyid Ali, 1539–1543.

Noch deutlicher wird diese Haltung in dieser osmanischen Miniatur aus dem 17. Jahrhundert, auf der Süleyman I. im Zuge seines Vormarsches auf Wien sein Heer bei der Belagerung von Szigetvár anführt.

Kunst, anders als sie selbst annimmt, die ganze Welt nicht gerade *flach*, da in ihr alles gleich bedeutsam und gleich wertvoll ist, von empirischer Zufälligkeit in *einen* Topf geworfen?

Das stellt die Welt auf den Kopf; Pamuks Illuminatoren kommen damit nicht klar. Nicht, weil sie die Rolle der westlichen Malerei nicht verstünden. Diese verstehen sie nur allzu gut. Die Empirie wird im Westen etwa zu dieser Zeit übermächtig, und sie verflacht die Welt tatsächlich. Die Vorstellung einer göttlichen Rangordnung wird sich in der westlichen Moderne allmählich verlieren und einer Verherrlichung des Individuums weichen, das von jeglicher vorgegebenen Hierarchie entbunden ist. Und darin sehen sie zumindest einen zweifelhaften Segen.

Der Konflikt zwischen den islamischen Buchmalern und der westlichen Malerei ist also nicht als Konflikt zwischen einem realistischen und einem primitiven Blick zu verstehen. Beide nehmen für sich in Anspruch, die Wirklichkeit wiederzugeben. Während sich die Perspektivmaler jedoch der Frage zuwenden, wie die Wirklichkeit dem Auge *erscheint*, orientieren sich die Miniaturmaler an der Frage, wie sie an sich *ist* – zumindest ihrer Ansicht nach. Für sie ist die Ordnung etwas Objektives und muss wiedergegeben werden, ohne dass sich die Zufälligkeit von Ort, Zeit und Persönlichkeit dazwischenschiebt. Die perspektivische Kunst misst diesen Aspekten gerade die entscheidende Rolle bei: Was und wie die Welt ist, ist sie allein dank des Blicks des betrachtenden Individuums.

Darin wird ein demokratisches Prinzip sichtbar. In der perspektivischen Malerei ist der Blick eines Einzelnen ebenso gut wie der jedes anderen; und jeder hat das gleiche Recht, abgebildet zu werden – besser gesagt: als Zugang zur Wirklichkeit genutzt zu werden. Nicht nur das erkenntnistheoretische Subjekt rückt ins Zentrum, wie Kant nachdrücklich gezeigt hat, sondern auch das politische Subjekt, das von nun an *jedermann* sein kann. Schon seit dem Spätmittelalter beginnt sich im Denken über Macht und Gesellschaft ein solcherart demokratischer Gedanke abzuzeichnen. In der Französischen Revolution findet er, wie wir bereits sahen, seine Vollendung – auch wenn es danach noch mehr als ein Jahrhundert dauern sollte, bis er mit dem allgemeinen Wahlrecht für alle Erwachsenen seine Krönung erfährt. Kant thematisierte diese politische Wende nicht, aber in erkenntnistheoretischer Sicht ist er ebenso revolutionär wie Danton und Robespierre.

Die Miniaturen der persisch-arabisch-osmanischen Welt erinnern eher an Diagramme oder Organigramme als an eine »realistische« Wiedergabe der Wirklichkeit. Auch die Antike und die christliche Kunst des Mittelalters entsprechen noch diesem Prinzip. So etwa der Pantocrator in der aus dem 12. Jh. stammenden Kirche San Clemente des katalanischen Städtchens Tahull: Die Figur des vergöttlichten Christus wird von den Evangelisten umringt, die viel kleiner sind als er selbst, entsprechend ihrer »geringeren« Bedeutung in der Weltordnung, in der Christus das Alpha und Omega und das Licht der Welt ist, wie im Buch in seiner Hand zu lesen ist.

Wie ich will, was ich will

Das Problem des freien Willens, mit dem wir das letzte Kapitel beschlossen haben, ist damit jedoch noch nicht gelöst. Dazu müssen wir Kants Gedankengang noch etwas weiterverfolgen. Mit seiner »transzendentalen« Methode hat er aufgewiesen, wie empirische Erkenntnis möglich ist und in welcher Weise dabei formgebende Prinzipien des Verstandes vorausgesetzt werden. Aber damit hat er zugleich deutlich gemacht, worin die Grenzen der Erkenntnis bestehen. Denn noch immer gilt, dass nichts rational-wissenschaftlich erfassbar ist, was nicht zunächst durch die Sinne gegangen ist, wie Kant von Hume gelernt hat. Und das bedeutet, dass dasjenige, was *nicht* zu diesem sinnlich Wahrnehmbaren gehört, daher auch nicht Gegenstand der Erkenntnis sein kann – zumindest nicht Gegenstand derselben Art von Erkenntnis, derselben Art von Wissen, das die Empirie zutage fördert.

Das monumentale Gemälde ›Die Krönung Napoleons‹ (1804) von Jacques-Louis David will die Erhabenheit dieses Moments und der zentralen Figur im Bild deutlich zum Ausdruck bringen. So selbstbewusst war der neue Kaiser, dass er im letzten Moment die Krönung durch den (sitzenden) Papst ablehnte und sich selbst die Krone auf das Haupt setzte, um danach das Gleiche bei seiner Frau zu tun, die damit zur Kaiserin Joséphine ernannt wurde. Nicht ganz zufällig wird die Figur des Papstes auf dem Gemälde halb von einem Höfling im Vordergrund verdeckt – Ähnliches hatte der osmanische Illustrator befürchtet, der sich sorgte, dass gar ein Hund den Sultan verdecken könne. Napoleon und seine Frau bleiben der strahlende Mittelpunkt der Darstellung. Aber das ändert nichts daran, dass auch sie, aufgrund der Perspektive, kleiner sind als jene Figur im Vordergrund.

Mit den Verstandeskategorien und den Anschauungsformen von Raum und Zeit ist es nach Kants Auffassung noch nicht getan. Es muss auch formale Prinzipien geben, die all diese vereinzelten Sinneseindrücke zu einer Einheit verbinden. Auch sie gehören nicht zum empirischen Wissen, sondern bilden eher eine abschließende und übergreifende Struktur dafür. Sie stehen daher auch nicht am Anfang, sondern eher am Ende des Strukturierungsprozesses: Wir denken uns die Welt, *als ob* sie ein zusammenhängendes Ganzes wäre, so wie wir auch uns selbst denken, als ob wir eine Einheit wären. Das »Ich« ist also die Totalität, die alle meine Eindrücke, Gedanken und selbst Gefühle umfasst und zusammenhält: »Das: *Ich denke*, muss alle meine Vorstellungen begleiten können«, wie Kant sagt.

Aber mehr als ein formales Einheitsprinzip ist es nicht. Es ist gewiss kein »Ding«, wie auch die Welt (die »Form« der Totalität all dessen, was ist) kein Ding ist, ebenso wenig wie die Idee Gottes, die beides wiederum überspannt und zusammenhält. Wir können diese

Vernunftideen also auch nicht auf die gleiche Weise wie empirische Dinge behandeln. Gerade das hat aber die traditionelle Metaphysik immer getan: als ob sie über diese drei »Illusionen« Erkenntnisaussagen machen könnte. Das, sagt Kant, war ihr großer Fehler. Dadurch kamen, wie wir im letzten Kapitel gesehen haben, Antinomien in die Welt, etwa die widersprüchlichen Aussagen: »Der Kosmos ist endlich« versus »Der Kosmos ist unendlich«. Denn der Kosmos (oder die Welt) ist kein Ding.

Wir können für die Wahrheit beider Behauptungen schlüssig argumentieren. Aber damit ziehen wir etwas, was nicht zur Empirie gehört, ins Empirische. Die Idee des Kosmos als Totalität ist nichts, was ich wahrnehmen kann. Wir begegnen zwar immer »Teilen« des Kosmos, aber nicht dem Kosmos als Ganzem. Alles, was wir wahrnehmen, wird immer noch von etwas Größerem überspannt, das *als Überspannendes* nur gedacht werden kann. Wenn wir uns das Weltall vorstellen, dann tun wir das immer gleichsam »von außen«. Wir betrachten es, als ob es ein Gegenstand wäre, den wir von außen betrachten oder in der Hand halten.

Wenn das Universum aber wirklich sein soll, was es ist, dann sind wir selbst immer Teil dessen. Jegliche Vorstellung des Universums ist also unmöglich, da die »Ganzheit« des Universums gerade alle Vorstellungen umfasst. Ist es endlich oder unendlich? Das wissen wir nicht, so Kant, denn die Idee des Kosmos als ein alles Überspannendes ist keine Idee empirischer Messbarkeit, sondern bezieht sich auf die Art und Weise, in der wir die Welt als Zusammenhang denken. Der Kosmos als regulative Idee besteht also nicht als etwas »Wirkliches«, sondern kann nur indirekt bei all unserem Denken mitgedacht werden – und er *muss* auch mitgedacht werden, will das Denken kohärent bleiben.

So zeigt Kant, was die sich auf die Empirie stützende Vernunft vermag und was sie nicht vermag, worüber sie reden kann und worüber sie nicht reden kann. Mit anderen Worten: wo ihre Stärken und wo ihre Grenzen liegen. In seiner *Grundlegung zur Metaphysik der Sitten* aus dem Jahr 1785 schreibt Kant, dass die Vernunft »ihr vornehmstes Geschäfte darin beweiset, Sinnenwelt und Verstandeswelt voneinander zu unterscheiden, dadurch aber dem Verstande selbst seine Schranken vorzuzeichnen«.*

Was für die »Welt« gilt, gilt auch für die Vernunftidee des »Ichs« oder der *Seele*. Auch das Ich ist kein Objekt empirischer Erkenntnis. Es ist vielmehr bei allem, was ich denke, eine notwendige Voraussetzung. Ich kann wissen, dass es eine solche einheitsschaffende Idee geben muss, aber dieses Wissen ist wissenschaftlich nicht objektivierbar. Die Seele bzw. das Ich ist das Immer-Innere, das mit meinem Tun und Denken stets einhergeht und ihm Einheit und Mitte gibt. Es ist nicht etwas in der Wirklichkeit, sondern eine Perspektive, unter der ich mich selbst erlebe.

Und weil es diesem Erleben vorausgeht und nicht wahrnehmbar ist, sind auch die Kategorien und die »Formen« der Anschauung darauf nicht anwendbar. Ich habe in meinem Selbstbewusstsein ein Wissen von meinem »Ich«, aber das kann ich nicht in der Wirklichkeit anzeigen. Und darum ist es auch nicht den Voraussetzungen der Wahrnehmung unterworfen, bei denen die Kategorie der »Wenn-dann«-Implikation einen so wichtigen Platz einnimmt. Denn sie ist es schließlich, die dafür sorgt, dass ich in der Wirklichkeit Kausalität zu beobachten glaube: Wenn eine Billardkugel gegen eine

* Immanuel Kant, *Schriften zur Ethik und Religionsphilosophie. Erster Teil*, Werke in zehn Bänden, Bd. 6, hg. v. Wilhelm Weischedel, Darmstadt: Wissenschaftliche Buchgesellschaft, 1983, S. 88.

andere stößt, beginnt die zweite zu rollen, *weil* sie angestoßen wurde – wohingegen ich, wie wir früher schon festgestellt haben, in Wirklichkeit nur die Abfolge von Ereignissen sehe: Zuerst rollt die eine Kugel, dann die andere.

Aber im impliziten Bewusstsein, dass ich von meinem eigenen »Ich« habe, muss ich diesen Umweg über die Sinnlichkeit nicht nehmen. Ich kann das sogar nicht einmal. Natürlich ist sich Kant dessen bewusst, dass ich mich selbst auch als Objekt in der Welt weiß: als einen Körper, der – tatsächlich – wie eine Maschine funktioniert. Aber gleichzeitig erfahre ich, dass diesem Handeln noch etwas vorausgeht: die Willensentscheidung, die diese ganze Maschine in Gang setzt. Die Maschine können wir empirisch untersuchen, aber der Umstand, dass ich entscheide, etwas zu tun, entzieht sich dieser Untersuchung. Dabei geht es nicht um die Frage, wie sich meine Willensentscheidung in eine Handlung umsetzt, denn das lässt sich durch die Funktionen des Gehirns und der Nervenbahnen durchaus nachverfolgen. Es geht um die Frage, wie der Wille selbst zustande kommt: Wie kommt es, dass ich will, was ich will?

Auf diese Weise kann Kant dem Dilemma entkommen, vor das ihn der Materialismus (wie der von La Mettrie) gestellt hat. Die Lösung für diese Antinomie, nach der einerseits alles in der Welt kausal verläuft, andererseits dies gerade nicht der Fall ist, findet Kant in der Bestimmung der Kausalität als einer Form, in deren Licht wir die Welt wahrnehmen, die aber nicht etwas in der Welt selbst ist. Ja, so stellt Kant fest, in der empirischen Welt ist alles kausal bestimmt. Aber nicht deshalb, weil diese Kausalität zur objektiven Wirklichkeit gehörte. Diese kennen wir überhaupt nicht. Wir kennen nur das Bild der Welt, wie es von unseren Wahrnehmungskategorien geformt ist. Die Welt ist das, was unser Verstand (im Sinne Kants) daraus macht.

Die Goldene Regel

Nun verstehen wir auch, warum bei Kant die Metaphysik der Erkenntniskritik weichen muss. Es ist das menschliche Erkenntnisvermögen, das die Welt (für uns) zu dem macht, was sie ist. ›Die Metaphysik der Sitten‹, wie der rätselhafte Titel eines von Kants Büchern lautet, besagt daher nichts anderes, als dass die Voraussetzungen des moralischen Lebens in der menschlichen Konstitution gefunden werden müssen. Damit glaubt Kant, eine Lösung für die widersprüchliche Art und Weise gefunden zu haben, in der wir uns selbst – als menschliche Wesen – sehen. Anders als bei Descartes gibt es bei ihm nur eine Wirklichkeit und eine Materie, aber darin erscheint das vernünftige Wesen, das der Mensch ist, wie Kant wörtlich sagt, unter »zwei Standpunkte[n], daraus es sich selbst betrachten, und Gesetze des Gebrauchs seiner Kräfte, folglich aller seiner Handlungen, erkennen kann«.*

In unserer Wahrnehmung sehen wir uns selbst als materielle Körper. Also stehen wir *einmal*, sofern wir »zur Sinnenwelt« gehören, »unter Naturgesetzen«, aber in unserem Selbstbewusstsein, das nicht über unsere sinnliche Wahrnehmung zugänglich ist, bekommen wir einen Begriff von einer Wirklichkeit, die den Wahrnehmungskategorien (und daher auch dem Diktat der Kausalität, unter dem jede echte Wahrnehmung steht) enthoben ist. Darin begegne ich mir selbst als wahrhaft menschliches und daher auch freies Wesen: frei vom Kausalitätsdiktat. Denn *zweitens* steht dieses

* Immanuel Kant, *Schriften zur Ethik und Religionsphilosophie. Erster Teil*, S. 88.

›Die Erklärung der Menschen- und Bürgerrechte‹ aus dem Revolutionsjahr 1789.

Wesen, so fährt Kant fort, »als zur intelligiblen Welt [des Denkens, G. G.] gehörig, unter Gesetzen, die, von der Natur unabhängig, nicht empirisch, sondern bloß in der Vernunft gegründet sein«.

Die Tatsache, dass der Mensch frei und nicht kausal bestimmt ist, bedeute ganz und gar nicht, dass er keine Gesetze kenne und der reinen Willkür ausgeliefert sei. Ganz im Gegenteil. Will der Mensch wirklich frei sein, muss er sich aus der Natürlichkeit, die ihn im Stand eines kausal bedingten Wesens gefangen hielte, befreien.

Wenn ich mich in meiner Freiheit davon leiten lassen würde, was mir meine Launen eingeben, ließe ich mich eigentlich von meinen natürlichen Neigungen leiten. Ich ließe mich dann völlig von meinem Hunger nach Nahrung, nach Komfort und vielleicht vor allem nach Sex in Beschlag nehmen. Willkürliche Freiheit ist also Unfreiheit. Sie leugnet die eigene Perspektive, durch die der Mensch eine so herausgehobene Position einnimmt, um in die natürliche Maschinerie von Anziehung und Abstoßung, Hormonen und Lust zurückzufallen – in eine Maschinerie, die nun gerade für die tierische Existenz charakteristisch ist.

Die spezifischen Gesetze der Freiheit sind natürlich von ganz anderer Art als jene der Natur. Es sind die moralischen Gesetze, die unserer Freiheit Struktur verleihen und dafür sorgen, dass diese Freiheit auch tatsächlich Freiheit bleibt. Es besteht also eine paradoxe Situation: Freiheit besteht nur, wenn sich Menschen an Moralgesetze halten und an Pflichten. Tun sie das nicht, lassen sie sich von ihren Neigungen überwältigen, die bloß der Ruf ihres physischen Körpers und daher – implizit – das Gegenteil ihrer Freiheit sind.

In seiner ›Kritik der praktischen Vernunft‹ von 1788 wird Kant die Moral näher ausarbeiten. Sie muss natürlich aus der Vernunft hergeleitet werden: Das ist nun einmal die Instanz, in der sich die Freiheit vollkommen entfaltet. In gewissem Sinne hat das Sittengesetz selbst die Vernunft zum Gegenstand. Denn worum geht es? Um die Erkenntnis, dass jedes menschliche Wesen zu derselben Gemeinschaft gehört wie ich und dieselben Rechte hat wie ich, weil wir alle Wesen sind, die als spezifisches Kennzeichen Freiheit besitzen. Das bedeutet, dass die Vernunft diese Freiheit (die ihr eigenes Kennzeichen ist) respektieren muss – oder anders gesagt: sich selbst respektieren muss, auch im anderen. In dieser Allgemeinheit – die in dieser aufgeklärten Philosophie grundsätzlich als Kennzeichen der Vernunft betrachtet wird – muss ich auch die Freiheit und Vernunftfähigkeit des anderen anerkennen. Ebenso wie ich selbst ist mein Gegenüber Teil der intelligiblen und daher freien Welt.

Mit der Französischen Revolution wurde dieses Prinzip politische Realität. Die ›Erklärung der Menschen- und Bürgerrechte‹ von 1789 bildete die Konkretisierung des moralischen Ausgangspunktes, dass dem Menschen die vernünftige Freiheit eigentümlich ist und dass er aufgrund dessen nicht nur selbst als Mensch anzuerkennen ist, sondern auch den anderen anerkennen soll. Es ist diese vernünftige Freiheit, die ihn zum politischen Subjekt und damit zum *citoyen* der Republik macht.

Das musste logischerweise zur Abschaffung der Sklaverei führen, und einige Jahre später sollte es auch dazu kommen. 1794 wurden die Sklaven auf dem Hoheitsgebiet der Französischen Republik freigelassen. Ein langes Leben war diesem Erlass nicht beschieden. 1802 wurde er schon wieder aufgehoben. Erst 1848 kam es zur endgültigen Abschaffung der Sklaverei auf französischem Territorium. In den ostindischen Kolonien der Niederlande geschah das 1859, in den westindischen Kolonien 1863.

Dass es so lange gedauert hat, bis man aus dem Prinzip, dass alle Menschen prinzipiell gleich sind, alle Konsequenzen zog, zeigt, wie revolutionär dieser Gedanke doch war. Die Existenz unterschiedlicher gesetzlicher Regelungen für verschiedene Klassen von Menschen, wie es unter dem *Ancien Régime* vollkommen üblich war, lässt sich zu einem gewissen Zeitpunkt nicht mehr verteidigen. Nicht nur vor dem Gesetz, sondern auch im politischen System bestehen zwischen Menschen keine Unterschiede mehr.

Oder besser gesagt: Die Unterschiede, die Menschen untereinander aufweisen (wie Hautfarbe, Größe, Alter, Vermögen, Geschlecht, Abstammung etc.), spielen keine Rolle mehr und werden methodisch außer Acht gelassen. Für den Staat und das Recht ist der Bürger eine Abstraktion: Er ist ein *citoyen*, Punktum. Er ist eine Maske, im buchstäblichen Sinne eine *persona*.

Auf diesem Gedanken beruht auch der erste Artikel des niederländischen Grundgesetzes: »Alle, die sich in den Niederlanden aufhalten, werden in gleichen Fällen gleich behandelt. Niemand darf wegen seiner religiösen, weltanschaulichen oder politischen Anschauungen, seiner Rasse, seines Geschlechtes oder aus anderen Gründen diskriminiert werden.« Das ist der Grund, warum die Anerkennung der Homoehe unumgänglich und der Begriff gleichzeitig so deplatziert ist. Denn es gibt keine spezielle »Homoehe«. Es gibt einfach nur zwei Menschen – die ohne spezifische Eigenschaften und daher auch geschlechtslos – als Bürger dem Staat gegenüber eine Verbindung miteinander eingehen.

Ob das Prinzip auch im sozialen Leben der Bürger Bestand hat, steht auf einem anderen Blatt. Es geht hier um die Frage, ob ein solches Prinzip abstrakter Allgemeinheit, das in erster Linie für den Staat gilt, auch an die moralischen Regeln unter den Bürgern anzulegen ist. Die Gerechtigkeit fordert einerseits, dass wir andere wie unseresgleichen behandeln. Aber dieselbe Gerechtigkeit fordert auch, dass ich jemandem, dem gegenüber ich zu besonderer Sorge verpflichtet bin, diese Sorge auch als *besondere* Sorge angedeihen lasse. Dass ich moralisch dazu verpflichtet bin, das Studium meines Kindes zu finanzieren, bedeutet nicht, dass ich aufgrund des Gleichheitsprinzips auch die Studiengebühren des Nachbarkindes zahlen muss.

In der bürgerlichen Moral wird, anders als auf der Ebene des Staates oder des Rechts, das Gleichheitsprinzip durch die Tatsache nuanciert, dass wir als *soziale* Wesen durchaus Eigenschaften haben und diese auch moralisch relevant sein können. Im gesellschaftlichen Leben hat der Gleichheitsanspruch daher einen wesentlich ambivalenteren Charakter.

Dennoch gilt für Kant auch in der personalen Ethik das allgemeine Gesetz, sowohl in Bezug auf den Inhalt als auch auf die Form: »Handle nur nach derjenigen Maxime, durch die du zugleich wollen kannst, dass sie ein allgemeines Gesetz werde.« In einer etwas weniger komplizierten Formulierung knüpft das an die Goldene Regel des Evangeliums an, von der wir schon La Mettrie sprechen hörten: »Was du nicht willst, dass man dir tu, das füg auch keinem anderen zu.« Auch La Mettrie nennt kein inhaltliches Kriterium, sondern nur ein Kriterium zur Klärung der Frage, was das inhaltliche Kriterium einer Handlung ist.

Hätte der Mensch nur eine materielle Existenz, hätte er keine Regel. Und wäre der Mensch nur vernünftig, würde er dieser Regel aus eigenen Stücken folgen – und bräuchte daher auch keine Regel oder Vorschrift. Denn der vernünftige Mensch sieht die Unhintergehbarkeit dieser Regel unweigerlich ein, auch wenn er sie böswillig zurückweist. Selbst der Bösewicht weiß sehr wohl, dass er Böses tut, mag er sich auch dazu entscheiden, es dennoch zu tun. Die Vernunft jedoch kennt das Gute und ist mit ihm gewissermaßen wesensverwandt. Das Böse ist eine merkwürdige Störung des Guten, von der sich jeder Mensch, der einfach seiner vernünftigen Menschlichkeit folgt, von selbst fernhält.

Kants elegante und erfindungsreiche Lösung für die Probleme, in die Descartes' Dualismus und La Mettries Monismus die Philosophie gebracht haben, bezahlt also ihrerseits einen Preis, der sie später bitter zu stehen kommen wird. Auch seine Sicht auf den Menschen bleibt zwiespältig. Der Mensch ist zwar nicht aus zwei verschiedenen Substanzen zusammengesetzt, aber als das *eine* Wesen, das er ist, erscheint er doch auf zwei verschiedene Weisen. Einerseits ist er ein Erkenntnisobjekt und ein Wesen-in-der-Welt, das der Naturnotwendigkeit unterworfen ist. Andererseits ist er ein Erkenntnissubjekt und steht in seiner Freiheit der Welt gegenüber.

Es ist vor allem diese letzte Rolle, in der der Mensch schon den leeren Platz eines Gottes einzunehmen beginnt, der in immer weitere Ferne rückt – auch wenn Kant ein überzeugter Gläubiger bleibt und Gott auch einen Platz innerhalb seines Systems zuzuweisen weiß. Philosophisch gesehen steht Gott bei Kant jedoch längst nicht mehr im Zentrum. Wenn wir über ihn sprechen wollen, müssen wir der Religion und der Offenbarung Gehör schenken. Gott hat seinen Platz in der Kirche. In der Philosophie ist er jedoch zu einer Art Randphänomen geworden, einer Vernunftidee oder transzendentalen Illusion – und mehr nicht.

Noch stärker als bei Descartes hat sich bei Kant der Mensch im Zentrum der Wirklichkeit etabliert, einer Wirklichkeit, die erst dank der Wahrnehmungskategorien, mit denen wir ihr Form geben und sie erschaffen, das sein kann, was sie für uns ist. Der Mensch spielt eine Doppelrolle als zugleich betrachtendes Subjekt und betrachtetes Objekt, als Existenzbedingung der Welt und als Gegenstand in ihr. Dass das auf die Dauer nicht gut gehen kann, wird erst im 20. Jahrhundert bei Michel Foucault deutlich zutage treten.

Impressionismus Die Wirklichkeit ist die Wirklichkeit, die wir wahrnehmen, sagt Kant. Dieser Gedanke wird nicht allein die Philosophie, sondern auch die bildende Kunst nachhaltig beeinflussen, auch wenn die Konsequenzen davon erst viel später ans Licht treten. Etwa Mitte des 19. Jahrhunderts kam in Frankreich der Impressionismus auf, als eine der ersten Kunstströmungen, die sich selbst ausdrücklich als »modern« und sogar als »avantgardistisch« präsentierte. Der Impressionismus wollte die Wirklichkeit nicht mehr so wiedergeben, wie sie an sich ist (»als ob wir diese erkennen könnten«, hätte Kant wohl hinzugefügt), sondern den visuellen Eindruck, den sie bei uns hinterlässt, und die Art und Weise, in der sie uns erscheint.

An Monets ›Impression, soleil levant‹ (›Impression, Sonnenaufgang‹) von 1872 lässt sich das deutlich erkennen. Die Wirklichkeit ist auf Farbeindrücke reduziert, aus denen die konkrete Szene rekonstruiert werden muss.

Bei dieser Auflösung der Darstellung in den visuellen Eindruck ging der Engländer William Turner, der den französischen Impressionisten eigentlich einige Jahrzehnte voraus war, vielleicht am weitesten. Sein ›Norham Castle, Sunrise‹ von 1845 kommt einer abstrakten Farbkomposition denkbar nahe. Dem Betrachter, der in dem, *was* er sieht, auch gerne *etwas* sehen will, gelingt es gerade noch, auf dem Gemälde eine Landschaft, eine Kuh und (mithilfe des Titels) eine Burg zu entdecken (akg-images/Erich Lessing).

6

Zwiespältigkeit

Kant, Augustinus, Rousseau

Bei Kant wird der Mensch zu einem zwiespältigen Wesen. Einerseits ist er eine materielle Realität, andererseits ein »transzendentales« Bewusstsein dieser Realität. Das hat einen beträchtlichen Einfluss auf Kants Erkenntnistheorie und die Konsequenzen, die sich daraus ergeben: Letztlich kann der Mensch die Wirklichkeit nur als Bewusstseinsphänomen erkennen.

Paradoxerweise beginnt Kant mit einem ausgeprägten Sinn für Empirie, in dem man Humes Erbe fortwirken sieht, und endet in einer Vergeistigung, die häufig *Idealismus* genannt wird. Dabei geht es nicht um das Anstreben ethischer Ideale, sondern um das erkenntniskritische Prinzip, dass die Welt, die wir erkennen, letztlich eine ideelle Welt des Geistes ist, aus der alle Materie entschwunden zu sein scheint. Im Hinblick auf Kants methodischen Ausgangspunkt spricht man dann auch von einem *transzendentalen Idealismus*, dessen Dreh- und Angelpunkt das transzendentale Ich bildet, das auch selbst nicht mehr als eine Idee oder eine »Illusion« ist.

Was die Ethik anbetrifft, sehen wir eine ähnliche Zwiespältigkeit. Der Mensch braucht moralische Regeln, weil er ein geistig-körperliches Ganzes ist. Die Ethik ist die vermittelnde Instanz zwischen diesen beiden Aspekten. Der Mensch braucht Ethik, weil er sich *selbst* zwischen diesen beiden Sphären befindet.

Aber auch hier spricht Kant dem Ideellen letzten Endes den Primat zu. Selbst wenn eine Person schlecht handelt, *weiß* sie immer noch, was das Gute ist, haben wir zuvor schon von ihm vernommen. Auch der Bösewicht *denkt*, und seine Vernunft schreibt ihm unmissverständlich vor, was er tun soll. Daher können wir eine Tat moralisch nur dann als »gut« bezeichnen, wenn sie ausdrücklich aus Achtung vor dem moralischen Gesetz begangen wird, wie Kant sagt. Es ist die Intention, die über den Wert der Handlung entscheidet, nicht die Eigenart der Tat selbst oder deren Folgen. Dass Menschen trotzdem nicht immer dem Sittengesetz Folge leisten, ist ihrem freien Willen und der Tatsache geschuldet, dass sie manchmal bewusst dem zuwiderhandeln, was sie zugleich als die richtige Handlungsweise erkennen müssen.

Kant war keineswegs der Erste, der diese Zwiespältigkeit erkannt hat. Schon um das Jahr 400 herum hatte sie der Kirchenvater Augustinus in seinem berühmten Egodokument, den ›Confessiones‹ (›Bekenntnissen‹), beschrieben. Dieser Titel enthält an sich schon ein gan-

Eine Darstellung Kants auf einer Briefmarke der Deutschen Bundespost aus dem Jahr 1974.

zes Programm. Erst durch die Beichte meiner Fehler und Schwächen lerne ich mich selbst kennen, und erst durch sie kann ich meinem Leben wirklich Richtung geben, so Augustinus. Für ihn bedeutete das: Bekenntnis zum Christentum und ein Leben, das Gott geweiht ist, mit dem er in seinen ›Bekenntnissen‹ fortwährend im Gespräch war. Doch ebenso rege war er mit sich selbst im Gespräch, besser gesagt: beschrieb er sein ganzes Leben als ein Ringen mit seiner eigenen Wesensart. Zu *wissen,* was das Gute ist, bedeutet noch nicht, das Gute zu *tun*, stellte er gegen die Überzeugung beinahe des gesamten antiken Denkens fest.

Etwas anderes zu tun als das, was man tun sollte, ist reine Irrationalität, hatten Philosophen wie Platon und Aristoteles noch gedacht. Und sie hatten recht. Nur dass der Mensch nun einmal nicht nur rational ist. Wie Augustinus in seiner eigenen Seele und zu seiner eigenen Scham und Schande entdeckte.

Diese Entdeckung bedeutete einen der größten Sprünge zur Selbsterkenntnis des Menschen. Man könnte sie als die Geburt der Psychologie bezeichnen, wenngleich sie bei Augustinus noch ganz in einem theologischen Licht stand. Während wir heutzutage fragen: »Wie kann ich glücklich werden?«, fragte Augustinus: »Wie erlange ich die göttliche Glückseligkeit?« Aber er spürte schon messerscharf, wie sehr dieses Verlangen von der menschlichen Ambiguität durchkreuzt wird. »Gib sie mir, die Keuschheit und Enthaltsamkeit«, hatte er in seiner Jugend zu Gott gebetet, »aber noch nicht gleich!«*

Ein zweifelhafter Segen

Für Augustinus war die göttliche Gnade letztlich für seine Bekehrung zum Guten unentbehrlich. Bei Kant wurde diese Rolle von der menschlichen Rationalität *und* der menschlichen Wesensart selbst übernommen. Auf vernünftigem Wege erkennen wir, was das Gute ist, und auch wenn wir es darum noch nicht automatisch tun, gibt es in uns doch eine natürliche Neigung dazu.

So optimistisch hatte Augustinus, auch aufgrund seines eigenen spürbaren Widerwillens, noch nicht zu sein gewagt. Und auch viele französische Autoren zu Kants eigener Zeit, dem 18. Jahrhundert, dachten darüber völlig anders. Ihnen ging es vielfach darum, hinter der Tugend das Laster zu entdecken und den Vorhang zu lichten, um das Schandhafte daran

* Augustinus, *Bekenntnisse*, eingel. u. übers. v. Wilhelm Thimme, München: dtv, 1982, S. 205.

ans Licht zu bringen. In dieser zynischen Sichtweise bekundete sich ein grundlegendes Misstrauen gegen jeden schönen Schein, aus dem die menschliche Moralität ihrer Auffassung nach gewöhnlich bestand.

Demgegenüber sollte eine neue, vollkommen rationale Zivilisation etabliert werden. Die Erkenntnisse, die die Wissenschaft gebracht hatte, sollten noch weiter kultiviert werden, damit die »Ingenieure der Seele« auf dieser Grundlage ans Werk gehen könnten, wie es später unter der Sowjetregierung heißen würde. Diese Ingenieure sollten die Zivilisation vollenden und das Gute in der Welt, das mit der Vernunft zusammenfiele, verwirklichen.

Das war allerdings nicht das Denken, von dem sich Kant bei seiner Überzeugung, dass der Mensch im Grunde seines Wesens gut ist, inspirieren ließ. Wie er von Hume aus seinem erkenntnistheoretischen »dogmatischen Schlummer« geweckt worden war, so war er in Bezug auf das Wesen des Menschen tief vom Werk Jean-Jacques Rousseaus beeindruckt, mit dem er sich intensiv befasst hatte. Bemerkenswert ist das schon. Denn obwohl Rousseau in vielerlei Hinsicht zu den Aufklärungsdenkern zu zählen ist, suchte er die menschliche Güte nun gerade nicht in der fortgeschrittenen Vernunft, die in einer sich immer höher entwickelnden Zivilisation sichtbare Form annehmen sollte. Im Gegenteil: Diese Güte werde von dieser Zivilisation gerade gefährdet, betonte Rousseau immer wieder in seinen Schriften.

Als Kant dem Menschen eine natürliche Neigung zum Guten unterstellte, verließ er sich also nicht ausschließlich auf das Prinzip der Vernunft. Er ging auch von einer Wesensart aus, die dank Rousseau untergründig fast romantische Züge aufwies. Diese Wesensart ist etwas Natürliches – und diese Natur wurde von

Augustinus: »Gib sie mir, die Keuschheit und Enthaltsamkeit, aber noch nicht gleich!«

Rousseau leidenschaftlich gegen die Ansprüche der »Zivilisation« verteidigt.

Denn der Fortschritt, als dessen Vorhut sich die Aufklärungsdenker wähnten, war Rousseaus Auffassung nach eher ein zweifelhafter Segen. Er machte den Menschen nicht besser, sondern eher immer künstlicher, und er entfremdete ihn damit seinen Wurzeln. Es galt daher, diese ursprüngliche Güte gegen die Tendenz einer sich immer höher entwickelnden Zivilisation zu bewahren.

Rousseau ist selbst das beste Beispiel für diese Zwiespältigkeit. Er gehört sowohl zur Aufklärung als auch zu einer Richtung, die zu Beginn des folgenden Jahrhunderts Romantik genannt werden sollte. In dieser bürgert sich ein völlig anderes Menschenbild ein. Ihre Grundzüge treten sowohl in der Person

Rousseaus pädagogischen Prinzipien zufolge musste sein Émile lernen, alles Wissen im Leben experimentell selbst zu entdecken. Für uns ist das inzwischen selbstverständlich. »Entdeckendes Lernen« ist heutzutage ein Grundelement fast jeglicher Bildung. Doch diese Auffassung bestand nicht zu allen Zeiten. Sie ist noch keine dreihundert Jahre alt.

als auch im Werk Rousseaus bereits zutage. Er selbst war ein ziemlich ungelenker Mensch, der sich in der Kultur seiner Zeit, in der Katzbuckeln und komplizierte Höflichkeitsformen den Umgang miteinander beherrschten, nicht recht heimisch fühlte. Er geriet fast mit jedem in Streit, auch mit dem gutmütigen David Hume, der ihm Gastfreundschaft und finanzielle Unterstützung gewährte, nachdem er vorübergehend nach England geflohen war. Es kam zu hitzigen Konfrontationen mit Diderot und d'Alembert, den Chefredakteuren der ›Encyclopédie‹, an der Rousseau mitarbeitete. Lieber als in den Pariser Salons hielt er sich zuletzt als »einsamer Wanderer« in der Natur auf, wo er befreit von sozialem Druck er selbst sein konnte.

Die eben gewählte Formulierung klingt vielleicht etwas zu modern. Und tatsächlich entspricht sie nicht ganz dem 18. Jahrhundert. Besser gesagt: Bei Rousseau gewinnt etwas Gestalt, was man erst viel später, im Existenzialismus, ein Verlangen nach Authentizität nennen wird. Wer bin ich? Was ist mein ureigenstes, unverbrüchliches Ich? Diese Fragen waren bis dahin, wenn nicht unverständlich, so doch irrelevant gewesen. Allenfalls hatte Michel de Montaigne in seinen ›Essays‹ etwa zwei Jahrhunderte zuvor an sie gerührt. Und auch der Protestantismus hatte (gefolgt von der Gegenreformation, die viele der protestantischen Neuerungen klammheimlich übernahm) Nachdruck auf die persönliche Beziehung der Seele zu Gott gelegt. Mit Bach haben wir dafür bereits ein Beispiel gesehen.

Doch während die Seele Montaignes vornehmlich zu sich selbst kam, indem sie sich an seinen geliebten Büchern und Autoren der Antike spiegelte, und während die protestantische Seele sich selbst fand, indem sie sich am Urteil Gottes spiegelte, tauchte Rousseau tief in sein eigenes Gemüt ein, um sich selbst in seiner einzigartigen Bedeutung zu erfassen. »Ich plane ein Unternehmen, das kein Vorbild hat und dessen Ausführung auch niemals einen Nachahmer finden wird. Ich will meinesgleichen einen Menschen in aller Wahrheit der Natur zeigen, und dieser Mensch werde ich sein. Einzig und allein ich«, so beginnt er sein bekanntestes Egodokument, dem er nicht ohne Grund denselben Titel gab wie Augustinus dem seinigen: ›Confessiones‹ bzw. ›Bekenntnisse‹ »Ich fühle mein Herz – und ich kenne die Menschen. Ich bin nicht gemacht, wie irgendeiner von denen, die ich bisher sah, und ich wage zu glauben, dass ich auch nicht gemacht bin, wie irgendeiner von allen, die leben. Wenn ich nicht besser bin, so bin ich doch wenigstens anders.«*

Nun hatte Rousseau ebenso wie Augustinus einiges zu erklären. Seine eigenen Kinder hatte er ausnahmslos in Findelhäuser gegeben. In seinen Bekenntnissen wird immer wieder deutlich, wie sehr ihm das zu schaffen machte. Hatte er denn nicht selbst die eigentümliche Welt des Kindes in seinem berühmten und einflussreichen Buch ›Émile oder Über die Erziehung‹ beschrieben? Eltern und Lehrer hatte er dazu aufgerufen, das Kind nicht wie einen kleinen Erwachsenen zu behandeln, sondern als das, was es wirklich war: ein Wesen *sui generis*, noch nicht geformt und vor allem noch nicht *ver*formt von den Ansprüchen der Gesellschaft und ihren Umgangsformen. Das Kind war ein Wesen, in dem der unverdorbene Kern des Menschseins noch vorhanden war und das daher die Eltern in vielerlei Hinsicht lehren konnte, wer sie eigentlich selbst waren – oder zumindest *gewesen* waren.

Der Mensch ist gut

Genau darin wird deutlich, was Rousseaus ›Émile‹ mit seinen ›Bekenntnissen‹ verbindet. In beiden Werken sucht er das Ideal dessen, was ein Mensch eigentlich ist und sein sollte. Dieses Ideal liegt nicht am Endpunkt der Zivilisationsarbeit, durch die ein Kind zu einem erwachsenen Menschen wird, zu einem an die Gesellschaft angepassten *honnête homme*. Dieses reine Wesen des Menschen liegt gerade an deren Anfang: da, wo der Edelstein der ursprünglichen Güte, die in uns ruht, noch nicht zu einem verführerisch glänzenden, aber künstlichen Schmuckstück aufpoliert wurde.

Der wahre Mensch ruht in der Unbefangenheit des Kindes und in dem Erwachsenen, der es wagt zu beichten, wer er wirklich ist, nicht in dem, der die Etikette des höfischen Salons perfekt beherrscht und in der – letztlich hohlen – Konversation zu brillieren weiß, wie es in ›Les Liaisons dangereuses‹ zu sehen war. »Alles ist gut, wie es aus den Händen des Urhebers aller Dinge hervorgeht; alles entartet unter den Händen des Menschen«, schreibt Rousseau im Eingangssatz des ›Émile‹.** Und in seinen ›Bekenntnissen‹: »Ich habe mich so gezeigt, wie ich gewesen bin: verächtlich und niedrig, wo ich es war und ebenso edelmütig und groß, wo ich es war.«*** Das Einzige, was wirklich hinter der Fassade aller gesellschaftlichen Zivilisation und allen Fortschritts zählt, ist der wahre, ursprüngliche Mensch: das, was im 20. Jahrhundert die menschliche »Eigenheit« genannt werden wird.

Sie bleibt für Rousseau nicht auf den individuellen Menschen begrenzt. Die gesamte Zivilisation muss nach diesem Kriterium, das eigentlich ein Aufruf zur Gegenzivilisation enthält, beurteilt werden. Damit ist nicht gesagt, dass Rousseau zu einer animalischen Gesetzlosigkeit zurückwill und noch weniger zum Gesetz des Stärkeren oder des Eigeninteresses, aus denen andere Denker seiner Zeit die Zivilisation als echten Fortschritt hervorgehen sahen. Der Mensch ist von seinen Anlagen her zu edel, um ihn auf eine solche Sittenlosigkeit reduzieren zu können. Gerade sein natürlicher Wesenskern ist Träger des wahren Seelenadels, der es unter dem korrumpierenden Einfluss dessen, was »Zivilisation« genannt wird, so schwer hat, sich zu behaupten.

* Jean-Jacques Rousseau, *Bekenntnisse*, ungekürzte Ausgabe, übertr. v. Ernst Hardt, Leipzig: Insel, 1959, S. 7.

** Jean-Jacques Rousseau, *Emile oder über die Erziehung*, übers. v. Karl Große. Leipzig: Wiegand Verlag, 1844, S. 12.

*** Jean-Jacques Rousseau, *Bekenntnisse*, S. 7.

LE DEVIN
DU VILLAGE.

INTERMÉDE,

REPRÉSENTÉ A FONTAINEBLEAU
DEVANT LE ROY,
Les 18 & 24 Octobre 1752. & à PARIS,
PAR L'ACADÉMIE ROYALE
DE MUSIQUE,
Le Jeudy premier Mars 1753.

AUX DÉPENS DE L'ACADÉMIE.
PARIS, Chez la V. DELORMEL & FILS, Imprimeur de ladite Académie, rue du Foin, à l'Image Ste. Geneviéve.
On trouvera des Livres de Paroles à la Salle de l'Opéra.

M. DCC. LIII.
AVEC APPROBATION ET PRIVILEGE DU ROY.

›LE DEVIN DU VILLAGE‹ Die ursprüngliche Titelseite von Rousseaus ›Le devin du village‹ aus dem Jahr 1752. Im Nederlands Muziek Instituut (Niederländischen Musikinstitut) in Den Haag wird ein handgeschriebenes Exemplar der Partitur von ›Le devin du village‹ aufbewahrt.

Darin findet sich eine bemerkenswerte Notiz: »Es ist bekannt, dass J.J. Rousseau sein Geld mit dem Kopieren von Noten verdiente. *Le devin du village* ist eine dieser Kopien, die vollständig aus der Hand J.J. Rousseaus stammt.«

COLIN
L'Amour et vos leçons m'ont enfin rendu sage;
Je préfère Colette à des biens superflus:
Je sus lui plaire en habit de village;
Sous un habit doré qu'obtiendrais-je de plus?

DEVIN
Colin, il n'est plus temps et Colette t'oublie.

COLIN
Elle m'oublie! Ô Ciel! Colette a pu changer!

DEVIN
Elle est femme, jeune et jolie; Manqueroit-elle à se venger?…

COLIN
Je vais revoir ma charmante Maîtresse.
Adieu châteaux, grandeurs, richesse!
Votre éclat ne me tente plus.
[…]
Que de Seigneurs d'importance
Voudroient bien avoir sa foi!
Malgré toute leur puissance,
Ils sont moins heureux que moi.

COLIN
Die Liebe und die weisen Lehren,
Die Ihr mir gabt, die führen mich zurück.
Nein, nein, Colette ist mein höchstes Glück!
Wie oft hört ich sie nicht, mich »Lieber Colin« nennen,
Und hatte doch nur Hirtenkleider an:
Würd ich im goldenen Rock wohl mehr verlangen können?

DER WAHRSAGER
Du kommst zu spät, da sie dich nicht mehr lieben kann.

COLIN
Colette konnte ihr Gelübde brechen?!

DER WAHRSAGER
Sie ist ein Weib, ist jung und schön
Und hat, um sich zu rächen,
Sich einen andern ausersehen!

COLIN
So werde ich dich, o teures Mädchen sehen!
Fahrt hin ihr Schlösser! – Welche Höhen!
Da würde ich nur schwindlig sein.
[…]
Mancher Herr mit Stock und Degen
Möchte tauschen sicherlich;
Mit dem blanken gold'nen Segen
Ist der nicht so reich als ich.
Jean-Jacques Rousseau, ›Der Dorfwahrsager. Ein Singspiel‹, übers. v. Carl Dielitz, Leipzig: Ernst Rowohlt, 1911, S. 27–28.

Ebenso wie Augustinus verlangte es Rousseau nach der Wiedergewinnung des wahren Seelenheils. Doch während dieses für Augustinus am Endpunkt einer Bekehrung zu Gott lag, betrachtete es Rousseau als Belohnung für die Rückkehr zu einer verlorenen Ursprünglichkeit. Daher konnte er einen Lobgesang auf den »edlen Wilden« anstimmen, der seine Seele noch nicht dem Glanz der Kultur geopfert hatte – zu einem Lobgesang auf die unschuldige Tugendhaftigkeit des Landlebens, das er den dekadenten Städtern und Aristokraten als beispielhaft vorhielt. Das tat er nicht nur in den Schriften, die ihn berühmt machten, sondern auch in einem kleinen musikalischen Werk, das schon bald in Vergessenheit geraten sollte, mit dem er jedoch zu Lebzeiten den gebührenden Erfolg hatte. Denn ebenso wie E. T. A. Hoffmann war Rousseau Musiker und Komponist, *bevor* er Schriftsteller wurde.

In seiner kurzen Oper (eigentlich ein »Zwischenspiel«, ein »Intermezzo«) ›Le Devin du village‹ aus dem Jahr 1752 tritt sein Hang, vielleicht sogar seine nostalgische Rückwendung, zu einer ursprünglichen, unkomplizierten Lebensweise, in der die Menschen beinahe von selbst tugendhaft waren, deutlich zutage. ›Der Dorfwahrsager‹ heißt das Stück, und allein der Titel lässt schon auf einiges schließen. Die Geschichte spielt nicht am Hof eines Aristokraten und erst recht nicht in der Stadt, sondern in einem Dorf, wo zwei sich ehemals Liebende, der Schäfer Colin und die Schäferin Colette, unglücklich sind, weil ihre Liebe zerbrochen ist. Er hat sich mit einer Aristokratin aus der Gegend auf und davon gemacht, und sie bekommt von dem Wahrsager den Rat, so zu tun, als sei sie die Geliebte eines reichen Mannes aus der Stadt geworden. Auch im Dorf übt die Anziehungskraft des Reichtums der »zivilisierten Welt« ihren verhängnisvollen Einfluss aus.

Doch die List, die der Wahrsager Colette eingibt, wirkt Wunder. Colin wird sich schmerzlich bewusst, wie töricht es gewesen ist, die Liebe seiner kleinen Schäferin gegen den eitlen Glanz einer *grande dame* einzutauschen. Es ist zu spät: Colette hat ihn ihrerseits bereits vergessen, denn »sie ist ein Weib, ist jung und schön, und hat, um sich zu rächen, sich einen andern ausersehen«.

Als ihm klar wird, dass sie es ihm mit gleicher Münze heimzahlt, macht Colin seine Entscheidung schnell rückgängig. Noch voller Reue und ängstlicher Erwartung schwört er, dass er allen Schlössern, allem Adel und Überfluss den Rücken kehren will. »Hirtenstab und Flöte schmücken schöner mich als Band und Stern … Mancher Herr mit Stock und Degen; Mit dem blanken gold'nen Segen ist er nicht so reich als ich«.* Daraufhin lässt sich Colette erweichen, und die Liebenden schließen einander wieder in die Arme, während die Dorfgemeinschaft um sie herum das einfache Landleben besingt.

Country Girl

Rousseau sollte mit dieser Verherrlichung des einfachen Landlebens und der Missbilligung einer *zu* verfeinerten Kultur bleibenden Einfluss auf die Sicht des westlichen Menschen auf sich selbst ausüben. Dass Fortschritt nicht nur große Vorteile mit sich bringt, sondern auch eine beträchtliche Einbuße der »Eigentlichkeit« der Seele nach sich ziehen kann, ist wohl kein ganz neuer Gedanke (das Christentum ist den Gefahren einer allzu weltlichen und selbstherrlich fortschreitenden Kultur immer mit Miss-

* Jean-Jacques Rousseau, *Der Dorfwahrsager*. Ein Singspiel, übers. v. Carl Dielitz, Leipzig: Ernst Rowohlt, 1911, S. 27–30.

Der Bauernhof von *Le hameau de la Reine* (»Der Weiler der Königin«) beim Lustschloss Petit Trianon im Park von Versailles.

Marie-Antoinette als Bäuerin gekleidet.

trauen begegnet), dennoch ist noch nie zuvor diese Ambiguität so fest in der Wesensart des Menschen verankert worden.

Am deutlichsten offenbarte sich die Empfänglichkeit des 18. Jahrhunderts für diesen Rousseauismus ironischerweise am königlichen Hof von Versailles. Kurz vor der Französischen Revolution ließ Königin Marie-Antoinette, die Gemahlin Ludwigs XVI., in der Nähe des Schlosses ein künstliches Bauerndorf errichten, in das sie sich aus dem anspruchsvollen Zeremoniell des höfischen Lebens zurückziehen konnte. Auch das war nicht neu. Neu war allerdings, dass Marie-Antoinette das bisher verachtete Dorfleben ausdrücklich zum Modell erkor. Ihr *hameau* (Weiler) umfasste einen Bauernhof, eine Käserei, eine Mühle und einen Stall, und die Königin scheute sich nicht, sich im Gewand einer Bäuerin oder Schäferin zu zeigen.

Der Spott, mit dem dieses vaudevilleartige So-tun-als-ob aufgenommen wurde, war darum nicht minder beißend. Das Lied ›Il pleut, il pleut, bergère‹ (›Es regnet, es regnet, Schäferin‹) aus einer komischen Oper jener Zeit wurde allgemein als eine Anspielung auf die Königin aufgefasst. Die Ballade über die Schäferin, die bei einem Bauern vor dem Unwetter Schutz sucht und schließlich seinen Küssen erliegt (*Eh bien voilà ta couche / Dors-y bien jusqu'au jour / Laisse moi sur ta bouche / Prendre un baiser d'amour*: »Nun denn hier ist dein Schlafplatz /schlafe gut bis es tagt / und lass mich dir auf dein Mündchen / einen Liebeskuss geben«) ist wohl mit klammheimlicher Schadenfreude gesungen worden, denn der Lebenswandel der Königin galt nicht als besonders keusch.

Aber Rousseaus Einfluss sollte das alles überdauern. Auch heute ist das Land wieder ein idealisierter Raum. Zeitschriften feiern das einfache Leben und den Aufenthalt in der Natur.

Noch wesentlich radikaler verschaffte sich der *Rousseauismus* gegen Ende der Sechzigerjahre des vergangenen Jahrhunderts Geltung, als die »Gegenkultur« zum wesentlichen Charakterzug des Lebensstils der Nachkriegsgeneration wurde. Man könnte sagen, dass Rousseau darin in zweifacher Weise präsent war. Zunächst dadurch, dass es überhaupt so etwas wie eine »Jugendkultur« gab. Bis zum Zweiten Weltkrieg und sogar noch im ersten Jahrzehnt danach wurden Jugendliche in ihrer Kleidung und ihrem Verhalten schnell erwachsen.

In den Fünfziger- und vor allem in den Sechzigerjahren kam es jedoch zu einem radikalen Umbruch. So wie Rousseau dem kleinen Kind eine eigene »Welt« und Lebensweise zugestanden hatte, ließ die Teenager-Generation nun erkennen, dass auch sie sich von der Welt der Erwachsenen und dessen bürgerlichem Konservatismus durch eine eigene Kultur, einen eigenen Dresscode und (vielleicht am wichtigsten von allem) eine eigene Sexualmoral unterscheiden wollte. Sie wiederholte den revolutionären Eingriff, den Rousseau vorgenommen hatte, für ihre eigene Generation und zögerte den Zeitpunkt des Erwachsenwerdens (und der Anpassung an Pflicht und Ordnung in der Gesellschaft) ein weiteres Mal um ein oder sogar zwei Jahrzehnte hinaus: zuerst die Halbstarken, dann die Hippies und schließlich die Punks.

Von all diesen Gruppen (und Generationen) erwies die Hippiebewegung Rousseaus Erbe auch noch auf eine andere Weise die Ehre. Die Hippies wandten sich nicht nur gegen die Kultur ihrer Eltern, sondern auch gegen die Werte »der« Kultur an sich, insofern sie zu einer Verherrlichung des Geldes, zu einer Sklaverei des Wohlstands und einem entfremdenden Arbeitsrhythmus, dem sich alles unterzuordnen hatte, entartet war. In ihrer Kritik des Fortschrittsglaubens und der Technologieverehrung klang bei den Hippies Rousseaus Widerstand gegen eine Zivilisation nach, die gerade dank ihrer eigenen Leistungen und geistigen Schöpfungen den Kontakt zu dem verloren hatte, worum es einem Menschenleben eigentlich ging: Liebe, Authentizität und friedliches Zusammenleben mit der Natur und der Welt.

Der unumstrittene Höhepunkt der Hippiebewegung war das großartige Popfestival, das 1969 in Woodstock, Upstate New York, veranstaltet wurde, und das durch den Megafilm darüber, der im Jahr darauf seinen Siegeszug durch die ganze westliche Welt antrat, bekannt wurde. Freiheit, Schönheit, Liebe, Sex und Verbundenheit mit der Erde, selbst wenn dazu ein ritueller Tanz gegen den Regen nötig sein sollte, der das gesamte Festivalgelände in eine einzige große Schlammlache verwandelte: das waren die Ingredienzien dessen, was einen *summer of love* lang die Verheißung einer neuen utopischen Menschheit zu sein schien.

Crosby, Stills, Nash and Young.

Die Supergroup Crosby, Stills and Nash besang dieses rousseauistische Lebensgefühl mit einem Text von Joni Mitchell im Titelsong des Films.

We are stardust, we are golden
We are billion year old carbon
And we got to get ourselves back to
the garden.

Und in diesen »Garten« kamen sie in großer Zahl:

By the time we got to Woodstock
We were half a million strong
And everywhere was a song and a
celebration.

An der amerikanischen Westküste hatte Scott McKenzie bei einem anderen Popfestival dazu schon den Auftakt gegeben.

If you're going to San Francisco
be sure to wear some flowers in your
hair.

Auch diese Bewegung war ganz von Rousseaus Gedanken beseelt, dass der Mensch seinem Wesen nach gut ist und von dieser Güte nur durch eine wesensfremde Kultur getrennt wurde, die ihn sich selbst entfremdete. Die Sängerin Melanie sang ihre Botschaft ›Beautiful People‹ so falsch wie eine Krähe, hinterließ aber dennoch tiefen Eindruck mit ihrem Credo, dass wir alle »beautiful people« seien und nur eine offene Geisteshaltung nötig sei, um aller Einsamkeit ein Ende zu setzen.

I'll have a meeting
Invite ev'ryone you know
I'll pass out buttons for
The ones who come to show
Beautiful people
Never ever, ever have to be alone
'Cause there'll always be someone
With the same button on as you
Include him in ev'rything you do
He may be sitting right next to you
He may be beautiful people too.

Melanie: *Beautiful People.*

Es war schließlich Neil Young, der gemeinsam mit Crosby, Stills and Nash Rousseaus Traum mit Worten zum Ausdruck zu bringen schien, die fast wörtlich aus Colins Mund hätten kommen können. Ihr Lied ›Country Girl‹ auf der enorm populären LP, die wohl doch nicht zufällig ›Déja vu‹ heißt, zeichnet ebenso wie Rousseau das Bild eines dekadenten Lebens des Geldes und des schnellen Konsums, mögen sich auch die reichen Aristokraten nun in die heutigen Rockstars verwandelt haben:

No pass out sign on the door set me
thinking
Are waitresses paying the price of
their winking?
While stars sit in bars and decide
what they're drinking
They drop by to die 'cause it's faster
than sinking.

Das ist *ihr* Leben, sie sind die Stars. Aber auch hier kommt es am Ende des Liedes zum Umschwung und zur Bekehrung dank des schlichten Charmes eines Bauernmädchens, das vielleicht Colette heißen könnte.

Country girl I think you're pretty
Got to make you understand
Have no lovers in the city
Let me be your country man.

Jacques-Louis David, ›Le Serment des Horaces‹
(›Der Schwur der Horatier‹) (1784).

7

Republikanismus und Universalismus

Rousseau, Kant

Rousseau verkörpert die Zwiespältigkeit, die die europäische Gesellschaft im 18. Jahrhundert tief in sich selbst entdeckt und die sie auf Dauer prägen wird. Während einerseits die Vernunft unter dem Banner der Aufklärung die Oberherrschaft über alles und jedes beansprucht, entzündet sich daran fast gleichzeitig eine Gegenbewegung, die sich einer Gesellschaft widersetzt, in der die Vernunft (*raison)* das erste und das letzte Wort hat. Es gibt noch etwas Wichtigeres als die Hervorbringungen des Geistes, so lautet ihr Credo: die ursprüngliche Wesensart des Menschen, die sich durch all die Zivilisation nicht verbessert, sondern sich ihrer selbst geradezu entfremdet hat.

Dieser Bruch durchzieht auch das Denken Rousseaus. Neben dem Romantiker *avant la lettre*, der er als Bewunderer des tugendhaften Landlebens ist, ist er *auch* einer der Vertreter des Aufklärungsdenkens, das in diesem Jahrhundert triumphieren sollte. Dieser Triumph ist nicht nur wissenschaftlicher und intellektueller Natur.

Seinen sichtbarsten Ausdruck erhält es – wie schon in der Einleitung erwähnt – auf der politischen Bühne. 1789 wurde in Frankreich eine neue Staatsform etabliert, die vollkommene Rationalität für sich beanspruchte. Diese Staatsform ging in bedeutendem Maße auf Rousseau zurück.

Was war das Neue dieser Staatsform? Republiken hatte es schon von jeher gegeben. Der französische Republikanismus nahm sich (ebenso wie die verwandte Patriotenbewegung in den Niederlanden) ausdrücklich die antiken Tugenden der Römischen Republik zum Vorbild.

1784 schuf Jacques-Louis David sein monumentales Gemälde ›Der Schwur der Horatier‹, fünf Jahre vor der Französischen Revolution und notabene auf Betreiben des französischen Königs. Doch mit seiner ungetrübten Verherrlichung der Tugendhaftigkeit der Römischen Republik konnte sich dieses Gemälde nach dem Umsturz zu einer Ikone der neuen Französischen Republik entwickeln. Lauterkeit, Aufrichtigkeit und unerschütterliche Treue waren wichtige Ingredienzien dieser Tugendhaftigkeit.

Das Gemälde stellt den Schwur dar, mit dem die drei Brüder Horatius ihrem Vater versprechen, ihre kurz zuvor gegründete Vaterstadt Rom bis in den Tod zu verteidigen. Zwei der drei Brüder fallen im Kampf, aber der Sieg wird errungen. Der überlebende Bruder wird jedoch von seiner Schwester, die mit einem der Feinde

Louis Napoléons Kaminuhr mit dem ›Schwur der Horatier‹.

der Stadt verlobt ist, verflucht. Daher tötet er seine eigene Schwester. Dieser nach heutigem Verständnis schwer verständliche Beweis seiner Rechtschaffenheit bestätigt aus römischer Sicht einmal mehr seine republikanische Tugendhaftigkeit.

Diese Darstellung wurde zu einem Blickfang der republikanischen Ikonografie, mit dem die junge Republik (und anschließend auch das Napoleonische Kaiserreich) eine regelrechte Propagandakampagne führte. Als sich Louis Napoléon als frischgebackener König von Holland seine Residenz in dem Palast einrichtete, der bis dahin das Amsterdamer Rathaus gewesen war, ließ er aus Paris eine Kaminuhr herbeischaffen, auf der diese Szene zu sehen war.

Jacques-Louis David ›Le Serment du Jeu paume‹ (›Der Ballhausschwur‹) (1791).

Anonymer Druck, herausgegeben von Basset Paris, 1799.

Einen Widerhall hiervon bildet der ebenfalls von Jacques-Louis David gemalte berühmte ›Ballhausschwur‹. Mit diesem Schwur beeidigten die Vertreter des Dritten Standes wenige Tage nach der Französischen Revolution, nicht auseinanderzugehen, bevor sie eine neue Verfassung verabschiedet hätten.

In einer makabren Laune des Schicksals sollte der Faschismus des 20. Jahrhunderts dieselbe Geste als den »römischen Gruß« (in Italien und Spanien) und den »Hitlergruß« (in Deutschland) übernehmen.

Nicht nur die römische Tugendhaftigkeit, auch die Vernunft wurde *vor* dem französischen Republikanismus schon als ein fast göttliches Phänomen angesehen. Nachdem die Revolution in *einem* Atemzug mit dem *Ancien Régime* auch dem Christentum abgeschworen hatte, erhielt die Vernunft buchstäblich einen göttlichen Status; für kurze Zeit wurde um sie sogar eine Art alternativer Religion organisiert.

Die ›Erklärung der Menschen- und Bürgerrechte‹ wurde im Revolutionsjahr 1789 sogar »in Gegenwart und unter dem Schutz des Höchsten Wesens« unterzeichnet: eines deistischen Gottes, in dem die Vernunft ihre Vollendung erlangt hat und der daher jedem Denken seinen Orientierungspunkt gab. Das »Höchste Wesen« wurde in den jungen Jahren der Französischen Republik in einem »Kult der Vernunft« verehrt. In manchen Kirchen wurde verkündet, dass »das französische Volk das Höchste Wesen und die Unsterblichkeit der Seele anerkennt«.

Eines hatte sich, wie wir bereits gesehen haben, jedoch verändert. Dieses Höchste Wesen hatte auf Erden keinen eindeutigen Stellvertreter mehr. Unter dem *Ancien Régime* war der Herrscher der höchste Vertreter Gottes auf Erden gewesen, dem Gottes Erleuchtung und besonderer Schutz zuteilwurde. In Frankreich wurde er daher, ebenso wie die alttestamentarischen Herrscher in biblischen Zeiten, sogar gesalbt. Das Königtum war ein Sakrament, das ihn unmittelbar mit dem Höchsten verband und ihm damit die Legitimität seiner Macht und Weisheit verlieh. Mit der Französischen Revolution, und vor allem mit der Enthauptung Ludwigs XVI. im Jahr 1793, wurde diese Legitimation buchstäblich gekappt. Nicht der Herrscher war von nun an der Souverän, sondern das Volk selbst.

Die junge Republik wandte sich entschieden vom Katholizismus und dem damit verflochtenen *Ancien Régime* ab. Manche seiner Gepflogenheiten behielt man allerdings bei und schrieb ihnen neue Bedeutungen zu, die besser zu dem neuen Denken passten. Das zeigt sich an einer Prozession, die 1790 in Dijon stattfand. Feierlich wird dort ein Modell der Bastille, in der nach dem mittlerweile etablierten Gründungsmythos die Revolution begonnen hatte, auf genau die gleiche Weise durch die Straßen getragen, wie das kurz zuvor noch mit Heiligenfiguren getan worden war – und wie das heute in Spanien noch immer üblich ist.

Mit der Ablösung der Republik durch das Napoleonische Kaiserreich schwächte sich

›Fête de l'Être Suprême‹ (›Fest des höchsten Wesens‹), Musée Carnavalet, Paris.

dies nicht ab. Napoleon wurde regelrecht als Heiliger verehrt, von Teilen seiner Anhängerschaft bis zum heutigen Tag. Nach Napoleons Tod wurden Gegenstände aus seinem Verbannungsort Sankt Helena in Reliquienschreinen gesammelt, die denen ihrer christlichen Vorgänger in nichts nachstanden.

Menschenrechte

Damit war nicht jegliche Transzendenz abhandengekommen. Schließlich blieb die Vernunft höchstes Prinzip und maßgeblicher Orientierungspunkt. Der Bürger war nicht länger politisches Subjekt, weil er Untertan des Herrschers, sondern weil er als vernünftiges Wesen Teil einer Gemeinschaft vernünftiger Wesen war, die die politische Macht aus sich selbst heraus rechtfertigte.

Von diesem Zeitpunkt an wurden daher »Menschrechte« denkbar: Rechte, über die eine Person allein aus dem Grund verfügt, dass sie Mensch und Bürger ist und nicht länger ein Anhängsel des Herrschers, der ihr diese Rechte verleiht. Es sind *ihre* legitimen Rechte, nicht die Gunstbezeugungen, die ein Herrscher seinen Untertanen erweist.

Doch aus den gleichen Gründen wird der Bürger auch zu einer anonymen Instanz ohne Eigenschaften. Seine einzige Eigenschaft besteht darin, Mensch und Bürger zu sein. Er ist Träger der Vernunft und in diesem Sinne auch Träger des staatlichen Machtbollwerks, das ihn seinerseits als *Rechts*subjekt trägt. Wie der Rechtsphilosoph Bert van Roermund schreibt:

»›Das Volk‹ im Sinne des Rechtsstaats ist nicht ›die Bevölkerung‹, nicht irgendein wohlwollender, hart arbeitender oder auserwählter ›Teil des Volkes‹, nicht die ›Elite‹, ›die Vorhut‹, ›die Arbeiterklasse‹ oder was man sich sonst im Laufe der Geschichte alles ausgedacht haben mag. Denn die einzige Bestimmung, die man vom Volk geben könnte, ist diese: Es besteht aus denen, die den Rechtsstaat tragen.«*

Das klingt zirkulär und das ist es auch. »Das Volk« ist nach dieser republikanisch-aufgeklärten Auffassung, die noch immer die Ratio unseres Staatssystems bildet, eine Art selbsttragende Konstruktion, die ebenso abstrakt ist wie der *citoyen*. Daran erkennen wir, dass sich auf politischer Ebene das Gleiche vollzieht, was wir zuvor schon auf der Erkenntnisebene sehen konnten. Der Mensch wird zum Zentrum *und* zur Grundlage seiner Welt, worin er sich selbst zugleich wiederfindet.

Kant nannte das »ein Sein unter zwei Aspekten«. In ähnlicher Weise wie auf erkenntnistheoretischem und ethischem Gebiet (Descartes hatte mit der Erkenntnissicherheit, Kant mit dem freien Willen gerungen) führte dies nun auch in politischer Hinsicht zu den zu erwartenden Problemen. Mag das Volk auch die Souveränität des Herrschers übernommen haben, so ist damit die Frage, wie diese Macht ausgeübt werden soll, keineswegs beantwortet. Im Volk ist schließlich – wie wir schon in der Einleitung konstatiert haben – der Wille, der die Macht ausübt, unvermeidlicherweise heterogen. Der Herrscher ist *einer*, ebenso wie Gott *einer* ist – und daher ist dies auch sein Wille. Im Volk hingegen ruft jeder etwas anderes – und niemand kann für sich in Anspruch nehmen zu wissen, was das Gute ist.

Auf dieses Problem stößt Rousseau, als er sich am Ende seines politischen Traktats *Du contrat social* mit der Frage konfrontiert sieht, wie die neue »Volkssouveränität« nun eigentlich ausgeübt werden soll. Anfangs, so schreibt Rousseau, ist das kein Problem. »Solange sich mehrere Menschen vereint als eine einzige Körperschaft betrachten, haben sie nur einen einzigen Willen.«** Auch hier ist der Urzustand für ihn maßgeblich.

»Wenn aber«, so muss Rousseau feststellen, »nach und nach das gesellschaftliche Band sich lockert, der Staat schwach wird; wenn die Sonderinteressen sich bemerkbar machen […], erlahmt das gemeinsame Interesse.«*** Die Eintracht schwindet, Gegensätze treten zutage – und es stellt sich die Frage, wie sich all diese verschiedenen »Willen«, aus denen eine politische Gemeinschaft besteht, wieder zu einem einzigen Willen verschmelzen können. Wie wird – in den Worten Rousseaus – der *volonté de tous* wieder zu einem echten *volonté générale:* zu einem Volkswillen, der *mehr* ist als die Summe seiner einzelnen Teile?

Die junge französische Republik hatte nicht nur ein politisches, sondern auch ein gesellschaftliches Problem. Frankreich war in vielerlei Hinsicht noch ein Flickenteppich aus Städten und Regionen mit einem eigenen volkstümlichen Charakter. Die Untertanen fühlten sich ihrer eigenen Region viel stärker verbunden als etwas so Abstraktem wie »dem französischen Staat«. Mit der Vereinigung des französischen Königreichs zu einem Staat hatte Ludwig XIV. ein Jahrhundert zuvor schon den Anfang gemacht. Sein berühmter Ausspruch *L'état, c'est moi* drückt viel mehr aus als den megalomanen Egoismus, den man späterhin darin

* Bert van Roermund, »PVV'ers, willen jullie meer of minder rechtsstaat?«, in: *de Volkskrant*, 3. Januar 2017.

** Jean-Jacques Rousseau, *Vom Gesellschaftsvertrag oder Grundsätze des Staatsrechts*, Stuttgart: Reclam, 1977, S. 112.

*** ebd, S. 113.

Ludwig XIV. ließ sich als Wundertäter mit göttlicher Heilkraft darstellen.
›Ludwig XIV. heilt die Skrofulösen‹ (1690) von Jean-Baptiste Jouvenet.

vernimmt. Erst bei ihm gewinnt der Begriff »Staat« seine moderne Bedeutung, wenn auch noch innerhalb des alten Systems eines gottgegebenen Königtums.

Die meisten Stimmen

Ungeachtet ihres radikalen Bruchs mit dem *Ancien Régime* baute die Französische Republik in vielerlei Hinsicht auf der Staatsform Ludwigs XIV., der Zentralisierung und Rationalisierung der Verwaltung, auf. Und auch auf seiner propagandistischen Inanspruchnahme der Künste. Aus Ludwigs apollinischer Sonne wurde das strahlende, allsehende Auge des *Être Suprême*; große Gemälde wie ›Der Schwur der Horatier‹ erhielten revolutionäre Bedeutung. Andere wurden gemalt, um die dramatischen Momente der jungen Republik zu ehren, wie das berühmte, ebenfalls von Jacques-Louis David geschaffene Gemälde ›Der Tod des Marat‹: ein Porträt des revolutionären intellektuellen Jean-Paul Marat, der in seinem Bad ermordet wurde.

Und die Republik nutzte auch das mächtige Medium der Musik. Ihr nachhaltigster Geniestreich war die Verwendung der ›Marseillaise‹, in der alle Bürger zum einträchtigen Kampf gegen die Staatsfeinde aufgerufen wurden. 1795 wurde die Marseillaise zur offiziellen Nationalhymne der Republik, bei der sich alle *Enfants de la Patrie* im gemeinsamen Gesang ihrer Einheit bewusst werden sollten.

Außerdem wurde ein umfangreiches Programm musikalischer Schauspiele aufgelegt, die überall auf dem französischen Staatsgebiet die Tugenden der Republik besangen. Ein markantes Beispiel ist die Oper ›Le triomphe de la République‹ von François-Joseph Gossec aus dem Jahr 1794, in der die zwei Jahre zuvor geschlagene Schlacht von Valmy besungen

Der Sonnenkönig tanzt selbst, ›Ballet de la nuite‹, 1653.

Viel moderner war die Ikonografie, mit der Ludwig XIV. seiner eigenen Königsherrschaft Form gab, und die er wie eine Art *corporate brand* in seinem ganzen Königreich verbreiten ließ: Das barocke Bild des *Roi-Soleil*, des Sonnenkönigs, der sein ganzes Reich wie ein neuer Apollon überstrahlt. Überall wurde diese »Marke« als ein Einheit stiftendes Bild angebracht, durch das sich der Untertan direkt mit dem Herrscher, der über ihn wachte, verbunden fühlen sollte.

wurde. Es war der erste große Sieg der jungen Republik über die Truppen des Herzogs von Braunschweig. Am Ende singen die Menschen in Harmonie: *Liberté, dans ce beau jour / Viens remplir notre âme. / Répands sur nous les bien-*

Jacques-Louis David, »La Mort de Marat« (›Der Tod des Marat‹, 1793).

faits; / Que ta voix nous enflamme. / Conserve au Peuple Français / La Gloire et la Paix à jamais. (Freiheit, komm an diesem schönen Tag und erfülle unseren Geist. Ergieße deine Wohltaten über uns, dass deine Stimme uns entflamme. Erhalte dem französischen Volk Ruhm und Frieden für alle Zeit.)

Damit war jedoch das Problem, wie man staatsrechtlich den heterogenen Willen des Volkes zu einem Willen verschmelzen konnte, noch nicht gelöst. Der Ausweg, den Rousseau dafür anbot, hat bedauerlicherweise das Tor zu großem politischem Elend aufgestoßen. Die meisten Stimmen zählen, stellte er fest – und je einheitlicher die Abstimmung ausfällt, umso besser ist es um den Staat bestellt.

Aber in welchem Verhältnis steht das dann zur persönlichen Freiheit? »Man fragt sich aber«, schreibt Rousseau, »wie ein Mann frei sein kann und gezwungen, sich Willen zu unterwerfen, die nicht die seinen sind.«* Eigentlich ist das eine schlecht gestellt Frage, fährt er fort. »Wenn man in der Volksversammlung ein Gesetz einbringt, fragt man genaugenommen nicht danach, ob die Bürger die Vorlage annehmen oder ablehnen, sondern ob diese ihrem Gemeinwillen entspricht oder nicht; […]. Wenn also die meiner Meinung entgegengesetzte siegt, beweist dies nichts anderes, als dass ich mich getäuscht habe und dass das, was ich für den Gemeinwillen hielt, es nicht war.«**

Bekanntlich hat sich das nicht als besonders glücklich erwiesen. So mühsam es auch war, den *volonté générale* zu finden, so eifrig fanden sich Menschen, die ihn zu kennen beanspruchten. Das eindrücklichste Beispiel dafür ist der marxistisch geprägte historische Materialismus, der meinte, aus dem wissenschaftlichen Studium der Natur und des Laufs der Geschichte mit objektiver Sicherheit feststellen zu können, wie die Gesellschaft zu lenken sei.

Schon sehr bald zeichneten sich auch die unheilvollen Konsequenzen ab. Eine Machtideologie, die sich im Besitz der Wahrheit wähnt, aber nichtsdestotrotz konstatieren muss, dass sich die Wirklichkeit ihr nicht fügt, muss sich wohl auf die Suche nach Bösewichtern und Saboteuren begeben, die »sich geirrt haben« und für dieses Scheitern ursächlich sind. Am Ende

* Jean-Jacques Rousseau, *Vom Gesellschaftsvertrag oder Grundsätze des Staatsrechts*, S. 116.

** ebd.

der Suche nach einem objektiv feststellbaren *volonté générale* wartet das Straf- oder sogar das Konzentrationslager.

Liberale Demokratien haben dann auch einen anderen Kurs eingeschlagen. Sie haben die Frage der Machtausübung von der Frage der Rechtmäßigkeit dieser Machtausübung gelöst, indem sie die reine Numerik darüber entscheiden lassen. In einer Demokratie entscheidet »die Mehrheit« darüber, was zu geschehen hat. Es gibt niemanden, der im »Besitz der Wahrheit ist«: Daher braucht auch niemand für sein Stimmrecht einen Befähigungsnachweis vorzulegen. Der Status jedes Einzelnen als vernünftiges Wesen ist dazu hinreichend. Stillschweigend verbirgt sich dahinter die Erwartung, dass die »meisten Stimmen« es wohl auch am besten wissen sollten – aber irgendeine Garantie dafür gibt es nicht. Gewöhnlich darf sich die Demokratie schon mit der Erwartung glücklich schätzen, dass sich »die Mehrheit« nicht so schnell absonderlichen Kapriolen hingeben wird – wenngleich sie selbst davor nicht immer gefeit ist.

Bei aktuellen Referenden unter anderem in Großbritannien und den Niederlanden zeigte sich der Anspruch, der auf den Willen »des Volkes« erhoben wurde, sehr deutlich. Obwohl dieses Volk unbestreitbar disparat war, wurde das Mehrheitssystem sogleich zu einer Art *volonté générale* aufgewertet, dem nur »Verräter« entgegenstehen konnten. Als der oberste Gerichtshof Großbritanniens entschied, dass nicht nur dem Volksentscheid, sondern auch dem Parlament ein Mitspracherecht beim Brexit zukomme, zögerten einige Boulevardblätter nicht, von *Enemies of the People* zu sprechen.

Bürger ohne Eigenschaften

Welche Bedeutung hatte nun die politische Revolution des 18. Jahrhunderts auf den Spuren Rousseaus für das Menschenbild? Zuallererst ist das moderne Subjekt als Staatsbürger (*citoyen*) im 20. Jahrhundert zu einem ›Mann ohne Eigenschaften‹ geworden. Er ist nicht mehr nur Mann oder Frau, jung oder alt, Edelmann oder Städter, Einwohner dieses Landstrichs oder jenes Weilers, sondern ein allgemeines Subjekt, das im neuen öffentlichen System in gewisser Weise mit anderen politischen Subjekten austauschbar geworden ist.

Dieses System ist aus der Vereinigung aller Bürger entstanden, für die kennzeichnend ist, rationale Wesen zu sein und sonst nichts. Für den Staat ist der Bürger ein maskiertes Wesen, das in Rechten und Pflichten allen anderen Bürgern völlig gleichgestellt ist. Jeder ist auf derselben Grundlage Angehöriger dieser politischen Gemeinschaft, die darin besteht, dass auch sie ihrerseits für jeden dieselbe ist.

Es ist nicht von der Hand zu weisen, dass die von Rousseau propagierte Gleichheit für einige Gruppen noch geraume Zeit auf sich warten lassen sollte. Ein wirklich allgemeines Wahlrecht wurde erst in der ersten Hälfte des 20. Jahrhunderts eingeführt. Bis dahin durften Frauen nicht wählen und eine Zeit lang auch nicht der überwiegende Teil der Männer. Gleichwohl waren im 18. Jahrhundert die Eckpfeiler für ein System, das die »Allgemeinheit« – das zentrale Element des philosophischen Denkens – als politischen »Rohstoff« in sich trug, im Prinzip schon gesetzt.

Wie revolutionär dies Ende des 18. Jahrhunderts in politischer Hinsicht auch war, so schloss dieses Denken doch in vielerlei Hinsicht an einer Reihe schon bestehender philosophischer Grundvorstellungen an. Oder besser gesagt: Es zog erst jetzt die radikalen

Das Schloss, das Friedrich der Große von Preußen Mitte des 18. Jahrhundert außerhalb von Berlin errichten ließ, heißt nicht zufällig *Sanssouci*, französisch für »ohne Sorge«. Es war ganz vom französischen Rokoko inspiriert, mit dem das Land bereits vor der Revolution international den Ton angab. Die französische Kultur galt als *die* Kultur schlechthin.

Konsequenzen aus ihnen und wurde *dadurch* revolutionär. An der klassischen philosophischen Überzeugung, dass die Wahrheit in der rationalen Allgemeinheit gefunden werden könne, hielt das revolutionäre Denken uneingeschränkt fest – und es machte sie sogar zur Grundlage ihres politischen Systems.

Genau aus diesem Grund konnte sich die Französische Revolution als ein universelles Ereignis verstehen, mit dem die Vernunft (*das* Prinzip der Allgemeinheit par excellence) endlich an die Macht gelangte und das die Erlösung der ganzen Menschheit in Aussicht stellte. Ebenso wie gut ein Jahrhundert später die Russische Revolution – und größtenteils aus denselben Gründen – fühlte sie sich daher nicht nur berechtigt, sondern auch verpflichtet, sich über möglichst viele Länder zu verbreiten – was ihr in Europa tatsächlich auch gelungen ist.

Das wurde nicht von jedem gutgeheißen. Nicht nur weil der Expansionsdrang der Französischen Republik den umliegenden Ländern – gelinde gesagt – die unvermeidlichen Unannehmlichkeiten bereitete, sondern auf einer tiefergehenden Ebene auch deshalb, weil ihr Anspruch, eine universelle Botschaft zu verkörpern, im Ausland mit gemischten Gefühlen aufgenommen wurde. Schließlich liegt in dem Gedanken, dass eine Kultur *allgemeine* Bedeutung habe, während sie andererseits doch eindeutig eine *nationale* Identität formt, etwas Paradoxes.

So vernünftig die französische Alternative auch sein mochte, sie war doch nur *eine* der Alternativen, wie man andernorts in Europa dachte. Das Gleiche beobachten wir heute bei der amerikanischen Kultur, die sich einerseits als sehr amerikanisch empfindet, anderseits aber gerne als *das* Modell für die Zukunft der Menschheit weltweit Nachahmer fände.

›Flötenkonzert Friedrichs des Großen in Sanssouci‹, (1852) von Adolph von Menzel. In einer Umgebung, die in jeglicher Hinsicht französisch wirkt, spielt der musikalisch versierte Friedrich der Große selbst auf der Flöte. Möglicherweise handelte es sich um eine der von ihm selbst – natürlich in französischem Stil – komponierten Flötensonaten.

8

Das Volk und seine Eigenart

Leibniz, Herder, Walter Scott

Im 18. (und sogar schon im 17.) Jahrhundert findet die französische Kultur überall in Europa Nachahmer, auch wenn der Spott darüber schon früh vernehmbar wird. 1737 schreibt Kronprinz Friedrich von Preußen (der spätere Friedrich der Große) an Voltaire über seinen Großvater: »Hingerissen von all den Lobeshymnen, die man auf Ludwig XIV. sang, meinte er, gleichfalls gepriesen zu werden, wenn er sich jenen Monarchen zum Vorbild nähme. Binnen kurzem war der Hof von Berlin zum Affen Versailles' geworden; alles wurde nachgeahmt, das Zeremoniell bei Hofe, die Redeweise, das gemessene Schreiten, gestelzte Worte, große Musketiere, Chevaux-legers etc.«

Dennoch unterzeichnet Friedrich der Große seine natürlich in Französisch geschriebenen Briefe mit »Frédéric«. Und damit zollt er auch der französischen Kultur Tribut. »Wir sind den Franzosen zu Dank verpflichtet, bei sich die Wissenschaften zu neuem Leben erweckt zu haben. […] Ist es denn nicht nur allzu gerecht, dass die übrigen Nationen Frankreich für den ihnen allen geleisteten Dienst dankbar bleiben?« Nicht dass die Deutschen nicht geistreich seien, fährt er fort. »Wenn man ihre Schwere ein wenig behöbe […], so zweifelte ich nicht daran, dass auch meine Nation bedeutende Gestalten hervorzubringen vermöchte.«

Doch Friedrichs Auffassung nach wird eine unüberwindliche Schwierigkeit »auf immer verhindern, dass wir in unserer Sprache gute Bücher bekommen«. Dieses Hindernis ergibt sich aus der Zersplitterung Deutschlands, die einer Einheit der Wissenschaften im Wege steht. Deutschland sollte noch anderthalb Jahrhunderte zerteilt bleiben, doch was die Wissenschaft angeht, erweist sich Friedrichs Prophezeiung als zu pessimistisch. Schon lange vor dieser Zeit wird das Aufkommen der deutschen Universitäten ab 1800 gründlich Lügen strafen, was Friedrich am Ende seines Briefes an Voltaire resümiert: »Es bleibt unseren Gelehrten also nichts anderes übrig, als in fremden Sprachen zu schreiben.«*

In eine ähnliche Richtung weist das, was der argentinische Schriftsteller Jorge Luis Borges über den deutschen Philosophen und Mathematiker Gottfried Wilhelm Leibniz berichtet, der als Zeitgenosse Friedrichs I. eine nicht minder zwiespältige Haltung hinsichtlich des Deutschen und Französischen einnahm. »Leib-

* *Voltaire – Friedrich der Große. Briefwechsel,* hg. v. Hans Pleschinski, München: dtv, 2010, S. 75–77.

Maurice Quentin de La Tour,
›Porträt Voltaires‹ (1735).

niz schrieb einen Traktat, der die deutsche Sprache verteidigen sollte«, so Borges. »In dieser Abhandlung empfiehlt er den Deutschen, ihre Sprache zu pflegen; er sagt ihnen, das Deutsche, gut gepflegt, müsse keine plumpe, nebulöse Sprache sein, sondern einem Kristall vergleichbar werden, wie das Französische. Er fügt ein paar patriotische Erwägungen hinzu und schreibt danach ein ganzes Leben lang auf Französisch.«*

Leibniz setzte sich zwar dafür ein, zur Pflege der Eigentümlichkeit der deutschen Sprache eine Akademie zu gründen – sie wurde von Friedrich I. 1696 tatsächlich ins Leben gerufen –, doch änderte dies, wie wir gesehen haben, wenig an der Vorliebe des Königs für das Französische. Auch sein Enkel Friedrich der Große sollte nach seiner Machtübernahme versuchen, seinen Hof zu einem kleinen Versailles der Künste, Wissenschaften und Philosophie zu machen. Mit allen ihm zur Verfügung stehenden Mitteln versuchte er, Voltaire an sich zu binden, mitunter auch mit Zwang. Und als der französische Publizist Antoine de Rivarol 1784, zwei Jahre vor dem Tod des Königs, eine berühmt gewordene Rede zur »Universalität der französischen Sprache« (›Discours sur l'universalité de la langue française‹) hielt, empfing er dafür ironischerweise eine Auszeichnung von ebenjener Berliner Akademie, die zu diesem Thema eine Preisfrage ausgeschrieben hatte. Die Aufgabe, die ihr Leibniz zugedacht hatte, war in der Akademie offenbar längst in Vergessenheit geraten. Und prompt wurde Rivarol mit seiner Verteidigung des »universalen Französisch« von Friedrich dem Großen zum Mitglied dieser Akademie ernannt.

Das Volkstümliche

Die französische Vorherrschaft in Kultur und Wissenschaft schwand nicht mit dem Untergang des *Ancien Régime*. Im Gegenteil: die Französische Republik schwang sich – noch selbstbewusster auf der universellen Vernunft gegründet – mit noch größerer Überzeugung

* Jorge Luis Borges, »Die deutsche Literatur zur Zeit von Bach« (1953), in: ders., *Ein ewiger Traum. Essays*, hg. u. übers. v. Gisbert Haefs, München: Hanser, 2010, S. 118 ff. Wie marginal das Deutsche zu jener Zeit noch war, illustriert Borges anschließend anhand des englischen Schriftstellers Dr. Johnson aus dem 18. Jahrhundert: »Als er schon alt war, wollte er eine ihm bisher unbekannte Sprache lernen, um zu erfahren, ob er noch über sein intellektuelles Vermögen verfügte. Er wählte das Holländische; es fiel ihm nicht ein, Deutsch zu lernen. Das heißt, dass das Deutsche damals eine so provinzielle, abseitige […] Sprache war wie heute das Holländische.« (S. 119)

zum »Vaterland« der menschlichen Rationalität und der zugehörigen »universellen« französischen Sprache auf. Aber so ambivalent und distanziert sich die preußischen Herrscher auch ihrer eigenen deutschen Sprache und Kultur gegenüber verhielten, so selbstbewusst begannen gegen Ende dieses Jahrhunderts Denker, Gelehrte und Künstler die eigene Kultur zu schätzen und zu erkunden.

Die von Friedrich dem Großen komponierte Flötenmusik durchströmt eine kosmopolitische Atmosphäre. Wenn sie denn irgendwo einzuordnen ist, dann in die französische Tradition und deren Anspruch auf Universalität. Doch begibt man sich ein halbes Jahrhundert danach von Berlin nach Wien, eröffnet sich in den Liedern Franz Schuberts eine ganz andere Welt. Nicht nur, dass Schuberts Werk in Deutsch gesungen wurde, auch die Themen und vor allem die Form – das Strophenlied – schöpften tief aus der eigenen Volkskultur: ihren Sagen, Erzählungen, Werten und Lebensweisen.

Schubert komponierte sein Lied ›Der Erlkönig‹ im Jahr 1815, auf der Grundlage eines Gedichts, das Goethe schon mehr als 30 Jahre zuvor geschrieben hatte. Es beschreibt, wie Vater und Kind durch die Nacht reiten und das Kind mit zunehmender Angst klagt, dass der mythische ›Erlkönig‹ es fortzureißen droht. Den rhythmischen Schreien des Kindes (»Mein Vater, mein Vater!«) begegnet der Vater, indem er ihm beschwichtigend und ermutigend zuredet. Doch vergebens. Denn wie die Schlussstrophe besagt, der Vater »erreicht den Hof mit Mühe und Not; In seinen Armen das Kind war tot«.

Goethe entlehnte sein Gedicht einer traditionellen dänischen Ballade: einer typisch volkstümlichen Form, die von dem bedrohlichen und düsteren Weltbild der traditionellen mythologischen Kultur durchdrungen war. Mit dem klaren Optimismus der Aufklärung hat dieses Lied ebenso wenig zu tun wie mit der Hoffnung darauf, dass die universelle Vernunft mit ihrem Licht alle Düsternis aus der Welt vertreiben wird.

Berlin konnte dahinter nicht zurückstehen. Einige Jahre später hatte die große deutsche Oper ›Der Freischütz‹ von Carl Maria von Weber Premiere; sie basiert ebenfalls auf einer Volkslegende. Die Oper wurde (und blieb) ein durchschlagender Erfolg. Der urdeutsche »Jägerchor« ist das bekannteste Stück dieser Oper.

Natürlich hatte das Volkstümliche immer schon einen Platz in der Literatur, dem Theater und sogar in der Musik. Aber es wurde selten ernst genommen. Es bildete vielmehr den Gegenpol zur hoch entwickelten Kultur, die sich selbst nicht nur als übermächtig, sondern auch als universell ansah. Das Volkstümliche war vor allem spaßig und drollig. Entsprechend heißt eine volkstümliche Figur in Shakespeares ›Midsummer Nights Dream‹, deren Kopf sich in einen Eselskopf verwandelt, nicht ohne Grund Nick Bottom. Und Sancho Panza ist, ebenfalls im frühen 17. Jahrhundert, in Cervantes' ›Don Quijote‹ lieber faul als müde und verbindet seine Esslust mit trockener Weltklugheit. Selbst Ende des 18. Jahrhunderts konnte Mozart in seinem ›Musikalischen Spaß‹ noch eine Bauernblaskapelle auf die Schippe nehmen, deren falsche Töne er kunstvoll in seine Musik hineinkomponiert hat. Hier erklang die Provinz in all ihrer Rückständigkeit.

Der deutsche Schriftsteller und Philosoph Johann Gottfried Herder geht entschieden gegen den jahrhundertealten Primat der Hochkultur an, indem er unterstreicht, wie ortsgebunden Kulturen eigentlich sind. Lebensregeln, Gewohnheiten und Denkweisen werden von Herkunft, lokalen Gegebenheiten und Kontexten bestimmt. Werte sind nicht universell gültig, lässt er sein Publikum wissen. Der Mensch

›Eine Schubertiade‹ (1897) von Julius Schmid, bei der es, dem Empfinden des 19. Jahrhunderts nach, ziemlich wild zuging.

und das Menschliche werden nicht länger primär oder gar ausschließlich von der Ratio (bekanntermaßen *der* Instanz des Universellen schlechthin) bestimmt, sondern in mindestens ebenso großem Maße vom Willen, von der Leidenschaft und dem Gemüt. »Bin nicht zu denken hier! – zu sein! zu hoffen! Leben und mich zu freun!«, schreibt Herder.* Und dass das sächsische Gemüt anders ist als das preußische und erst recht anders als das pariserische – darüber lässt sich schwerlich streiten.

»Man lobt das Kunststück, eine Grammatik, als Grammatik, als Logik und Charakteristik des Menschlichen Geistes zu lernen«, schreibt Herder in dem Schiffstagebuch, das er führt, seit er sich im Mai 1769 in Riga für eine lange Seereise eingeschifft hat. »Schön«, so stellt er fest. Aber warum muss der Schüler das im Lateinischen tun? »Die erste Klasse der Sprache sei alle Muttersprache. [...] So lernt man Grammatik aus der Sprache; nicht Sprache aus der Grammatik. So lernt man Styl aus dem Sprechen; nicht Sprechen aus dem künstlichen Styl. So lernt man die Sprache der Leidenschaft aus der Natur, nicht diese aus der Kunst.«**

Wenngleich der junge Herder einräumt, dass die Kenntnisse des Französischen für denjenigen, der sich geistig und wissenschaftlich entwickeln will, noch immer unentbehrlich sind, entfaltet sich doch langsam ein geografischer

* Johann Gottfried Herder, *Gedichte*, Berlin: Contumax, 2014, S. 278 f.

** Johann Gottfried Herder, *Herders Reisejournal*. Mit einer Einleitung v. Elisabeth Blochmann, Weinheim an der Bergstr.: Beltz, 1961, S. 46 f.

›Szene aus Ein Sommernachtstraum. Titania und Nick Bottom‹ (1848–1851), Gemälde von Edwin Landseer.

Relativismus. Die französische Kultur hat ihren Zenit schon überschritten – der Ideenreichtum von einst ist dem Glitzer der leeren Form gewichen, meint Herder. »Da die Franzosen von der letzten [der Wortschönheit] so viel und Alles machen, da ihnen Wendung, Ausdruck und überhaupt Kleid des Gedankens alles ist […] – so ist dies ein großes Kennzeichen von der Armuth.«

Im Theater werde pure Unwahrhaftigkeit auf die Bretter gebracht, und im alltäglichen Leben verhält es sich wahrscheinlich nicht besser. »Das gar zu feurige der Liebe verschwand; es ward gemildert; aber mit dem Abentheuerlichen ging auch das wahrhaftig zärtliche weg: es ward endlich frostige Galanterie, die nur Adel in Gedanken, Franchise in Worten und Politesse in Manieren sucht.«* Die Deutschen seien ein grüblerisches Volk, aber bei den Franzosen bliebe alles in Oberflächlichkeit stecken, meint Herder. »So [ist] die Generosite der Franzosen! Sie ist Politesse; selten reelle, Gründliche Freundschaft, Einlassung in die Situation des Andern. […] Ihre Gayete ist Flüchtigkeit, nicht innerliche Freude.«**

Völlig neu war das nicht, mag auch noch niemand aus den kulturellen Unterschieden zwischen den Völkern solch radikale Schlüsse gezogen haben wie Herder. Zu Beginn des 18. Jahrhunderts hatte Montesquieu in seinen ›Lettres persanes‹ aus dem Jahr 1721 bereits auf die kulturelle Relativität von Lebens-

* Johann Gottfried Herder, *Herders Reisejournal*, S. 69 f.

** ebd., S. 86.

Bartolomé de las Casas (anonym, 16. Jahrhundert).

formen und -stilen hingewiesen. Aber letztlich lief auch seine Konfrontation der französischen und der persischen Kultur auf eine Übereinstimmung hinaus: Wie unterschiedlich die Sitten und Gebräuche auch sein mögen, letztlich ist die Vernunft für alle Menschen gleich.

Weit früher schon hatte der Dominikaner Bartolomé de las Casas, der große Verteidiger der südamerikanischen Indios, ähnlich argumentiert. Während des Disputs von Valladolid im Jahr 1550 sah er sich anfänglich in einer misslichen Lage; im Beisein Karls V. trat er dafür ein, dass die Indios in menschlicher Hinsicht den *conquistadores*, die sie zu Sklaven gemacht hatten, gleichwertig seien. Es war alles andere als einfach, etwas gegen die Argumentation des gelehrten Theologen Juan Ginés Sepúlveda vorzubringen, der das von den Indios praktizierte Menschenopfer als Beweis für ihre Barbarei anführte.

Es sei denn, man versetzte sich radikal in deren Kultur und Wertesystem und sähe ihre Gewohnheiten unter diesem Licht in anderen Farben. Ist es denn nicht gerade ein Zeichen von größter Frömmigkeit, Gott das Kostbarste zu schenken, das man besitzt?, führte er gegen Sepúlveda an. Und ist Frömmigkeit denn nicht die höchste menschliche Tugend? Handeln die Indios, wenn sie ihre Liebsten opfern, nicht genauso wie wir, vielleicht auf noch radikalere Weise? Und haben sie daher nicht mindestens ebenso viel Recht auf das Prädikat »Mensch« wie wir?*

Auch Las Casas berief sich, über die Fremdartigkeit anderer Sitten und Gebräuche hinweg, letztlich auf die menschliche Konstante der Vernunft, der Moralität und der Unverbrüchlichkeit fundamentaler Werte. Auch wenn die Normen aus unserer Sicht auf den ersten Blick durch das Menschenopfer grob verletzt werden, zeigt sich bei näherem Hinsehen doch, dass diese Indios auf einer höheren (oder grundlegenderen) Ebene für dieselben Werte (Gottesfurcht) eintreten, zu denen auch wir uns bekennen. So mündet ein kulturrelativistischer Ansatz bei Las Casas doch wieder in einen ihm zugrunde liegenden Universalismus.

Auf der Grundlage dieses Universalismus kann er dann seine Ansicht verteidigen, dass es nicht die »natürliche« Bestimmung der Indios ist, als Sklaven den Europäern unterstellt zu sein, sie vielmehr als moralisch gleichwertige Menschen eine menschenwürdige Behandlung verdienen. Dieses Argument fiel in Valla-

* Zu diesem Disput siehe Tzvetan Todorov, *Die Eroberung Amerikas. Das Problem des Anderen*, übers. v. Wilfried Böhringer, Frankfurt a. M.: Suhrkamp, 1985, S. 167 ff.

dolid bei Karl V. auf fruchtbaren Boden, auch wenn es den Herrscher und seine Nachfolger große Mühe kostete, ihre eingeborenen Untertanen in der Tausende von Kilometern entfernten südamerikanischen Wirklichkeit (zum Teil mithilfe des Jesuitenordens) vor den Ausbeutungspraktiken der örtlichen Kolonisten zu schützen. Dieser Schutz wurde den schwarzen Sklaven leider nicht zugestanden, die nach diesem Beschluss massenhaft aus Afrika nach Südamerika verschleppt wurden, um den Platz der Indios einzunehmen. Las Casas hat es sein Leben lang bedauert, dass er diese »Lösung« anfangs unterstützt hatte.

Höflichkeit

In der Romantik muss die Allgemeinheit der Rationalität als Bindeglied zwischen den verschiedenen Kulturen viel Boden preisgeben. Das spezifisch Menschliche wird nicht länger mit dem verbunden, was allen Menschen gemeinsam ist, sondern aus ihrer Verschiedenheit abgelesen. Was einen Menschen zu dem Menschen macht, der er ist, ist gerade das, wodurch er sich von anderen unterscheidet. Er pflegt seine Besonderheit: Das ist sein persönlicher Schatz. Seine strikte Individualität gewinnt die Oberhand über die Allgemeinheit, die er teilt. Wie wir im 5. Kapitel sehen konnten, hat diese Tendenz zur Individualisierung in der venezianischen Malerei bereits einen ersten Ansatzpunkt gefunden – im Gegensatz zu den persischen Miniaturen, die noch für das Allgemeine einer alles verbindendenden Ordnung und eine entsprechende Perspektive standen. Nun sehen wir, wie sich diese Auffassung vollständig auf das Selbstbewusstsein des europäischen Menschen überträgt: Ich bin ich, *die* Welt ist *meine* Welt. Und was für das Individuum gilt, gilt erst recht für die Gruppe, in der es lebt: den Clan, das Volk.

In deren Folge wird das frühe 19. Jahrhundert zur Zeit der großen Volksforschung, in der man sich kollektiv auf die Schatzsuche nach der unverwechselbaren Eigenheit in der Seele der Nation begibt. Ihren Anfang nimmt diese Entwicklung in Deutschland. Nach Herder suchen auch die Gebrüder Humboldt, Schlegel und Grimm nach dem regional oder national Eigentümlichen: Die Sprache, die Kultur, die Erzählungen, die Märchen werden inventarisiert. Die Dichter Achim von Arnim und Clemens Brentano sammeln deutsche Volkslieder in einem Werk, das unter dem Titel ›Des Knaben Wunderhorn‹ zwischen 1805 und 1808 in drei Teilen veröffentlicht wird. ›Alte deutsche Lieder‹ lautet der vielsagende Untertitel, und ein Komponist nach dem anderen vertont diese Volkslieder. Mahler, fast hundert Jahre später, ist der bekannteste von ihnen.

Eines der bedeutendsten Felder, auf das man sich bei der Suche nach dieser Einzigartigkeit und der Abweichung von dem, was als bedrohlicher »Einheitsbrei« der Universalität empfunden wurde, begab, war die eigene Sprache. Daher markiert die Romantik in Deutschland den Beginn der deutschen Philologie als einer Hinwendung zum nationalen Selbstbewusstsein, das den eigenen Landescharakter wertschätzt. Schon Ende des 17. Jahrhunderts lieferte der schwedische Satiriker Andreas Kempe dazu eine Vorlage, in einem Kulturkreis, der noch marginaler war als der deutsche. Gott habe im Paradies Schwedisch gesprochen, Adam Dänisch (mit einer etwas weniger perfekten Sprachfärbung), und Eva sei von der Schlange auf Französisch zum Sündenfall verführt worden, schreibt Kempe 1688.* Schon damals wird

* Umberto Eco, *Die Suche nach der vollkommenen Sprache*, übers. v. Burkhart Kroeber, München: dtv, S. 107.

Achim von Arnim / Clemens Brentano, ›Des Knaben Wunderhorn‹ (Wikipedia: Foto H.-P. Haack).

das Französische als eine »diabolische« Verführung dargestellt, noch nicht einmal vierzig Jahre, nachdem Descartes von Königin Christina nach Schweden geholt worden war, um dort die neue, »universelle« (aber eben auch französischsprachige) Wissenschaft ins Land zu bringen.

Während die Hochkultur eine kosmopolitische Kultur ist, sucht man das Eigene im Volk, das über den tugendhaften Charme der Einfachheit verfügt: Es ist ungebildet und daher unverdorben, wie schon Rousseau betont hat. Als unverfälschte Ursprünglichkeit steht das Eigene auch dem unbefangenen Gemüt näher, das seinerseits wiederum die so sehr gesuchte Eigenheit verkörpert. Und mehr noch als die Emotion spielt dabei der Wille eine Hauptrolle, wie der russisch-britische Denker Isaiah Berlin in seinen zahlreichen ideengeschichtlichen Studien hervorhebt. In der Romantik, die sich mit dieser Abkehr vom Universellen der Aufklärung und ihrem Einheitsprinzip der Rationalität entgegenstellt, erhält der Wille zum Eigenen eine Hauptrolle sowohl auf der persönlichen als auch auf der kollektiven Ebene.

Vor allem periphere Nationen besinnen sich nun auf ihre nationale Identität, die ausdrücklich gegen die Ansprüche des Universalismus, die man in erster Linie in der französischen Kultur verkörpert sieht, in Stellung gebracht wird. Mit der französischen Kultur hat es nun auch etwas Befremdliches auf sich. Frankreich habe seine Eigenart, sagt man damals, versuche sie aber der ganzen Welt aufzudrängen, indem es sie als universelle Wesensart der Menschheit propagiere.

Dieser Vorwurf war nicht nur in Deutschland vernehmbar. Selbst in England, oftmals als Vaterland der zuvorkommenden Höflichkeit *par exellence* angesehen, verbreitet sich diese Ansicht. »Gegen Ende des 18. Jahrhunderts betonten die Engländer immer häufiger, wie sehr sie sich von den Franzosen unterschieden«, schreibt Stephen Miller in einem Buch über die Kunst der Konversation. »Waren die Franzosen höflich – das heißt, wollten sie gerne gefallen –, dann waren die Engländer unhöflich; sie waren nicht ungehobelt, aber sie bemühten sich nicht darum, heiter und gut gelaunt zu sein. Waren die Franzosen gesprächig, dann waren die Engländer schweigsam.«

Dazu kam noch etwas anderes. Schon 1787

hatte der Schriftsteller und Politiker Horace Walpole geseufzt: »Ich lehne das Französische nicht wegen der vulgären Abneigung zwischen benachbarten Nationen ab, sondern wegen seines anmaßenden und unbegründeten Anflugs von Überheblichkeit.«* Gegen Ende des 18. Jahrhunderts, so Miller, betrachteten viele Engländer die Franzosen als oberflächlich und unzuverlässig. »Und ein Zeichen ihrer Oberflächlichkeit war die Vorliebe für angeregte Konversation.«**

Ivanhoe

Solche Bedenken wurden in England nicht zum ersten Mal gehegt, wie einige Jahrzehnte später der überaus populäre Sir Walter Scott in Erinnerung rufen sollte. Schon vor sehr langer Zeit hatten die Engländer dafür gute Gründe gehabt. Im 11. Jahrhundert war das Land unter Führung von Wilhelm dem Eroberer von den Normannen überfallen worden, und nach der Schlacht bei Hastings 1066 hatte der normannische Adel die Angelsachsen mit harter Hand unterworfen. Daraus hatte sich auf der Ebene der Sprache und der Kultur eine Kollision ergeben. Auch im eroberten England sprach der Adel seither Französisch, während das Volk, einschließlich der gedemütigten einheimischen Aristokratie, Angelsächsisch sprach.

In seinem 1820 erschienenen Roman ›Ivanhoe‹ setzt Walter Scott dieses historische Trauma geschickt in Szene. Unter dem Deckmantel einer historischen Erzählung bringt Scott eine aktuelle Missliebigkeit zu Gehör. Der Roman spielt gegen Ende des 12. Jahrhunderts, etwa vier Generationen nach der Schlacht bei Hastings. Schon auf den ersten Seiten lässt der Autor keinen Zweifel daran aufkommen, wo seine Sympathien liegen: bei den Bauern und dem niederen Adel.***

Als die Geschichte dann in Gang kommt, sehen wir, wie Walter Scott ein paar Reisende beim Fronhof Rotherwood des Gutsbesitzers Cedric (»des Sachsen«) mit der Bitte um Unterkunft für die Nacht rasten lässt. Besonders willkommen sind sie nicht. »Der Prior Aymer? Brian de Bois-Guilbert?«, murmelt Cedric, als er die Namen dieser verhassten Edelmänner mit ihren französischen Namen hört, »beide Normannen; – aber Normann oder Sachse, gleichviel, die Gastfreundschaft von Rotherwood soll niemand schmähen dürfen.«**** Walter Scott gibt noch einmal zu erkennen: Der Sachse Cedric ist ein durch und durch anständiger Mann; in dieser Hinsicht steht er dem »noblen Wilden« wenig nach, der dem hyperkultivierten Paris schon von Rousseau als Vorbild vorgehalten wurde. Ehre und Tugend gehen ihm über alles, und er hofft, dass ihm dies in gleicher Münze zurückgezahlt wird. »Als Gäste wenigstens müssen auch die Normannen ihren Übermut unterdrücken.«*****

Er wählt die gleichen Worte wie Horace Walpole, doch Walter Scott ist mit diesen Gästen noch nicht fertig. Ihre Dreistigkeit bricht sich in ihrem Auftreten schon bald Bahn. Nachdem sich die schöne Rowena, Cedrics Tochter, ebenfalls zu Tisch gesetzt hat, möchte der soeben aus dem Heiligen Land zurückgekehrte

* Horace Walpole, »Letter to Hannah More«, in: *Private Correspondence of Horace Walpole*, Bd. IV, London: Printed for Rodwell and Martin, Bond-Street; and Colburn and Co., Conduit-Street, 1820, S. 429. (Übers. Bärbel Jänicke).

** Stephen Miller, *Conversation. A History of a Declining Art*, New Haven u. London: Yale University Press, 2006, S. 175 f. (Übers. Bärbel Jänicke).

*** Walter Scott, *Ivanhoe*, übers. v. Leonard Tafel, Frankfurt a. M.: Fischer Taschenbuch, 2008, S. 11.

**** ebd., S. 40.

***** ebd., S. 40.

Teppich von Bayeux: Wilhelm der Eroberer, links und rechts die Halbbrüder Odo und Robert.

Tempelritter Brian de Bois-Guilbert einen Toast auf Rowena ausbringen, an der er Gefallen gefunden hat. Doch diese pariert seine französischen Komplimente so, als wollte sie dem Philosophen Herder schon im Vorhinein zustimmen. »Spart Eure Artigkeit, Herr Ritter, oder ich nehme sie insofern in Anspruch, als ich Euch um die neuesten Nachrichten von Palästina bitte, ein Thema, das unsern englischen Ohren weit angenehmer ist als die Artigkeiten, die Eure französische Sitte Euch lehrt.«*

Auf diese Weise hält Walter Scott die Erinnerung an die englische Aversion gegen das ominöse französische Gemenge aus oberflächlicher Etikette und aufdringlichem Hochmut in der Vergangenheit wach, um darin dieselben Gefühle widerzuspiegeln, die seine Landesgenossen auch zu seiner eigenen Zeit noch hegen. Die Romanerzählung dient dem Zweck, diese Animosität begreiflich zu machen: Seit Langem ist sie dem Gedächtnis eingeschrieben. Zugleich soll sie aber auch zu ihrer Rechtfertigung dienen. Die Geschichte ist Vergangenheit *und* Gegenwart zugleich – gemeinsam bilden

* Walter Scott, *Ivanhoe*, S. 50.

sie den englischen Volkscharakter, auf den sich der britische Stolz gründet.

Doch Scott verharrt nicht in dieser feindseligen Haltung. Der Held des Romans, Wilfred van Ivanhoe, ist ein leidenschaftlicher Verteidiger des rechtmäßigen Königs Richard Löwenherz, dessen Thron von seinem zwielichtigen Bruder Johann Ohneland okkupiert wurde, während Richard im Heiligen Land kämpfte. Aber auch der »gute König« Richard ist ein Normanne, der Sohn Heinrichs II. und Eleonoras von Aquitanien.

Am Ende seines Romans mildert Scott den Zwiespalt im englischen Herzen mit der Heirat von Rowena und Ivanhoe ab. Selbst »Cedrics Abneigung gegen den normannischen Herrscherstamm wurde [...] bedeutend erschüttert«.* Zu Beginn des Romans hat Scott dies schon in der Beschreibung des Schicksals der Sprache seines Landes durchschimmern lassen. Allen Nationalisten diente die Sprache als Kronjuwel ihres Patriotismus. Der Umgang der Landesherren mit ihren Untergebenen mündete in eine »eigene aus dem Französischen und dem Angelsächsischen gebildete Mundart, durch die sie sich einander verständlich machten. Aus dieser Notwendigkeit der

Porträt von Sir Walter Scott (1822), von Henry Raeburn.

Verständigung ist endlich die jetzige englische Sprache entstanden, in der sich die Sprachen der Sieger und der Besiegten so glücklich vereinten.«**

* Walter Scott, *Ivanhoe*, S. 542.

** ebd., S. 11.

CARL SPITZWEG Im 19. Jahrhundert war es der Maler Carl Spitzweg, der das deutsche Ideal der »Gemütlichkeit«, das Madame de Staël in ihrem Werk ›De l'Allemagne‹ (›Über Deutschland‹) beschreibt, besonders eindringlich und pittoresk darstellte. In den Niederlanden tritt Anton Pieck seine Nachfolge an.

9

Zerstreuung

Madame de Staël, Luther

Es ist kein Zufall, dass die Wende zur kulturellen und nationalen Eigenart vor allem in den deutschen Staaten in den Vordergrund trat. Isaiah Berlin verweist auf die kulturpolitischen Ursachen dieser Wende: Deutschland habe sich als die unbedeutendere, rückständige Nation (oder eher: das Konglomerat von Nationen) gegen die Hegemonie Frankreichs abgrenzen wollen, indem es sich seine »Gemütlichkeit« stolz zu eigen machte. Die Vorstellung, der deutsche Sprachraum werde von gutmütigen und vor allem sentimentalen Menschen bevölkert, die sich auf den Wogen ihrer Gefühle gerne davontragen ließen, sollte vor allem dank der französischen Schriftstellerin Madame de Staël in ganz Europa vorherrschend bleiben. Zumindest bis zum Deutsch-Französischen Krieg von 1870/1871, in dem sich die Deutschen plötzlich als militärisch und wissenschaftlich überlegene Nation zu erkennen gaben.

Vorläufig war es jedoch noch nicht so weit. In ihrem Buch ›De l'Allemagne‹ (›Über Deutschland‹), das 1813 veröffentlicht wurde, beschrieb Madame de Staël das Land, dass sie zweimal in allen Himmelsrichtungen durchreist hatte, als Gegenpol zur rationalistischen und klassizistischen Kultur Frankreichs. Einer Kultur, die langsam in Leidenschaftslosigkeit zu versinken drohte. Aus französischer Perspektive war Deutschland bis zu diesem Zeitpunkt ein größtenteils unbekanntes »Barbarenland«. Aber nach Madame de Staëls Ansicht konnten neue Impulse aus diesem heißblütigen und »natürlicheren« Deutschland Frankreichs Rettung bedeuten. »Da es keine Hauptstadt gibt, die der Sammelplatz der guten Gesellschaft von ganz Deutschland ist, so kann der gesellige Geist seine Macht nur wenig geltend machen«, konstatiert sie zu Beginn ihres Buches. Und auch wenn in Deutschland nicht alles Gold sei, was glänzt, und es große regionale Unterschiede gebe, könne doch die Bekanntschaft mit diesem Gebiet Frankreich nur bereichern und zugutekommen.

»Die Öfen, das Bier, der Tabaksrauch umgeben den einfachen Mann in Deutschland mit einer Art schwerer heißer Atmosphäre, aus welcher er nicht gern hervorgeht«, schreibt Madame de Staël.[*] Das macht das Land zur Kriegsnation ausgesprochen ungeeignet: ein Urteil, das sich ein Jahrhundert später radikal

[*] Madame de Staël, *Über Deutschland*, Frankfurt a. M. / Leipzig: Insel, 1985, S. 26 u. 33.

Gemälde von Anton Pieck (http://www.antonpieck.eu/grafisch-werk-kerstkaart-Amerongen)

in sein Gegenteil verkehrt haben wird. Auch für Madame de Staël könnte es im Deutschland des frühen 19. Jahrhunderts durchaus etwas selbstbewusster und nationalistischer zugehen. In anderer Form, aber mit demselben Augenmerk wie Herder, ruft sie die Deutschen zum Stolz auf die eigene Nation und Kultur auf. Eine Kultur, die keine geringere Daseinsberechtigung hat als der französische Riese, in dessen Schatten sie steht.

Diese Töne werden im napoleonischen Frankreich nicht gern gehört. Die gesamte Erstauflage von ›De l'Allemagne‹, nach Angaben der Autorin zehntausend Exemplare, wurden 1810 auf Veranlassung der Zensur vernichtet. Erst drei Jahre später konnte das Buch in London publiziert werden. Seine Wirkung war jedoch anders als von Madame de Staël erwartet. Statt zu einer Verschmelzung der französischen Aufklärungsrationalität mit der deutschen romantischen Heißblütigkeit zu führen, wurde der im Kern *un*vereinbare Charakter beider Nationen nur noch unterstrichen. Der Wille zum Eigenen und zum Sentiment, das sich namentlich als jedermanns eigenes Sentiment zum Ausdruck brachte, haben nach und nach den Weg zum Universellen versperrt.

Gerade dieser Primat des Sentiments wird zur theoretischen Rechtfertigung des Regionalismus werden, der sich auf dieselbe Vorstellung zurückführen lässt. Auch Jorge Luis Borges erinnert in einem seiner frühesten Essays daran, »dass die Deutschen lange Zeit nicht, wie sie es vor kurzem waren, ein Volk der Aktion gewesen sind, sondern ein Volk von

Die ungebrochene Popularität des von Anton Pieck gestalteten Märchenparks »De Efteling« beweist, wie stark die Anziehungskraft dieser erträumten Vergangenheit noch immer wirkt. Fast alle Niederländer, bis auf sechs Prozent, haben ihn schon einmal besucht (Wikipedia: Foto Eliedon).

Träumern«.* Deutschland entdeckte, dass es als sentimentale Nation anders war als Frankreich, und leitete aus diesem (besonderen) Sentiment zugleich die Rechtfertigung ab, anders sein zu *dürfen*; das hieß, von einer Rationalität mit universellen Ansprüchen, die man als fremd empfand und daher als falsch bezeichnete, abzukommen.

Diese Hinwendung zum Partikularen bzw. Besonderen wirkt sich auf zwei Ebenen aus. Sie legitimiert das, was bisher in der Philosophie, der es immer um das Allgemeine ging, abgelehnt oder als minderwertig erachtet wurde. Aber sie macht auch die Hinwendung *selbst* möglich, weil sie die gesamte Denkrichtung der Philosophie umkehrt. Sie verändert also sowohl den Gegenstand als auch das Prinzip der Philosophie. Das Partikulare bürgert sich in einer Philosophie mit einer anderen, neuen Logik ein.

Innerlichkeit

Es gibt einen weiteren Grund, warum sich diese Revolution zu Anfang vor allem in Deutschland abzeichnet, und dieser liegt in der Bedeutung der Innerlichkeit. Dabei tritt eine andere anthropologische Kategorie auf den Plan. Erneut dreht hier ein eigentümlicher Blick auf die Wesensart des Menschen das ganze Weltbild um seine eigene Achse. Der Protestantismus,

* Jorge Luis Borges, *Ein ewiger Traum. Essays*, hg. u. übers. v. Gisbert Haefs, München: Hanser 2010, S. 117.

Die fünf Grundelemente des protestantischen Glaubens, wie sie in der Reformationszeit formuliert wurden: »Allein durch die Schrift. Allein durch Gnade. Allein durch Glauben. Allein durch Christus. Allein Gott gebührt die Ehre.« Im Übrigen werden diese Aussagen erst seit Anfang des 20. Jahrhunderts als eine Einheit gesehen.

der in den seinerzeit tonangebenden deutschen Staaten auf politisch-kultureller Ebene dominierte, ist wie keine andere die Religion der Innerlichkeit. Er nimmt die Botschaft des Evangeliums ernst, dass, wer sich Gott zuwenden will, keinen Tempel benötigt, sondern mit seinem eigenen Kämmerlein vorliebnehmen kann.

Im Protestantismus erscheinen eigentlich nur zwei Akteure auf der Bühne: Der Mensch steht Auge in Auge mit dem Allmächtigen. Zwischen diesen beiden steht nichts: keine Kirche, keine Hierarchie, keine Lehre, keine Äußerlichkeit. Gott blickt dem Menschen direkt in die Seele, und es ist die Seele des Menschen, die seinen Wert ausmacht. Glaubt er? Das war die Frage, die das zentrale Kriterium für Erlösung oder Verdammnis darstellte, seit Luther sein Prinzip *sola fide* (»allein durch Glauben«) formuliert hatte. Allein der Glaube führt zum Seelenheil, nicht die Taten: Das ist das bleibende (auf Augustinus zurückgehende) Erbe der protestantischen Tradition.

Es geht hier mit anderen Worten um die innerliche Disposition des Menschen. Nicht sein *Tun* ist für seinen moralischen Wert ausschlaggebend, sondern aus welcher Haltung und Überzeugung heraus er lebt. Damit erhält die Innerlichkeit im Protestantismus einen Wert, den sie im Katholizismus nie gehabt hatte. Im Katholizismus spielte nicht nur die Disposition eine wichtige Rolle, auch die guten Werke waren von großer Bedeutung. Im Protestantismus spricht man mit abschätzigem Blick von »Werkheiligung«. Außerdem war die Beziehung zu Gott für den Katholiken nie unmittelbar: Sie verlief immer über Mittler irdischer (den Klerus und die Kirche) und himmlischer Natur (die Heiligen und die Jungfrau Maria). Daher fühlte sich der Katholik in viel geringerem Maß dem forschenden Auge Gottes direkt ausgesetzt. Sein Innerstes blieb immer ein wenig diffus – auch für ihn selbst. Er erlebte seinen Glauben mehr außerhalb seiner selbst: in festen Riten, an bestimmten (heiligen) Orten, in Handlungen und vorgeschriebenen Gebeten.

Heilige Orte kennt der Protestantismus nicht: Kein Ort bringt ihn näher zu Gott, da Gott überall ist. Gott ist vor allem *dort*, wo ich selbst bin: in meinem eigenen Inneren. Auch Riten und feste Gebete sind dem Protestantismus weitgehend fremd. Das Vaterunser, das nun einmal unvermeidlich ist, da Jesus es seine Jünger selbst gelehrt hat, bildet eine seltene Ausnahme. Wenn sich der Protestant an Gott wendet, dann geschieht das aus der Spontaneität seines lauteren, eigenen Inneren. Denn nur in dieser Ursprünglichkeit zeigt er, wer er *ist*. Und um die Frage, wer er *ist*, darum geht es.

Der je eigene Weg, auf dem der pietistische und später der romantische Gläubige Gott sucht, mündet damit von selbst in die Pflicht, *sich selbst* treu zu sein. Es sind nicht länger allgemeine Werte, Wahrheiten oder Prinzipien, die für den Menschen und sein Seelenheil von Bedeutung sind. Es geht vielmehr darum, den eigenen Weg zu finden, der ihn zunächst zu Gott führt, danach zum Guten, dann zu einem guten Leben und schließlich zur »Selbstverwirklichung«, wie es Ende des 20. Jahrhunderts, mittlerweile losgelöst von jeglichem religiösen Kontext, heißen wird. Jeder Mensch hat den Auftrag, seine ganz besondere Wesensart zu verwirklichen: Darin liegt sein einzigartiger Wert. Nietzsche wird dies zu seinem Lebensmotto erheben: »Werde, wer du bist«. Der Existenzialismus wird diesen Gedanken ebenfalls ins Zentrum rücken. Bei Heidegger wird er zur »Eigentlichkeit«, bei Sartre zur »Authentizität«.

Aus diesem Grund wird im Laufe der Moderne (die zunehmend vom Protestantismus geprägt wird) auch innerhalb der Ethik der Nachdruck immer stärker auf die Innerlichkeit gelegt. Nicht die Tat ist der Wertmaßstab der ethischen Handlung, sondern die *Intention*. Bei Kant kommt diese Wendung, wie wir im sechsten Kapitel sehen konnten, auf sehr prägnante Weise zum Ausdruck. Eine moralisch gute Tat, so Kant, ist allein die Tat, die aus Achtung vor dem moralischen Gesetz getan wird: Es ist die Intention, die über den ethischen Wert entscheidet, nicht die Handlung oder deren Folgen. Diese Auffassung ist bei uns mittlerweile zum Gemeingut geworden: Ein Verbrechen, das aus Motiven begangen wird, die wir als ehrenwert erachten, wird nicht oder wesentlich milder bestraft. Eine Schadenshandlung kann, auch wenn wir sie unwillentlich oder unwissentlich begehen, dennoch zu einer juristischen Verurteilung führen (etwa in Bezug auf Schadensersatz), aber diese Handlung ist völlig losgelöst von unserem Begriff von *moralischer* Schuld.

Im Film ›Luther‹ (2003) von Eric Till gibt der zukünftige Reformator eine Vorlesung in Wittenberg. Er macht dabei aus seiner Kritik an der katholischen Kirche und dem »Ablasshandel« keinen Hehl. Die wahre Frömmigkeit liege nicht in diesen äußerlichen Dingen, sondern in der unmittelbaren Hinwendung der Seele zu Gott (© NFP* / Foto Rolf von der Heydt).

So hat sich im Protestantismus eine Individualisierung vollzogen, bei der besonders das Innere des Menschen und seine explizite Intention oder sein Willen betont wurde. Einerseits wurde der Mensch damit abstrakter: Er war nicht mehr in ein größeres, äußeres Ganzes eingebettet, das ihm seinen Platz zuwies, wie im Katholizismus, sondern stand Gott als Individuum in einer kahlen Landschaft gegenüber, die in vielerlei Hinsicht an jene Landschaft des französischen Republikanismus erinnert, in der der Bürger dem Staat gegenüber Stellung bezieht. Er steht dort mit seiner ganz eigenen Verantwortung, ohne sich auf die Einbettung

Bernhard Zweers' Dritte Symphonie ›Aan mijn Vaderland‹ (»Meinem Vaterland«) hat vier Teile, deren erster den Namen »In neerlands wouden« (»In den Wäldern der Niederlande«) trägt, ein recht bemerkenswerter Titel, da die niederländische Natur auch damals kaum mehr bot als »een stukje bos, ter grootte van een krant« (ein Stückchen Wald, in der Größe einer Zeitung), wie J. C. Bloem ironisch dichtete. Vielsagend ist dieser Titel in seiner offensichtlichen nostalgischen Sehnsucht nach einem längst vergangenen »Urzustand« durchaus. Die anderen Teile heißen: »Auf dem Land«, »Am Strand und auf dem Meer« und »Zur Hauptstadt«.

in ein größeres soziales Ganzes, das ihn trägt, stützen zu können: Nur auf seine eigene Frömmigkeit kann er sich stützen, nur von ihr ist er abhängig – so wie das Individuum im Republikanismus nur dank seines eigenen (rationalen) Menschseins existiert und nicht dank dessen, was es »materiell« gesehen ist.

Darum wurde der Mensch – obgleich theoretisch abstrakt – im Protestantismus zugleich vollkommen partikular. Viel mehr als der Katholizismus legt der Protestantismus den Primat auf die spontane Individualität. Jeder Mensch sucht Gott auf seine eigene Weise, und er wird ihn auf seine eigene Weise finden. Diese Individualität führt schließlich auch dazu, dass jeder Mensch dem Heil auf gänzlich eigenen Wegen auf die Spur kommt. Darin folgt der romantische Geist dem Protestantismus. Die bestehenden Formen, in denen der Mensch von jeher seine Erfüllung im Leben – in oder außerhalb einer kirchlichen Gemeinschaft – sucht, werden ihm schon bald zu äußerlich und zu ritualisiert: Alles muss aus der eigenen Seele hervorgehen, aus reiner Ursprünglichkeit.

Oder besser: Die Partikularität des Individuums muss mit der Partikularität der Gemeinschaft in Einklang kommen, die das romantische Gemüt gerade *darum* mit offenen Armen empfängt. Mensch und Gemeinschaft gehören durchaus zusammen, aber vollkommen anders als in der Aufklärung, die das Individuum an ihren Universalismus bindet. Auch darin sehen wir den Widerstand gegen den Geist der Naturgesetzlichkeit aufflammen, der in der Moderne durch die Wissenschaft akzentuiert wird. Diese Gesetzmäßigkeit führt schließlich alles auf das Allgemeine zurück; alles, was geschieht, ist nur ein besonderer Fall dieses Allgemeinen. Sie kommt in der allgemeinsten Sprache zum Ausdruck, die der Mensch kennt: der Mathematik. Das Faktische und Besondere wird (nachdem es zunächst zu einem »Fall« abstrahiert worden ist) zurückgeführt auf die ewig gleiche Wiederholung einer zeitlosen, universellen Relation: auf die mathematische Gleichung als allgemeiner Form des Naturgesetzes.

Je weiter diese Verwissenschaftlichung des Weltbildes fortschreitet, desto stärker wächst auch der Widerstand dagegen an. Wie sehr die Mechanisierung des Weltbildes zu Beginn des 19. Jahrhunderts zu Angstträumen und Unbehagen führen kann, haben wir bereits in Mary Shelleys ›Frankenstein‹ und in der Erzählung ›Der Sandmann‹ von E. T. A. Hoffmann gesehen.

Möglicherweise wird dies noch persönlicher erlebt, wenn auch das Gefühl der individuellen Einzigartigkeit davon berührt wird. Denn Menschen mögen es nun einmal nicht, auf einen »Fall« einer universellen Gesetzmäßigkeit reduziert zu werden. Entsprechend wird die Universalität als Grundprinzip des Menschseins allmählich von der Möglichkeit und sogar dem Wunsch nach Abgrenzung vom Allgemeinen verdrängt: Der Mensch ist das Wesen, das über die Fähigkeit verfügt, in Bezug auf das Universelle anders zu sein: sein eigenes, einzigartiges Ich.

Piet Hein, Amsterdam und Zuiderzee

Piet Hein, eine Kopie von 1629 nach einem verlorenen Original von 1625 von Jan Daemen Cool. Piet Hein war Vize-Admiral der Niederländischen Westindien Company und der berühmteste Seeheld der Niederlande.

So zerrinnt die menschliche Vernunft, die sich im Laufe des 17. und 18. Jahrhunderts als neue souveräne Universalität etabliert zu haben meinte, sogleich wieder. »Die« Vernunft ist ganz und gar nicht universell, sagt der Nationalismus. Oder besser gesagt: Insofern sie universell ist, berührt sie nicht den Kern des persönlichen und kollektiven Wesens des Menschen. Auch kann es überhaupt nicht um »den« Menschen gehen. Denn es gibt nur konkrete Menschen, und diese bilden nur konkrete Gemeinschaften. Was den Menschen ihre Identität und ihren Wert verleiht, lässt sich nicht in Allgemeinheiten fassen, es ist unverwechselbar. Dieses spezifisch Eigene ist der größte Schatz, den sie haben, und aus ihr heraus müssen sie daher verstanden werden.

»Der« Mensch und seine Vernunft werden gleichsam geografisch zerstreut. Der Nationalismus ist eine Emanzipationsbewegung, die peripheren Völkern und Gesellschaften wieder eine Daseinsberechtigung zuerkennen will, die ihnen vom universalistischen Zentrum abgesprochen zu werden scheint. Die nationalen Bewegungen entstehen nicht aus dem Willen heraus, andere Völker zu dominieren oder auszumerzen, sondern als Verteidigungslinie gegen eine ihnen fremde Zivilisationsoffensive, durch die sie ihre Eigenart bedroht sehen. Fast alle Länder rund um das französische »Zentrum der Zivilisation« sollten im 19. und 20. Jahrhundert in mehr oder weniger starkem Maße von dieser nationalen Begeisterung angesteckt werden. Der flämische Nationalismus ist dafür ein anschauliches Beispiel.

Auch in den Künsten, ganz besonders in der Musik, kommt dies zum Ausdruck. Zunächst, wie wir gesehen haben, in der deutschen Romantik, in der zweiten Hälfte des 19. Jahrhunderts dann überall im peripheren Europa. Von Smetana in Tschechien bis zu Glinka in Russ-

Peter van Anrooy

land, von Granados und (noch etwas später) de Falla in Spanien und Sibelius in Finnland. Bartók begibt sich Anfang des 20. Jahrhunderts aufs Land, um die authentische ungarische Volksmusik auf primitiven Aufnahmegeräten festzuhalten, und in England lässt sich Vaughan Williams von der Musikalität der englischen Sprache beeinflussen.

Auch in den Niederlanden findet diese Entwicklung statt. Zu Anfang der Neunzigerjahre des 19. Jahrhunderts gibt der niederländische Komponist Bernard Zweers seiner dritten Symphonie den Titel ›Aan mijn vaderland‹ (›Meinem Vaterland‹), ebenso wie Smetana seinem, zehn Jahre zuvor komponierten, berühmten symphonischen Zyklus. Im Jahr 1900 schreibt der Komponist Peter van Anrooy eine echte ›Piet Hein Rhapsodie‹. Und als der fast vergessene Tondichter Cornelis Dopper 1912 seine sechste Symphonie schreibt, nennt er sie ›Amsterdam‹, fünf Jahr später folgt ihr seine siebte Symphonie ›Zuiderzee‹.

Wir haben den Nationalismus mittlerweile als eine Bedrohung des Friedens zwischen den Völkern kennengelernt. Dabei sollte man jedoch nicht vergessen, dass die nationalistische Seele aus einem Willen zur Emanzipation hervorgegangen ist. Sie entstand als Reaktion auf einen Universalismus, der das Vernunftrecht auf seiner Seite hatte, aber gerade dadurch dem Besonderen, das den Menschen nun gerade so sehr zu Herzen ging, nicht Rechnung tragen konnte. Wie selbstverständlich kommt damit die Idee der Nation als organischem Ganzen auf, das einen Gegenpol zur Staatsvorstellung des französischen Republikanismus bildet. Deren rationalistischer Ausprägung stellt sie die Überzeugung entgegen, dass der Staat keine rein abstrakte Struktur ist, sondern eine mit spezifischen und nicht ableitbaren Eigenschaften erfüllte Realität. Während aus der (aufgeklärten) Idee der Nation natürlicherweise die Idee weltweiter Universalität hervorgeht, mündet die Idee des »Volkes« natürlicherweise in die Idee der Pluralität zwischen den Völkern.

Harsche Konsequenzen

Aber wie emanzipatorisch der romantische Nationalismus ursprünglich auch war, auf lange Sicht sollte er harsche Konsequenzen nach sich ziehen. Wo kein Universalismus mehr herrscht, ist schließlich auch keine Vermittlung mehr denkbar. Und einer solchen Vermittlung bedürfte es gerade, um unterschiedliche Völker unter einen gemeinsamen Nenner zu bringen. Wo eine solche Vermittlung fehlt, kann kein Gespräch mehr stattfinden: Ich bin ich und du bist du, aber da wir alle beide jeweils in unserer unableitbaren Eigenheit eingeschlossen sind, werden wir einander nie begegnen. Die tragische Konsequenz daraus ist, dass wir entweder aneinander vorbeileben oder uns in die Haare bekommen werden.

Dieses Problem ist dann auch in der Philosophie-, Politik- und Kulturgeschichte in großem Maße zutage getreten. Bestenfalls versandete das Gespräch in Gleichgültigkeit. Im 20. Jahrhundert hat dies seine theoretische Fassung in dem mittlerweile äußerst problematischen Lehrstück des Kulturrelativismus gefunden, der sich zu Beginn des Jahrhunderts vor allem in der amerikanischen Kulturanthropologie entwickelt hat. Jede Kultur, so proklamieren Kulturanthropologen wie Franz Boas, Ruth Benedict und Melville Jean Herskovits, hat ihren eigenen Wert und Charakter, welche sich nur in begrenztem Maße (oder überhaupt nicht) in die Kultur der anderen übertragen ließen. Keine Kultur sei besser als eine andere: Alle Kulturen seien unvergleichbare Größen.

Das hat im Laufe des 20. Jahrhunderts und vielleicht noch mehr zu Beginn des 21. Jahrhunderts zu unbeabsichtigten und unerwarteten, daher nicht minder problematischen Implikationen geführt. Wenn es zwischen den Kulturen keine vermittelnden Werte mehr gibt und wenn die Denkweisen unterschiedlicher Völker einander nicht mehr verstehbar sind (oder sogar sein dürfen), dann endet das Gespräch. In der Folge wird dann jeglicher Allgemeinheitsanspruch zu einem Akt der Missachtung oder Aggression gegen jene, die sich in dieser Allgemeinheit nicht wiedererkennen wollen oder können. Dem fällt sogar die Idee der »allgemeinen Menschenrechte« zum Opfer. Ist das denn nicht ein kulturimperialistischer, eurozentrischer Versuch, die eigenen Werte als überlegen zu erklären? – so konnte und kann man inzwischen in manch einer ehemaligen

Statue von Cornelis Dopper auf dem Raadhuisplein in Stadskanaal, Provinz Groningen, von dem Bildhauer Loek Bos.

Kolonie vernehmen. Dieser Einwand lässt sich als eine Art globale Ausweitung dessen verstehen, was die peripheren europäischen Nationen Frankreich seit 1800 zum Vorwurf machten. Heutzutage sind es meistens die Vereinigten Staaten, die in vielerlei Hinsicht in die französischen Fußstapfen getreten sind, sowie die ehemaligen Kolonien Europas, die damit konfrontiert werden.

Eines der ersten Beispiele in der Oper zur Tragik des Misslingens interkulturellen Verständnisses ist ›Madama Butterfly‹ von Giacomo Puccini aus dem Jahr 1904. Der amerikanische Leutnant Pinkerton hat darin mit der japanischen Geisha Butterfly eine leiden-

Giacomo Puccini, ›Madama Butterfly‹ (1904).
Geraldine Farrar als Madame Butterfly.

schaftliche Liebesbeziehung, aus der nach seiner Abreise aus Japan ein Sohn hervorgeht. Als Pinkerton später nach Japan zurückkehrt, mittlerweile mit einer Amerikanerin verheiratet, tut er das nicht, um sich mit seiner früheren Geliebten zu vereinen, sondern um seinen kleinen Sohn in die USA mitzunehmen – das sei besser für das Kind. Puccinis Oper basiert auf der Erzählung ›Madame Butterfly‹ (1898) des amerikanischen Schriftstellers John Luther Long und der Tragödie ›Madame Butterfly. A Tragedy of Japan‹ (1900) des amerikanischen Dramatikers David Belasco.

Man vergleiche diese Oper mit den optimistischen Kompositionen, die die Begegnung der Kulturen noch im Lichte der Aufklärung sehen konnten, wie ›Les Pèlerins de la Mecque‹ von Gluck, ›Il Turco in Italia‹ und ›L'italiana in Algeri‹ von Rossini, und vor allem mit der Schlussrede des Bassa Selim aus Mozarts ›Die Entführung aus dem Serail‹, in der sich der orientalische Herrscher als humaner und »christlicher« erweist als sein europäischer Gegenspieler. Wirklicher Multikulturalismus ist das jedoch noch nicht. Wie wir zuvor schon bei Montesquieu und Las Casas sehen konnten, wird auch hier hinter all den oberflächlichen Gegensätzen letztlich das gleiche, universale Ideal der Menschlichkeit vorausgesetzt.

Gegenwärtig sehen wir dieses Problem nicht nur zwischen den verschiedenen Welten, Nationen und Kulturgebieten erneut wiederkehren, sondern auch innerhalb der westlichen Gesellschaften selbst. Lebensregeln, die – ob sie nun auf einer religiösen Grundlage beruhen oder nicht – manche (Immigranten-)Gemeinschaften als wesentlich für ihre Identität erachten, werden von der *Leitkultur* – die sich selbst oft als universell versteht – aufgrund von Prinzipien verworfen, die sie ihrerseits als unantastbar erachtet. Dann ist das islamische Kopftuch nicht mehr ein Zeichen für kulturelle Eigenart, sondern ein Affront gegen das Prinzip der Gleichheit zwischen Mann und Frau.

Andererseits möchten manche Minderheiten ihre ererbten kulturellen Gebräuche ausdrücklich für sich selbst reservieren. Und auch in der Literatur kommen ähnliche Fragen auf. Kann sich ein weißer Autor überhaupt in das Leben eines Farbigen hineinversetzen, fragen sich farbige Schriftsteller, und darf er sie überhaupt zu einer Figur in seinem Roman machen?

Diese Fragen gehen logisch aus einer Neubewertung der eigenen, unterschiedenen Identität hervor, die sich gegen Ende des 20. Jahrhunderts auf eine neue Weise gegen die prätendierte Universalität des Denkens zur Wehr setzt. Feministische Philosophinnen bezeichneten sich ausdrücklich als *weibliche* Denker, Menschen nichtweißer Herkunft bekannten sich zu ihrer »schwarzen« oder postkolonialen Identität, die *jüdische* Philosophie emanzipierte sich unter dieser expliziten Bezeichnung. Zu lange, so konstatiert der französische Philosoph Jacques Derrida, hat sich das westliche Denken von einer stillschweigenden Zweiteilung leiten lassen, bei der all diese Kategorien wie selbstverständlich an den Rand gedrängt wurden.

Die problematischen Seiten dieser Exklusivität sind mittlerweile deutlich hervorgetreten. Nicht nur beim Kampf um die *cultural appropriation* und die *politics of identity* der vergangenen Jahrzehnte. Schon lange zuvor kamen sie auf eine viel harschere Art in den bitteren Kriegen des 20. Jahrhunderts zum Ausdruck, die im Namen von Nation und Volk zwischen den europäischen Ländern ausgefochten wurden. Mittlerweile konzentriert sich dieser *Clash of Civilisations* (Kampf der Kulturen), wie es der amerikanische Soziologe Samuel Huntington nennt, in Westeuropa auf die Problematik des Islam, bei der die Rushdie-Affäre von 1989 eine katalysierende Rolle gespielt hat. Wie verhält sich die westliche Errungenschaft der freien Meinungsäußerung zum Recht auf Schutz vor Beleidigung und Gotteslästerung, die Muslime in Rushdies Roman ›Die satanischen Verse‹ ausmachen zu können glaubten? Eine Antwort oder ein Mittelweg hinsichtlich dieser Frage ist noch nicht gefunden worden – und das ist vielleicht ein unheilvolles Vorzeichen. In seinem Hang zur Universalität *und* seiner gleichzeitigen Hinwendung zur besonderen Eigenart verfolgt der moderne Mensch ein widersprüchliches Ideal.

Georg Wilhelm Friedrich Hegel, porträtiert von Jakob Schlesinger, 1831.

Porträtfoto von Arthur Schopenhauer, 1859.

10

Geschichte und die Wüstheit der Welt

Hegel, Schopenhauer

Wir kehren zum Ende der Aufklärungszeit zurück. Dem Anspruch der Vernunft auf Universalität und ewige Geltung hat der nationalistische Relativismus einen gehörigen Dämpfer versetzt. Doch damit nicht genug. Während sich »der Mensch« einerseits, bildlich gesprochen, in vielerlei nationale und kulturelle Farben und Geschmäcker aufteilt, die nicht mehr unter einen Nenner zu bringen sind, geschieht andererseits etwas Ähnliches auch entlang der Zeitachse. Mit Hegels Philosophie wird die Kategorie der »Geschichte« nicht nur »eingebürgert«, sondern rückt ins Zentrum der Philosophie und in der Folge auch des europäischen Bewusstseins.

Das mag sich merkwürdig anhören. Gab es denn *vor* Hegel keinen historischen Zeitlauf? Natürlich gab es den. Bei Hegel kam ein Bewusstsein zum Ausdruck, das sich schon länger angekündigt hatte. Aber wenn wir das vormoderne und das hegelianische Geschichtsbild einander schematisch gegenüberstellen, sehen wir, dass die Historie in der Vormoderne, schlicht gesagt, die Form einer Chronik hat. Ein König herrscht, er stirbt, ein anderer König kommt an die Macht, auch der herrscht, stirbt und wird wiederum ersetzt usw. »Geschichte« ist in diesen Chroniken *just one damned thing after the other*, wie es ein englischer Historiker einmal ausdrückte.

Hegel jedoch denkt, dass in der Geschichte *mehr* vor sich geht als »das eine Ereignis, das auf das andere folgt«. Die Wirklichkeit, in der der Mensch lebt, ist selbst in einer permanenten Transformation begriffen, bis hin zu grundlegenden Kategorien wie Wahrheit, Recht und politische Ordnung. Nicht nur die Tatsachen verändern sich, sondern auch der Maßstab, nach dem sie beurteilt und verstanden werden, und daher verändert sich auch ihre Bedeutung. Was in einem Moment der Geschichte wahr ist, muss es in einem anderen Moment nicht sein. Was heute als gerecht gilt, muss fünfhundert Jahre früher nicht per se als gerecht gegolten haben. Die Selbstverständlichkeit, mit der wir unsere Welt deuten, verändert sich. Und das bedeutet: Was als »vernünftig« gilt, ist der Veränderung unterworfen.

Daran liegt es, dass wir, kurz gesagt, »seit Hegel« gelernt haben, historische Menschen zu sein. Wer sich in den Museen von Gent und Brügge die »alten Niederländer« anschaut oder

Miniatur der Brüder von Limburg im Stundenbuch ›Très Riches Heures du Duc de Berry‹. Jesus wird durch das Stadttor von Jerusalem nach Golgatha geführt. Die Gebäude der Stadt sind im Stil des 15. Jahrhunderts gemalt; es wurde nicht der geringste Versuch unternommen, sie historisch getreu darzustellen.

durch die Kreuzwegstationen im *Très Riches Heures* des Herzogs von Berry blättert, das zu Beginn des 15. Jahrhunderts von den Brüdern von Limburg illustriert wurde, kann sehen, dass sie die biblischen Szenen ohne das geringste Problem in einer zeitgenössischen Kulisse darstellen. Die biblische Geschichte war nicht etwas, das Jahrhunderte zurücklag. Sie stand in direkter Kontinuität zur Gegenwart. Zwischen Vergangenheit und Gegenwart bestand zwar ein Unterschied (das war auch den Malern durchaus bewusst), aber kein wesentlicher Unterschied. Ja mehr noch: Die unmittelbare Kontinuität war wesentlich für die Relevanz der biblischen Geschichte in der damaligen Gegenwart.

Hegels Geist

Das verändert sich zur Zeit der Moderne, wie wir in der Malerei sehen können. Wir sind uns nun darüber im Klaren, dass die Zeit Christi eine wesentlich andere war als die unsrige, und das erfordert nun auch eine andere Art der Darstellung. Mit der Zeit verlangt es sogar eine andere Lesart der biblischen Erzählungen. Seit Beginn des 19. Jahrhunderts beginnt sich die Exegese dessen bewusst zu werden, dass die Erzählungen, die sie interpretiert, aus einer völlig anderen Zeit stammen. Und sie begreift auch, dass diesem Umstand Rechnung getragen werden muss, will sie diese Erzählungen richtig verstehen. Ihre Bedeutung ist nicht mehr unmittelbar evident: Die Geschichte ist nun zwischen Interpretation und Erzählung getreten. An diesem Punkt nimmt die historische Bibelkritik ihren Anfang.

Auch bei Hegel sehen wir, dass sich die zeitlose Universalität des menschlichen Denkens aufzulösen beginnt, wie wir das im vorherigen Kapitel auch in Bezug auf die räumliche Universalität beobachten konnten. Nicht alle Epochen der menschlichen Geschichte sind gleich und können nach derselben Logik beurteilt werden. Gilt bei Herder die Regel »andere Länder, andere Sitten«, so gewinnt bei Hegel der Gedanke festen Boden unter den Füßen, dass Anachronismen möglich sind und einem guten Verständnis der Geschichte im Wege stehen können. Jede Zeit muss nach ihren Maßstäben gemessen werden, wie das auch nach Ansicht des Kulturrelativismus für die verschiedenen

Kulturen gilt. »The past is a foreign country« lautet der Eingangssatz des Romans ›The Go-Between‹, das L. P. Harley als Erinnerung an das viktorianische England, das für immer in die Vergangenheit versunken ist, geschrieben hat: »They do things differently there.«

Aber es besteht doch ein großer Unterschied zwischen Hegel und Herder. Bei Hegel zerfällt die Form, in der sich die Vernunft manifestiert, zwar in sehr viele unterschiedliche historische Phasen, aber hinter alldem bleibt letztlich doch *eine* »Vernunft« sichtbar, die Hegel *Geist* nennt. Dieser Geist ist es, der im Laufe der Geschichte zur Entfaltung kommt. Er *erscheint* durch allerlei »Listen der Geschichte« hindurch, denn es ist nicht immer auf den ersten Blick zu ersehen, was bestimmte Ereignisse, Bräuche, Gesetze oder Überzeugungen im weiteren Fortgang bedeuten. Erst am Ende dieser Entwicklung wird klar vor Augen treten, wie und warum der Geist sich so entwickelt hat, wie er sich entwickelt hat: Dann ist er ganz zu sich selbst gekommen, sagt Hegel, und durchschaut sowohl sich selbst als auch die Wirklichkeit – was de facto auf dasselbe hinausläuft.

Denn ungeachtet der einigermaßen irreführenden Verwendung des Wortes ist »Geist« bei Hegel nicht nur ein spirituelles Phänomen. Was sich entwickelt, sind Materie und Denken, und zwar gleichzeitig, ineinander und *an*einander. Das Denken schwebt nicht über der Welt (wie einst der Geist Gottes), sondern ist in ihr. Sie haben eine Geschichte miteinander, eine *affaire*. Die Materie ist be-geistert, und der Geist ist nichts ohne seine materielle Verwirklichung. Ihre Historie ist die Geschichte der Welt und des Denkens zugleich – in der sich *auch* die Philosophie durch die Zeiten hindurch entfaltet. Für Hegel bekommt das philosophische Denken nicht nur eine Geschichte; es wird selbst Geschichte: eine »Phänomenologie« oder »Erscheinungsgeschichte«, innerhalb derer die Wahrheit der Wirklichkeit (das *ist* »der Geist«) zutage tritt und Realität wird. Das Denken ist, in seiner Verwobenheit mit der Materie, was es *geworden* ist. Oder, wie die kurze Zusammenfassung des Prinzips lautet: »Wesen ist, was gewesen ist.«

Ebenso wie im Stundenbuch ›Très Riches Heures du Duc de Berry‹ verhält es sich auf den Außentafeln des ›Genter Altars‹ der Brüder Van Eyck, der etwa zwanzig Jahre später gemalt wurde. Im Hintergrund der Verkündigungsszene ist ein Stadtbild aus der Entstehungszeit des Altars zu sehen.

Naturgeschichte

Wissenschaftliche Entdeckungen zu Hegels Zeiten scheinen ihn darin zu bestätigen. Der letzte Hofbiologe des letzten französischen

Auf der Haupttafel desselben Altars sehen wir ebenfalls eine Reihe von Gebäuden aus der Zeit van Eycks, wie den Utrechter Domturm.

Königs des *Ancien Régime*, Georges-Louis Leclerc, Graf von Buffon, und *jardinier du roi*, war schon vor der Französischen Revolution zu der Vermutung gelangt, dass auch das Tierreich eine Geschichte hat. Es war nicht immer so gewesen, wie es nun war, und es war nicht mit *einem* Mal erschaffen worden, wie es die christliche Orthodoxie gerne wollte.

Buffon sah sich mit dem Rätsel fossiler Lebensformen konfrontiert, die sich nicht auf gegenwärtig lebende Tierarten zurückführen ließen. Vorsichtig hatte er den Schluss gezogen, dass auch die Natur in einen historischen Entstehungsprozess einbezogen war. In seiner Nachfolge stellte Lamarck zu Beginn des 19. Jahrhunderts eine erste Theorie über die möglichen Entwicklungs*gesetze* der Natur auf. Zu der Zeit also, in der Hegel seine großen Werke veröffentlichte.

Die Idee der Evolution ist daher auch mindestens ein halbes Jahrhundert vor Darwin, dem sie gewöhnlich zugeschrieben wird, formuliert worden. Der wesentliche Beitrag, den Darwin zu Buffons und Lamarcks Intuitionen leistete, war die Erkenntnis, dass die Evolution auf zufällige und in gewissem Sinne negative oder blinde Weise fortschreitet: durch Selektion und nicht durch die Vererbung neu erworbener Eigenschaften, wie Lamarck noch annahm. Damit ließ sich die Evolution in ein modernes wissenschaftliches Weltbild einpassen, aus dem die (aristotelische) Teleologie eliminiert worden war.

Die Idee der Historizität der Natur harmoniert hervorragend mit Hegels Idee, dass die ganze Wirklichkeit in einen langen Wachstumsprozess verwickelt sei, der in der Vollendung des absoluten Wissens und des absoluten Geistes an sein Ende komme. *Dann* wird die Geschichte vollendet sein; nach der Theorie von Marx – er entwickelte später seine materialistische, das heißt ökonomische Interpretation von Hegel – mündet sie in eine klassenlose Gesellschaft. Der amerikanische Politikwissenschaftler Francis Fukuyama hat einen derartigen Versuch nach dem Fall der Berliner Mauer noch einmal unternommen, indem er die Geschichte in der liberalen Demokratie nach dem Mauerfall zur Vollendung kommen lässt: natürlich nach amerikanischem Schnittmuster.

Georges-Louis Leclerc de Buffon, *jardinier du roi* bis zur Französischen Revolution, Vorgänger von Jean-Baptiste de Lamarck.

Anders als im Kulturrelativismus wird die historische Diversität bei Hegel von *einem* alles beherrschenden Prinzip (dem Geist) zusammengehalten, doch dieses Prinzip ist gewissermaßen dynamisiert worden. Es ist kein starres oder unbewegliches Prinzip wie die zeitlose Vernunft der Aufklärung, sondern es entwickelt sich selbst in seiner langsamen Entfaltung durch die Geschichte hindurch, es kommt zu sich selbst. Diese Geschichte durchläuft eine große Zahl von Phasen, die sich stark voneinander unterscheiden, aber letztlich dennoch *eine* Geschichte bilden – wie wir am Ende der Historie (oder in der Philosophie von Hegel selbst) erkennen können.

Wer gut hinhört, vernimmt in diesem historischen Entwicklungsgang der Menschheit das ferne Echo der christlichen Botschaft. Schließlich ist auch im Christentum die Menschheit auf dem Weg zu einem Endziel, in dem sie ihre Vollendung finden wird. Und damit ihr Glück, das zu guter Letzt ewig währen kann. Aber das Christentum sieht diesen Weg viel eher als einen aufsteigenden Weg: Aus dem Irdischen blicken wir *empor* zum himmlischen Jerusalem, das über der Erde gelegen ist, in eine absolute Transzendenz.

Dieser Gedanke erhält bei Hegel eine immanente Fassung: Der Gang der Menschheit ist ein Gang durch die Geschichte mit einem his-

Der Fall der Berliner Mauer im Jahr 1989: Das Ende der Geschichte? Zwölf Jahre später machte der Angriff auf die Twin Towers in New York deutlich, dass es nicht so einfach ist, (oben: akg-images, unten: Jason Hook / akg-images).

torischen Abschluss. Darin wurzelt auch das messianische Element des Marxismus, der das Erbe dieses Konzepts antritt. Zu Beginn des 19. Jahrhunderts wird das auch sehr prägnant vom Philosophen Feuerbach in einer radikal materialistischen Interpretation des Menschen, seiner Kultur und seiner Geschichte formuliert: »Der Mensch ist, was er isst.« Während sich das Christentum, so Feuerbach, den Gang der Menschheit als einen *pilgrim's progress* auf dem Weg zur transzendenten Seligkeit vorstellt, verhüllt dieses Bild eigentlich die Dynamik, die die Menschheit wirklich vorantreibt: durch die Geschichte hindurch zu ihrer Vollendung.

Wir sehen, dass die Religion hier also nicht der Vernunft gegenübersteht – wie in der Aufklärung –, sondern gleichsam in eine breitere Idee der Vernunft aufgenommen wird, die prompt viel von ihrer Klarheit und Entschiedenheit einbüßt. Auch bei Hegel entgrenzt sich die Vernunft, aber sie verschwindet nicht – sie *dynamisiert sich*. In diesen Gang der Geschichte wird *auch* die Religion integriert. Nicht nur weil man Hegels Auffassung als philosophische Neuinterpretation einer theologischen Heilsgeschichte ansehen kann. Sondern auch im buchstäblichen Sinne, weil die Religion bei ihm zu *einer* der Entwicklungsphasen des Geistes wird. Sie ist darin sogar – neben der Kunst – eine der am weitesten entwickelten.

In religiösen Vorstellungen zeichnet sich Hegels Auffassung nach die Wahrheit der Geschichte des Geistes schon ab, wenngleich verhüllt. Sie liegt noch in religiösen Bildern verborgen, aus denen die philosophische Wahrheit noch nicht völlig hervorgedrungen ist. Ebenso wie die Kunst gehört die Religion zu den Vorphasen des absoluten Geistes, in denen sich der Mensch – der sich endlich selbst als ein historisches Wesen zu sehen gelernt hat – dem vollkommenen Wissen annähert. Darin wird er über das Wissen und sogar über die Gerechtigkeit verfügen, die die Religion und die Philosophie zuvor immer Gott selbst vorbehalten hatten.

Hochgebirge

So rigoros verabschiedet sich das romantische Gemüt vorläufig noch nicht von der Religion. Es sucht weiter nach einer unmittelbaren Erfahrung des Göttlichen, begnügt sich dabei aber immer weniger mit den kirchlichen Formen, auf die diese Erfahrung begrenzt ist. Es will den Ehrfurcht gebietenden Grund, von dem es sich abhängig weiß, auf unmittelbare Weise erfahren. Und so macht sich die Romantik auf die Suche nach einer anderen Art des »Erhabenen« als jener, die sie in der gezähmten Religiosität der institutionellen Religionen antraf.

Sie findet sie in der Erfahrung der Natur. Nicht der von der Vernunft gezähmten Natur, wie der französischen Gartenarchitektur dieser Tage, die überall in Europa zu sehen war. Die menschliche Vernunft soll gerade vermieden werden: zunächst, weil sie menschlich und daher gerade *nicht* göttlich ist. Vor allem aber, weil das romantische Gemüt das *Un*gezähmte sucht, das Großartige, welches das Maß des menschlichen Begriffsvermögens übersteigt. Maß zu halten war eine intellektuelle Tugend, die vom Rationalismus der griechischen Antike bis zu Descartes' Rationalismus ununterbrochen bestanden hatte, deren Attraktivität nun aber nachließ.

Man suchte das Maßlose und das Wilde: in der Natur und später auch in der Kunst. Die französische Gartenanlage sollte an Popularität einbüßen. Deren abgezirkelte Formen, die die Natur buchstäblich *more geometrico* der

Eines der besten Beispiele der geometrischen französischen Gartenanlage, in der Zirkel und Lineal die Natur dem *esprit de géometrie* unterwerfen, ist der westlich von Apeldoorn gelegene Garten des Palastes Het Loo aus dem 17. Jahrhundert. (Wikimedia Commons, © OpenStreetMap contributors, https://commons.wikimedia.org/wiki/File:Kaart_Paleis_Het_Loo.svg)

Vernunft unterwarfen und Kant sogar dazu verleiteten, die *Lustgärtnerei* als eine Form der Malerei zu betrachten*, weichen dem englischen Landschaftsgarten, in dem nicht Übersicht und Symmetrie, sondern Launenhaftigkeit und das augenscheinlich Ungeformte und Spontane kultiviert werden. Das Erleben der wilden Natur bringt es mit sich, dass sie zum ersten Mal nicht mehr als eine Art von »Umland« betrachtet wird – als ein wüstes Land, das man nur noch negativ beschreiben konnte: als etwas, das noch nicht kultiviert war –, sondern als eine Widerspiegelung von etwas Ursprünglichem und Großartigem, das – so empfand man es – unter der gepflegten und gezähmten Oberfläche des zivilisierten Lebens wütet und die geheime Quelle allen Lebens und Denkens ist. Im 16. Jahrhundert kann der portugiesische Dichter Luís Vaz de Camões angesichts so viel kahler Nutzlosigkeit die wilde Natur nur noch in missbilligenden Begriffen beschreiben:

> *Bei einem Berg, unfruchtbar, wild und wüst,*
> *Der ganz unförmig, kahl und nutzlos ist,*
> *Von dem sich jedes Leben abgewandt …***

Doch zwei Jahrhunderte später dichtet Wordsworth:

> A meditation rose on me that night
> Upon the lonely mountain when the scene
> Had passed away, and it appeared to me
> The perfect image of a mighty mind,
> Of one that feeds upon infinity,
> That is exalted by an under-presence,
> The sense of God, or whatso'er is dim
> Or vast in its own being …***

Als ursprünglich gilt nicht länger die Ordnung, sondern die Unordnung. Ursprünglich ist nicht mehr das Maß, sondern die Maßlosigkeit. Ordnung und Maß sind bloß abgeleitet.

Am Anfang war Wüstheit. Und diese Wüstheit ist nicht allein der verborgene Quell des menschlichen Gemüts, sondern auch der Welt selbst: sie ist der Welt göttlicher Ursprung, ihre

* Immanuel Kant, *Kritik der Urteilskraft und Schriften zur Naturphilosophie, Werke in zehn Bänden*, hg. v. Wilhelm Weischedel, Bd. 8, Darmstadt: Wissenschaftliche Buchgesellschaft, 1983, S. 425.

** Luís de Camões, *Sämtliche Gedichte*, portugiesisch – deutsch, hg., bearb. u. kommentiert v. Rafael Arnold, übers. v. Hans-Joachim Schaeffer, Berlin: Elfenbein, 2008, S. 881.

*** William Wordsworth, *The Prelude, The Four Texts (1798, 1799, 1805, 1850)*, London: Penguin Books, 1995, S. 66–73.

Ganz anderer Art ist die englische Gartenarchitektur des Amsterdamer Vondelparks, die aus der Mitte des 19. Jahrhunderts stammt. Hier wird jegliche Symmetrie vermieden und alles getan, um die Illusion einer wilden, ungebändigten Natur zu erwecken – natürlich innerhalb der Grenzen des Angenehmen und Ästhetischen. (Wikimedia Commons, Jan Willem van Aalst, https://de.wikipedia.org/wiki/Datei:Vondelpark-OpenTopo-BGT.jpg)

Inspirationskraft und ihr stetiger Antrieb. In der Maßlosigkeit dieser Ursprünglichkeit begegnen das menschliche Gemüt und der Kosmos einander und finden zu ihrer Gemeinsamkeit zurück, so merkt Berlin an.*

Diese Entdeckung ist für die Romantik von religiöser Bedeutung. In der Wildheit sucht der romantische Dichter oder Maler die Konfrontation mit dem heiligen Mysterium des Daseins, über das bisher immer die Religion gesprochen hatte, das aber jetzt im ursprünglichen, wahren Antlitz der Wirklichkeit gefunden wird. Der Romantiker sucht es in der Natur, die in dieser Zeit zum ersten Mal in ihrer

* Isaiah Berlin, *Das krumme Holz der Humanität*. S. 260 ff. Aus demselben Grund, so hat A. van der Schoot gezeigt, wird ungefähr zur gleichen Zeit auch der Goldene Schnitt als ein Verhältnis anerkannt, das die ganze Wirklichkeit beherrscht. Dieses Verhältnis, das sowohl der physischen als auch der geistigen Natur zugrunde lag, sollte damit zwischen beiden Systemen wieder die Einheit herstellen, die infolge des Aufstiegs der Naturwissenschaft verloren zu gehen drohte. Dass dieses Verhältnis außerdem ein irrationales war, war für das romantische Gemüt natürlich ein zusätzlicher reizvoller Aspekt. (Siehe Albert van der Schoot, *Die Geschichte des goldenen Schnitts. Aufstieg und Fall der göttlichen Proportion*, Stuttgart-Bad Cannstatt: Verlag Friedrich Frommann, 2016.)

Ein besonders erhabenes Phänomen wie ein Sturm wird vom Barockkomponisten Antonio Vivaldi noch sehr beherrscht wiedergegeben.

Wildheit zu einem Gegenstand der Kontemplation wird – und nicht länger der Abscheu oder Geringschätzung. Und er sucht es auch in der Kunst, die danach strebt, das Pendant dieses natürlichen Erhabenen zu sein.

Im 18. Jahrhundert wird dafür (unter anderem durch Edmund Burke und Immanuel Kant) der Begriff »das Sublime« oder »das Erhabene« gängig.

So kann auch der romantische Maler Caspar David Friedrich in seinen Gemälden eine neue Existenzerfahrung zum Ausdruck bringen, die die alte religiöse Erfahrung verdrängt, umgestaltet und in einer anderen Form fortsetzt.

»Friedrichs Malerei«, so schreibt der Kunsthistoriker Robert Rosenblum über das Gemälde ›Der Mönch am Meer‹, »entspricht auf überraschende Weise einer dem modernen Betrachter vertrauten Erfahrung: Das Individuum sieht sich der überwältigenden, unbegreiflichen Unermesslichkeit des Universums gegenüber, gleichsam, als hätten die Mysterien der Religion die Rituale von Kirche und Synagoge verlassen und sich wieder in der Welt der Natur angesiedelt. Das Bild wirkt fast wie ein persönliches Bekenntnis, worin der Künstler, der sich in den einsamen Mönch hineinversetzt hat, die eigene Beziehung zum Unergründbaren erkundet, das ihm in der Grenzenlosigkeit einer Natur entgegentritt, die ihn selbst so unendlich klein macht. Für den modernen Betrachter kann Friedrichs Gemälde sogar die transzendentalen Erwartungen erfüllen, die man an die religiöse Kunst stellt, obwohl es wohlgemerkt keinem kanonischen religiösen Thema entspricht und daher nach vor-romantischen, d. h. vor-modernen Maßstäben durchaus nicht als religiöses Bild gelten könnte.«*

Und in derselben Richtung liegt auch, was der Kunsthistoriker James Twitchell über die englische Landschaftserfahrung schreibt: »Wenn man sich viele dieser englischen romantischen Landschaften ›anschaut‹ und sie wie einen Text ›liest‹, wird man feststellen, dass es überhaupt nicht wirklich um ›Berge und Flüsse und Schlösser‹ geht. Sie sind oft gerade auf einen Punkt hin fokussiert, an dem die horizontale Naturgrenze auf die übernatürliche Welt des Himmels trifft, an dem sich die Landschaft mit der Stille des Himmels verbindet. Sie haben am Horizont etwas Fließendes; deshalb sind

* Robert Rosenblum, *Die Moderne Malerei und die Tradition der Romantik*, übers. v. Reinhard Kaiser, München: Schirmer-Mosel, 1981, S. 15 f.

die Berge blau, deshalb ist der Mont Blanc das zentrale Bild in der bildenden wie auch literarischen romantischen Kunst; deshalb ist Wordsworth auf dem Simplonpass, Shelley im Tal von Chamonix, steht Coleridge felsenfest auf dem Helvellyn und Byron sprachlos auf der Jungfrau. Deshalb gibt es überall auf den Gemälden von Constable bis Turner niedrige Wolken und Nebel, nicht nur um den Himmel etwas zu füllen, sondern als Motiv, auf das sich unser Blick fokussiert. Die romantische Aufmerksamkeit richtet sich auf den Bereich, an dem sich Erde und Himmel begegnen, weil das der Bruch ist, der Saum, wenn man so will, an dem das Sublime erreicht werden kann.«*

Ganz anders geht es in der ›Sechsten Symphonie‹ von Ludwig van Beethoven zu, dem romantischen Komponisten, der wie kein anderer den Zuhörer förmlich überwältigt.

Das Chaos der Welt

Ironischerweise fällt die neue Empfindsamkeit für die wüste Natur zeitlich mit der besseren Zugänglichkeit der Natur zusammen. Denn gerade in den unwirtlichen Alpen wird die Infrastruktur ausgebaut, und auch die Entwicklungen in der Klettertechnik machen Fortschritte. Durch das Gebirge werden trittfestere Wege angelegt, wodurch so etwas wie »Tourismus« möglich wird. Und im Jahr 1786 kommt es, unter anderem auf Initiative des Geologen und Meteorologen Horace-Bénédict de Saussure aus Genf, zur Erstbesteigung des Mont-Blanc-Gipfels. Dieses Jahr markiert den Beginn des alpinen Bergsports: einer Mischung aus technischem Können und einem tief empfundenen Respekt vor den Wundern der Natur, die dank der neuen technischen Möglichkeiten zum Objekt einer »sublimen« Erfahrung werden konnte.

So hat sich die Bühne, auf der der Mensch Auge in Auge mit dem steht, was ihn in seinem Innersten bewegt, wiederum radikal gewandelt. Der Mensch sucht seine religiöse Wahrheit nicht mehr in Institutionen oder Kirchen, sondern in einer unmittelbaren Erfahrung dieser Wahrheit in der überwältigenden, nackten, ihn umgebenden Natur. Er hat sich aus seiner Einbettung befreit. Im Angesicht des Göttlichen steht er nun allein, in einer unmittelbareren Konfrontation mit dem Allmächtigen, mit der unverhüllten Innerlichkeit seiner strikt individuellen Seele.

* James B. Twitchell, *Romantic Horizons: Aspects of the Sublime in English Poetry and Painting 1770–1850*, Columbia: University of Missouri Press, 1983, S. 9 f. (Übers. Bärbel Jänicke).

Caspar David Friedrich, ›Der Mönch am Meer‹ (1808–1810).

Doch die Sache hat einen Haken. So imposant und überwältigend sich die wüste Natur auch zur Geltung bringt, letztlich verweist auch sie auf einen Schöpfer, der alles zu einer Einheit verbindet und sie ungeachtet seiner alttestamentarischen Macht in seiner Güte behütet. So ist es bei Kant, und so ist es auch bei den meisten romantischen Denkern, die, ob sie nun in dessen Fußstapfen wandeln oder nicht, die Entdeckung der Natur für ein neues Erleben einer althergebrachten Religiosität nutzbar machen.

Auch wenn diese romantische Religiosität noch stark im Lichte der Sehnsucht nach einer *Gottes*schau steht, so ist damit das Tor zur Auflösung dieser letzten Garantie bereits aufgestoßen. Die Welt, so heißt es Anfang des 19. Jahrhunderts zum ersten Mal, geht womöglich überhaupt nicht auf eine Harmonie oder gar Kohärenz zurück. Vielleicht ist sie letztlich nur blindes Chaos, in dem kein ordnender Schöpferwille mehr waltet.

Der Denker, der diesen unerhörten Gedanken äußert, ist Arthur Schopenhauer, auch wenn er meinte, in seinem Hauptwerk ›Die Welt als Wille und Vorstellung‹ aus dem Jahr 1818 noch vollkommen an die Philosophie Kants anzuschließen. Viel mehr, als dessen Denken von unnötigen Komplikationen zu bereinigen und in einem deutlich gefälligeren Stil wiederzugeben, prätendierte Schopenhauer eigentlich nicht. Doch unter seiner stilvollen Feder und reichen Vorstellungskraft nimmt eine Welt- und Menschensicht Gestalt an, die

Christian von Mechel, ›Horace-Bénédict de Saussures Abstieg vom Mont-Blanc im Jahr 1787‹. Es war der Beginn des alpinen Bergsports, der seither, ungeachtet der sich ständig weiterentwickelnden Techniken und menschlichen Könnerschaft, eine immer eindringlichere Erfahrung der menschlichen Nichtigkeit zu vermitteln vermag. Diese philosophische Erkenntnis wurde 1818 emblematisch von Caspar David Friedrich in seinem Gemälde ›Der Wanderer über dem Nebelmeer‹ dargestellt.

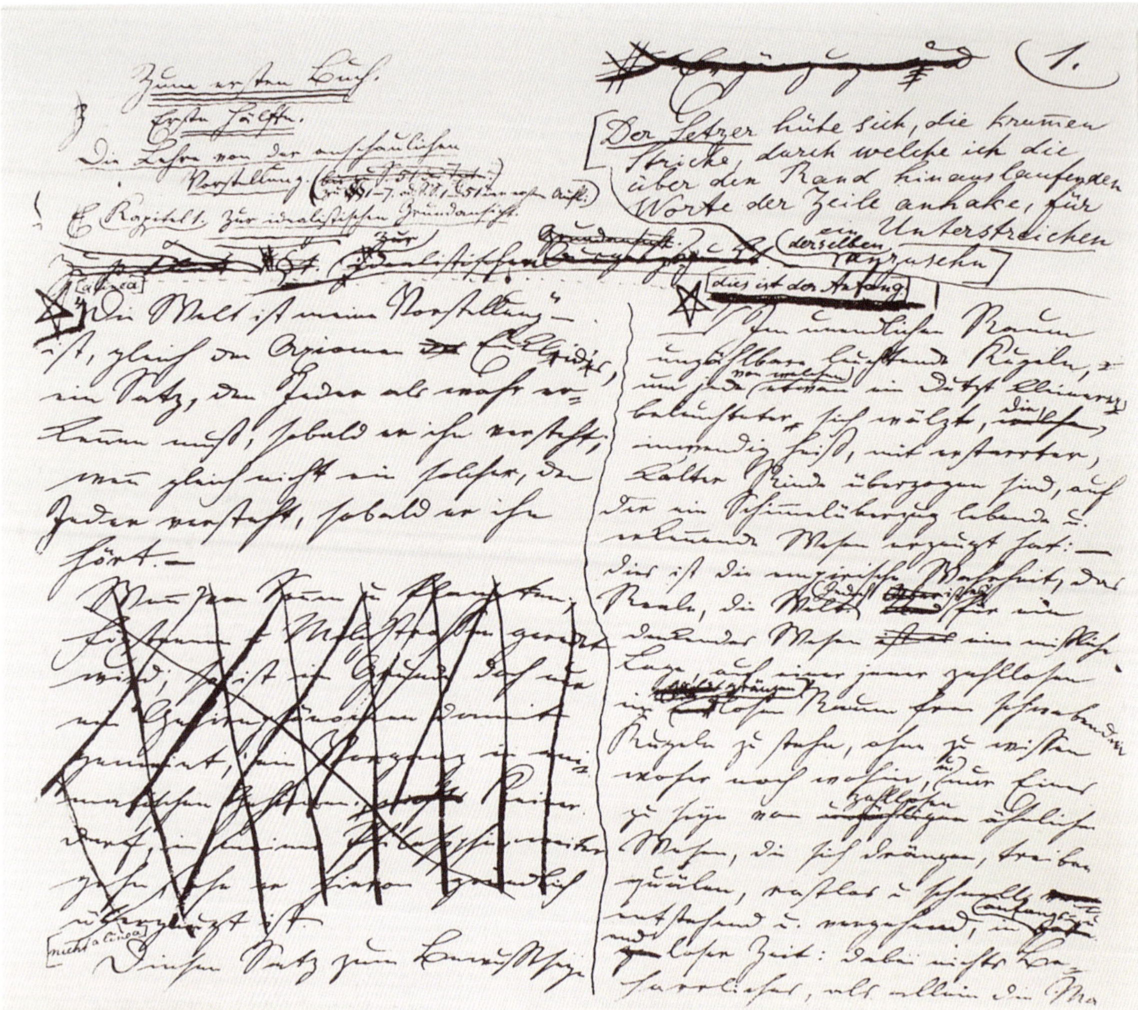

Ein Fragment des Manuskripts von Schopenhauers ›Die Welt als Wille und Vorstellung‹.

nicht nur zu Kants Denken, sondern auch zu beinahe der gesamten westlichen Philosophietradition in Widerspruch steht.

Wie wir gesehen haben, hatte Kant jede Möglichkeit ausgeschlossen, die Wirklichkeit, so wie sie an sich ist, zu erkennen. Wir haben nur ein Wissen von der Welt, wie sie uns erscheint. Der einzige Begriff, den wir *direkt* von ihr haben können, ist der des »Ichs«; aber das ist – wie Kant explizit sagt – nur ein formaler Begriff.

Genau darin geht Schopenhauer auf Distanz zu Kant. Ich kenne mein »Ich« durchaus, sagt Schopenhauer. Nur ist das nicht das vernünftige und ausgewogene Prinzip, das Kant daraus macht. Wenn ich in mein Inneres hineinschaue, sehe ich *keine* Vernunft, sondern eine Dynamik von Hunger, Begierde und Strebenskraft: Ich sehe, dass darin alles zutiefst von meinem Willen bewegt wird. Viel stärker als die Vernunft, die ihn mit Mühe in Schach zu halten versucht, offenbart sich der Wille als die tiefste Wahrheit des *Dings-an-sich*, das mein »Ich« ist. Damit offenbart sich *auch*, was die *Wirklichkeit* in sich selbst ist. Wie geordnet diese in meiner Wahrnehmung auch aussehen mag, so Schopenhauer, dank des Blicks, den ich in die Realität meines »Ichs« werfen kann, weiß ich nun auch, wie diese Welt-an-sich *selbst* aussieht: Mein »Ich« ist schließlich ein *Teil* dieser Wirklichkeit.

Daher rührt der Titel des großen Werkes, mit dem Schopenhauer 1818 die Aufmerksamkeit der philosophischen Gemeinschaft auf sich zu lenken hoffte: ›Die Welt als Wille und Vorstellung‹. Was ich *sehe* (meine *Vorstellung* von der Welt), ist ein geordnetes, vernünftiges Ganzes. Doch was sie *ist*, ist eine wilde Dynamik von Kräften, die völlig anarchistisch und unbezähmbar bloß nach dem streben, was sie begehren oder *wollen*.

Es sollte bis zur Mitte des 19. Jahrhunderts dauern, bevor man auf Schopenhauers Denken wirklich aufmerksam wurde. Anfangs wird sein Stern ganz vom überwältigenden Glanz Hegels überstrahlt, den er glaubte von seinem Thron stoßen zu können. Doch nachdem er sich einmal einen Namen gemacht hat, gibt es kein Halten mehr. Auf seine alten Tage wird Schopenhauer der bei Weitem meistgelesene und populärste Philosoph Europas, und das sollte bis zum Ersten Weltkrieg so bleiben. Sein Einfluss ist enorm: Er reicht vom Komponisten Richard Wagner bis zum jungen Philosophen Friedrich Nietzsche und dem revolutionären Psychologen Sigmund Freud, dessen »Unbewusstes« die gleichen Charakterzüge trägt wie jene, die Schopenhauer seinem »Weltwillen« zuschreibt. Die gesamte europäische Kultur, innerhalb und außerhalb des deutschen Sprachraums, gerät in seinen Bann. Hinter der Wirklichkeit verbirgt sich weder ein Einheit schaffendes Prinzip noch Harmonie oder Schöpfungswille und auch kein Gott mehr. Und daher darf der Mensch auch nicht länger, wie Kant in seiner *Logik* noch schrieb, auf eine letztendliche Versöhnung und Erlösung hoffen.

Schopenhauers Metaphysik führt unweigerlich zu dem Schluss, dass die Uneinigkeit, der Widerstreit und die innere Zerrissenheit des Menschen unaufhebbar sind – aus dem einfachen Grund, dass die Wirklichkeit *selbst* nun einmal über keinen harmonischen Sammelpunkt verfügt, in dem sich alles mit allem versöhnen könnte. Unser Leben ist Leiden, schlussfolgert Schopenhauer, und dieser Schmerz wird nur umso heftiger, je stärker wir uns gegen diese pessimistische Einsicht zur Wehr setzen. Das Beste, was wir tun können, besteht darin, uns damit, so gut es geht, abzufinden. Das Geheimnis dieser Ergebenheit findet Schopenhauer nicht länger im westlichen Christentum, sondern im indischen Denken, dessen große Schriften zu seiner Zeit zum ersten Mal ins Englische und Deutsche übersetzt werden.

Schopenhauers Revolution ist die radikalste, die die Romantik hervorgebracht hat. Denn sie lässt nichts von dem bestehen, was seit jeher zu den fundamentalen Überzeugungen der Philosophie und Wissenschaft zählte: dass in der Welt ein Einheitsprinzip waltet, das eine harmonische Versöhnung *mit* der Wirklichkeit und eine vernünftige Einsicht *in* die Wirklichkeit möglich mache. Schopenhauer verkörpert damit auch die radikalste Abkehr vom christlichen Denken, das in der Gottesvorstellung eine solche Harmonie und Erlösungsmöglichkeit immer als reell angesehen hat. Es gibt nur noch Chaos und Wüstenei, in denen der postromantische Mensch fortan versuchen muss zu überleben: Darin besteht der Auftrag, den das 19. Jahrhundert mit auf den Weg bekommt und auf den Nietzsche eine Antwort zu formulieren versucht.

Schopenhauer, frühe Fotografie (Daguerreotypie), 1852.

Ab Mitte des 19. Jahrhunderts ist Schopenhauers Weltsicht tief im europäischen Bewusstsein verankert. Im Gegensatz zum christlichen Vertrauen in eine letztendliche Harmonie der Wirklichkeit und der Möglichkeit einer himmlischen Erlösung beschwört diese Sicht erneut das Echo eines alten Heidentums herauf, das mit seinem Polytheismus gerade die fundamentale Zerrissenheit der Welt betont.

Eine der umstrittensten Ausdrucksformen dieses neuen, irdischen Heidentums ist das Ballett ›Le sacre du printemps‹, das 1913 in Paris mit der Musik von Igor Strawinsky Premiere feiert. Es wird ein Skandal. Die Gewalt der Musik ist unerhört (und das nicht nur wegen ihrer Lautstärke), und das Ballett bietet eine unverhohlene Huldigung an einen rauen, heidnischen Ritus dar, in dem der Erde eine Jungfrau geopfert wird.

Dieses Stück wird oft als der Beginn der Musik des 20. Jahrhunderts angesehen. Doch mit gleichem Recht kann man es als die Krönung einer Entwicklung betrachten, die mit Schopenhauer ihren Anfang genommen hat. Das Chaos ist allgegenwärtig, die Urkräfte haben in ihrer gewalttätigen Anarchie freies Spiel, das Sublime einer ungebändigten Natur hat sich in Klang verwandelt – die Vision der gesamten Romantik des 19. Jahrhunderts kommt darin zu einem ekstatischen Ausbruch.

Große Bekanntheit erlangt ›Le sacre du printemps‹, als Walt Disney die Musik in seinem Film ›Fantasia‹ aus dem Jahr 1940 einsetzt. Sie begleitet darin die Darstellung der Evolutionsgeschichte, die, wie der Film betont, so wissenschaftlich wie möglich wiedergegeben wird – natürlich entsprechend dem damaligen Erkenntnisstand. So wie Strawinsky die Wildheit des menschlichen Lebens hervorhebt, so bringt der Darwinismus zutage, dass sich das Leben auf zufälligen und gewaltsamen Bahnen entwickelt hat und keineswegs aus der Fürsorge eines übernatürlichen Schöpfers.

›Le sacre du printemps‹: Originalbühnenbild von Nicholas Roerich zum zweiten Teil des Balletts. (N. Roerich – The Great Sacrifice. Setting for I.F. Stravinsky's Ballet »Sacred Spring« – Google Art Project.jpg)

Die

Räuber.

Ein Schauspiel.

N. sculp. Aug. V

Frankfurt und Leipzig.

1781.

Friedrich Schillers ›Die Räuber‹ (1781). Titelseite der Erstausgabe Stuttgart 1781 (mit fingiertem Verlagsort Frankfurt und Leipzig). Spätere Kolorierung. (akg-images).

11

Der Mensch ein Künstler

Schiller

Zu Beginn des 19. Jahrhunderts ließ Schopenhauers Ruhm noch auf sich warten. Wie er ringen zu dieser Zeit auch zahllose andere aufstrebende Denker mit dem Erbe Kants. Bei Kant, so schreibt Isaiah Berlin, wird die Hinwendung zur spontanen, urwüchsigen Innerlichkeit noch von einer Hochachtung vor der Vernunft im Zaum gehalten. Sie prägt als Konzentrationspunkt der menschlichen Allgemeinheit den Weg zum universell Wahren und Guten. In der Romantik aber wird die Vernunft als höchstes menschliches Vermögen allmählich entthront und durch einen Freiheitsdrang abgelöst, der sich nicht länger an Kants Begriff des Sittengesetzes als Norm und sogar Garant dieser Freiheit koppeln möchte.

Diese Garantie findet der Mensch fortan in seinem eigenen Gemüt. Berlin weist auf eine erhellende Parallele *und* Entgegensetzung zwischen dem Aufklärungsdenker Lessing und dem romantischen Dichter Schiller hin, indem er Lessings Figur des Tellheim in dem Stück ›Minna von Barnhelm‹ (1767) und Schillers Gestalt des Karl Moor in ›Die Räuber‹ (1781 anonym publiziert) miteinander vergleicht. Beide weigern sich aus ihrer Gefühlslage heraus, sich der Welt und den Winkelzügen, die sie ihnen abverlangt, anzupassen. Sie können das Unrecht, das ihnen angetan wird, nicht verwinden, ihr Gemüt bricht sich Bahn und sie geraten mit ihrer Welt auf Kollisionskurs. Aber während Lessing seinen Protagonisten deshalb als eine etwas törichte Figur charakterisiert, wird er bei Schiller zu einem Helden: »Er hat beschlossen, für sich selbst und für andere Opfer der Ungerechtigkeit Rache an der verhassten, scheinheiligen Gesellschaft zu üben.« Dazu scheut er sogar nicht davor zurück, die schwersten Verbrechen zu begehen: »Er gründet eine Räuberbande, er plündert und mordet, […] aber er ist ein edler Verbrecher, der über der verkommenen Welt steht, die seine Persönlichkeit missachtete.«* Und nochmals: wer man *ist*, darum geht es – und wer man *ist*, wird nicht mehr durch Stellung oder Geburt, mit anderen Worten durch die soziale (äußerliche) Einbettung bestimmt, sondern durch die Innerlichkeit der Seele.

Schiller schreibt ›Die Räuber‹ während seines Studiums (zunächst Jura, dann Medizin) in den Siebziger- und Achtzigerjahren. Das Stück feiert 1782 Premiere, also noch *vor* der Fran-

* Isaiah Berlin, *Das krumme Holz der Humanität*, Frankfurt a. M.: Fischer Taschenbuch, 1995, S. 277.

zösischen Revolution. Es nährt sich jedoch von dem gleichen Drang, die überholten Formen gesellschaftlicher Konvention beiseitezuschieben und einen »neuen Menschen« zu erschaffen, der sein eigener Souverän ist. Wie wir gesehen haben, fand das politisch seinen Abschluss in der revolutionären Idee der Volkssouveränität, anthropologisch in der Idee, dass der Mensch sein eigener Schöpfer ist und nur aufgrund seines Eigenwertes und seiner Authentizität Identität (und unveräußerliche Rechte) besitzt.

Doch die Französische Revolution entartet zur Despotie, und Schiller kommen seine politischen Träume abhanden. Stattdessen wendet er sich in den Neunzigerjahren der Philosophie zu, wobei er vor allem Kant studiert und kommentiert. Bezeichnenderweise konzentriert er sich weniger auf dessen erkenntniskritisches und ethisches Werk als auf seine ästhetischen Einsichten. Bezeichnend ist dies deshalb, weil das letzte Wort zu den großen Lebensfragen hier nicht länger von der Vernunft erwartet wird. Die Kunst und die ästhetische Wahrnehmung sollen für den neuen Menschen grundlegend sein.

Diese Vision hat Schiller in ein Gedicht gefasst, das später von Beethoven, der anderen von der Französischen Revolution enttäuschten Geistesgröße, vertont wurde. Es ist der berühmte Schlusschor der neunten Sinfonie, der heute (nicht ganz zu Unrecht) als die offizielle Hymne der Europäischen Union fungiert. Der Hymne geht eine Ermahnung voraus: »Oh Freunde, nicht diese Töne«, was heißen soll: lasst nicht die grimmigen Töne eines politischen Kampfes erklingen. »Sondern lasst uns angenehmere anstimmen, und freudenvollere«.

Diese Hymne klingt fast liturgisch. In Beethovens Zeit wird es zweifellos undenkbar gewesen sein, aber dennoch wirkt es so, als solle von dem Moment an, in dem der Chor einfällt, der ganze Saal mitsingen, als Repräsentant der Menschheit, die nun ihre Freude und ihre Visionen heraussingt. Von einer direkten politischen Botschaft ist hier kaum noch die Rede. Es ist das menschliche Gemüt, das angesprochen wird: seine Fähigkeit zu »Freude und Frieden«, noch immer unter den wohlwollenden Augen eines Allmächtigen gedacht, der das Beste mit der Menschheit im Sinn hat.

ODE AN DIE FREUDE

Oh Freunde, nicht diese Töne!
Sondern laßt uns angenehmere anstimmen,
Und freudenvollere!

Freude, schöner Götterfunken,
Tochter aus Elysium,
Wir betreten feuertrunken,
Himmlische, dein Heiligtum!
Deine Zauber binden wieder,
Was die Mode streng geteilt;
Alle Menschen werden Brüder,
Wo dein sanfter Flügel weilt.
[…]
Seid umschlungen, Millionen,
Diesen Kuß der ganzen Welt!
Brüder! Über'm Sternenzelt
Muß ein lieber Vater wohnen.
Ihr stürzt nieder, Millionen?
Ahnest du den Schöpfer, Welt?
Such' ihn über'm Sternenzelt!
Über Sternen muß er wohnen.

Ästhetische Erziehung

Wie viele Denker seiner Generation versucht also auch Schiller, Kant weiterzudenken. Für den Romantiker, der er ist, ist es bedeutsam, dass er dabei Kants Idee des Erhabenen mehr

Beachtung schenkt als dem Schönen, dem klassischen Gegenstand der Ästhetik. Schillers kleine Schrift »Über das Erhabene« von 1793 schließt daran an, was schon der Kunsthistoriker Rosenblum hervorgehoben hat: Das Überwältigende in der Natur wird das »Milieu«, in dem der Mensch die Unendlichkeit, in der er sich hineingestellt sieht, erfährt. Diese Unendlichkeit übersteigt seine Vernunft und erschüttert ihn zutiefst in seinem Wesen. Sie schleudert den Menschen aus dem begrenzten Horizont seines alltäglichen Lebens heraus und öffnet ihm die Augen für die wahre Größe des Universums, dessen Teil er ist.

Johann Christoph Friedrich von Schiller, Stich aus dem 19. Jahrhundert.

Das Ästhetische, nicht das Politische, wird für Schiller von diesem Moment an der Weg sein, auf dem sich der Mensch selbst zu seiner wahren Größe »erzieht«: der Weg, er selbst zu werden und die Möglichkeiten, die er in sich trägt, zu verwirklichen. Schiller arbeitet diese Auffassung 1793 in einer Reihe von Briefen an seinen Wohltäter aus, den dänischen Prinzen Friedrich Christian von Augustenburg. Zwei Jahre darauf veröffentlicht er sie, leicht überarbeitet, in den ersten Ausgaben seiner Zeitschrift ›Die Horen‹ unter dem Titel ›Über die ästhetische Erziehung des Menschen‹.

In diesem »pädagogischen« Entwurf fasst Schiller das Wesen des Menschen in zwei im Widerspruch zueinander stehenden Prinzipien. Ein Mensch ist einerseits ein »Ich«: das ist das Prinzip seiner Identität. Aber damit ist das »Ich« noch keine Realität. Realität wird es erst, indem es sich materialisiert, und die beiden Elemente (Identität und materielle Realität) zusammen eine sinnlich-rationale Einheit bilden. »Nur indem der Mensch unveränderlich bleibt, existiert *er*«, so Schiller in seinem elften Brief. Aber Realität gewinnt der Mensch erst dadurch, dass er gleichzeitig auch Welt (das heißt Materie) ist und sich selbst zu (sich stets verändernder) »Welt« macht: »Nur indem er sich verändert, *existiert* er.« Der Mensch ist so, als reine Existenzmöglichkeit, »bloß die Anlage zu einer möglichen unendlichen Äußerung«: Er muss, um sich zu verwirklichen, seine Möglichkeiten in einer materiellen Welt zur Realität machen. Anders gesagt: er »soll alles zur Welt machen, was bloß Form [das heißt reine Möglichkeit] ist, und alle seine Anlagen zur Erscheinung bringen«.*

* Friedrich Schiller, *Theoretische Schriften,* Werke und Briefe in 12 Bänden, Bd. 8, Frankfurt a. M.: Deutscher Klassiker Verlag, 1992, S. 594 f.

Wie für den französischen Republikanismus die Römische Republik und ihre Tugenden das große historische Vorbild und den Richtpunkt darstellten (siehe Kapitel 7), so sahen romantische Denker oftmals im antiken Griechenland den idealen harmonischen Menschen verkörpert. Das vollkommenste Modell eines solchen Menschen sah man im ›Apollo von Belvedere‹, einer Marmorstatue, die schon Ende des 15. Jahrhunderts ausgegraben worden war, aber erst in der Romantik als Höhepunkt der griechischen Bildhauerkunst galt. Der deutsche Kunsthistoriker und Archäologe Johann Joachim Winckelmann war einer seiner wichtigsten Fürsprecher. Bei der ausgegrabenen Skulptur handelte es sich um eine römische Kopie des griechischen Originals.

Die beiden Prinzipien projiziert Schiller auf zwei Grundimpulse, die er als fundamental für den Menschen erachtet, einen Formtrieb und einen Stofftrieb. Das klingt ziemlich triebgesteuert, aber so freudianisch kann Schiller das noch nicht gemeint haben. Gleichwohl führt er sein Menschenbild auf ein Zusammenspiel von Kräften zurück, das, *auch* im Falle des »vernünftigen« Formtriebes, als ein Impuls gedacht wird, der die Vernunft gewissermaßen forttreibt.

Damit besteht die Rationalität aus einer Dynamik, die ein gewisses Element von Gier und Willen in sich trägt. Wir sehen hier also, wie sich in die klassische und frühmoderne Vorstellung von Rationalität – als einer in sich ruhenden, unbeteiligten, unbewegten und interesselosen Instanz – ein Element von Antriebskraft und Gier einschleicht. Schiller ist noch »klassisch« genug, um zu erkennen, dass ein Band zwischen dem Formtrieb (der Rationalität) und dem Allgemeinen besteht, das sich von dem rein Zufälligen hier und jetzt und dem Partikularen des einzelnen Individuums abhebt. »Das Gefühl kann bloß sagen: Das ist wahr *für dieses Subjekt* und *in diesem Moment*.«* Aber der Geist (die Vernunft) drückt sich in der Dimension des Ewigen und Unveränderlichen aus, also in der Form von Gesetzen, die ohne zeitliche und räumliche Begrenzung allgemeingültig sind.

Ein Mensch will *sein*, aber er will auch *etwas* sein, so Schiller. Er will sich materiell realisieren, aber er tut das, indem er dieser Materie Form gibt – seiner selbst, aber auch der Welt, die ihn umgibt – und eigentlich beidem zugleich. So ist der Mensch also dazu berufen, den Formtrieb zu seiner höchsten Verwirklichung zu bringen. Aber dieser wird sich, will er tatsächlich reell sein, immer im Materiel-

* Friedrich Schiller, *Theoretische Schriften*, S. 599.

Die Ausgrabungen von Pompei, die ab 1748 in Gang kamen, trugen eine Menge zur Popularität der antiken Archäologie in der zweiten Hälfte des 18. Jahrhunderts bei. Möbel und Kleidung im Empirestil entliehen ihre Formen zum Teil den Darstellungen auf den freigelegten Fresken.

len ausdrücken müssen. Wir entkommen der Misslichkeit der Begrenzungen, die mit dem Materiellen einhergehen, also niemals, und die Versöhnung von Form- und Stofftrieb bleibt immer ungewiss. Zur Wiederherstellung der Einheit des Menschen, die er bei den Griechen noch als gegeben erachtete, die er aber durch die politische, soziale und vor allem ökonomische Entwicklung blockiert sah, sieht Schiller nur den Ausweg einer Wechselwirkung beider Triebe (Formtrieb und sinnlicher Trieb). Die Reduktion beider Triebe auf *einen* Grundtrieb hält er für undenkbar.

Der Mensch ist und bleibt also eine gespaltene Natur, für die jede Versöhnung niemals über einen fragilen Zustand hinauskommt. Diese Versöhnung ereignet sich darin, was Schiller den »Spieltrieb« nennt. In ihm vereinen sich beide Grundtriebe und begrenzen einander gleichzeitig. Warum ist das nötig? Weil der Formtrieb den Menschen auf eine unveränderliche Identität reduzieren würde: Er wäre dann nie etwas anderes als er selbst, das heißt, er könnte nie *etwas* sein. Als reine Materie (Stofftrieb) verliert er sich hingegen in etwas, das seinem »Ich« wesensfremd ist: Er wird dann nie er selbst sein können. In seinem Formtrieb ist der Mensch aktiv, in seinem Stofftrieb passiv. In Ersterem formt er sich und seine Welt, in Letzterem empfängt er die Realität, die ihn zu mehr macht als einem rein ideellen Wesen. Im Spieltrieb kommen beide zusammen.

Warum im Spiel? Weil das Spiel einerseits die Verkörperung des Formtriebs ist, der in den Regeln des Spiels festgelegt ist, das Spiel aber andererseits eine materielle Aktivität darstellt. Es geht nicht in der Ruhe der absoluten ideellen Identität (oder Form) auf, sondern befindet sich in ständiger Veränderung. Diese Veränderung ist jedoch den Regeln des Spiels unterworfen. Sie entspricht also nicht zwangsläufig dem zügellosen Verlauf der Natur. Im Gegenteil: Im Spiel finden Freiheit (in Form der Gebundenheit an Regeln) und Natur (die Materie) auf ideale Weise zusammen.

Schiller tritt dabei wiederum in die Fußstapfen Kants, der im Kunstwerk – dem privilegierten Objekt und Resultat des Spieltriebs – die Vereinigung von Freiheit und Materie sah.

Eine französische Dame, gekleidet im Empirestil. ›Porträt der Thérésa Tallien‹ (1806) von Jean-Bernard Duvivier.

Schließlich ist das Kunstwerk einerseits jeder materiellen Notwendigkeit enthoben, andererseits aber gleichzeitig einer anderen Notwendigkeit unterworfen: der des Gesetzes (in diesem Fall des Gesetzes der Form und der Proportion). Es ist vollendet, weil es einerseits vollkommen frei ist, andererseits aber nicht anders hätte sein können, als es ist. Es ist, würde Kant sagen, von den Regeln der Vernunft selbst bestimmt. Es muss notwendigerweise so sein, wie es ist, weil das Gesetz es vorschreibt. Und gerade in der Entsprechung dieses Gesetzes weiß sich die Freiheit in höchstem Maße realisiert. Freiheit ist schließlich keine Negation des Gesetzes, sondern besteht im Gehorsam dem gegenüber, was uns aus der Unterwerfung unter unsere (animalische) Materialität befreit.

Damit wird bei Schiller die Kunst zur höchsten Inkarnation der menschlichen Berufung. In der künstlerischen Aktivität wird der Mensch wirklich Mensch, er erreicht – wie Schiller es ausdrückt – seine Bestimmung und ist wahrhaft frei. »Der Mensch spielt nur, wo er in voller Bedeutung des Worts Mensch ist«, schreibt Schiller, »und er ist nur da ganz Mensch, wo er spielt.« Im Spieltrieb, das heißt in der Kunst, vereinigen sich physische und moralische Selbstverwirklichung und wird der Mensch in optimaler Weise er selbst.* Die Schönheit des Kunstwerks ist dessen konkreter Ausdruck.

Schiller knüpft damit augenscheinlich an eine alte philosophische Tradition an, die die Trias des Wahren, Schönen und Guten als eine unlösbar miteinander verbundene Trinität auffasste. Bei Platon kamen sie in der Idee des Einen zusammen, in der christlichen Tradition in der des (einen) Gottes. Neu ist bei Schiller jedoch die zentrale Stellung, die darin die Schönheit einnimmt, und nicht länger die Wahrheit wie in der klassischen metaphysischen Tradition. Es ist die Schönheit – das Produkt des Spieltriebs –, in der sich die moralische Bestimmung des Menschen zeigt und in der diese (bisher nur potenzielle und virtuelle) Bestimmung Wirklichkeit, das heißt Wahrheit wird.

Die Freiheit ist für Schiller eine Sache der Erfahrung des Gemüts, in diesem besonderen Gemütszustand, den er »ästhetische Stimmung« nennt. In ihr befindet sich der Mensch in einem Zustand des Unbestimmtseins und damit der Empfänglichkeit: Er ist frei, weil er

* Friedrich Schiller, ›Theoretische Schriften‹, S. 614.

nicht festgelegt ist. Diese Offenheit versetzt ihn in die Lage, zu werden, wer er sein will oder – wie Nietzsche gesagt hätte – wer er ist. Sein Wesen liegt in seiner Fähigkeit, sich selbst zu erschaffen auf der Grundlage der Freiheit, in der sich sein Wille entfaltet (Formtrieb), und seiner Gegebenheit, in der er sich selbst als materielles Wesen antrifft (Stofftrieb).

Gegen Ende seiner Abhandlung beschreibt Schiller diese Gemütsstimmung fast als Gnade: nicht als ein Gottesgeschenk, sondern – ganz im Einklang mit der romantischen Neufassung dieses religiösen Erbes – als eine Gabe der Natur. In der ästhetischen Stimmung nimmt man Abstand vom Gegebenen. Maßgeblich dafür ist die Funktion der Einbildungskraft, in der der Mensch lernt, das Bestehende nach seinem Willen zu formen. Es ist darin nicht mehr nur eine Tatsache, sondern wird in seinen Möglichkeiten entdeckt, wobei dem Menschen die Aufgabe zufällt, diese zu erkunden. In dieser Einbildungskraft geht es nicht allein darum, was die Dinge schlichtweg sind. Es geht vor allem darum, dass sie sich auf eine *andere* Weise präsentieren können. Das pure *Sein* weicht der Möglichkeit des *Scheins*, wodurch die Dinge aus ihrem faktischen So-Sein befreit werden.

Damit durchbricht Schiller ein jahrhundertealtes philosophisches Tabu. Der Philosophie war es immer darum zu tun, was *ist* – und was hinter dem, was nur zu sein *scheint,* zu »entdecken« ist: hinter dem trügerischen Schein, gegen den Platon schon so vehement zu Felde zog. »Schein« war nur das Nichtwahre und daher das Verkommene oder Korrupte. Doch als Schiller dem Schein seinen Platz in der Philosophie sichert, erhebt er ihn von einem reinen Trugbild zu einem bewussten Willen zur Abweichung von der banalen Wirklichkeit und damit zum Zentrum der künstlerischen Schaffenskraft, die jeder Mensch besitzt.

Moderne Kunstformen werden nach der Russischen Revolution zur Formung des wahren revolutionären, proletarischen Geistes eingesetzt. Ein Poster des sowjetrussischen Künstlers Alexander Rodtschenko: »Bitte – Bücher zu jedem Thema!«

Kreative Menschen und Mansarden

Daher nimmt seit Schiller und der Romantik die Kunst einen grundlegenden Platz im Menschenbild ein. Der Mensch, *jeder* Mensch, wird zu einem potenziellen Künstler. Sein wahres Wesen entfaltet er als Spielender, das heißt, indem sein kreativer Wille zum Ausdruck kommt. Das zeitigt auf lange Sicht nicht nur Auswirkungen in der schulischen Unterrichtspraxis, in der Schüler lernen sollen, kreativ zu sein, sondern auch in der Personalpolitik von Unternehmen und sogar in der Partnerwahl und der Ehe. Der Mensch ist ein schöpferisches Wesen, das sich selbst in Schönheit realisiert. Ein Mensch muss sein Leben als ein Kunstwerk leben.

Doch zugleich hilft ihm die Kunst auch, sein Leben in die rechte Bahn zu lenken und dort zu halten. Nirgendwo wird das so deutlich in die Tat umgesetzt wie in sozialen Bewegungen zur kulturellen Bildung der Arbeiterklasse zu

Die Amsterdamer Schule »Het Schip« (Das Schiff), eines der spektakulärsten Beispiele sozialen Wohnungsbaus der Amsterdamer Schule. Durch gewagte Formen und eine ungewöhnliche Verwendung von Materialien wollte man die Bewohner zu der besonderen ästhetischen Stimmung stimulieren, die bessere Menschen aus ihnen machen sollte. Auch die Außengestaltung, wie die Form der Türen und der Mauern und Dächer, wurde dabei nicht vernachlässigt (Wikimedia Commons, Foto: janericloebe).

Beginn des 20. Jahrhunderts. Obgleich sie ungefähr hundert Jahre nach Schiller einsetzen, verdankt sich ihr Grundgedanke noch immer der Idee, dass Kunst ein, wenn nicht *das* grundlegende *Antropologicum* ist. Im Kommunismus wird der Kunst anfangs viel Raum zugebilligt, um den Proletarier zu einem sensibleren und besseren Menschen zu machen – bevor sie in den Zwanzigerjahren der Propaganda und in den Dreißigerjahren der neuen Strenge der *retour à l'ordre* dienstbar gemacht wird.

Noch deutlicher sehen wir das im sozialen Wohnungsbau in Westeuropa, der die Arbeiter buchstäblich in Kunstwerken wohnen lässt, um sie aus ihrer kläglichen Situation zu retten, die ihr moralisches Bewusstsein untergräbt. Schönheit macht die Menschen besser, so lautet das Credo der idealistischen Wohnungsbaugesellschaften, und daher werden gerade in Arbeitervierteln Wohnungen gebaut, die sich nicht nur im Hinblick auf Raum, Hygiene und bürgerliche Wohnkultur hervorstechen, sondern auch was architektonische Eleganz und Originalität anbetrifft. Vor allem in Amsterdam erlangen die Wohnbezirke der Amsterdamer Schule Berühmtheit. Doch auch das Bauhaus in Deutschland und die niederländische Künstlergruppe De Stijl ließen sich, in ihren ganz anderen Formauffassungen, von dem Gedanken leiten, dass der Mensch in einem

Kunstwerk wohnen und sein ganzes Leben und seine Umgebung künstlerisch gestaltet sein sollte. Piet Mondrian und Theo van Doesburg wollen in ihrem Œuvre nicht nur Schönheit zum Ausdruck bringen, sondern vor allem auch die kosmischen Relationen und das darin herrschende Gleichgewicht, die ihren theosophischen Auffassungen nach die Wirklichkeit selbst kennzeichnen. Die Linien, Flächen und Farbfelder ihrer Gemälde und architektonischen Entwürfe spiegeln nicht nur die metaphysische Struktur der Welt wider, sondern partizipieren auch daran und *verkörpern* somit die grundlegende Ordnung alles Seienden.

Gemälde von Piet Mondrian. In Flächenaufteilung und Farbigkeit strebte der Maler danach, die grundlegende Harmonie der Welt wiederzugeben.

Doch mochte sich auch in jedem Arbeiter, ebenso wie in den Bürgern aus der Mittel- und Oberschicht, ein Künstler verbergen, so wollte es manch einer dennoch nicht zu wahrer Kreativität bringen. Dadurch entwickelt sich im Laufe des 19. Jahrhunderts ein scharfer Gegensatz zwischen der bürgerlichen Gesellschaft und der besonderen Schicht der Künstler. Die Künstler sind *sehr wohl* in der Lage, dem Ruf der ästhetischen Stimmung und dem Angebot, die existierende Welt anders zu sehen und sich so aus deren Banalität zu lösen, zu folgen. Der Künstler erhält einen hohepriesterlichen Status, außerhalb – und in vielerlei Hinsicht konträr zu – der wohlgeordneten Welt des Bürgertums. Er wird zum Vermittler einer höheren Wahrheit, die nicht länger streng religiös ist, aber noch viele Züge der Religion in sich trägt. Die Kunst bringt den Menschen mithilfe des Künstlers schließlich mit einer höheren Welt in Kontakt, die ihn überwältigt. Wer zu dieser Vermittlung fähig ist, muss wohl ein Mensch mit besonderen Gaben sein.

Auf diese Weise wird der Künstler, der einst als Handwerker begonnen hat, zu einem *Genie*: zu einem Schamanen mit metaphysischen Kräften, der eher *über* der alltäglichen Welt des Bürgers steht als mitten in ihr und der auch recht oft auf Kriegsfuß mit ihr steht. Künstler bilden eine eigene Kaste, der man ihrer besonderen Berufung wegen viel nachsieht, die man ansonsten aber lieber auf Distanz hält. Mitte des 19. Jahrhunderts porträtiert der französische Schriftsteller Henri Murger dieses Milieu in einem – ursprünglich als Fortsetzungsroman erschienenen – Roman mit dem Titel ›Scènes de la vie de Bohème‹: ›Szenen aus dem Leben der Bohème‹. Er wählt das französische Wort für Böhmisch »Bohème«, weil die Schriftsteller, Komponisten und Künstler in seinem Buch, die bettelarm in den Pariser Mansarden wohnen, für den begüterten Bürger eine so fremdartige Lebensweise praktizieren, dass sie wohl aus weit entlegenen, fremden Gegenden stammen müssen. Murgers Buch wird ein unglaublicher Erfolg – und eine ideale Vorlage, um daraus eine Oper zu machen. Das geschieht dann auch, und sogar mehrmals. Am bekanntesten wurde die Version von Puccini.

Entwurf eines Wohnhauses nach »De Stijl«-Formprinzipien von Theo van Doesburg und Cornelis van Eesteren aus dem Jahr 1923 (Wikipedia: Jchancerel).

Vorschlag für die Weltpremiere: Illustration des Set-Designers und Malers Adolf Hohenstein. Dachgeschosse und Mansarden sind bei Murger und Puccini die typischen Orte des Lebens der »Bohème«.

Richard Wagner,
München, etwa 1860.

12

Der Tod Gottes

Nietzsche, Wagner

Nach dem Erscheinen von Henri Murgers ›Scènes de la vie de Bohème‹ komponiert Richard Strauss im Jahr 1896 in Deutschland eine Tondichtung, die den Titel eines der aufsehenerregendsten philosophischen Bücher dieser Zeit trägt. Sie heißt ›Also sprach Zarathustra‹ und setzt mit einem majestätischen Crescendo ein, das seither nicht nur der Anfangsszene von Stanley Kubricks Film ›2001: A Space Odyssey‹ von 1968, sondern auch zahlreichen Werbespots unterlegt worden ist.

Es lässt sich bezweifeln, ob Friedrich Nietzsche, der Autor des prophetischen Buches, über diese Werbespots besonders glücklich gewesen wäre. Aber die Art und Weise, in der Richard Strauss den aufgehenden Stern des Philosophen mit Klängen begleitet hat, ist durchaus passend. Gegen Ende des 19. Jahrhunderts beginnt Nietzsches Name überall in Europa zu erschallen. Bis zum Ausbruch des Ersten Weltkriegs wird er an Popularität mit Schopenhauer konkurrieren, der seit Mitte des 19. Jahrhunderts die europäische Zivilisation – und Konversation – in seinen Bann zieht.

Auch Nietzsche steht stark unter dem Eindruck Schopenhauers. Genau zu der Zeit, in der er aufwächst, Mitte des 19. Jahrhunderts, ist Schopenhauers Name in aller Munde. Nietzsche liest ihn als Gymnasiast und ist sofort hellauf begeistert. In mancher Hinsicht wird seine Weltsicht bis ans Ende seiner Schaffenszeit davon gezeichnet bleiben.

Die Welt ist ein ständiger Fluss von Entstehen und Vergehen, ein Chaos von Kräften, so Schopenhauer. Er nennt diesen Fluss »Willen«, doch etwas sich ständig Wandelndes bietet unserem Wissen keinen Halt. Nicht einmal wir selbst werden darin bestehen können, denn wenn alles fließt, ist kein beständiges »Ich« möglich. Deshalb verformen wir die Wirklichkeit zu etwas Statischem. So als würden wir ein Netz über einen reißenden Fluss werfen und glaubten, damit des Wassers Herr werden zu können. Das gelingt natürlich nie, und deshalb werden wir in unserem Verlangen nach Wissen und Beständigkeit immerzu enttäuscht. Diese Enttäuschung ist der Schmerz, an dem das Leben leidet, so Schopenhauer. Wir können nichts anderes tun, als uns darein zu ergeben, da jedes Aufbegehren gegen das Leid es nur verstärken würde.

Nietzsche übernimmt diesen Gedanken anfänglich, doch wird er sich im Laufe seines Lebens immer weiter von Schopenhauer entfernen, um letztlich bei einer Schopenhauer diametral entgegengesetzten Position zu lan-

Zoroaster (Zarathustra), im weißen Gewand, auf dem Fresko ›Die Schule von Athen‹ von Raffael (ca. 1510).

den. Von der Ergebenheit, zu der Schopenhauer aufruft, und dem Pessimismus, der aus dessen Werk spricht, will er nichts mehr wissen. Der Mensch sei zu anderen Dingen berufen. Und Zarathustra macht er dabei zu seinem Propheten, wenngleich zu einem Propheten, der in seinem eigenen Land zu Anfang nichts gilt.

›Also sprach Zarathustra‹, das Nietzsche in der ersten Hälfte der Achtzigerjahre in vier Teilen veröffentlicht, hat so erbärmliche Verkaufszahlen, dass er den letzten Teil im Selbstverlag herausgeben muss. Dieses außergewöhnliche Buch lässt sich am besten mit den alttestamentarischen Büchern der Propheten vergleichen. Es weist den gleichen Stil, das gleiche Pathos und in vielerlei Hinsicht den gleichen Sprachgebrauch auf. Allein die Botschaft ist eine andere. Während die Propheten die Unterwerfung unter Gott predigten, lässt Nietzsche seinen Zarathustra einen »neuen Menschen« verkündigen, den er den »Übermenschen« nennt.

Warum einen *Über*menschen? Weil dieser Mensch buchstäblich über die Menschheit hinaus zu seiner wirklichen Bestimmung gelangt. Befreit von den Verfälschungen einer obsolet gewordenen, befreit von einer christlichen Geschichte, die den Menschen seinem Wesen entfremdet hat, von einer durch und durch verrotteten Kultur, wird er dorthin zurückkehren, wozu er berufen ist. Seine Bestimmung liegt nicht im Himmel, den das Christentum ihm verheißt, wenn er alles aufgibt, was ihm an Lebenskraft innewohnt. Seine Bestimmung ist die Erde selbst, der er treu bleiben muss, so predigt Zarathustra Mal für Mal.

Mit Nietzsche findet die Suche des modernen Menschen nach einer neuen Lebensorientierung, in deren Mittelpunkt nicht länger

Gott, sondern er selbst steht, eine vorläufige, aber doch sehr radikale Apotheose.

Um das kenntlich zu machen, muss Nietzsche die gesamte Geschichte des Christentums über-schreiben, wie in einem Palimpsest. Über den Text der Heiligen Bücher legt er seine neue Verkündigung und sein neues Evangelium. Er spricht durch den Mund des persischen Religionsstifters Zarathustra (Zoroaster), des ältesten Propheten des dualistischen Weltbildes, in dem sich Erde (das Schlechte) und Himmel (das Gute) gegenüberstehen, aber er lässt ihn genau das Gegenteil dessen sagen, was der historische Zoroaster einst verkündet hat.

Der Prophet Ezechiel erklärt im Alten Testament:
So spricht Gott, der Herr: Kehrt um! Verlasst eure Götzen, und wendet eure Augen ab von all euren abscheulichen Göttern! Wenn jemand aus dem Haus Israel oder aus den in Israel lebenden Fremden sich von mir abwendet, wenn er die Götzen in sein Herz schließt und sie vor sich aufstellt – was für ihn der Anlass wird, in Schuld zu fallen – und wenn er dann zum Propheten kommt, um mich zu befragen, dann werde ich, der Herr, ihm in eigener Person antworten: Ich richte meinen Blick gegen diesen Mann und mache ihn zum sprichwörtlichen (warnenden) Zeichen, ich merze ihn aus meinem Volk aus. Dann werdet ihr erkennen, dass ich der Herr bin.*

Und das schreibt Nietzsche:
Und Zarathustra sprach also zum Volke:
Ich lehre euch den Übermenschen.
Der Mensch ist Etwas, das überwunden
werden soll. Was habt ihr gethan,
ihn zu überwinden?
Alle Wesen bisher schufen Etwas über sich
hinaus: und ihr wollt die Ebbe
dieser grossen Fluth sein und lieber noch
zum Thiere zurückgehn, als den Menschen
überwinden? […]
Der Übermensch ist der Sinn der Erde.
Euer Wille sage: der Übermensch
sei der Sinn der Erde!
Ich beschwöre euch, meine Brüder, bleibt
der Erde treu und glaubt Denen nicht,
welche euch von überirdischen Hoffnungen
reden!**

Wagner

Nietzsche begann als Sohn und Enkel protestantischer Pfarrer, die er nie wirklich kennengelernt hat, Theologie zu studieren, wechselte aber schon bald zur klassischen Philologie über. Auf die Fürsprache seines Professors Ritschl wird er 1869 als Vierundzwanzigjähriger zum außerordentlichen Professor für klassische Philologie an der Universität Basel ernannt, ohne überhaupt eine Doktorarbeit geschrieben zu haben. Zehn Jahre später legt er die Professur aus gesundheitlichen Gründen nieder. Mit der Zeit gilt sein Interesse immer stärker der Philosophie, doch ein Lehrstuhl für Philosophie ist ihm in Basel nicht vergönnt.

Einige Jahre darauf wird er wegen seines schwachen Gesundheitszustands unter Fortzahlung jährlicher Bezüge ehrenvoll entlassen.

* Ezechiel 14, 6–8, zitiert nach der Einheitsübersetzung der Neuen Jerusalemer Bibel, hg. v. Alfons Deissler u. a., Freiburg i.Br.: Herder, 1985, S. 1209.

** Friedrich Nietzsche, *Also sprach Zarathustra I: Vorrede, § 3. Digitale Kritische Gesamtausgabe Werke und Briefe*, hg. v. Paola D'Iorio (http://www.nietzschesource.org/#eKGWB/Za-I-Vorrede-3).

Von dieser Zeit an führt Nietzsche ein unstetes Leben, vor allem in Italien und an der Côte d'Azur, da er glaubt, dass das Klima seiner Gesundheit zuträglich sei. Er schreibt wie ein Besessener, aber seine Schriften finden kaum Resonanz. Als er gegen Ende der Achtzigerjahre von dem dänischen Philosophen und Publizisten Georg Brandes (Pseudonym von Morris Cohen) entdeckt wird, ist er begeistert.

Doch diese Freude sollte nur von kurzer Dauer sein. Im Januar 1889 bricht Nietzsche während eines Aufenthaltes in Turin infolge einer langwierigen Erkrankung, womöglich Syphilis, zusammen. Zunächst in der Obhut seiner Mutter, später seiner Schwester vegetiert er dann noch elf Jahre dahin, in denen er kaum ein Wort hervorbringt, bis er am 25. August 1900 stirbt, genau an der Wende zum neuen Jahrhundert, das, wie er mehrmals geschrieben hatte, »sein Jahrhundert« werden sollte.

Neben Schopenhauer ist Richard Wagner für Nietzsches Werk prägend gewesen. Nietzsche lernt Wagner 1868 kennen, kurz bevor er in Basel Professor wird, und wird mit ihm und seiner Frau Cosima bis zum Bruch im Jahre 1879 eine enge Freundschaft pflegen. Wagner bildet den Knotenpunkt, in dem alles, was für Nietzsche wichtig ist, zusammenkommt und wieder auseinanderläuft. Wie wir schon gesehen haben, war auch Wagner ein leidenschaftlicher Leser Schopenhauers, der die Musik als einen der Wege empfohlen hatte, auf denen der Mensch in gewissem Sinne dem Schmerz des Lebens entkommen könne. Musik ist wie keine andere eine flüchtige und fließende Kunst und kommt damit der Realität des sich immerzu bewegenden »Weltwillens« am nächsten. Wenn ein »Trost« darin besteht, dass wir in der Dynamik des »Alls« aufgehen, dann bildet die musikalische Erfahrung dafür einen guten Zugang.

Das stieß bei Nietzsche nicht auf taube Ohren. Interesse an Musik hatte er schon immer gehabt. Er spielte bemerkenswert gut Klavier, analysierte mit seinen Freunden am Gymnasium regelmäßig die Partituren und Klavierauszüge moderner Werke (Schumann, Wagner), was zu dieser Zeit, in der es noch kein Radio oder Grammofon gab, oft die einzige Möglichkeit war, zu erkunden, was im musikalischen Bereich en vogue war. In den Siebzigerjahren sollte er sogar selbst ein bescheidenes musikalisches Œuvre zusammenkomponieren; eine Weile spielte er mit dem Gedanken, die berufliche Laufbahn eines Komponisten einzuschlagen. Bis Wagner ihn taktvoll darauf hinwies, dass seine Talente woanders lagen.

Wagner hatte überdies auch andere Erwartungen an Nietzsche. Das hatte viel mit der Aufgabe zu tun, die er sich selbst gestellt hatte und die auch bei Nietzsche Anklang fand. Anfangs wollte Wagner, ebenso wie Schiller, den politisch-revolutionären Weg beschreiten. Seiner Auffassung nach sollte die gesamte deutsche Kultur nach einem neuen Modell geformt werden. Sie sollte ihre eigenen Wurzeln wiederentdecken, aber auch die Früchte der philosophischen Einsichten Schopenhauers ernten. Und das bedeutete eine gründliche Revision ihrer christlichen Gestalt und der ihr eingeschriebenen Heilsbotschaft. Ein »Heil« sei im strengen Sinne im Dasein nicht zu finden, hatte Schopenhauer deutlich gemacht. Statt auf einer grundlegenden Harmonie, in der der Mensch letztlich seine Bestimmung und Versöhnung finden könne, zu gründen, stütze sich das Dasein auf die ewige »polemische« Dynamik des Weltwillens, die keine Einheit und daher auch kein erlösendes Endziel kannte.

Der Mensch war in ein ewig sich drehendes Rad von Veränderungen eingespannt, in dem er sich nur verlieren konnte. Das war die Konsequenz, die Wagner aus Schopenhauers Weltsicht zog, die der pessimistischen Botschaft der antiken Tragödie viel näher stand als dem

Illustration der ersten Aufführung von ›Das Rheingold‹ in Bayreuth im Jahr 1876.

Heilsversprechen der christlichen Liturgie. Auf diesem Fundament sollte die neue Kultur also errichtet werden. Das erforderte eine neue Mythologie und neue Rituale. Wagner schwebte dazu eine neue Form des Theaters vor, in der sich alle Künste zu einem »Gesamtkunstwerk«, wie er es nannte, vereinten. Die Musik spielte darin die allesbeherrschende Rolle, und deren »umfassendste« Form war die Oper: das wagnerianische Musiktheater, für das er mit Unterstützung des bayrischen Königs Ludwig II. in Bayreuth sogar einen Operntempel bauen durfte.

Wir sehen hier also eine Reihe von Elementen zusammenkommen, denen wir schon früher begegnet sind. Die Kunst wird zum zentralen Motor der Erneuerung der Gesellschaft – wie bei Schiller. Doch soll es sich dabei auch um eine nationale Kunst handeln, die die Aufgabe hat, die alten Wurzeln der Volksseele wieder aufzuspüren. Und all dies wird von einer ausgearbeiteten Metaphysik unterstützt, in der der Mensch als ein Wesen erscheint, das in Leiden gehüllt ist und am Leben zugrunde gehen wird, aber darin dennoch zu tragischer Größe berufen ist.

Als sich Wagner und Nietzsche kennenlernen, arbeitet Wagner schon seit Jahren an dem monumentalen Spektakel, mit dem er der deutschen Kultur eine neue Mythologie verschaffen will: dem aus vier Teilen bestehenden Opernzyklus ›Der Ring des Nibelungen‹. Die Geschichte geht auf alte germanische Mythen zurück, die von Wagner zu einer grandiosen Erzählung über die Machtgier des Göttervaters Wotan und den daraus resultierenden Untergang Walhallas umgedichtet werden – ›Götterdämmerung‹ heißt der letzte Teil.

Wagner, ›Das Rheingold‹ Der englische Illustrator Arthur Rackham fertigte eine Reihe von Zeichnungen zu Wagners ›Ring der Nibelungen‹ an.

Nationale Kunst vereint sich darin mit der der christlichen Lebensauffassung diametral gegenüberstehenden tragischen Lebensauffassung der alten Griechen. Im Hintergrund steht Schopenhauers philosophisches Konzept einer sich ständig wandelnden Wirklichkeit, die der Mensch niemals in den Griff bekommt. Das lässt sich aus den Eingangstakten des ersten Teils dieses Opernzyklus, ›Das Rheingold‹, heraushören. Der Rhein, in dem das Gold verborgen liegt, das letztlich alles Unheil hervorrufen wird, ist nicht nur *der* nationale Fluss Deutschlands. Vielmehr beschwört auch das von Wagner vertonte Strömen des Wassers die Ungewissheit von Schopenhauers ruheloser Dynamik des Weltwillens herauf.

1872, vier Jahre nach seiner ersten Bekanntschaft mit Wagner, publiziert Nietzsche ›Die Geburt der Tragödie aus dem Geiste der Musik‹, sein erstes philosophisches Buch, das sich wie eine unverblümte Werbeaktion für das Wagner'sche Musiktheater ausnimmt. Wagners Gesamtkunstwerk soll Nietzsches Auffassung nach für die deutsche Kultur sein, was die Tragödie für die Kultur Athens war. Er analysiert, was diese »Attische Tragödie«, vor allem jene von Aischylos und Sophokles, im Ganzen ausmachte und was darin auf dem Spiel stand. Dabei stützt er sich stark auf die Philosophie Schopenhauers und – wenn auch weniger augenfällig – darauf, was Wagner selbst schon darüber geschrieben hatte.

Dionysisch, apollinisch

Gleichwohl erinnert ›Die Geburt der Tragödie‹ in mancherlei Hinsicht an Schiller, mag man dessen Namen in Nietzsches gesamtem Œuvre auch kaum antreffen. Nietzsche stimmt hier stillschweigend mit Schillers Glauben an die zentrale Stellung der Kunst bei der »Erziehung« des Menschen überein. Auch was das Menschenbild angeht, das in diesem Buch zum Vorschein kommt, zeichnet sich eine Schiller'sche anthropologische Dualität ab. Was Schiller »Formtrieb« nannte, heißt bei Nietzsche im Allgemeinen »das Apollinische«, und was Schiller »Stofftrieb« nannte, heißt bei ihm »das Dionysische« – Begriffe, die er von Wagner entlehnt hat.

Während Apollon der Gott der Mäßigung, der Harmonie und des Gleichgewichts ist, ist Dionysos der Gott des Rausches, der Zügellosigkeit und der Maßlosigkeit. Beide bilden die Hauptbestandteile der menschlichen Existenz, aber *auch* der Tragödie – zugespitzter noch: der Kunstform, aus der die Tragödie hervorgegangen ist, der Musik. Während die Melodie das formlose Dahinfließen des Dionysischen verkörpert (wie im nahezu maßlosen Strömen des Rheins bei Wagner), setzt der Takt seine Balken hinein, so dass der Strom des *Melos* (der Tonfolgen) gezügelt wird. Und ebenso wie bei Schillers »Spieltrieb« müssen beide zusammenkommen, um Realität zu werden.

Die Grundzüge des Kunstwerks sind also auch die Grundzüge der menschlichen Existenz. Daher ist dieses Musiktheater so sehr dazu geeignet, als eine neue »philosophische« Liturgie das Leben zu repräsentieren und zu dramatisieren. In der griechischen Tragödie tritt das Dionysische zutage, formal als Musikspiel und inhaltlich in der von der Tragödie thematisierten Unfähigkeit des Menschen, in einer rationalen, gleichgewichtigen Ordnung

Pier Paolo Pasolini, Foto 1971. Mit ›Edipo Re‹ (1967, ›Ödipus Rex‹) brachte Pasolini eine filmische Interpretation des Dramas von Sophokles in die Kinos, mit dem Untertitel »Bett der Gewalt«. (akg-images / Binder)

zu leben. Diese apollinische Ordnung ist eine Illusion. Sie schwebt wie ein Traum der Harmonie über einem Gewirr stetiger Veränderung. Deshalb läuft es in der Tragödie immer auf den Untergang des Helden hinaus, der in einer verhängnisvollen Widersprüchlichkeit gefangen ist, in der jede menschliche Regel und jeder Halt verloren geht. Die Welt ist nun einmal in sich gebrochen und konfliktgeladen, spricht Nietzsche Schopenhauer und den Romantikern nach. Und darum ist das Leiden unvermeidlich.

Das ist die pessimistische Erkenntnis, die die Athener in ihren Tragödien zum Ausdruck brachten, sei es auch in einer künstlerischen, apollinisch gezügelten Form, die die Botschaft erträglich machte. Die Form bewahrt die Zuschauer vor der Wucht dieser Erkenntnis und läutert sie. Aristoteles hatte das in seiner ›Poetik‹ bereits formuliert: Was das Publikum bei der Tragödie durchlebt, ist eine *Katharsis*, eine Reinigung der Seele, die sich mit dem versöhnt, was im Leben eigentlich unversöhnlich ist.

KÖNIG ÖDIPUS In ›König Ödipus‹ schildert Sophokles das Schicksal eines Mannes, der intelligenter und energischer war als jeder andere, großen gesellschaftlichen Erfolg hatte, schließlich jedoch durch Umstände zu Fall kam, an denen er zugleich schuldig und unschuldig war: das unergründliche Rätsel einer Welt, die selbst nicht harmonisch und daher auch nicht beherrschbar ist, und die letztlich keine Gerechtigkeit kennt. Am Ende der Tragödie weiß Ödipus sich keinen anderen Ausweg, als sich selbst zu blenden, so wie er schon die ganze Zeit für sein eigenes Schicksal blind gewesen war, und sein Land zu verlassen. Kreon gibt ihm folgenden Rat mit auf den Weg:

> *Höre jetzt auf, alles erzwingen zu wollen!*
> *Denn was du erzwungen hast, ist in deinem*
> *Leben nicht bis ans Ende mit dir geblieben.*

Darauf beschließt der Chor, der das Volk repräsentiert:

> *Ihr, die ihr das Theben eurer Väter bewohnt,*
> *schaut diesen Ödipus,*
> *Der die berühmten Rätsel wußte und der in*
> *der Welt der mächtigste war.*
> *Ihm galt in der Stadt das eifernde Streben*
> *und auch der Erfolg nichts.*
> *In welchen Wirbel furchtbaren Unheils*
> *wurde er hineingerissen!*
> *So wird denn ein sterblicher Mensch,*
> *der sich diesen einen Tag, den letzten,*
> *den jener gesehen hat, vor Augen hält,*
> *niemanden je glücklich preisen,*
> *bevor er*
> *Sein Leben nicht zu Ende gelebt hat,*
> *ohne Leid zu erfahren.**

Es ist vielsagend, dass »der letzte Tag« in diesem Text in keiner Weise auf »den Jüngsten Tag« verweist, den wir in unserer christlichen Kultur beinahe zwangsläufig heraushören. Für die Griechen gibt es nach dem Tod kein abschließendes gerechtes Urteil. Der letzte Tag ist einfach der Abschluss eines ungewissen Lebens, dessen Gehalt sich erst bestimmen lässt, nachdem man sich selbst gegenüber Rechenschaft über jeden trügerischen Schein abgelegt hat. Das ist die Einsicht – wie schmerzlich sie auch ist –, mit der die Tragödie das Volk versöhnt.

Diese tragische Kraft sieht Nietzsche bei späteren Tragödiendichtern wie Euripides allmählich schwinden. Mit dessen Zeitgenossen Sokrates wird im griechischen Denken die Idee der Vernunft vorherrschend und damit auch die Illusion einer ewigen Ordnung, die von der Vernunft aufgedeckt oder sogar gestiftet werden könne. Der Sinn für die Veränderlichkeit und die Vergänglichkeit von allem wird durch diese sokratische Wende in der Philosophie in Abrede gestellt. Diese Wende vollendet sich bei Platon, der sich dann auch von der Welt distanziert und die wahre Wirklichkeit in einer anderen Sphäre sucht: der Sphäre der Ideen, die ewig und unveränderlich, dafür aber unweltlich sind.

Einige weitere Jahrhunderte später wird diese Weltflucht in eine »Hinterwelt«, einer

* Sophokles, *Ödipus auf Kolonos*, aus dem Griechischen von Wolfgang Schadewaldt, Frankfurt a. M.: Insel, 1996, S. 93.

anderen Welt, in der alles rein, harmonisch, gerecht und ewig ist, im Christentum ihre Vollendung finden. Bei dem Siegeszug dieser Religion handelt es sich Nietzsches Auffassung nach eigentlich um nicht viel mehr als um »Platonismus für das Volk«. Von diesem Moment an, so konstatiert er, entsagt die Philosophie ihrem Auftrag, der Erde treu zu bleiben, und flüchtet sich in eine ätherische Welt der Ewigkeit und ewig gleichbleibender Wahrheit.

Wie eine Art Vampir saugt diese »Hinterwelt« die Lebenssäfte aus der Wirklichkeit des Irdischen heraus. Das Christentum richtet alle Sehnsucht auf das Himmlische und Jenseitige, dessen Tor sich erst öffnet, wenn der Gläubige dem Irdischen in Askese abschwört und sich zu einer – in Nietzsches Augen – willenlosen Moral bekennt, die nicht von Kraft, sondern von Schwäche beherrscht ist. Eines der schönsten Beispiele dafür findet sich am Schluss der Kantate Nr. 82 von Bach: »Ich freue mich auf meinen Tod […] Da entkomm ich aller Not.« Besser lässt sich das, was Nietzsche zufolge die christliche Illusion ist, nicht zusammenfassen.

›Das Loblied des Simeon‹, Gemälde von Arent de Gelder, ca. 1700–1710. Im fünften Teil der Kantate BWV 82 ›Ich habe genug‹, der sich auf Simeons Lobgesang bezieht, bringt Johann Sebastian Bach das christliche Verlangen nach dem Jenseits zum Ausdruck:

Ich freue mich auf meinen Tod,
Ach, hätt er sich schon eingefunden.
Da entkomm ich aller Not,
Die mich noch auf der Welt gebunden.

Nietzsches Entwurf einer neuen »deutschen« Kultur will also bis *vor* das Christentum und *vor* Sokrates zurückgehen. Der ursprüngliche tragische Ausdruck dieses vorsokratischen Denkens soll sein Pendant in Wagners Musiktheater finden, schreibt er in ›Die Geburt der Tragödie‹. Aber mit dieser Verehrung des tragischen Daseinsmysteriums bekommt Nietzsche allmählich immer mehr Schwierigkeiten. Und nicht nur damit. Wagner scheint sich in seiner Oper ›Parsifal‹ wieder ganz in christliches Fahrwasser zu begeben. Nietzsche sieht darin einen Verrat seines Freundes an dem, was sie einst in ihrem gemeinsamen Kampf für eine neue Kultur verbunden hatte. Als er in Bayreuth den Proben vor der Premiere dieser Oper beiwohnt, wird es ihm – wie er selbst später schreiben wird – zu viel. Er ergreift die Flucht und wird seiner Beziehung zu Wagner künftig nur noch in bitteren Schmähschriften gegen ihn Ausdruck verleihen.

Nietzsches eigene Sehnsucht nach einer neuen Kultur jenseits des Christentums verstärkt sich dadurch jedoch nur noch weiter. Von einer neuen deutschen Kultur spricht er inzwischen nicht mehr. Seine Perspektive ist europäisch geworden, was in den damaligen Verhältnissen bedeutet: »global«. Dadurch, dass die Deutschen nach dem Deutsch-Fran-

Bühnenbilddesign für ›Parsifal‹, Akt III von Paul von Jonkowsky, 1882.

zösischen Krieg von 1870/1871 zu einer neuen Weltmacht aufgestiegen sind, habe ihre bürgerliche Engstirnigkeit noch zugenommen, meint Nietzsche überdies.

Fortan richtet er seine Botschaft an die Menschheit als ganze und hält sich am liebsten jenseits der deutschen Grenzen auf: in Frankreich und vor allem in Italien. Die Menschheit muss sich »mediterranisieren«, von der Leichtigkeit des Südens anstecken lassen. Wie tragisch ihr Schicksal letztlich auch sein wird, sie wird dieses Schicksal begierig umarmen müssen. Das ist es, was Zarathustra unter »Treue zur Erde« versteht.

Der tolle Mensch

Das klingt vollkommen anders als Schopenhauers ergebener Pessimismus, und tatsächlich wird Nietzsche von den frühen Achtzigerjahren an Schopenhauer ebenso heftig bekämpfen wie Wagner. Das ist der zweite Grund, warum er sich von seiner anfänglichen Verehrung des tragischen Pessimismus der Griechen abwendet. In aller Schärfe tritt das in seinem 1882 veröffentlichten Buch ›Die fröhliche Wissenschaft‹ hervor. Am Ende des vierten und ursprünglich letzten Teils (in der Neuausgabe von 1886 fügt er noch ein fünftes Buch hinzu) legt er dem Leser eine Art Test vor: Er schreibt dort:

> Wie, wenn dir eines Tages oder Nachts, ein Dämon in deine einsamste Einsamkeit nachschliche und dir sagte: »Dieses Leben, wie du es jetzt lebst und gelebt hast, wirst du noch einmal und noch unzählige Male leben müssen; und es wird nichts Neues daran sein, sondern jeder Schmerz und jede Lust und jeder Gedanke und Seufzer und alles unsäglich Kleine und Grosse deines Lebens muss dir wiederkommen, [...] Würdest du dich nicht niederwerfen und mit den Zähnen knirschen und den Dämon verfluchen, der so redete? Oder hast du einmal einen ungeheuren Augenblick erlebt, wo du ihm antworten würdest: »du bist ein Gott und nie hörte ich Göttlicheres!«*

Nietzsche greift hier einen Gedanken auf, mit dem er in den Jahren davor schon gespielt und den er anfangs als eine Art kosmologisches Gesetz betrachtet hatte: die ewige Wiederkehr des Gleichen. In ›Die fröhliche Wissenschaft‹ verwendet er ihn als ein Gedankenexperiment mit moralischer Bedeutung. Die Frage, die er dem Leser zur Beantwortung vorlegt, lautet, ob er das Leben und die Erde einschließlich aller Leiden, die sie mit sich bringen, wirklich bejahen könne. Deren Bejahung ist also nicht nur für die Erkenntnis der Realität, sondern auch für die moralische Einstellung gegenüber dem Leben entscheidend. Um dieses Leben ging es Nietzsche und um die Annahme dieses Lebens. Das erfahrene Leiden gehört zu ihm, man muss es *mit* dem Leben umarmen, ohne sich – wie es bei Schopenhauer der Fall ist – in das Leiden zu ergeben, weil es nun einmal nicht anders gehe. Die Annahme muss eine vorbehaltlose Bejahung sein, nicht aus Masochismus, sondern aus Liebe zur Erde, der man, selbst wenn es möglich wäre, nicht entfliehen wollte.

In denselben Jahren freundet sich Nietzsche innig mit einer ebenso charmanten wie intelligenten Russin an, der Schriftstellerin Lou Andreas-Salomé, mit der er sich zu einem gewissen Zeitpunkt sogar fast schon verheiratet sieht. So weit wird es nicht kommen. Zu seinem großen Erzürnen erwählt sie seinen guten Freund, den Philosophen Paul Rée, auch wenn sie sich letzten Endes auch von diesem abwenden sollte.

Lou Salomé ist eine der Ersten, die ein Buch über Nietzsches Philosophie schreibt, und sie lässt sich auch in ihren anderen Schriften stark von ihm beeinflussen. So schreibt sie ein Gedicht, das von Nietzsche im selben Jahr vertont wird, in dem er ›Die fröhliche Wissenschaft‹ veröffentlicht. Das Gedicht heißt ›Gebet an das Leben‹, und dieser Titel ist vielsagend. Denn ebenso wie in ›Also sprach Zarathustra‹ handelt es sich hier um ein biblisch-christliches Genre (ein Gebet), das, was den Inhalt des Gedichts anbetrifft, in sein Gegenteil verkehrt wird.

Nietzsche ist von diesem Text so angetan, dass er ihn noch 1887 gemeinsam mit seinem Freund und freiwilligen Sekretär, dem Komponisten Peter Gast, unter dem Titel ›Hymnus an das Leben‹ zu einem großen Werk für Chor und Orchester umarbeitet. In seinem autobiografischen Werk ›Ecce homo‹ (1889) beschreibt er, wie symptomatisch dieser Text für sein Denken in diesen Jahren ist, in dem »das jasagende Pathos *par excellence*, von mir das tragische Pathos genannt, im höchsten Grade

* Friedrich Nietzsche, *Die fröhliche Wissenschaft: § 341. Digitale Kritische Gesamtausgabe Werke und Briefe*, hg. v. Paola D'Iorio (http://www.nietzschesource.org/#eKGWB/FW-341).

Ein berühmtes Foto von Lou Salomé, Paul Rée und Friedrich Nietzsche im Studio eines Fotografen, an dem sie zufällig vorbeigekommen waren. Lou »lenkt« darauf mit einer Peitsche ihre beiden philosophischen Bewunderer.

mir innewohnte«. Und, so fügt er dann noch hinzu, »man wird ihn später einmal zu meinem Gedächtniss singen.«*

> Gewiß, so liebt ein Freund den Freund,
> Wie ich dich liebe, räthselvolles Leben!
> Ob ich in dir gejauchzt, geweint,
> Ob du mir Leid, ob du mir Lust gegeben,
> Ich liebe dich mit deinem Glück und Harme,
> Und wenn du mich vernichten mußt,
> Entreiße ich mich schmerzvoll deinem Arme,
> Wie Freund sich reißt von Freundes Brust.**

Das sind ganz andere Töne, als wir sie noch bei dem gläubigen Johann Sebastian Bach hören konnten. Erlösung jenseits des Lebens gibt es nicht; erlöst werden muss man lediglich von dem Verlangen nach Erlösung. Und: »Der Schmerz gilt nicht als Einwand gegen das Leben«, schreibt Nietzsche in ›Ecce homo‹. Darum geht sein moralischer Test am Ende von ›Die fröhliche Wissenschaft‹ – das Gedankenexperiment der ewigen Wiederkehr – direkt in das über, was Nietzsches große Verkündigung werden sollte. Das darauffolgende (und anfangs letzte) Fragment in diesem gänzlich aus kurzen Texten und Gedichten bestehenden Buch ist nahezu identisch mit der ersten Seite des ›Zarathustra‹, dessen erste beide Bände im folgenden Jahr erscheinen.

Die höchste Bedingung für die Ankunft des »Übermenschen« hat Nietzsche auch schon in ›Die fröhliche Wissenschaft‹ beschrieben. Es ist vielleicht sein berühmtester Text geworden. Darin lässt er einen »tollen Menschen«

* Friedrich Nietzsche, *Ecco homo: Also sprach Zarathustra, § 1, Digitale Kritische Gesamtausgabe Werke und Briefe*, hg. v. Paola D'Iorio (http://www.nietzschesource.org/#eKGWB/EH-ZA-1).

** Friedrich Nietzsche, *»Beilage zum Brief an Heinrich Köselitz in Venedig«, in: Digitale Kritische Gesamtausgabe Werke und Briefe*, hg. v. Paola D'Iorio (http://www.nietzschesource.org/#eKGWB/BVN-1887,886)

über einen Markt laufen, wie es einst der Zyniker Diogenes tat, der dafür deutlich Modell stand. Doch statt zu rufen: »Ich suche einen Menschen!«, ruft Nietzsches toller Mensch: »Ich suche Gott! Ich suche Gott!« Von den Umstehenden wird er ausgelacht (»Ist er zu Schiff gegangen? ausgewandert?«) – bis der tolle Mensch ausruft: »Wohin ist Gott? [...], ich will es euch sagen! Wir haben ihn getödtet, – ihr und ich! Wir Alle sind seine Mörder!«

Das ist für Nietzsches tollen Menschen keine Erleichterung: »Was thaten wir, als wir diese Erde von ihrer Sonne losketteten?«, so ruft er anschließend aus. »Wie trösten wir uns, die Mörder aller Mörder? Das Heiligste und Mächtigste, was die Welt bisher besass, es ist unter unseren Messern verblutet, – wer wischt diess Blut von uns ab?« Aber als der tolle Mensch bei den Umstehenden nichts als erstaunte Blicke sieht, zerschmettert er seine Laterne auf dem Boden und sagt: »Ich komme zu früh, [...] ich bin noch nicht an der Zeit. Diess ungeheure Ereigniss ist noch unterwegs und wandert, – es ist noch nicht bis zu den Ohren der Menschen gedrungen. [...] Diese That ist ihnen immer noch ferner, als die fernsten Gestirne, – und doch haben sie dieselbe gethan!«*

Warum ist dieses Geschehen »zu groß«? Weil es weit größere Reichweite hat als das, was wir gegenwärtig unter »Säkularisierung« verstehen. Mit dem Tod Gottes ist jede Sicherheit zerschlagen worden, denn nun lässt sich kein einziger fester und absoluter Punkt mehr finden, in dem die Welt verankert werden kann. Daher fordert Nietzsche eine völlig neue Einrichtung und Anlage der Weltarchitektur. Er fordert einen ganz neuen Menschen, der mit diesem Verlust an Halt, Sicherheit und verlässlicher Berufung zu leben gelernt hat. *Darin* liegt letztlich die Bedeutung des Übermenschen, den Nietzsche Zarathustra verkünden lässt.

* Friedrich Nietzsche, *Die fröhliche Wissenschaft: § 125, Digitale Kritische Gesamtausgabe Werke und Briefe*, hg. v. Paola D'Iorio (http://www.nietzschesource.org/#eKGWB/FW-125).

Friedrich Nietzsche, 1882. Fotografie
von Gustav Adolf Schultze.

13

Nietzsche,
Bataille,
Marsman

Oh Mensch! Gieb Acht!

Warum hat das Sterben Gottes so dramatische Folgen? Ist denn mittlerweile nicht die Wissenschaft so weit gediehen, dass sie die Rolle Gottes als Fundament unseres Wissens übernehmen kann? Die zahlreichen Erkenntnisse der Wissenschaft, so würde Nietzsche beipflichten, sind tatsächlich ebenso viele Nägel in Gottes Sarg gewesen. Doch mit dieser wissenschaftlichen Wahrheit hat es etwas Merkwürdiges auf sich – und zwar genau deshalb, weil sie den Platz eines Gottes einzunehmen versucht, den es nicht mehr gibt.

Die Wissenschaft erhebt den Anspruch, der Wirklichkeit in ihrer Reinform Ausdruck zu verleihen, eigentlich jedoch – so Nietzsche – steht sie selbst noch immer unter Imperativen, die nicht wissenschaftlich fundiert sind. Sie glaubt noch immer an die Wahrheit als unanfechtbares Medium und an die moralische Pflicht, diese Wahrheit auszusprechen und aufzuspüren.

Doch woher rührt diese Pflicht eigentlich, nun, da es keine transzendente Instanz mehr gibt, die diese Forderung erheben kann?, fragt sich Nietzsche. Die einzige Forderung, die dann noch übrig bleibt, besteht darin, dass es für den Menschen gut ist, die Wahrheit zu sagen. Dabei zielt Nietzsche nicht auf eine moralische Tugend ab, sondern auf die Tatsache, dass es für die Selbsterhaltung des Menschen vorteilhaft ist, die Wahrheit zu sagen. Es gibt dafür also einen rein utilitaristischen Grund – was aber, wie Nietzsche schon zu Anfang seiner Karriere als Schriftsteller festgestellt hat, ganz und gar nicht zur Idee einer unerschütterlichen, über jede Realität erhabenen Wahrheit führt.

Er hat diesen Gedanken in seiner kurzen Schrift ›Über Wahrheit und Lüge im außermoralischen Sinne‹ von 1873 ausgearbeitet, die er als Weihnachtsgeschenk für Cosima Wagner verfasst hat. Was passiert, wenn wir etwas wahrnehmen und es mit einem Wort bezeichnen?, fragt er sich. Wir sehen etwas Individuelles, aber in unserem Sprechen und Denken bringen wir dieses Etwas unter eine Kategorie und machen es damit zu etwas Abstraktem. Ich nenne ein Buch »ein Buch« und stelle es damit allen anderen Büchern gleich. Ich lasse dann beispielsweise unerwähnt, dass es schwer ist, weshalb ich es auch »eine Last« nennen könnte – wie ich wohl bald merken werde, wenn ich es nach Hause tragen muss.

Jedes Sprechen ist also eine Reduktion der Wirklichkeit, und mit dieser Reduktion (also nicht mit der Wirklichkeit selbst) macht sich das Denken anschließend an die Arbeit. Statt eine

Roald Dahl In der Erzählung ›Parson's Pleasure‹ (›Des Pfarrers Freude‹) von Roald Dahl wird auf tragikomische Weise deutlich, welch tiefgreifende Folgen es haben kann, etwas mit anderen Worten zu bezeichnen, und ihm damit in der Wirklichkeit eine anderen Ort und ein anderes »Wesen« zu geben. Ein Pfarrer und Antiquitätenliebhaber entdeckt auf einem Bauernhof eine wertvolle Chippendale-Kommode. Da er nicht bereit ist, viel dafür zu bezahlen, erklärt er den Bewohnern des Bauernhofes, er wolle das Möbelstück nur als Brennholz kaufen. Doch damit wird es auch für diese zu Brennholz und erfährt eine entsprechende Behandlung. Die Folgen sind katastrophal: Der Bauer macht Kleinholz daraus (akg-images).

bunte Ansammlung individueller und sich ständig verändernder Dinge zu sehen, schaffen wir uns eine schematisierte Welt, in der wir vielerlei heterogene Dinge einander gleichstellen, denen wir zugleich ein beständiges und identifizierbares »Wesen« unterstellen. Aufgrund dieser Verformung der Wirklichkeit sprechen wir dann von »Wahrheit«: Wir geben vor, die Welt, so wie sie wirklich ist, darzustellen.

Nietzsches Ansicht nach ist das eine große Lüge, wenngleich eine durchaus nützliche Lüge. Denn unser Denken und Wissen versetzen uns in der Tat in die Lage zu überleben. Nicht deshalb, weil Begriff und Ding, Gedanke und Welt exakt übereinstimmten, wie das Wort »Wahrheit« suggeriert. Sondern gerade deshalb, weil sie die Wirklichkeit unseren Bedürfnissen entsprechend verformen. Die Wahrheit ist zwar eine Lüge, aber doch eine notwendige Lüge, die wir daher als »Wahrheit« durchgehen lassen. Die Moral des Die-Wahrheit-Sagens besteht also nicht darin, dass wir rigoros danach suchen, was in der Wirklichkeit der Fall ist, sondern dass wir allesamt die Wirklichkeit auf die gleiche Weise verformen. Zu diesem »Lügen« verpflichten wir uns kollektiv und nennen das »die Wahrheit sagen«.

An sich lässt sich dagegen nichts einwenden, meint Nietzsche. Aber es sei doch heikel, wenn wir diese neue abstrakte Begriffswelt, der die Wirklichkeit unterworfen wird, als etwas Absolutes präsentieren. Wir vergäßen nur allzu gerne, dass diese ganze Konstruktion auf pragmatischen und nicht auf metaphysischen Motiven beruht. Das sei aber genau das, was die Wahrheitsmoral tue: Sie versuche, dieses pragmatische Element, so gut es gehe, zu verbergen, um die Effektivität des Gebotes, die Wahrheit zu sagen, so weit wie möglich zu steigern. Und so begännen wir selbst daran zu glauben, dass die Wahrheit etwas sei, das uns die Wirklichkeit selbst als unumgänglich präsentiert.

Dieser Glaube liegt der Wissenschaft zugrunde, die in der Moderne mehr und mehr an die Stelle der Religion tritt. Damit jedoch, so fährt Nietzsche fort, wird nur eine Illusion durch eine andere ersetzt. Fatal ist das nicht deshalb, weil es sich hierbei um Illusionen handelt, sondern weil dieser Glaube das Wissen um seinen eigenen illusorischen Einschlag vergisst. So wird »die Wahrheit« zu etwas, das wie ein ewig währendes Kriterium über der Welt schwebt, ihr enthoben ist und sogar das Wesen der Welt (ihre Unbeständigkeit) verleugnet. »Die Wahrheit« erfüllt in der modernen wissenschaftlichen Kultur also dieselbe Funktion wie Gott in der vorwissenschaftlichen Kultur. Sie ist eine absolute Referenz und ein Quell unverbrüchlicher Gebote. »Du sollst die Wahrheit sagen« – so wie die Religion immer gesagt hat: »Du sollst Gott anbeten«.

Gott ist unsere hartnäckigste Lüge, schlussfolgert Nietzsche, doch in der Wissenschaft halten wir diese Lüge in verschleierter Form *noch immer* aufrecht. Was nichts anderes bedeutet, als dass unser Glaube an eine unerschütterliche und ewig währende Wahrheit auch unsere beständigste Lüge ist. Wenn sie demaskiert ist, gerät alles ins Wanken. Sobald die Wahrheit nur noch eine Konvention oder ein utilitaristisches Prozedere ist, weicht der metaphysische Wahrheitsbegriff einer rhetorischen Wahrheitsvorstellung. »Wahr« ist dann, was als Wahrheit *gilt*. Fortan ist das nur von der Art und Weise abhängig, wie der Mensch die Welt sieht und nach seinen eigenen Bedürfnissen verformt. Darin besteht das, was als Nietzsches »Perspektivismus« bezeichnet wird: Die Welt existiert nur in Form von Interpretationen, die immer unter einem bestimmten Blickwinkel vorgenommen werden.

Wille zur Macht

Dieser Perspektivismus hat eine Ähnlichkeit mit einer erkenntnistheoretischen Strömung, die in etwa zur gleichen Zeit in Amerika von Denkern wie Charles Sanders Peirce und William James entwickelt wird: dem Pragmatismus, nach dem die Wahrheit das ist, was funktioniert. Doch für Nietzsche ist das alles zu kleinkrämerisch. Das Argument der Nützlichkeit und Selbstbehauptung, das in ›Über Wahrheit und Lüge im außermoralischen Sinne‹ noch eine große Rolle spielt, hat er in ›Die fröhliche Wissenschaft‹ bereits mit einer Philosophie überwunden, die auf viel mehr aus ist als auf Selbsterhaltung. Wie Zarathustra wird der »Übermensch« – der die Frucht dieses Abschieds von der Wahrheit ist – dazu bereit sein, für dieses »mehr« möglicherweise sogar seinen eigenen Untergang zu riskieren.

Das »mehr« geht aus einem der am schwersten verständlichen Konzepte der späten Philosophie Nietzsches hervor: dem Willen zur Macht. In gewissem Sinne ist dies die Fortführung von Schopenhauers Willensidee, von der Nietzsche früher ausgegangen ist. Doch statt der Resignation, die bei Schopenhauer im Mittelpunkt stand, verkündet er nun einen begehrlichen Willen, der die Welt bejaht, ergreift, sie vereinnahmen und zu seiner eigenen Welt machen will – unter anderem mittels seiner perspektivischen Interpretation.

Die Welt ist also nicht nur eine dynamische Totalität von Veränderung, sondern auch von einem Streben nach Geltung oder Macht durchdrungen: Dieser Gedanke bildet die Grundlage für eines der berüchtigsten Werke Nietzsches, die 1887 verfassten ›Genealogie der Moral‹. Darin beschreibt er den Menschen als ein Wesen, für das die Eroberung und die Ausübung von Macht im Mittelpunkt stehen. Diese Machtausübung ist keiner Moral unterworfen. Im Prinzip legt sich der Starke und Mächtige selbst keinerlei Beschränkungen auf. Er ist amoralisch, was nicht bedeutet, dass er unmoralisch ist, so Nietzsche. Er hat schlicht und einfach keine Moral, weil er nur in Übereinstimmung mit seiner Natur handelt, so wie es auch ein Raubtier tut. Der mächtige Mensch ist der

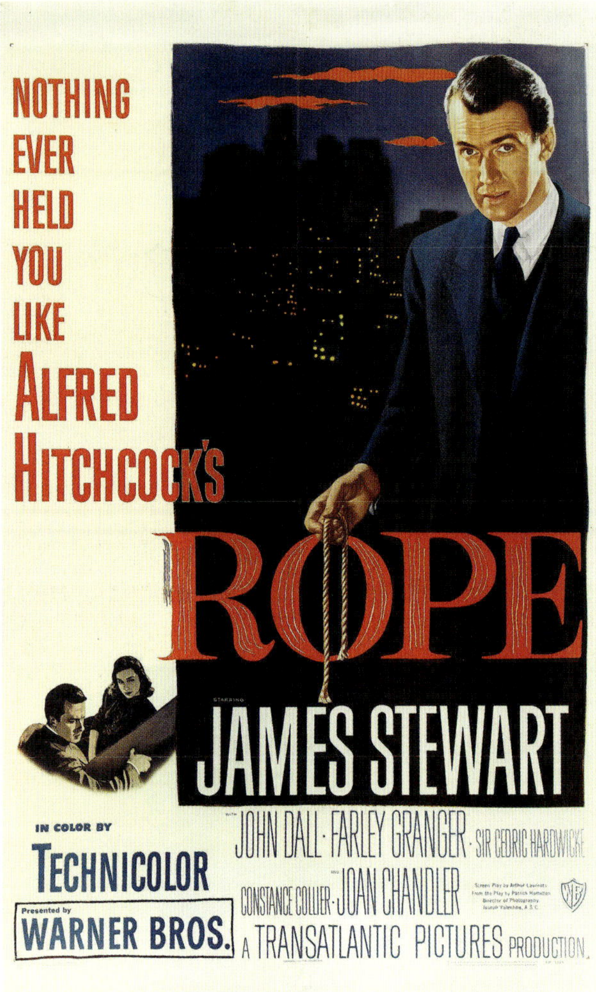

1948 hat Alfred Hitchcock seinen Film ›Rope‹ (»Cocktail für eine Leiche«) in Bezug auf die »Moral« des »Übermenschen« konstruiert. Zwei Studenten ermorden einen Mitstudenten, nur um zu zeigen, dass sie über der gewöhnlichen, bürgerlichen Moral stehen, und damit ihre Überlegenheit unter Beweis zu stellen. Sie werden von ihrem Philosophiedozenten überführt, auf dessen Interpretation des nietzscheanischen Denkens sie sich stützen zu können glaubten (akg-images / Album / Warner Brothers).

unschuldige Mensch schlechthin: Er lebt nach dem Naturgesetz des Werdens – und auch das Werden ist unschuldig.

Schuld wird laut Nietzsche erst von jenen in die Welt gebracht, die nicht dazu in der Lage sind, ihren Willen zu realisieren, und daher von den Starken unterworfen werden. Sie sind es, die die Realität der Natur nicht akzeptieren und die Starken ihrer eigenen Schwäche unterordnen wollen. Deshalb rufen sie die Idee moralischer Verbote ins Leben, die die Gestalt jüdisch-christlicher und modern-humanistischer Moral annehmen, mit ihrem Respekt vor dem Leben und vor dem anderen, mit ihrem Hang zum Mitleid und mit etwas, was sie »Gerechtigkeit« nennen.

Nicht nur die Unnatürlichkeit dieses Kunstgriffs ist Nietzsche zuwider, sondern vor allem die Scheinheiligkeit, die darin liegt. Denn was diese »Sklaven« bei ihrem Aufstand tun, ist eigentlich nichts anderes als das, was die Herren tun. Auch die Sklaven unterwerfen die Herren nicht, weil sie im Recht sind, sondern aufgrund ihrer Kraft – die keine Kraft sein will, sondern ein göttliches oder ein transzendentes »Recht«. Sie sind schwach, aber gemeinsam sind sie stark. Weil die Sklaven so eine enorme Masse darstellen, gelingt es ihnen – unter Führung einer schlauen Priesterkaste –, der kleinen Gruppe der »Herren« letztendlich die Luft zum Atmen zu nehmen und ihre Moral zu untergraben.

Faktisch machen auch sie dabei von einer Form der Gewalt Gebrauch – die jedoch ihre eigene Natur sorgfältig hinter einem Anspruch auf Gerechtigkeit und Wahrheit verbirgt. Und gerade damit, so schließt Nietzsche den Kreis, sind sie der Erde untreu. Sie verleugnen sie um einer unweltlichen Moral willen, die das Leben untergrabe und es seiner Würze und seiner Kraft beraube. Darin liegt der nihilistische Zug der jüdisch-christlichen Tradition, die das Leben und den Körper am liebsten zugunsten eines rein geistigen Daseins in einer imaginären Überwelt auslöschen würde. Donna Tartt variierte dieses Thema später in ihrem Roman ›Die geheime Geschichte‹ von 1992.

Dekadenz

Gegen diese »Dekadenz« richtet sich die Verkündung Zarathustras. Sie nimmt schon zu Anfang des Buches, in Zarathustras Vorrede, die Form einer Reihe von Seligsprechungen an, was wiederum nicht zufällig als eine Parodie auf die biblische Bergpredigt verstanden werden kann. Seliggesprochen werden nicht nur jene, die das Leben bis zur Neige auskosten, sondern auch jene, die die herrschende Moral verwerfen: die großen Verächter, wie Nietzsche sie nannte, diejenigen, die sagen: Was ist mir an Gerechtigkeit, an Mitleid und Tugend gelegen?

> Seht, ich lehre euch den Übermenschen: der ist diess Meer, in ihm kann eure grosse Verachtung untergehn.
>
> Was ist das Grösste, das ihr erleben könnt? Das ist die Stunde der grossen Verachtung. Die Stunde, in der euch auch euer Glück zum Ekel wird und ebenso eure Vernunft und eure Tugend.
>
> Die Stunde, wo ihr sagt: »Was liegt an meinem Glücke! Es ist Armuth und Schmutz, und ein erbärmliches Behagen. Aber mein Glück sollte das Dasein selber rechtfertigen!« […]
>
> Die Stunde, wo ihr sagt: »Was liegt an meiner Gerechtigkeit! Ich sehe nicht, dass ich Gluth und Kohle wäre. Aber der Gerechte ist Gluth und Kohle!«
>
> Die Stunde, wo ihr sagt: »Was liegt an meinem Mitleiden! Ist nicht Mitleid das Kreuz, an das Der genagelt wird, der die Menschen liebt? Aber mein Mitleiden ist keine Kreuzigung.«*

Das sind gefährliche Worte – und man darf Nietzsche von der Gefahr, die von ihnen ausgeht, nicht freisprechen, wie es in der Philosophie des Öfteren geschieht. Andererseits kann man ihn aber auch nicht ohne Weiteres zu einem Wegbereiter des Nazismus erklären, wie es *auch* zu oft geschieht. Wer sein Werk als Ganzes überblickt, muss konstatieren, dass es keineswegs eindeutig zu einem Plädoyer für die *Blonde Bestie* tendiert, das Raubtier, das nur auf Unterwerfung aus ist, viel weniger aber noch zu deren Ablehnung.

Im Film ›Dogville‹ von Lars von Trier aus dem Jahr 2003 lassen sich viele der Themen aus ›Die Genealogie der Moral‹ wiedererkennen. Die Hauptperson Grace (gespielt von Nicole Kidman) wird von einer Gemeinschaft versklavt, die alle Hinterlist der Sklavenmoral zeigt. Am Ende des Films wird sie von ihrem Vater erlöst, der weniger eine göttliche Gestalt als die Verkörperung einer mitleidlosen Herrenmoral darstellt. (Lars von Trier, Berlinale 2014, Wikimedia Commons, Siebbi, wikipedia.org/wiki/Lars_von_Trier#/media/File:Lars)

* Friedrich Nietzsche, *Also sprach Zarathustra, Digitale Kritische Gesamtausgabe Werke und Briefe*, hg. v. Paola D'Iorio (http://www.nietzschesource.org/#eKGWB/ZA-I-Vorrede-3).

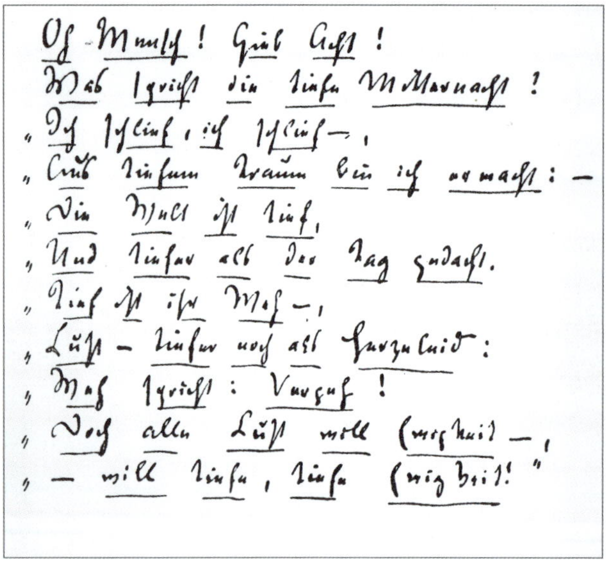

Eigenhändige Niederschrift, ›Also sprach Zarathustra‹, (akg-images).

Wie relativ die Charakterisierung doch ist, zeigt sich, wenn wir ein paar Seiten weiter im ›Zarathustra‹ lesen. Dort spricht Nietzsche über die Tugend des *Übermenschen*, die ein »Wille zum Untergang und ein Pfeil der Sehnsucht« ist.* Das weist nicht auf einen Willen zur Selbsterhaltung und der Bemächtigung des Lebens hin, sondern auf ein Aufgehen im Leben, das selbst ein Prozess von Werden und Vergehen ist. Der »Übermensch« ist mit anderen Worten nicht der Mensch, der am Dasein und an seinem eigenen Leben, koste es, was es wolle, festhält, sondern derjenige, der die Tragik des Lebens in all seinen Aspekten, auch den schmerzlichsten, auf sich nimmt. Er ist derjenige, der genau daran seine Freude findet.

So drückt es Nietzsche auch selbst in einem Gedicht im dritten Band des Zarathustra aus.

Oh Mensch! Gieb Acht!
Was spricht die tiefe Mitternacht?
»Ich schlief, ich schlief –,
»Aus tiefem Traum bin ich erwacht: –
»Die Welt ist tief,
»Und tiefer als der Tag gedacht.
»Tief ist ihr Weh –,
»Lust – tiefer noch als Herzeleid:
»Weh spricht: Vergeh!
»Doch alle Lust will Ewigkeit –,
»– will tiefe, tiefe Ewigkeit!«**

»Weh spricht: Vergeh!« – darin hört man unschwer Schopenhauers Klage durchklingen: Jedes Vergehen, jedes Werden ist ein Quell des Leids. Aber Nietzsche weigert sich nun, in diese Ergebung einzustimmen, in diesen »romantischen« Pessimismus, wie er diese Haltung in ›Die fröhliche Wissenschaft‹ schon genannt hat. Im vierten Band des ›Zarathustra‹ kommt er ausführlich auf dieses Gedicht zu sprechen und gibt sogar eine nähere Erläuterung, man könnte fast sagen: eine Exegese des Gedichts. »Schmerz ist auch eine Lust, Fluch ist auch ein Segen, Nacht ist auch eine Sonne«, so lässt er Zarathustra nun sagen. »Sagtet ihr jemals Ja zu Einer Lust? Oh, meine Freunde, so sagtet ihr Ja auch zu *allem* Wehe. […] Wolltet ihr jemals Ein Mal Zwei Mal, spracht ihr jemals ›du gefällst mir, Glück! Husch! Augenblick!‹ so wolltet ihr *Alles* zurück!«*** Und weil alle Lust Ewigkeit will, ist damit auch eine Zustimmung zur Ewigkeit des Schmerzes verbunden, denn beide existieren nicht ohne einander, und eine Zustimmung zum Leben ist nur dann eine wirkliche Zustimmung, wenn sie sowohl Lust als auch Leid in sich begreift.

Diese nähere Erläuterung ist in Nietzsches

* Friedrich Nietzsche, *Also sprach Zarathustra* (http://www.nietzschesource.org/#eKGWB/ZA-I-Vorrede-4).
** ebd. (http://www.nietzschesource.org/#eKGWB/ZA-IV-Nachtwandler-12).
*** ebd. (http://www.nietzschesource.org/#eKGWB/ZA-IV-Nachtwandler-10).

Zeit alles andere als überflüssig, denn es sind nicht die Geringsten, die in dem, was in diesem Band zuerst »Das andere Tanzlied« und später das »Nachtwandler-Lied« heißt, einen Ruf zur Ergebung und Herzensruhe vernommen haben. Im Jahr 1895, gut zehn Jahre nach dem Erscheinen des dritten Bandes des ›Zarathustra‹, beginnt Gustav Mahler, tief beeindruckt von Nietzsches Werk, mit der Komposition seiner dritten Sinfonie, der er ursprünglich den Titel ›Die fröhliche Wissenschaft: ein Sommermorgentraum‹ geben wollte. Doch es wird letztendlich ›Zarathustra‹ sein, der in diesem Werk den Ton angibt. Im vierten Satz des Werkes vertont er das soeben zitierte Gedicht aus dem Buch und scheint es dabei als Ausdruck einer Sehnsucht nach himmlischer Ruhe aufzufassen:

> Doch alle Lust will Ewigkeit –,
> – will tiefe, tiefe Ewigkeit!

Gustav Mahler.

Dionysischer Pessimismus

Aber Nietzsche hat doch etwas anderes im Sinn. Lust will Ewigkeit, aber das ist nicht die Ewigkeit eines metaphysischen Elysiums: »die Ruhe, Stille, glattes Meer, Erlösung von sich durch die Kunst und Erkenntniss suchen, oder aber den Rausch, den Krampf, die Betäubung, den Wahnsinn«, wie Nietzsche Schopenhauers, Wagners und anfänglich auch seine eigene Vision zusammenfasst. Es geht Nietzsche nicht um einen »romantischen«, sondern um einen »dionysischen« Pessimismus, wie er ihn schon in ›Die fröhliche Wissenschaft‹ beschrieben hat: um die Erkenntnis, die in den dionysischen Orgien und später in der Tragödie zum Ausdruck gebracht wird und der zufolge Leben, Lust und Leiden zusammengehören.* Dieser Pessimismus darf allerdings nicht zu einer seelenlosen Ergebung führen, die am liebsten aus diesem Leben entfliehen würde, sondern muss anerkennen, dass auch Schmerz dem Leben seine Würze gibt, wie Nietzsche schon 1882 seinen Dämon flüstern lässt.

Die Moral, die Nietzsche beim »Übermenschen« vor Augen steht, ist daher auch nicht die des Herrschers, der sich um jeden Preis am Leben erhalten und immerzu die Oberhand behalten will. Gerade er hat gelernt, untergehen zu können, wenn es das Leben so wünscht – so wie das Leben selbst ein Wechsel von Auf-

* Friedrich Nietzsche, *Die fröhliche Wissenschaft: § 370, Digitale Kritische Gesamtausgabe Werke und Briefe*, hg. v. Paola D'Iorio (http://www.nietzschesource.org/#eKGWB/FW-370).

Condottieri: Paolo Uccello, ›Battaglia di San Romano‹ (1440) (›Die Schlacht von San Romano‹).

und Untergang ist. Der »Übermensch« ist auch alles andere als ein Egoist, der sich selbst an erste Stelle stellt. Er befleißigt sich besonders der Tugend der Großherzigkeit, die sich in der Fähigkeit zur aufrichtigen Bewunderung und Freundschaft äußert, und er ist sogar bereit, für diese Freundschaft zugrunde zu gehen. Er legt großen Wert auf seine Ehre und schreckt nicht davor zurück, für diese Ehre zu sterben.

Im Großen und Ganzen scheint Nietzsches »Übermensch« einer Herrenmoral anzuhängen, wie sie vielleicht noch am ehesten im Ehrenkodex des mittelalterlichen Ritterstandes anzutreffen ist, auch wenn Nietzsche selbst lieber auf die *Condottieri* der italienischen Renaissance verweist. Diese Gruppe war nicht auf Selbsterhaltung aus, sondern wollte sich einem Kräftemessen widmen, das eher an einer Ökonomie der Verschwendung als des Bewahrens ausgerichtet war. Der Ritterstand vergeudete sich selbst und das eigene Vermögen mit Hingabe. Gerade diese Verschwendung war Ausdruck der eigenen Größe und Kraft, wohingegen die Sparsamkeit des aufkommenden Bürgerstandes für ein erbärmliches Leben, für Engherzigkeit und Schwäche stand.*

In diesem Zusammenhang interpretiert der französische Nietzscheaner Georges Bataille Mitte des 20. Jahrhunderts den *Willen zur Macht* als einen *volonté de chance*, einen Willen, der sich selbst dem Hasardspiel der Wirklichkeit ausliefert und sich daran vorbehalt-

* Georges Duby, *Die Zeit der Kathedralen. Kunst und Gesellschaft 980–1420*, übers. v. Grete Osterwald, Frankfurt a. M.: Suhrkamp, 1992; ders., *Guillaume le Maréchal oder der beste aller Ritter*, übers. v. Reinhard Kaiser, Frankfurt a. M.: Suhrkamp, 1997.

los beteiligen will.* Die Moral des großen Stils hält nichts zurück, sondern spielt sich selbst im Leben aus, in einer großen Geste, ohne jegliche Rückversicherung. Nicht zufällig verbindet Bataille diese Haltung mit der Zeremonie des *Potlatch*: eines Ritus, den der Anthropologe Marcel Mauss bei den Polynesiern und den Indianern in Nordwestamerika beobachtet hatte. Er bestand aus einer rituellen Vergeudung von Reichtum, mit der die betreffenden Stämme zeigten, dass sie über diesen Reichtum nicht nur verfügten, sondern auch auf vollkommen souveräne Weise mit ihm umgehen konnten.**

Über eine solche Moral verfügte auch der Ritterstand, dessen Lebensregeln sich in drei Worten zusammenfassen ließen: *prouesse*, *largesse* und *loyauté*, Tapferkeit, Freigiebigkeit und Treue. Doch so wie Nietzsche in der hypothetischen Geschichtsschreibung der ›Genealogie der Moral‹ gezeigt hat, dass der Sklavenaufstand die Herren letztendlich zu unterjochen wusste, so hat das Bürgertum schließlich auch die Oberhand über den Ritterstand erlangt.

Im neuartigen ökonomischen System der Neuzeit haben Geldzählen und Sparsamkeit letzten Endes den Sieg über Verschwendungssucht und *conspicuous consumption* des Ritteradels davongetragen. Die Folge war die Herrschaft der Mittelklasse, die für Nietzsche mit dem Mittelmaß gleichbedeutend war. Als die »letzten Menschen« präsentiert er im ›Zarathustra‹ seine Zeitgenossen – als Menschen, die zu keinerlei Opfer mehr bereit sind und, im Komfort versunken, nur noch das Leben genießen wollen. Zielloser Hedonismus ist zur paradoxen Frucht der christlichen Askese geworden – in der die europäische Kultur, todkrank, nach Wiederbelebung und einer tiefgehenden »Umwertung aller Werte« ruft.

Potlatch im Fort Rupert, fotografiert von Edward S. Curtis 1914.

Widerhall in der Kunstwelt

Dieser Appell, den Nietzsche in seinem Werk mit einer unglaublichen stilistischen Kraft und einer seine eigene biografische Persönlichkeit weit übersteigenden Lebensdynamik zum Ausdruck brachte, hat eine enorme Reaktion hervorgerufen. Und wie es wahrscheinlich bei einem innerlich derart widersprüchlichen, impressionistischen und fragmentarischen Œuvre unvermeidlich ist, hat diese Reaktion so ziemlich alle nur denkbaren ideologischen Formen und philosophischen Standpunkte an- und eingenommen.

* Georges Bataille, *Nietzsche und der Wille zur Chance (Atheologische Summe). Das theoretische Werk in Einzelbänden*, Bd. 1, hg. u. übers. v. Gerd Bergfleth, Berlin: Matthes und Seitz, 2005.

** Marcel Mauss, *Die Gabe, Die Form und Funktion des Austausches in archaischen Gesellschaften*, m. einem Vorw. v. E. E. Evans-Pritchard, übers. v. Eva Moldenhauer, Frankfurt a. M.: Suhrkamp, 1990; Georges Bataille, »Der verfemte Teil«, in: ders., *Die Aufhebung der Ökonomie. Das theoretische Werk in Einzelbänden*, Bd. 9, hg. v. Gerd Bergfleth, übers. v. Traugott König, Berlin: Matthes und Seitz, 1985.

Porträt Nietzsches von Edvard Munch (1906).

Nietzsches Schwester Elisabeth, die in dessen letzten Lebensjahren die Fürsorge um ihren Bruder übernahm und von dem von ihr gegründeten Nietzsche-Archiv aus die Verbreitung seiner Gedanken energisch an sich zog, hat in den Jahren des Nationalsozialismus alles dafür getan, Nietzsches Denken zur offiziellen Ideologie der Nationalsozialistischen Partei zu machen. Das ist ihr nicht geglückt, obwohl sie sich in den Dreißigerjahren über einen Besuch Hitlers im Nietzsche-Archiv in Weimar freuen durfte.

Ideologisch waren Nietzsche und Elisabeth in den Achtzigerjahren nach Elisabeths Eheschließung mit dem antisemitischen Provokateur Bernhard Förster, gegen den Nietzsche schnell eine Antipathie entwickelte, heftig aneinandergeraten. Als Nietzsche seinen Namen mit Försters Bewegung und dessen antisemitischer *Correspondenz* in Zusammenhang gebracht sah, schrieb er seiner Schwester einen Brief, der an Deutlichkeit nichts zu wünschen ließ:

> Man hat mir inzwischen schwarz auf weiß bewiesen, daß Herr Dr Förster auch jetzt noch nicht seine Verbindung mit der antisemitischen Bewegung aufgegeben hat. [...] Jetzt ist so viel erreicht, daß ich mich mit Händen und Füßen gegen die Verwechslung mit der antisemitischen Canaille wehren muß; nachdem meine eigne Schwester, [...] zu dieser unseligsten aller Verwechslungen den Anstoß gegeben haben. Nachdem ich gar den Namen Z[arathustra] in der antisemitischen *Correspondenz* gelesen habe, ist meine Geduld am Ende – ich bin jetzt gegen die Partei Deines Gatten im Zustand der *Notwehr*. Diese verfluchten schmutzigen Antisemiten-Fratzen sollen nicht an mein Ideal greifen!!
>
> (Brief aus Nizza Ende September 1887)*

Nietzsches Einfluss ging von Anfang über das hinaus was der von ihm verabscheute deutsche Nationalsozialismus und Antisemitismus daraus machte. Dieser Einfluss blieb zudem nicht auf die Philosophie beschränkt. Am frühsten setzten sich die Künstler mit seinem Werk auseinander, an dem ihnen vor allem seine unwiderstehliche Prosa imponierte. Der belgische Architekt Henry van de Velde entwarf 1902/1903 die Inneneinrichtung des von Nietzsches Schwester Elisabeth gegründeten Nietzsche-Archivs in Weimar. Max Klinger schuf eigens dafür eine

* Friedrich Nietzsche, *Digitale Kritische Gesamtausgabe Werke und Briefe*, hg. v. Paola D'Iorio (http://www.nietzschesource.org/#eKGWB/BVN-1887,968).

Büste des Philosophen. Der norwegische Maler Edvard Munch malte im Jahr 1906 ein berühmt gewordenes Porträt des sechs Jahre zuvor gestorbenen Denkers, vor dem gleichen halluzinatorisch wirkenden Himmel wie in seinem früher gemalten Bild ›Der Schrei‹.

Dass Komponisten bei der frühen Rezeption von Nietzsches Werk eine wichtige Rolle spielten, hätte dem Philosophen zweifellos gefallen. Richard Strauss und Gustav Mahler haben wir im deutschen Kulturkreis bereits Revue passieren lassen. Doch auch der niederländische Komponist Alphons Diepenbrock komponierte im gleichen Jahr, in dem Munch sein Porträt malte, ein Orchesterlied auf den Prosatext »Im großen Schweigen« aus ›Morgenröthe‹ (1881). Darin versenkt sich Nietzsche in eine Naturbetrachtung, die sowohl Introspektion als auch Meditation über das Schicksal des Menschen ist.

Frederick Delius.

> Hier ist das Meer, hier können wir der Stadt vergessen. […].
> Die kleinen Klippen und Felsenbänder, welche in's Meer hineinlaufen, wie um den Ort zu finden, wo es am einsamsten ist, sie können alle nicht reden. Diese ungeheure Stummheit, die uns plötzlich überfällt, ist schön und grausenhaft, das Herz schwillt dabei. […]
> Aber ich bemitleide dich, Natur, weil du schweigen musst, auch wenn es nur deine Bosheit ist, die dir die Zunge bindet: ja, ich bemitleide dich um deiner Bosheit willen! – Ach, es wird noch stiller, und noch einmal schwillt mir das Herz: es erschrickt vor einer neuen Wahrheit, es *kann auch nicht reden*, es spottet selber mit, wenn der Mund Etwas in diese Schönheit hinausruft, es geniesst selber seine süsse Bosheit des Schweigens. […]
> Oh Meer! Oh Abend! Ihr seid schlimme Lehrmeister! Ihr lehrt den Menschen *aufhören*, Mensch zu sein! Soll er sich euch hingeben? Soll er werden, wie ihr es jetzt seid, bleich, glänzend, stumm, ungeheuer, über sich selber ruhend? Über sich selber erhaben?*

In diesen Jahren kam wahrscheinlich der englische Komponist Frederick Delius in seiner Musik dem Geist von Nietzsches Werk am nächsten. Zum einen, weil auch er sich sehr entschieden vom Christentum abwandte und dagegen für ein Heidentum begeisterte, das auf eine tiefgehende Bejahung *dieser* Erde und *dieses* Lebens gegründet war. Und ebenso wie Nietzsche (und Lou Salomé) griff er dabei auf religiöse Genres zurück, die er in einem völlig anderen Ton radikal umschrieb. 1904/1905

* Friedrich Nietzsche, *Digitale Kritische Gesamtausgabe Werke und Briefe*, hg. v. Paola D'Iorio (http://www.nietzschesource.org/#eKGWB/M-423).

The Rolling Stones bezeugen 1968 ihre ›Sympathy for the Devil‹. Mick Jagger als moderner *Übermensch*? Nietzsche scheint bei der Figur seines *Übermenschen* auch an den Dichter, Freiheitskämpfer, Abenteurer und Womanizer Lord Byron gedacht zu haben: ein Popstar avant la lettre.

(Mick Jagger bei einem Auftritt 1972. Wikimedia Commons, Dina Regine.)

schrieb er eine Messe, die er provozierend ›A Mass of Life‹ nannte, um den nietzscheanischen Vitalismus zu unterstreichen, der der Orientierung auf eine *andere* Welt diametral entgegenstand. Der Text dieser Messe bestand ausschließlich aus Fragmenten des ›Zarathustra‹.

Nietzsches vitaler Optimismus ist in Delius' Komposition noch überzeugend vernehmbar, anders als bei Mahler, der die Poesie des ›Zarathustra‹ ebenfalls aufgriff. Laut seinem Sekretär war Delius »schon als junger Mann ein Heide … Als er irgendwann an einem regnerischen Tag in der Bibliothek eines norwegischen Freundes herumstöberte, bei dem er logierte, und dabei auf ›Also sprach Zarathustra‹, ein Buch eines gewissen Friedrich Nietzsche, stieß, war es um ihn geschehen. Er legte das Buch, wie er mir erzählte, nicht mehr aus den Händen, bevor er es Seite um Seite verschlungen hatte. Es war genau das Buch, nach dem er die ganze Zeit über auf der Suche gewesen war …«*

Diese Erfahrung müssen wohl viele Künstler um die Jahrhundertwende geteilt haben. Delius sollte später ein weiteres quasireligiöses Musikstück auf Texte Nietzsches komponieren: das ›Requiem‹, das er in den Jahren zwischen 1913 und 1916 »zur Erinnerung an alle jungen Künstler, die im Krieg gefallen sind«, schrieb. Vielsagend sprach er manchmal über dieses Werk als sein »Paganes Requiem«.

Vielleicht am sichtbarsten ist Nietzsches Einfluss in der Literatur, wo der »Übermensch« die Gestalt eines einsamen Helden annimmt, der dem Leben unerschrocken ins Gesicht schaut, obwohl er weiß, dass es ihn vernichten wird, wie Lou Salomé dichtete. Die Hauptfigur aus dem Roman ›Le grand Meaulnes‹ (›Der große Meaulnes‹) von Alain-Fournier von 1913 ist dafür vielleicht das eindrücklichste Beispiel. Sein Schriftstellerkollege Romain Rolland schrieb gegen Ende seines Lebens: »Wir waren eine große Zahl, junge Menschen, die die nietzscheanische Atmosphäre atmeten, noch bevor wir wussten, dass Nietzsche existierte.« André Gides Roman ›Der Immoralist‹ scheint teilweise von ihm inspiriert worden zu sein. Und in Deutschland war der Erfolg von Nietzsche vielleicht noch größer. Deutsche Soldaten trugen auf ihrem Weg in die Schützengräben ihren ›Zarathustra‹ im Tornister mit sich.

Das hat Nietzsches Einfluss in den Ländern, die im Ersten Weltkrieg auf der anderen Seite

* Zitiert nach dem Begleittext der Chandos-Aufnahme von *A Mass of Life* unter Richard Hickox (Chandos, CHAN, 9515).

Hendrik Marsman (1930er Jahre).

Lord Byron, kolorierter Stich.

standen, höchstens vorübergehend behindert. In Paris schrieb ein kommender Denker und Schriftsteller gegen Ende der Zwanzigerjahre die Novelle ›Une Défaite‹ über die Dreiecksbeziehung zwischen Nietzsche, Richard und Cosima Wagner. Sein Name war Jean-Paul Sartre.

In den Niederlanden wurde Hendrik Marsman einer von Nietzsches großen Verfechtern. »Stolz und mitreißend will ich leben«, dichtete er in den Zwanzigerjahren mit unverfälscht nietzscheanischem Sentiment in ›De grijsaard en de Jongeling‹ (›Der Greis und der Jüngling‹): »hört ihr das, Vater, Mutter, Welt, Beinhaus!« Aber der »Jüngling« bekommt nur gute und weise, das heißt beschwichtigende Ratschläge: »geh nicht zu weit fort von Zuhause / und hüte dich vor allem auch vor dem Weibsgesindel.« Er nahm sich das nicht sehr zu Herzen. Nach drei Strophen Ermahnungen schließt Marsman:

der Jüngling schaut aus dem offenen Fenster,
vor dem die Welt pulsiert, ohne sich zu besinnen,
*geht er aus der Tür, klar und ohne Furcht.**

Gemeinsam mit Pieter Endt war Marsman für die erste Übersetzung des ›Zarathustra‹ in den Niederlanden verantwortlich. Sie erschien erst nach Marsmans Tod, als die Niederlande schon von den Nazis, die sich so begierig Nietzsches Werk bedienten, besetzt waren. Und auch wenn man damit dem Werk unrecht tut, einmal mehr zeigte sich, dass er sich nicht zu Unrecht als einen »gefährlichen Denker« und als »Dynamit« bezeichnet hatte.

* Hendrik Marsman, *Verzamelde gedichten*, Amsterdam: Athenaeum-Polak & Van Gennep, 2002, S. 77.

Kierkegaard, Zeichnung von Vilhelm Nicolai Marstrand, 1870 (akg-images). Kierkegaard war eine bekannte Persönlichkeit in den Straßen von Kopenhagen.

14

Ein absurdes Paradox

Kierkegaard, Camus

Bei Nietzsche sehen wir, wie die zentrale Frage, die die philosophische Anthropologie in der Moderne umtreibt, äußerst scharf und zugleich schmerzhaft auf die Spitze getrieben wird. Wie sieht die Welt aus, wenn Gott nicht mehr existiert? Wie muss und kann der Mensch leben, wenn er nicht mehr von einem himmlischen Baldachin überspannt wird? Was bedeutet dann noch das Wort »Mensch«?

Das ist die Frage, der Nietzsche nachgeht, nachdem ihm deutlich geworden ist, dass die neue Kultur, nach der er auf der Suche ist, zuallererst von einem Abschied von allem gekennzeichnet ist, was nicht »der Erde treu« ist. Das heißt: von allem, was explizit oder (bedeutsamer noch) verhohlen einen Anspruch auf eine Überwelt von Ewigkeit, Klarheit, Sicherheit und Gerechtigkeit erhebt. In einer ganz und gar immanenten Welt, die von nun an selbst keine Einheit mehr kennt, wird der Mensch seine tragische Berufung mit einer ihm wohl bewussten Lebenskraft annehmen müssen, die seither den zentralen Wert seiner Moral darstellen wird.

Es handelt sich hierbei, wie wir bereits sahen, nicht um die Moral eines supermanartigen Kraftprotzes, mit dem Nietzsches »Übermensch« oft assoziiert wird – der mitleidlosen Herrscherbestie, die sich, koste es, was es wolle, am Leben erhalten und jederzeit die Oberhand behalten will. Im Gegenteil. Gerade der »Übermensch« hat gelernt, dass er das Leben *erleiden* und daran *zugrunde gehen* muss, wenn das Leben es so will – auch das Leben Zarathustras steht ganz im Zeichen seines Untergangs.

Zarathustra übt sich wie kein anderer in der Tugend der Großherzigkeit, die sich in der Fähigkeit zu aufrechter Bewunderung und Freundschaft zeigt, und sogar in der Bereitschaft, für die Freundschaft in den Tod zu gehen. Er behauptet sich im Leben mit einer Kraft, die ihm die Fähigkeit verleiht, der zu sein und zu werden, der er ist. Er weicht nicht vor dem zurück, was ihm fremd ist und was ihn sich selbst entfremden will.

Zarathustra ist ein »Kerl«, ein »vent«, wie der Dichter J. C. Bloem in einem Essay aus dem Jahr 1932 geschrieben hat. Die bedeutendsten Vertreter dieses »Vent«-Standpunkts waren Edgar du Perron und Menno ter Braak; mit Verve propagierten sie ihn in ihrer Zeitschrift ›Forum‹. Damit stellten sie sich den Vertretern der »Form« entgegen, des literarischen Stils, nach dem die Form grundsätzlich von der Persönlichkeit des Autors unterschieden werden müsse. Schon einige Zeit zuvor war dieser »Ven-

Das Plakat, das Toulouse-Lautrec 1892 für das Cabaret von Aristide Bruant entworfen hat.

tismus« in einem berühmt gewordenen Lied plastisch in Worte gefasst worden. Der Textdichter Dirk Witte hatte es 1917 für den namhaften niederländischen Sänger und Kabarettisten Jean-Louis Pisuisse geschrieben, der sich in Paris vom Wirken des mit Schal und Gitarre gewappneten Troubadours Aristide Bruant als einer Inkarnation der Boheme hatte inspirieren lassen. Die provozierende antibürgerliche Attitüde des Künstlers, der seit dem 19. Jahrhundert zum neuen Vertreter der »göttlichen« Berufung des Menschen avancierte, kam deutlich in dem Lied ›Mensch, durf te leven‹ (›Mensch, wag' zu leben‹) zum Ausdruck.

Je kop in de hoogte, je neus in de wind
En lap aan je laars hoe een ander het vindt
Een hart vol van warmte en van liefde in je borst
Maar wees op je vierkante meter een vorst!
Wat je zoekt, kan geen ander je geven
Mensch, durf te leven!

Den Kopf hoch erhoben, die Nase im Wind,
Es schert dich 'nen Dreck, wie ein anderer das find.
Ein Herz voller Wärme und voll Liebe deine Brust,
Doch auf deinem Stück Erde sei du nun der Fürst!
Was du suchst, kann kein anderer dir geben.
Mensch, wag zu leben!

Vor allem im Schlussrefrain des Liedes meint man fast, den Übermenschen singen zu hören, allerdings in der modernen Stadtlandschaft. Er birst vor Lebensdrang – aber in diesem Lied kommt noch etwas anderes zum Ausdruck, was bei Nietzsche zwar eine Rolle spielt, aber doch weniger Nachdruck erhält. Dieser neue Mensch richtet sein *eigenes* Leben samt und sonders nach Regeln ein, die er selbst wählt, und nach Vorlieben, die strikt individuell sind. So individuell, dass er selbst nicht mehr nach einer möglichen Allgemeinheit strebt, wie wir das noch in Kants Ethik sehen konnten. Ja mehr noch, er scheint diese mögliche Allgemeinheit eher als eine Bedrohung zu empfinden. Das echte Leben ist nun einmal gerade *nicht* eines, das andere führen oder auch nur führen können. Im Gegenteil, sein Echtheitssiegel besitzt es gerade in seiner Unverwechselbarkeit, seiner entschiedenen Singularität.

Hier sehen wir, wie die Tendenz, die wir zuvor schon in der Frühromantik verspürt haben, ihre Rückwirkung in dem Idealbild findet, das der moderne Mensch von sich selbst entwirft. Die Allgemeinheit ist nicht mehr das Siegel der Wahrheit. In dem neuen Weltbild, das sich seines Einheitsstrebens entledigt, wird nun gerade das Singuläre zu dem Ort, an dem die Wahrheit beheimatet ist, unverwechselbar und jeglichem Universalisierungsversuch prinzipiell abgeneigt. Das geht aus dem Lied mit aller Deutlichkeit hervor:

Doch auf deinem Stück Erde sei du
nun der Fürst!
Was du suchst, kann kein anderer
dir geben, Mensch, wag zu leben!

Im ersten Satz ist noch das Echo Nietzsches zu vernehmen, doch im zweiten bringt sich eher die Stimme eines anderen Denkers zu Gehör, der für das Bild, das sich der heutige Mensch von sich selbst macht, von kaum zu überschätzender Bedeutung gewesen ist: Søren Kierkegaard.

Jean-Louis Pisuisse, ›Mensch durf te leven‹ (›Mensch, wag zu leben‹) von 1917. Dieses von Dirk Witte geschriebene Lied wurde ein halbes Jahrhundert später auch von Ramses Shaffy interpretiert.

Existenz

Dafür müssen wir in der Zeit kurz einen Schritt zurückgehen. Als wir eine Linie von Schopenhauer zu Nietzsche gezogen haben, sind wir über Kierkegaard hinweggegangen. Ungewöhnlich ist das nicht, lebte und arbeitete Kierkegaard doch gewissermaßen am Rande der europäischen philosophischen Landschaft. Außerdem schuf er ein Œuvre, das (ebenso wie Nietzsches Werk) auf den ersten Blick eher literarisch als philosophisch anmutet. Kierkegaard wurde 1813 in einer protestantisch-pietistischen Familie in Kopenhagen geboren, wo er bis zu seinem Tod im Jahr 1855 sein ganzes Leben verbrachte. Nach dem frühen Tod seiner Mutter war die Atmosphäre im Haus stark von der Schwermut seines Vaters verdüstert, der sich sein Leben lang vor dem fürchtete, was er nach seinem Tod zu erwarten hatte. Auf dem offenen Feld von einem Gewitter überrascht, war ihm einmal ein Fluch entfahren; damit – so fürchtete er – habe er mit einem Schlage sein eigenes Weiterleben der Verdammnis anheimgegeben.

In einem solchen Milieu wird man nicht ohne Weiteres zur Frohnatur, und die *Schuld*frage wird Kierkegaard dann auch sein Leben lang verfolgen. Bemerkenswerterweise thematisiert er sie jedoch in einem – für sein kurzes Leben erstaunlich umfangreichen – Œuvre auf

Søren Kierkegaard, Zeichnung, um 1838, von Niels Christian Kierkegaard (akg-images).

eine ausgesprochen humorvolle und spielerische Weise. Aber dahinter verbargen sich sehr ernste und schmerzliche Lebensfragen. Wie kann ich als Mensch gerettet werden? Und: Wie lässt sich der Ehrfurcht gebietende Charakter dieser Frage mit einer so durch und durch verblödeten Institution wie der dänischen Staatskirche vereinbaren? Das waren die Fragen, mit denen Kierkegaard rang.

Kierkegaard hat sein Leben lang scharf gegen die Staatskirche seiner Zeit polemisiert. Ebenso wie Nietzsche focht er einen Kampf mit der Religion aus, aber anders als Nietzsche distanzierte er sich nicht von ihr. Er suchte vielmehr nach einer authentischen Religion, in der der menschlichen Sehnsucht nach Erlösung der ihr gebührende Ernst zukam. Aus diesem Grund gilt Kierkegaard vielfach als primär theologischer Denker. Wir werden jedoch sehen, dass seine Philosophie im Laufe seines unentwegten Ringens mit der Religion eine Überzeugungskraft gewinnt, die sich im 20. Jahrhundert gänzlich von diesem religiösen Ausgangspunkt zu lösen beginnt.

Was ist das Kernproblem, das Kierkegaard nicht zur Ruhe kommen lässt? Er formuliert es in dem Motto seines Buches ›Philosophische Brocken oder ein Bröckchen Philosophie‹, das er 1844 publiziert: »Kann es einen geschichtlichen Ausgangspunkt geben für ein ewiges Bewusstsein; inwiefern vermag ein solcher mehr als bloß geschichtlich zu interessieren; kann man eine ewige Seligkeit gründen auf ein geschichtliches Wissen?«*

Die Problematik, die Kierkegaard damit anschneidet, ist offensichtlich: Wie lässt sich die Kluft überbrücken zwischen der historischen, kontingenten Existenz des Menschen einerseits und dem Absoluten, an dem er teilhat – der Ewigkeit der Wahrheit, die für ihn noch immer die *christliche* Wahrheit ist – andererseits? Die Antwort auf diese Frage fällt bei Kierkegaard negativ aus. Diese Kluft lässt sich *nicht* überbrücken, folgert er ganz in Einklang mit der protestantischen Tradition, die schon immer von einem radikalen Bruch zwischen dem Ewigen und dem Zeitlichen ausgegangen ist.

In diesem Bruch liegt die Tragik des menschlichen Daseins. Denn was hier auf dem Spiel steht, ist für Kierkegaard das Bedeutsamste in einem Menschenleben: die Frage

* Søren Kierkegaard, *Philosophische Brocken oder ein Bröckchen Philosophie, Gesammelte Schriften*, Abt. 10, hg. u. übers. von Julian Hirsch, Hayo Gerdes u. a., Gütersloh: Gütersloher Verlagshaus Gerd Mohn, 1991, S. 1.

nach ewiger Erlösung oder Verdammnis. Zwei Jahre später arbeitet er dieses Thema in seiner ›Abschließenden unwissenschaftlichen Nachschrift‹ (1846) philosophisch aus. Sein bedeutendster Gegenspieler ist Hegel, der Philosoph, der *alles* denkt und die ganze Wirklichkeit, angefangen vom Geringsten bis zu Gott, in ein einziges großes System eingliedert.

Hegel sucht das Allgemeine. »Die moderne Spekulation hat alles aufgeboten, damit das Individuum objektiv über sich selbst hinauskomme«, schreibt Kierkegaard.* Hegel argumentiert als Systemdenker auf eine allgemeingültige, dem Individuum äußerliche Weise. Und damit verfehlt er das, was das Individuum am tiefsten angeht: die Subjektivität, in der sich nach Kierkegaards Auffassung die wirkliche Wahrheit verbirgt. Diese Wahrheit ist jedem Individuum eigen und für jedes Individuum anders. »Die Wahrheit ist die Subjektivität«, lautet daher auch der Untertitel des zweiten Kapitels der ›Abschließenden unwissenschaftlichen Nachschrift‹.**

Diese Seinsweise nennt Kierkegaard »Existenz«. Damit referiert er nicht (wie im mittelalterlichen Sprachgebrauch) auf das einfache Vorhandensein der Dinge in der Welt, sondern auf die spezifisch menschliche Seinsweise, in der es gerade um diese Subjektivität geht. Und es ist die Existenz, die in einem System, das den Anspruch erhebt, die Welt von einer objektiven Allgemeinheit her zu beschreiben, zu etwas Gleichgültigem gemacht wird. Hegel tut das auf exemplarische Weise, aber im Grunde hat die Philosophie ebenso wie die Wissenschaft im Hauptstrom ihrer Tradition nie etwas anderes getan.

Kierkegaard kann Hegel jedoch nicht widerlegen, indem er mit dem gleichen Ernst gegen ihn argumentiert, den Hegel selbst an den Tag legt. Gerade dieses ernste Denken lässt es nicht zu, je zu sich selbst auf Distanz zu gehen. Es beansprucht, die Wahrheit gepachtet zu haben, und meint, dies auch beweisen zu können. Um diese Allgemeinheit kann es hier jedoch nicht gehen: Sie ist für den konkret existierenden, singulären Menschen ebenso wenig relevant wie mathematische Wahrheiten. Wir können zwar endlos objektive Wahrheiten präsentieren, aber damit erreichen wir nicht die Wirklichkeit, in der wir als Subjekt existieren.

Es geht Kierkegaard um die drängende existenzielle Frage nach dem persönlichen menschlichen Heil. Wie kann jemand *gerechtfertigt* leben? Wie dem Schuldigsein ein Ende bereiten, einem Schuldigsein, in dem der Mensch nicht allein deshalb lebt, weil er sündig ist, sondern schon der simplen Tatsache wegen, dass er als Geschöpf bei Gott, der ihm das Leben geschenkt hat, für immer in der Kreide steht? Was der Mensch Gott schuldet, wird er als endliches Wesen im Angesicht der Endlosigkeit Gottes niemals ganz begleichen können.

Wie kann der Sprung von dieser Endlichkeit zur Unendlichkeit gelingen? Das ist Kierkegaards tiefgründigste Frage. Und die Antwort lautet: indem man sich in das eigene, tiefste Selbst versenkt und darin Gott begegnet. Dahin führt kein methodischer Weg. Diese Begegnung kann nur mittels eines Sprungs gelingen, mit dem sich die Kluft zwischen dem kontingenten, historischen Leben des Individuums und der Begegnung mit dem Absoluten überbrücken lässt.

---

* Søren Kierkegaard, *Abschließende unwissenschaftliche Nachschrift zu den Philosophischen Brocken, Erster Teil, Gesammelte Schriften*, Abt. 16, hg. v. Julian Hirsch u. a., übers. v. Hans Martin Junghans, Gütersloh: Gütersloher Verlagshaus Gerd Mohn, 1982, S. 187.

** ebd., S. 179.

Diese Begegnung findet schließlich zwischen zwei völlig gegensätzlichen Wirklichkeiten statt. Sie ist, so Kierkegaard, aus menschlicher Sicht ein Paradox und eine Absurdität. Diese Absurdität vermag der Mensch durch eine objektive Antwort nicht aufzulösen; sie lässt sich nicht auf eine allgemeingültige Erkenntnis zurückführen. Sie ist an das Subjekt gebunden, und darum ist das Subjektive der *locus* der Wahrheit, die mich existenziell angeht. In dieser Gebrochenheit erfährt der Mensch eine Spannung, die Kierkegaard »Leidenschaft« nennt. Sie ist das Verlangen nach Erlösung oder Versöhnung, basierend auf der Erfahrung des Scheiterns der von Schuld und Angst bedrängten menschlichen Existenz.

Don Juan

Es gibt verschiedene Wege, um diese Angst abzumildern und sich dieser Schuld, zumindest dem Augenschein nach, zu entledigen. Der geläufigste Weg besteht darin, sie in das Alltägliche und eine pharisäische Vorstellung des Gerechtfertigtseins zu drängen. In dieser Sphäre spielt sich das Leben des Bürgers ab – des »Spießbürgers«, wie Kierkegaard sagt; wir würden sagen: der breiten Masse. In diesem Bereich bewegen sich die institutionellen Religionen, vor allem die Staatskirche, gegen die er polemisiert. Das unreflektierte, selbstzufriedene Bürgerdasein muss aus seinem Schlummer geweckt werden, damit sich der Bürger dessen bewusst wird, was wir – mit existenzialistischen Begriffen von Sartre und Heidegger ausgedrückt – sein »unauthentisches« oder »uneigentliches« Dasein nennen könnten.

Kierkegaard beschreibt in seinem Buch ›Stadien auf dem Lebensweg‹ von 1845, wie man sich von diesem »Spießbürgertum« distanzieren kann. Diese Phasen sind vermutlich autobiografisch gefärbt, aber das ist in dieser Philosophie kein Nachteil. Es bekräftigt eher die große Bedeutung ihres subjektiven und persönlichen Charakters und steht vollkommen mit den Fragen, auf die Kierkegaard eine Antwort sucht, in Einklang.

Zunächst, so schreibt er, kann dieser Ausweg in einer ästhetischen Distanz zur bürgerlichen Welt mit ihrer Geschäftig- und Wichtigtuerei und ihrer vereinnahmenden Art, Menschen dafür einzuspannen, gesucht werden. Der Ästhetizismus lässt sich an einer bewussten Gleichgültigkeit gegenüber der Welt erkennen, die er als bloßes Schauspiel, als Schein und Illusion auffasst. Das ist die Haltung, die Charles Baudelaire, ein Zeitgenosse Kierkegaards in der Figur des Dandys oder Flaneurs wiedererkannte, der zu Beginn des Jahrhunderts durch die zahlreich angelegten Pariser Passagen schlenderte.

Kierkegaard dachte dabei wahrscheinlich auch an seine eigenen Studentenjahre, in denen er in den Cafés von Kopenhagen leidenschaftlich über Politik und Ästhetik diskutierte. Und vor allem an seine Verlobung mit Regine Olsen im Jahr 1840, die er nach einem Jahr wieder auflöste, womöglich aus Angst vor einem so entscheidenden und verantwortungsvollen Schritt wie einer Eheschließung. Kierkegaard sollte sich seine »leichtsinnige« Verlobung jahrelang als die unmoralische Frivolität eines Don Juan – wie die Figur des Faust einer der bedeutenden Archetypen seines Werkes – zum Vorwurf machen. In seinem Buch ›Entweder – Oder‹ (1843) beschreibt er dessen Gedankenwelt in Form einer Novelle unter dem Titel: ›Das Tagebuch eines Verführers‹.

›Entweder – Oder‹: das verweist auf eine radikale Entscheidung, und entscheidend ist hierbei gerade der Einsatz des zweiten »Stadiums auf dem Lebensweg«: das des ethischen

Menschen. Dieser überwindet den Egoismus und die distanzierte Haltung des ästhetischen Stadiums und stürzt sich in das, was später ethisches »Engagement« heißen wird. Der Mensch ist schuldig; der Zustand der Welt beweist das. Doch der ethische Mensch kompensiert diese Schuld, indem er sich für eine moralische Welt einsetzt, für die er die Verantwortung auf sich nimmt.

Das ist Kierkegaard jedoch offenbar nicht genug. Diese ethische Lebenshaltung ist noch immer zu optimistisch; als könnte durch eine Ideologie der Machbarkeit die fundamentale menschliche Schuldhaftigkeit weggewischt werden. Letztendlich ist auch dieses Engagement ein Schlag ins Wasser: Der ethische Mensch entscheidet sich zunächst für das Entscheiden selbst, so Kierkegaard. Doch die Wurzeln seines Unbehagens reichen tiefer hinab. Nicht die Tat und das Handeln erlösen uns von unserer menschlichen Unzulänglichkeit, sondern eine Hingabe, die sich für Kierkegaard allein in der religiösen Sphäre vollziehen kann. Das ist, wie er später schreiben wird, das dritte »Stadium auf dem Lebensweg«.

Der Aktivismus hat nicht das letzte Wort. Der Mensch ist schuldig, weil es ihm an etwas gebricht, nicht aufgrund seines Handelns, sondern aufgrund seines Wesens. Und diese Schuld liegt in der Leugnung des Höchsten und Absoluten: in einer Gott-Vergessenheit. Der Mensch muss seine Schuldhaftigkeit reuig annehmen; aus ihr kann ihn nur ein Sprung retten. Das ist ein Sprung in das Undenkbare und Unmögliche, denn der Zugang dazu steht ihm nicht frei, sondern muss ihm geschenkt werden.

Charles Baudelaire, fotografiert im Jahr 1855. Die Personifikation der »ästhetischen« Lebensweise war der Dandy, von Baudelaire als ein Wesen beschrieben, das unentwegt nach dem Erhabenen in sich selbst strebt – »ein Symbol der aristokratischen Überlegenheit seines Geistes«, getrieben von dem »brennenden Bedürfnis, sich […] eine wirkliche Originalität zu schaffen«. »Er muss leben und schlafen vor einem Spiegel.«*

Diese Gabe ist ein Akt der göttlichen Gnade, worauf der Mensch individuell und direkt antworten muss. Es handelt sich hierbei um eine nicht-reflektierte Augenblicksentscheidung. Diese Entscheidung fällt aus der Zeit, sie hat keine Zeitdimension, sondern ist unmittelbar, punktuell. Sie wächst nicht heran und wird

* Zitate aus: Charles Baudelaire, »Mein entblößtes Herz«, in: ders., *Les Paradis artificiels / Die künstlichen Paradiese. Sämtliche Werke / Briefe*, Bd. 6, Darmstadt: Wissenschaftliche Buchgesellschaft, 1991, S. 222–258; ders., »Der Maler des modernen Lebens«, in: ders., *Aufsätze zur Literatur und Kunst 1857–1860. Sämtliche Werke / Briefe*, Bd. 5, Darmstadt: Wissenschaftliche Buchgesellschaft, 1989, S. 213–258.

Frank Sinatra (akg-images / Album).

nicht »vermittelt«, wie Hegel meint. Das Absolute wird nicht mittels eines Aufstiegs oder einer langsamen Annährung erreicht. Es wird sogar überhaupt nicht »mittels« etwas erreicht, sondern ereignet sich in einer momentanen Entscheidung, auf die man nicht »hin«-argumentieren kann und die daher im normalen Denk- und Zeitverlauf der »Objektivität« absurd sein muss. »Das Paradox ist die objektive Ungewissheit, die der Ausdruck für die Leidenschaft der Innerlichkeit ist, in der gerade die Wahrheit besteht«, schreibt Kierkegaard.*

Gerade weil diese Wahrheit aus der Zeit und damit aus der Geschichte fällt, kann sie zum Ort der Begegnung mit dem Ewigen und Absoluten werden, das auf seine Weise ebenfalls nichthistorisch und zeitlos ist. »Lass uns annehmen, dass die ewige wesentliche Wahrheit selbst das Paradox ist!«, fährt Kierkegaard fort. »Wie kommt das Paradox zustande? Dadurch, dass die ewige wesentliche Wahrheit und das Existieren zusammen gesetzt werden [...] Die ewige Wahrheit ist in der Zeit entstanden. Das ist das Paradox.« Von der Entscheidung dafür hängt die Rettung des Menschen ab, denn dessen »Subjektivität ist die Wahrheit«.**

Jede Entscheidung für das Heil setzt daher einen »Sprung« voraus, der sich nicht verteidigen lässt und absolut individuell ist. Jeder muss auf seine eigene Weise selig werden. Niemand kann mir sagen, wie ich das tun soll. Das ist ein Gedanke, der tiefe Wurzeln im protestantischen Bewusstsein hat. Doch bei Kierkegaard wird er in aller Schärfe herausgearbeitet; durch sein Werk wird er in der folgenden Zeit auch außerhalb der religiösen Sphäre der Art und Weise, wie sich das moderne Individuum selbst erfährt, seinen Stempel aufdrücken.

Das kommt in den unerwartetsten Augenblicken zum Vorschein. Hören Sie, wie Frank Sinatra ›My Way‹ singt, das Lied, das in England bei Trauerfeiern der absolute Favorit ist und das Sinatra ironisch als »the national anthem« (die Nationalhymne) beschreibt.

And now, the end is near;
And so I face the final curtain.
My friend, I'll say it clear,
I'll state my case, of which I'm certain.

I've lived a life that's full.
I've traveled each and ev'ry highway;
But more, much more than this,
I did it my way.
[...]

---

* Søren Kierkegaard, *Abschließende unwissenschaftliche Nachschrift zu den Philosophischen Brocken*, S. 196.

** ebd., S. 200.

For what is a man, what has he got?
If not himself, then he has naught.
To say the things he truly feels;
And not the words of one who kneels.
The record shows I took the blows –
And did it my way!

Dieses Lied atmet eine vollkommen andere Atmosphäre als der pietistische Protestantismus Kierkegaards. Und doch ist in diesem Ruf nach einer strikt individuellen Gestaltung des Lebensprojektes, die sich um niemanden schert und deren Wert in ihrer vollkommenen Singularität liegt, viel »Kierkegaard« herauszuhören. Mein Lebensweg ist gut, weil er »my way« ist, der Unwahrheit des Allgemeinen oder des »Man« entrückt, wie Martin Heidegger später sagen wird.

Albert Camus, 1957.

Dein Lied

Bei Kierkegaard bleibt diese Wahrheit an die Erkenntnis einer transzendenten Dimension und eines Gehorsams gegenüber dem Göttlichen gebunden. Das ist der Endpunkt seines Denkweges, der ohne diesen Abschluss für ihn sinnlos wäre. In der Existenzphilosophie des 20. Jahrhunderts wird dieses religiöse Moment allmählich zurücktreten. Dennoch wird Kierkegaard in ihr vielerorts seine Spuren hinterlassen. Allem voran ist die Idee der menschlichen Unzulänglichkeit für viele philosophische Konzeptionen des 20. Jahrhunderts grundlegend geworden. Anders als bei Kierkegaard steht der menschlichen Unvollkommenheit in diesem Jahrhundert jedoch keine Erlösung mehr gegenüber, wodurch sie sich noch schwerwiegender ausnimmt.

Dazu gesellt sich das Bewusstsein der Absurdität des Daseins. Vor allem Albert Camus sollte ihm viel Raum geben. Der Mensch ist zu einer Aufgabe berufen, etwa der Aufgabe, das gute und gerechtfertigte Leben zu realisieren, er weiß aber, dass er diese niemals erfüllen kann, so stellt Camus während des Zweiten Weltkriegs in ›Der Mythos des Sisyphos‹ fest. Die Wirklichkeit ist von Grund auf zwiespältig. Das Gute besteht nie ohne das Böse. Beide sind in der menschlichen Welt unentwirrbar miteinander verflochten vor dem Hintergrund einer metaphysischen, durch und durch gleichgültigen Welt.

In der Fortführung der absoluten Trennung, die Kierkegaard zwischen dem Irdischen und dem Himmlischen vornimmt, schwindet auch jede Möglichkeit, die menschliche Welt in einer schlüssigen und kohärenten Perspektive zu erfassen. Die Realität ist, wie wir es bereits in der Romantik sahen, von Widersprüchen durchzogen, und die Philosophie ist nicht mehr in der Lage, diese aufzulösen. Bei Kierkegaard

Absurdität in der Musik, in Anspielung auf ›Der Fremde‹ von Albert Camus. Unter anderem mit *Creep* von Radiohead.

I'm a creep, I'm a weirdo.
What the hell am I doing here?
I don't belong here.

kann sich eine Auflösung der Widersprüche nur noch durch »den Sprung in den Glauben« ergeben. Doch wer den Glauben nicht mehr anerkennen kann – und das kann der größte Teil der Philosophie des 20. Jahrhunderts nicht mehr –, bleibt in einer Welt zurück, in der die Vernunft nicht mehr in der Lage ist, die Lücke zu schließen. Die Gefühle der Angst und Furcht, an denen Kierkegaard schwer trug, sind im heutigen Protestantismus immer noch präsent:

Vater, vol van vrees en schaamte,
buigen wij voor U.
Heel uw werk door ons vertreden,
klaagt ons, mensheid, aan bij U.

Vater, voller Furcht und Scham
beugen wir unser Haupt vor dir.
Dein ganzes Werk, von uns zertreten,
klagt uns, Menschheit, an bei dir.

Zu guter Letzt übt Kierkegaard, ebenfalls in der Fortführung der Romantik, mit seiner Würdigung der persönlichen und konkreten Subjektivität als einer philosophisch relevanten Größe beträchtlichen Einfluss auf die Philosophie nach ihm aus. Nicht das Allgemeine oder das Objektive verleiht dem Menschen Bedeutung, sondern das Spezifische, das Kontingente und Individuelle. Nicht das Bleibende ist von Bedeutung, sondern das Flüchtige. Nicht das Universelle, sondern das Singuläre.

Da, so Kierkegaard, das objektive Wissen die Augen vor seinen eigenen subjektiven und sehr spezifischen Wurzeln verschließt, begreift es nicht, dass die gesamte Idee von Objektivität und Unveränderlichkeit auf Treibsand gebaut ist. Damit führt Kierkegaard die konkrete Situiertheit des Menschen als einen entscheidenden Faktor seiner Erkenntnis und seines Daseins ein. Wir können uns also nie auf eine objektive, allgemein zugängliche Sicherheit berufen. Im Gegenteil, sagt Kierkegaard: »Die objektive *Un*sicherheit, in der Aneignung der leidenschaftlichsten Innerlichkeit festgehalten, ist die Wahrheit, die zwar höchste Wahrheit, die es für einen Existierenden gibt.«*

Wir sehen hier eine äußerste Konsequenz der Subjektivierungstendenz, die bereits bei Kant einsetzt, auch wenn sich diese bei ihm noch in erster Linie in der Ethik abzeichnet. Wie wir sahen, ist bei Kant nicht der objektive Wert der Handlung von ethischem Belang, sondern die subjektive Intention, aus der heraus sie begangen wird. Bei Kierkegaard hat diese Subjektivierung das ganze menschliche Dasein erfasst. Was bedeutet, dass die Vernunft (*das* Instrument der Allgemeinheit) im Leben nicht mehr über die höchste Autorität verfügt. Die wichtigsten Lebensentscheidungen werden von einem Willen getroffen, der nur sich selbst verständlich ist – oder sogar nicht einmal das. Jedenfalls muss dieser Wille außerhalb seiner eigenen Perspektive völlig absurd bleiben. Es ist nicht mehr die Vernunft, sondern das Gemüt, dem die souveräne Überzeugungskraft in der Frage zukommt, worum es dem Menschenleben eigentlich geht.

Auch diese Weisheit hat sich tief in die Art und Weise eingeschrieben, mit der wir uns heute selbst betrachten. Wer im Leben an einem wichtigen Scheideweg steht, bekommt von seinen Freunden und seiner Familie, aber auch in Talkshows ganz gewiss den Rat, nicht zu sehr auf die Vernunft zu hören, sondern vor allem seinem Herzen zu folgen. Denn *das* weise die Richtung, in die der höchst individuelle Lebensweg verläuft. Darin verbirgt sich die ultimative instinktive Weisheit der Existenz. Ein neueres Lied der flämischen Sängerin Eva De Roovere bringt genau das zum Ausdruck.

Vrienden zeggen mij altijd
Je bent maar plagiaat
Je maakt jezelf wat wijs
Maar ik geloof in mijn gevoel
En niet in goeie raad.

Freunde sagen mir immer
Du bist nur ein Plagiat
Du machst dir selbst was vor
Aber ich glaube an mein Gefühl
Und nicht an guten Rat.

Die letzten Zeilen wären für Descartes und selbst noch für Kant unbegreiflich gewesen. Nicht deshalb, weil Menschen in dieser Zeit niemals einen guten Rat in den Wind geschlagen hätten, sondern weil sich in der Philosophie eine derartige Irrationalität noch nicht eingenistet hatte. Wir Heutigen nicken jedoch zustimmend, wenn wir diese Worte hören: *Natürlich* folgt man seinem Gefühl und nicht dem Rat anderer, der uns nur von uns selbst entfremdet. In unseren Ohren klingt dieses Lied so, als habe hier die Sängerin das Leben sehr wohl begriffen und wisse, wo ihre eigene Wahrheit zu finden ist.

* Søren Kierkegaard, *Abschließende unwissenschaftliche Nachschrift zu den Philosophischen Brocken*, S. 195.

›Sigmund Freud‹, Pascal Kirchmair 2016.

15

Das Unbewusste

Jean Paul, Nietzsche, Freud

Was geschieht im Laufe des 19. Jahrhunderts mit dem Menschen? Einerseits setzt sich das ernüchternde Denken der Aufklärung in den Naturwissenschaften fort, die eine Entdeckung nach der anderen machen. Physik, Chemie und Biologie erleben einen beispiellosen Aufschwung. Gegen Ende dieses Jahrhunderts nabelt sich sogar die philosophische Psychologie von der spekulativen Philosophie ab und wird zu einer experimentellen Wissenschaft, mit Forschern wie Wilhelm Wundt, William James und Gerard Heymans in Groningen. Das hat einen prägenden Einfluss auf die Art und Weise, wie die Menschen sich selbst sehen. Das materialistische Denken La Mettries hat sich nahtlos in immer komplizierteren mechanistischen Konzeptionen fortgesetzt, um in unserer heutigen Zeit etwa in der Feststellung des Hirnforschers Dick Swaab zu münden, dass das »Ich« des Menschen nicht mehr sei als sein Gehirn.

Zugleich sehen wir jedoch, wie diese objektivierende wissenschaftliche Tendenz einen Widerpart in einem Irrationalismus findet, in dem sich die menschliche Selbsterfahrung in ihrer irreduziblen Einzigartigkeit, Unvorhersehbarkeit und Ungreifbarkeit auszudrücken versucht. Dieser Irrationalismus sieht den Menschen *nicht* als eine veredelte Maschine, die sich mittels Ingenieurskunst lenken und justieren lässt. Der Mensch ist gerade deshalb ein »Ich«, weil er sich nicht auf ein allgemeines Schema und die Universalität der wissenschaftlichen Vernunft reduzieren lässt. Auch diese Tendenz bestimmt bis auf den heutigen Tag die Kultur, in der wir leben.

Diese Ambiguität ist nicht nur eine Frage von Extremen, die einander im Gleichgewicht halten, als ginge es um eine psychologische Kompensation. Sie hat eine stark religiöse Komponente, die vor allem im Protestantismus zutage tritt. Vor der Reformation ist die Welt das Feld der Vernunft – der Wissenschaft, Technik, Planung und Beherrschung. Und wenngleich sich der Protestantismus durch seinen Glaubensauftrag dazu verpflichtet sieht, die Welt mit Gottes Geboten in Einklang zu bringen, geht es ihm eigentlich nicht um diese Welt. Letztlich dreht sich alles um das Innere des Menschen, der unter der Erwartung der Gnade Gottes steht und sich von seinem Auge durchschaut wähnt. Er ist darum auch zu Aufrichtigkeit und Transparenz aufgerufen – zu Ehrlichkeit sowohl Gott als auch sich selbst gegenüber.

Die moderne, protestantische Zeit wird die Zeit der Gewissenserforschung, die die Form

Das allsehende Auge Gottes.

eines inneren Gesprächs unter dem prüfenden Blick Gottes annimmt. In diesem inneren Gemüt spielt die Vernunft nur eine untergeordnete Rolle, ebenso wie die damit einhergehende Universalität. Das Innere ist partikular, weil es keine Vernunft mehr gibt, die das Persönliche ins Allgemeine erheben könnte. Das romantische Gemüt würde das im Übrigen auch nicht *wollen*, da es seinen einzigartigen Wert auf seine irreduzible Einzigartigkeit zurückführt. Jeder Versuch, diese Einzigartigkeit mittels der Vernunft auf eine Universalität zurückzuführen, wird vom romantischen Gemüt, wie wir bei Kierkegaard sahen, als ein schändlicher Anschlag auf diesen einzigartigen Wert empfunden. Darum schließt die heutige westliche Kultur das, was Menschen als das Eigenste und Persönlichste wahrnehmen, in aller Regel aus der rationalen Diskussion oder der wissenschaftlichen Forschung aus. Zum ultimativen Kriterium der moralischen Beurteilung wird das Sentiment, das per definitionem partikular und für andere unzugänglich ist.

So gewinnt das strikt Persönliche ebenjene Unantastbarkeit, die früher für die religiöse Domäne kennzeichnend war. Im Laufe des 19. Jahrhunderts sondern sich das Persönliche und das Religiöse zunehmend voneinander ab, und die Bedeutung des »einzigartigen Ichs« wird außerhalb der religiösen Sphäre noch wichtiger (und nachhaltiger) als in ihr. Das Wegdämmern des Gottesglaubens zehrt nicht an ihm, sondern lässt ihn erstarken – ebenso wie auch der Bedeutungsverlust der Religion nicht dazu führt, dass die Irrationalität schwindet, sondern dass sie zunehmend Terrain beansprucht.

Tafelsilber

Die wichtigste Bühne dieser paradoxen Entwicklung ist das protestantische deutsche Sprachgebiet, in dem der Gottesglaube nur wenig unter der Aufklärung zu leiden hat. In Frankreich hatte sich der Atheismus schon früher in das provozierende Denken des 18. Jahrhunderts eingeschlichen, das wir bei La Mettrie gesehen haben und das in den Schriften des Marquis de Sade seinen schrillen Höhepunkt fand. Der Zynismus dieses Denkens spiegelt sich in den Worten Voltaires wider, mit denen er bei einer Mahlzeit seine Besucher hastig zum Schweigen mahnte, als diese auf den »Tod Gottes« zu sprechen kamen. »Sprechen Sie nicht davon, während mein Personal es hören kann«, soll er gesagt haben. »Ich muss an mein Tafelsilber denken.«

Die relative Unbekümmertheit, mit der man in dieser Atmosphäre von Gott Abschied nimmt, erklärt sich auch aus dem Umstand, dass Gott im Katholizismus seit jeher weniger omnipräsent war. Die Heiligkeit verteilte sich auf zahllose Himmelsboten (Heilige und Engel) und das irdische Netzwerk der Kirche, das sie viel deutlicher zu Gesicht und zu Gehör brachte als Gott selbst. Der gewöhnliche Katholik hat eigentlich immer mehr mit dem Pfarrer, den Heiligen oder der Mutter Gottes kommuniziert als mit Gott selbst.

So fiel es der Aufklärung in Frankreich relativ leicht, ein atheistisches Antlitz anzunehmen, wohingegen sie das Heilige in der deutschen Sphäre vorerst unangetastet ließ.* Wir haben gesehen, dass Gott für Kant ein notwendiger Schlussstein seiner Philosophie bleibt, wenngleich auch er sich auf das Argument beruft, auf das Voltaire anspielte: Gott war letztendlich die Garantie dafür, dass irgendwann das Böse bestraft und das Gute belohnt wird. Für Kant konnte dabei allerdings von Zynismus keine Rede sein. Obwohl die Pflicht an sich Grund genug sein sollte, ein tugendhaftes Leben zu führen, bildete die Verheißung des Letzten Gerichts für das schwankende Gemüt des Menschen eine unerlässliche Stimulanz, um auf dem rechten Weg zu bleiben.

In dieser Sphäre war Gott persönlicher und daher viel massiver präsent als in der lateinischen Welt. Wie schwer diese Präsenz wiegen konnte und welche Folgen sie hatte, haben wir bei Kierkegaard gesehen. Sie führte nicht nur zu einer moralischen Problematik im Zusammenhang mit einem lebensnotwendigen Heilsverlangen, sondern auch zu einer wesentlich stärkeren Individualisierung, bei der man den individuellen Kern nicht in der Vernunft, sondern im Gemüt suchte. Freilich führte sie auch zu einer mächtigen Fixierung auf die Wahrheit, die im Gebot der Wahrhaftigkeit ethische Gestalt annahm. Die einzige inhaltliche ethische Regel, die Kant aufstellte und verteidigte, war das Verbot zu lügen.

Daher musste der Verlust Gottes in Deutschland zu einer viel größeren Krise führen als im lateinischen Kulturbereich, in dem man um Wahrheit und Wahrhaftigkeit weniger Aufhebens machte. Wenn in Frankreich einen Gläubigen eine solche Beklommenheit überkam wie etwa Descartes' Zeitgenossen Blaise Pascal, war der Protestantismus oft nicht fern. Der Jansenismus, in dem sich Pascal bewegte, lag gerade noch um Haaresbreite im Bereich der katholischen Orthodoxie.

Gleichzeitig – und das ist nur dem Augenschein nach eine Ungereimtheit – hatte die Gegenwart Gottes im Protestantismus einen viel heikleren Stand, hing sie doch völlig vom Gemüt des Einzelnen ab. Gottes Anwesenheit und seine Ansprüche waren bis auf das Äußerste geschärft worden, doch war deren Verankerung zugleich auf den dünnen Kontaktpunkt reduziert, an dem Gott und Individuum einander in die Augen sahen. Im ersten Kapitel dieses Buches haben wir gesehen, wie schon im 16. Jahrhundert, unter anderem bei Clemens

* Siehe z. B. Thomas P. Saine, *Von der Kopernikanischen bis zur Französischen Revolution. Die Auseinandersetzung der deutschen Frühaufklärung mit der neuen Zeit*, Berlin: Erich Schmidt Verlag, 1987.

non Papa, eine solche persönliche und intime Beziehung zu Gott an die Stelle der Einbettung in eine breite kirchliche Religiosität zu treten begann. Damit nahm das religiöse Empfinden des Gläubigen stark an Intensität zu. Bei einer derart schmalen Basis, auf die sich das immense Gewicht dieser Beziehung ganz und gar stützen musste, war allerdings auch nicht allzu viel erforderlich, um diese Verbindung zu brechen.

Die Überspanntheit, unter der die irdisch-himmlische Beziehung im Protestantismus häufig leidet, findet hierin ihre Ursache. Bei Kierkegaard entwickelte sie sich zu einer fast hysterischen Obsession. Die Angst vor dem Schweigen Gottes begleitet die Reformation von Beginn an – zunächst, weil man sich der Gnade nie gewiss sein kann, und später, wenn überhaupt vorstellbar, noch katastrophaler, als vom 18. Jahrhundert an die Möglichkeit heraufdämmert, dass der Himmel leer ist. Was sich in der französischen Aufklärung ohne allzu große Seelenpein abspielt, mündet in Ländern wie Deutschland, Dänemark und Schweden in eine bittere Tragödie.*

Milchstraßen und Wüsten

Nietzsche steht mit seiner öffentlichen Verkündigung vom »Tod Gottes« und den sich daraus ergebenden anthropologischen und philosophischen Folgen eher am Ende als am Beginn einer langen Geschichte banger und finsterer Ahnungen, die schon ein Jahrhundert zuvor ihren Anfang nahm. Bereits 1796 hatte der deutsche Romancier und Publizist Jean Paul (Pseudonym von Johann Paul Friedrich Richter) in seinen Roman *Siebenkäs* einen Text aufgenommen, der seiner Zeit weit voraus war: »Rede des toten Christus vom Weltgebäude herab, dass kein Gott sei«. Jean Paul schreibt darin:

»Jetzo sank eine hohe edle Gestalt mit einem unvergänglichen Schmerz aus der Höhe auf den Altar hernieder, und alle Toten riefen: ›Christus! ist kein Gott?‹

Er antwortete: ›Es ist keiner.‹ […] ›Ich ging durch die Welten, ich stieg in die Sonnen und flog mit den Milchstraßen durch die Wüsten des Himmels; aber es ist kein Gott. Ich stieg herab, soweit das Sein seine Schatten wirft, und schauete in den Abgrund und rief: »Vater, wo bist du?« aber ich hörte nur den ewigen Sturm, den niemand regiert, und der schimmernde Regenbogen aus Wesen stand ohne eine Sonne, die ihn schuf, über dem Abgrunde […].‹ Da kamen, schrecklich für das Herz, die gestorbenen Kinder […] und sagten: ›Jesus! haben wir keinen Vater?‹ – Und er antwortete mit strömenden Tränen: ›Wir sind alle Waisen, ich und ihr, wir sind ohne Vater.‹«**

Das erinnert unvermeidlich daran, was Nietzsche gut achtzig Jahre später in ›Die fröhliche Wissenschaft‹ schreibt: Mit dem Tod Gottes hört die Sonne auf zu scheinen, in den tiefsten Tiefen des Universums herrscht nur noch Stille. Ebenso wie der Christus Jean Pauls ist Nietzsches »toller Mensch« über den Tod Gottes eher bestürzt als begeistert. »Das Heiligste und Mächtigste, was die Welt bisher besass, es ist unter unseren Messern verblutet, – wer wischt diess Blut von uns ab?«, ruft er aus. Der Tod Gottes ist ein Verbrechen, und wir, die Menschen, die dieses Verbrechen begangen haben, »wie trösten wir uns?«***

* Jean-Marie Paul, *Dieu est mort en Allemagne*, Paris: Payot, 1995.

** Jean Paul, *Siebenkäs / Flegeljahre, Werke in zwölf Bänden*, Bd. 3, München/Wien: Hanser, 1975, S. 270–275.

*** Friedrich Nietzsche, *Die fröhliche Wissenschaft*, § 125 (http://www.nietzschesource.org/#eKGWB/FW-125).

Doch es gibt einen bedeutenden Unterschied zwischen Jean Paul und Nietzsche. Denn Jean Paul beginnt seine »Rede des toten Christus« mit einem Vorbehalt, der die ganze folgende Ansprache in den *Irrealis* setzt. »Wenn einmal mein Herz so unglücklich und ausgestorben wäre, dass in ihm alle Gefühle, die das Dasein Gottes bejahen, zerstöret wären: so würd' ich mich mit diesem meinem Aufsatz erschüttern und – er würde mich heilen und mir meine Gefühle wiedergeben.« Das Schreckensbild ist also keine Realität, sondern schildert nur eine Möglichkeit und bezweckt das Gegenteil dessen, was es schildert.

Jean Paul will die Mutlosigkeit, die den Menschen manchmal überfällt, mit einer noch ärgeren Mutlosigkeit kontrastieren, um damit das Vertrauen in das Leben und Gott aufs Neue zu stärken. Seine Verzweiflungsperspektive ist in Wirklichkeit eine Frömmigkeitsübung. Am Ende seines Stückes erwacht das Gemüt dann auch aus seinem Albtraum: »Meine Seele weinte vor Freude, dass sie wieder Gott anbeten konnte – und die Freude und das Weinen und der Glaube an ihn waren das Gebet.« Sein Ausflug in den Atheismus ist also in Wirklichkeit eine mehr oder weniger ins Gegenteil verkehrte Bekräftigung des Glaubens.

Aber all das zeigt doch deutlich, dass der Gedanke an eine gottlose Welt denkbar geworden ist und wie verloren sich der Mensch in dieser Welt empfände. Diese Möglichkeit ist für Nietzsche eine Realität, und damit sieht sich der Mensch vor die philosophische Aufgabe gestellt, die Konsequenzen daraus zu durchdenken. Nietzsches Werk ist ein einziger andauernder Versuch dazu. Zugunsten einer neuen Daseinsperspektive muss er jedoch nicht nur Gott und die Religion aufgeben, sondern auch das Regime der Wahrheit als deren heimlicher Fortführung. Ebenso wie Kierkegaard wird er nicht die Erkenntnisse der Wissenschaft an sich bestreiten, sondern lediglich konstatieren, dass sie für die Sache, um die es wirklich geht, keine Bedeutung haben.

Jean Paul, Statue von Ludwig von Schwanthaler, 1841 .

Kierkegaard wirft sich im Namen der Leidenschaft in die Arme der Religion. Nietzsche wendet sich im Namen des Willens zur Macht gerade davon ab. Beide sehen sich aber gezwungen, die Vernunft zu relativieren und sie etwas Größerem, Stärkerem und Mächtigerem unterzuordnen. Auch das zeichnet sich seit Beginn des 19. Jahrhunderts bereits ab. Im »Spieltrieb« sucht Schiller nicht länger nach einer Annäherung an die Wirklichkeit, sondern sieht darin eine Hinwendung zum Schein. Der Kunst des (noch) nicht Wirklichen wird eine höhere Wahrheit zugeschrieben als dem Reellen. Die Rationalität kann nicht länger als Prüfstein gelten, da sie zu sehr mit der Wirklichkeit, wie sie *ist*, verbunden ist statt mit einer Verheißung dessen, was sie *sein kann*.

Nach und nach beginnt man im 19. Jahrhundert zu ahnen, dass auch der Mensch nicht ist, was er zu sein scheint. Nicht nur seine Universalität muss hinter den Ansprüchen seines einzigartigen, singulären »Ich« immer weiter zurücktreten. Auch der rationale Zuschnitt des »Ichs« selbst gerät allmählich unter Verdacht. Dass der Mensch mehr ist als die »Denkmaschine«, die Descartes noch in ihm sah, hebt Herder bereits im 18. Jahrhundert hervor: »Bin nicht zu denken hier! – zu sein! zu hoffen! Leben und mich zu freun!« Und auch um zu wollen, ergänzte Isaiah Berlin. Mehr noch als die Emotion ist der Wille der Dreh- und Angelpunkt des romantischen Bildes des menschlichen Gemüts; durch den Willen wird es an- und vorangetrieben.

Wie wir schon gesehen haben, baut Schopenhauer diese Einsicht zu einer wahren Metaphysik aus und erklärt den Willen zum Prinzip der Wirklichkeit in all ihren Aspekten. So weit würden längst nicht alle Denker im 19. Jahrhundert gehen. Dennoch beginnt sich mit der Zeit, die Vermutung festzusetzen, dass das »Ich« viel weniger luzid und durchsichtig ist, als Descartes und selbst Kant noch dachten. So wie sich hinter dem augenscheinlich geordneten Erscheinungsbild der Welt bei Schopenhauer ein »Weltwille« verbirgt, der in einer blinden Dynamik dahinrast, so verbirgt sich hinter dem Bewusstsein womöglich eine ähnliche Art irrationaler Antriebsenergie, die das »Ich« einerseits mit Tatkraft versorgt, es andererseits aber aus seiner unbeherrschbaren und gewaltsamen Natur heraus unweigerlich überwuchert.

A talking cure

So entsteht die Idee des »Unbewussten«. Im Jahr 1869 veröffentlichte der Philosoph Eduard von Hartmann ein Buch unter dem Titel ›Philosophie des Unbewussten‹, das einschlägt wie eine Bombe. Hartmann ist noch kein Psychologe. Sein »Unbewusstes« hat noch Bezug zum Wesen der Wirklichkeit selbst, wie Schopenhauers »Wille«, den Hartmann mit Hegels »Geist« kombiniert. Doch schon kurz darauf wird Sigmund Freud die Idee einer unbewussten *Psyche* entwickeln und dieser unermessliche Popularität verleihen.

Mit Philosophie hat Freud wenig am Hut. Er reiht sich in die positivistische Tradition des puren Wissenschaftlers ein. Gleichwohl, so stellt er fest, erfordert der Geist eine besondere Untersuchungsmethode, für die die spekulative Physiologie Franz Joseph Galls und seiner Schüler viel zu oberflächlich ist. Psychologische Beobachtung ist weniger eine Frage des Sehens als des Zuhörens. Der Geist muss sich aussprechen, auch und vielleicht sogar vor allem, wenn man seine tiefsten, unbewussten Abgründe ausloten will.

Ein solches Ausloten ist unumgänglich, will man den Geist nicht nur verstehen, sondern auch seine Krankheit heilen können. Ebenso wie La Mettrie ist Freud in erster Linie Arzt. Und mag das Unbewusste auch aus einem unbändigen Chaos psychischer Kräfte bestehen, die das »Ich« nur mit knapper Not im Zaum halten kann, so besteht dieses Chaos doch nicht nur aus Kräften. In der Psychologie geht es vor allem um Bedeutungen – und um ihnen auf die Spur zu kommen, müssen sie dazu gebracht werden, sich selbst auszudrücken. So entwickelt sich Freuds Heilmethode zu dem, was er *a talking cure* genannt hat.

Freud steht in der Aufklärungstradition, die nach größtmöglicher Erkenntnis und Klarheit strebt. Wie Descartes erkannt hat, dass die Leidenschaften für das menschliche Verhalten hilfreich sind (sie motivieren den Menschen zum Handeln), aber soweit wie möglich unter die klare Führung der Vernunft gebracht werden müssen, so will auch Freud den verstörenden Einfluss des Unbewussten möglichst weitgehend zügeln, indem er diesen der Autorität des Bewusstseins unterstellt. Das »Es«, in dem die primären Triebe hausen, und das »Über-Ich«, das die internalisierte und daher gleichermaßen unbewusste Autorität des Vaters (und Gottes) beherbergt, müssen durchsichtig und damit für das »Ich« verständlich gemacht werden. So erlangt der Mensch Einsicht in seine eigenen Triebfedern und sein Verhalten und kann sein Leben selbst in die Hand nehmen.

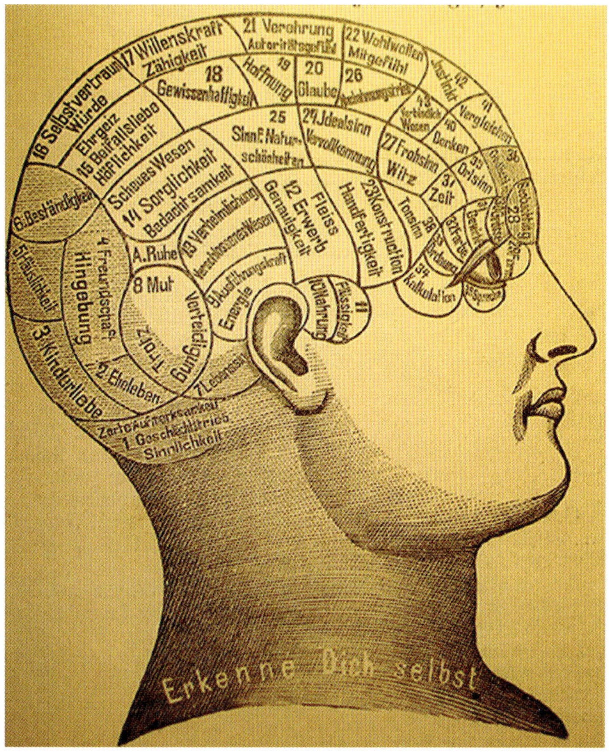

Darstellung von Franz Joseph Galls Phrenologie in einer Monografie 1894.

Die freudianische Psychoanalyse wird im 20. Jahrhundert auch im Film, vor allem im Hollywoodfilm, ungeheuer populär. Wir haben zuvor schon gesehen, dass der Schluss von Hitchcocks ›Psycho‹ ohne die Psychoanalyse undenkbar gewesen wäre. Ein noch prägnanteres Beispiel dafür finden wir in dem Film ›Spellbound‹ (»Ich kämpfe um dich«) von 1945, für den Hitchcock mit Dalí zusammenarbeitete. Einblick in die Funktion des Unbewussten zu erlangen ist zugleich eine Form, es in den Griff zu bekommen und rational zu lenken. Das Augenmerk der psychotherapeutischen Anstrengung der Psychoanalyse, so schreibt Freud, besteht darin, »das Ich zu stärken, es vom Über-Ich unabhängiger zu machen, sein Wahrnehmungsfeld zu erweitern und seine Organisation auszubauen, so daß es sich neue Stücke des Es aneignen kann. Wo Es war, soll Ich werden. Es ist Kulturarbeit etwa wie die Trockenlegung der Zuydersee.«*

In diesem Lichte ist auch der Kampf mit der Religion schnell ausgefochten. Sie ist nicht mehr als ein kindliches Verlangen nach dem Schutz durch den allmächtigen Vater, hatte Freud schon einige Jahre zuvor in einer Studie mit dem vielsagenden Titel *Die Zukunft einer Illusion* konstatiert. Gott ist keine »transzendentale Illusion« wie bei Kant: eine unbeweisbare, aber notwendige Idee, ohne die es kein Wissen von der Welt geben kann, deren

* Sigmund Freud, *Vorlesungen zur Einführung in die Psychoanalyse, Studienausgabe*, Bd. 1, hg. v. Alexander Mitscherlich u. a., Frankfurt a. M.: Fischer Taschenbuch, 1989, S. 516.

Freud und Woody Allen: Wie sehr die Psychoanalyse unser Verhalten und unsere Selbstinterpretation beeinflusst hat, wird in den Filmen von Woody Allen immer wieder deutlich. Hier sehen wir Woody Allen beim Psychiater auf dem Sofa, im Film ›Annie Hall‹ (›Der Stadtneurotiker‹) (1977) (Hamill / United Artists / Album / akg-images).

inhaltliche Bestimmung jedoch der Religion überlassen werden muss. Für Freud ist die Religion nichts weiter als eine bare Illusion, der ein wissenschaftliches Weltbild zugunsten der Gesundheit der Psyche ein Ende bereiten wird.

Dazu hat auch Freud selbst einen heftigen Kampf mit dem Göttlichen ausfechten müssen. Immer wieder kommt er in seinem Werk darauf zurück. Ebenso wenig wie für Kierkegaard und Nietzsche ist für Freud der Abschied von Gott eine Selbstverständlichkeit. In dieser Hinsicht ist er ganz und gar ein Erbe des 19. Jahrhunderts, in dem man schmerzlich hat erfahren müssen, wie tief die Verabschiedung des religiösen Weltbildes in die menschliche Selbsterfahrung eingreift.

Enttäuschung bleibt Freud nicht erspart. Gegen Ende seines Lebens sieht er sich gezwungen, neben der Selbsterhaltung und der Sexualität auch die Aggression als einen fundamentalen menschlichen Trieb zu benennen. Menschen rücken sich nicht nur im Kampf um Nahrung oder Sexualpartner zu Leibe, sondern auch um des Kampfes und der Vernichtung selbst willen, folgerte Freud in *Das Unbehagen in der Kultur* von 1929/1930.

»Die Menschen haben es jetzt in der Beherrschung der Naturkräfte so weit gebracht, dass sie es mit deren Hilfe leicht haben, einander bis auf den letzten Mann auszurotten«, schreibt er. »Sie wissen das, daher ein gut Stück ihrer gegenwärtigen Unruhe, ihres Unglücks, ihrer

Angststimmung. Und nun ist zu erwarten, daß die andere der beiden ›himmlischen Mächte‹, der ewige Eros, eine Anstrengung machen wird, um sich im Kampf mit seinem ebenso unsterblichen Gegner zu behaupten.«*

Und ein Jahr später, als sich die Bedrohung des Naziregimes schon deutlich abzuzeichnen beginnt, wagt Freud nicht mehr, optimistisch zu sein. »Aber wer kann den Erfolg und Ausgang voraussehen?«, fügt er seiner ominösen Schrift als Schlusssatz hinzu. Man kann darin den fernen Widerhall von Mary Shelleys *Frankenstein* vernehmen, die darin schon ihrer Furcht vor der technischen Allmacht in den Händen endlicher Menschen Ausdruck verliehen hatte. Freud wird dieser Endlichkeit noch eine zusätzliche Dimension verleihen. Nicht nur in der Welt, sondern auch in Bezug auf sich selbst vermag der Mensch letztlich nicht für sich einzustehen. Er wird mit einer düsteren Macht konfrontiert, die viel stärker ist als er selbst. Das ist nicht länger die Macht Gottes, sondern die Wüstheit, die in ihm rumort und gegen die er machtlos ist.

So endet auch Freuds Aufklärungstraum in dem bedrohlichen Panorama eines Menschen, der sich zwar seines himmlischen Richtpunkts entledigt hat, aber nicht weiß, wie er sich selbst zu einem irdischen Richtpunkt machen soll. In diesem Ringen mit dem Göttlichen kommt das 19. Jahrhundert nicht mit sich selbst ins Reine, aber es weiß zumindest noch, worin der Einsatz dieses Kampfes besteht. Das 20. Jahrhundert geht einen Schritt weiter und vergisst auch das – bis es zu seinem eigenen Bestürzen wieder daran erinnert wird.

---

* Sigmund Freud, »Das Unbehagen in der Kultur«, in: ders., *Fragen der Gesellschaft. Ursprünge der Religion, Studienausgabe*, Bd. 9, hg. v. Alexander Mitscherlich u. a., Frankfurt a. M.: Fischer Taschenbuch, 1989, S. 270.

Simone de Beauvoir und Jean-Paul Sartre in Peking, 1955.

16

Proust, Bergson, Husserl, Sartre, Beauvoir

Freiheit

Als Jean-Paul Sartre 1945 kurz nach dem Ende des Zweiten Weltkriegs seine berühmt gewordene Rede ›L'existentialisme est un humanisme‹ (›Der Existenzialismus ist ein Humanismus‹) hielt, ist darin keine Spur von Religiosität und nicht einmal mehr des Ringens darum zu finden. Sartre geht von einem unproblematischen Atheismus aus, der keiner Rechtfertigung bedarf – und auch keine erhält. Es gibt zwei Arten von Existentialisten, so stellt er fest, »die ersten sind Christen, zu ihnen würde ich Jaspers und Gabriel Marcel (katholischer Konfession) zählen«, und dann gibt es »die atheistischen Existentialisten, zu denen man Heidegger sowie die französischen Existentialisten und mich selbst zählen muss.«*

Mehr sagt er dazu nicht, und eindeutiger kann man es auch kaum formulieren. In seinem philosophischen Hauptwerk ›Das Sein und das Nichts‹, das Sartre zwei Jahre zuvor publiziert hat, darf Gott höchstens kurz in Form eines Gedankenexperiments oder eines (unmöglichen) Konstrukts eine Rolle spielen. Ob Sartre den Atheismus nicht etwas vorschnell willkommen heißt, ohne dessen Konsequenzen ausreichend in den Blick zu nehmen, ist eine Frage, auf die wir später zurückkommen werden.

Bis zu dem Zeitpunkt, an dem Sartre seine Rede über den Existenzialismus hält, hat die französische philosophische Welt seit der Jahrhundertwende schon einiges zu verkraften gehabt, mag davon auch an den meisten Universitäten nicht viel zu merken gewesen sein. Sartre wird akademisch in einer philosophischen Atmosphäre ausgebildet, die ganz von Kant und vor allem von Descartes geprägt ist. Doch vom Rande her dringt ein anderer Stil des Denkens ein: Die rationalistische Klarheit erhält Konkurrenz von einer Philosophie, die die Klarheit des Bewusstseins und die Objektivierung der Wirklichkeit infrage stellt.

Innerhalb Frankreichs geht der Angriff von Henri Bergson aus, der um 1900 vor allem mit seiner Theorie der Zeit Aufsehen erregt. Zeit ist keine objektive Gegebenheit wie die Uhrzeit, sagt Bergson. Zeit ist zuallererst etwas Subjektives, das unmittelbar mit der Selbsterfahrung des Menschen zusammenhängt. Die Zeit dauert: Die Dauer einer Zeitspanne kann lang

* Jean-Paul Sartre, »Der Existentialismus ist ein Humanismus«, in: ders., *Der Existentialismus ist ein Humanismus und andere philosophische Essays 1943–48*, Reinbek bei Hamburg: Rowohlt 2000, S. 148.

Henri Bergson, 1914.

oder kurz sein, abhängig von der Stimmung der betreffenden Person und unabhängig von der objektiven Zeitmessung. Der Begriff *temps* (»Uhrzeit«) steht hier der *durée* (»Dauer«) gegenüber, der vom Subjekt erlebten Zeit. Die objektive Zeit ist nach Bergsons Ansicht sicher nicht grundlegender als die erlebte Zeit. Sie ist vielmehr eine Reduktion von dieser.

Die Dauer ist reicher und steht in unmittelbarem Zusammenhang mit dem Rhythmus des Lebens, wie Marcel Proust in seinem großen Romanzyklus *Auf der Suche nach der verlorenen Zeit* deutlich macht. Die Dauer ist primär für das lebende und existierende Wesen, das der Mensch ist. In einer berühmten Szene relativ am Anfang des Romanzyklus beschreibt Proust, wie ihn der Geschmack eines in Tee getränkten Madeleines an seine Jugend erinnert: »Der Geschmack war der jenes kleinen Stücks einer Madeleine, das mir am Sonntagmorgen in Combray (weil ich an diesem Tag vor dem Hochamt nicht aus dem Hause ging), sobald ich in ihrem Zimmer guten Morgen sagte, meine Tante Léonie anbot, nachdem sie es in ihren schwarzen oder Lindenblütentee getaucht hatte.«*

Erst im letzten Roman des Zyklus, *Die wiedergefundene Zeit,* enträtselt Proust das Geheimnis der Dauer, die mehr ist als eine bloße Aneinanderreihung von Momenten, mehr als die »Uhrzeit«, wie Bergson sie genannt hat. »Das Wesen, das dann in mir diesen beglückenden Eindruck empfand, empfand ihn darin, was dieser zu einem früheren Zeitpunkt und jetzt an Gemeinsamem hatte, darin, was es an Außerzeitlichem hatte«, schreibt Proust dort. »Es war ein Wesen, das nur dann in Erscheinung trat, wenn es aufgrund einer solchen Identität zwischen Gegenwart und Vergangenheit in das einzige Lebenselement versetzt wurde, in dem es existieren und die Essenz der Dinge genießen konnte, das heißt außerhalb der Zeit. [...] etwas, was – zugleich der Vergangenheit und der Gegenwart zugehörig – weit wesentlicher als beide ist.«**

* Marcel Proust, *Auf der Suche nach der verlorenen Zeit. Unterwegs zu Swann. Werke II*, Bd. 1, übers. v. Eva Rechel-Mertens, hg. u. rev. v. Luzius Keller, Frankfurt a. M.: Suhrkamp, 1994, S. 70.

** Marcel Proust, *Auf der Suche nach der verlorenen Zeit. Die wiedergefundene Zeit. Werke II*, Bd. 7, übers. v. Eva Rechel-Mertens, hg. u. rev. v. Luzius Keller, Frankfurt a. M.: Suhrkamp, 2002, S. 265 f.

Phänomenologie

Bei Bergson kommt eine Philosophie zur Entwicklung, die von dem konkreten menschlichen Dasein ausgeht und sich weigert, dieses einem objektivierend-positivistischen Schema zu unterwerfen. Sein Denken entfaltet sich parallel zu dem, was sich zur selben Zeit in Deutschland ereignet – und das gilt in Frankreich nicht gerade als Empfehlung. Noch immer ist Deutschland in den Augen Frankreichs ein Land, das zur Schwärmerei, Sentimentalität und Nebulösität neigt. Aber seit dem Deutsch-Französischen Krieg 1870/71 besitzen die Deutschen nicht mehr den Charme, den ihnen Madame de Staël zu Beginn des 19. Jahrhunderts noch zuschreiben konnte. Mehr und mehr empfindet man sie in Frankreich als eine Bedrohung, nicht nur politisch, sondern auch auf der Ebene des Denkens. Die kartesianische Klarheit, als deren Erbe sich Frankreich noch immer erachtet, sieht man durch sie in Mitleidenschaft gezogen.

Der französische Argwohn gilt auch den in Deutschland unternommenen Versuchen, Kants Philosophie ein neues Fundament zu verleihen und so Denken und Welt wieder zusammenzubringen. Von der Wirklichkeit ist bei Kant, wie wir gesehen haben, wenig übrig geblieben. Sie zeigt sich nicht mehr so, wie sie an sich ist. Das Einzige, was wir von ihr kennen können, ist das Erscheinungsbild, das unsere Sinne und unser Verstand von ihr vor unserem geistigen Auge (neu) erschaffen.

Fast unmittelbar nach Kant versuchen Philosophen Denken und Wirklichkeit wieder zusammenzubringen, ob nun durch eine »Phänomenologie des Geistes« wie bei Hegel oder durch eine »Philosophie des Willens« wie bei Schopenhauer. Am Ende dieses Jahrhunderts gibt der Mathematiker und Philosoph Edmund Husserl dem Denken Kants eine bedeutende Wendung. Auch Husserl geht davon aus, dass die primäre Gegebenheit unserer Erkenntnis darin besteht, dass uns die Dinge erscheinen. Sie sind Phänomene – daher der Name der philosophischen Schule, die er ins Leben ruft: Phänomenologie. Auf Basis dieser Feststellung geht er, ebenso wie Kant, auf die Möglichkeitsbedingungen der Phänomene zurück. Sie sind in erster Linie in der Struktur des Denkens selbst verankert.

Marcel Proust, um 1900.

Diese Struktur geht allem Wissen und aller Wissenschaft voraus und kann daher auch nicht auf eine wissenschaftliche Weise unter-

Edmund Husserl.

sucht werden. Diesen Anspruch erhebt zwar die Psychologie, die sich, wie wir im vorigen Kapitel gesehen haben, am Ende des 19. Jahrhunderts von der Philosophie abspaltet, um eine selbstständige, empirische Wissenschaft zu werden. Doch damit würde die Psychologie, wie Husserl deutlich macht, als Wissenschaft schon von dem ausgehen, was ihr zur Untersuchung aufgegeben wird. Und weil sie als positivistische Wissenschaft nichts anerkennt, was sie nicht beobachten kann, muss das Rätsel, um dessen Lösung es hier geht, für sie ein blinder Fleck bleiben. Allein eine reflexive Analyse der Möglichkeitsbedingungen von (positiver) Erkenntnis und Wissenschaft kann Aussicht auf wirklich »strenge Wissenschaftlichkeit« bieten, wie es Husserl im Titel eines programmatischen Artikels zum Ausdruck bringt.*

Gleichwohl versucht Husserl, den Fallstricken der Transzendentalphilosophie zu entkommen und Mensch und Welt in Verbindung zueinander zu halten. Er befreit das »Ich« von seiner Scheu vor dem Fremden. Bewusstsein ist nicht einfach nur Bewusstsein, sondern immer Bewusstsein *von* etwas, konstatiert er. Es ist auf das gerichtet, *dessen* es sich bewusst ist, es orientiert sich also immer nach außen; Bewusstsein besteht in Form einer Intentionalität, die auf die Wirklichkeit gerichtet ist. Es ruht nicht in sich selbst, sondern ist bei den Dingen und streift durch die Welt. Besser gesagt: Bewusstsein formt die Begegnung zwischen dem »Ich« und der Welt, und gerade in dieser Begegnung werden beide Wirklichkeit. Diese Sicht des Menschen ist neu und wird Sartre tiefgreifend in seiner Beantwortung der Frage beeinflussen, was für ein Wesen ein Mensch eigentlich ist – und vor allem, was er sein sollte.

Ein mondänes Bewusstsein

Sartre kommt Husserl auf die Spur, als sein Jugendfreund Raymond Aron zu Beginn der Dreißigerjahre von einem Studienaufenthalt in Deutschland zurückkehrt und ihm in einem Café erzählt, er habe einen Denker entdeckt, »der aus diesem Glas Bier Philosophie machen kann«. Sartre, den es nach einem Denken verlangt, das sich nicht in abstrakten Betrachtun-

* Edmund Husserl, »Philosophie als strenge Wissenschaft«, in: ders., *Aufsätze und Vorträge (1911–1921), Husserliana, Gesammelte Werke*, Bd. XXV, hg. v. Th. Nenon u. H.-R. Sepp. Dordrecht/Boston/London: Martinus Nijhoff, 1986, S. 3–62. Dieser Text erschien ursprünglich 1911 als Artikel in der Zeitschrift *Logos*.

gen verbarrikadiert, sondern für das alltägliche Leben bedeutsam ist, ist das aus dem Herzen gesprochen. Auch Sartre reist nach Deutschland und landet in Berlin: nicht gerade im pulsierenden Herzen der phänomenologischen Philosophie. Husserl hat in Freiburg gelehrt; 1928 folgt ihm dort sein Assistent Martin Heidegger nach. Mit dessen Schriften wird Sartre später in Berlin Bekanntschaft machen.

Bei seiner ersten philosophischen Publikation *Die Transzendenz des Ego* von 1936 lässt sich Sartre jedoch vor allem von Husserl inspirieren.* Das Wort »Transzendenz« hat hier keinerlei Beziehung zum Göttlichen oder Himmlischen mehr. Er will damit nur sagen, dass das »Ich« mit einer Überschreitung der eigenen (Denk-)Sphäre zur Welt hin zusammenfällt. Es besteht nur in dieser Dynamik; es ist nicht eine »Identität«, die irgendwo als ein Kern im Denken der Person vorhanden wäre. Dächten wir das »Ich« auf diese Weise, dann machten wir es zu einem Ding, das sich im Grunde nicht von den Dingen in der Welt unterscheidet. Alle Spannung und Dynamik, aus der das »Ich« nach Sartres Ansicht nun gerade besteht, wäre daraus entschwunden – es wäre sich daher selbst fremd geworden.

Das ist noch immer Sartres Grundgedanke, als er 1943 sein philosophisches Hauptwerk *Das Sein und das Nichts* veröffentlicht. Er entwickelt darin vielleicht das letzte klassische System, das in der Philosophie noch ernst genommen wurde. Ausgehend von dem abstraktesten und allgemeinsten Anfang, der in der Philosophie denkbar ist, fragt sich Sartre: Was muss ich mir eigentlich unter »Sein« vorstellen? Er untersucht dies zunächst anhand der Seinsweise eines Dinges. Ein Ding, so stellt er fest, ist schlicht und einfach, was es ist. Es fällt vollkommen mit sich selbst zusammen. Natürlich, ein Ding kann sich verändern. Aber dabei handelt es sich nicht um eine Veränderung, die das Ding aus dem Gefängnis seines Wesens befreien würde. Das Ding kann sich nicht entscheiden, etwas anderes zu werden: Dazu hat es weder die Freiheit noch den Spielraum.

Ein solcher Spielraum setzt schließlich eine gewisse Distanz zu sich selbst voraus: den Willen, etwas *anderes* zu werden als das, was man ist. Und dem vorausgehend setzt es noch das Bewusstsein voraus, dass es etwas anderes sein *könnte*. Ein solches Bewusstsein hat der Gegenstand nicht. Das Ding ist in seiner Kompaktheit gefangen. Es ist, schreibt Sartre mit einem hegelianischen Begriff, »an-sich«.

En passant hat Sartre damit jedoch noch eine andere Seinsweise eingeführt: die Seinsweise des Bewusstseins. Das Bewusstsein kann sich durchaus vorstellen, anders zu sein, als es ist. Ja, mehr noch, diese Fähigkeit ist für das Bewusstsein grundlegend, weil es nur als ein Verhältnis zu etwas anderem besteht. Wie es Husserl ausdrückte: Es ist immer Bewusstsein *von* etwas. Ich sehe: Der Tisch steht *dort* – es gibt zwischen mir und dem Ding einen Abstand. Nicht nur physisch, sondern auch mental. Denn ich weiß: Ich bin nicht der Tisch. Es klafft zwischen uns eine Lücke, die durch das Wörtchen »nicht« angezeigt wird.

Für den Tisch spielt das alles keine Rolle. Für den Tisch gibt es genau genommen sogar überhaupt nichts. Dieses Ding besteht allein für mich – und zwar, weil ich mir Rechenschaft von diesem Abstand und der Nichtidentität zwischen uns ablegen kann. Dank des Bewusstseins gibt es für mich eine Welt, in der ich lebe. Das Bewusstsein ist nicht »an-sich« (in sich eingeschlossen) wie das Ding, es ist

* Jean-Paul Sartre, »Die Transzendenz des Ego«, in: ders., *Die Transzendenz des Ego. Philosophische Essays 1931–1939*, hg. v. Bernd Schuppener, übers. v. Uli Aumüller u. a., Reinbek: Rowohlt, 2010.

»für-sich«: Es hat eine Beziehung zur Welt und darin gleichzeitig zu sich selbst. Dass ich eine »Welt« habe, ist schließlich zuallererst der Tatsache zu verdanken, dass ich *in* und sogar *als* Relation zu dem Anderen-als-ich existiere. Ich kann mich auf mich selbst zurückbeziehen und mich zu mir selbst verhalten. Darin verdopple ich mich gewissermaßen: Es gibt ein Bewusstsein, das auf sich selbst schaut und das daher nicht ganz es selbst *ist*.

Daraus ergeben sich für Sartre bedeutsame Konsequenzen. Mag ich auch im Verhältnis zur Welt bestehen, so *bin* ich doch durchaus *etwas*. Ich bin der und der, bin dort und dort geboren, habe die und die Eigenschaften. Ich bin schließlich mehr als ein freischwebendes Bewusstsein. Mein Dasein ist auf vielfältigste Weise bestimmt. Aber die Bestimmung ist nicht mein Schicksal, hält Sartre dem entgegen. Ich kann mich dazu verhalten, ich kann ihm eine Bedeutung verleihen und ihm auf verschiedenartigste Weise einen Platz in meinem Leben geben. Darin besteht meine Freiheit, die mich radikal von dem, was ich bin, unterscheidet.

Oder besser gesagt: Dank der Freiheit bin ich dem, was ich bin, nicht willenlos ausgeliefert. Ich bin Niederländer, aber ich bin nicht *der* Niederländer, wie Máxima Zorreguieta, die Frau von König Willem-Alexander der Niederlande, zu Recht angemerkt hat. Selbst wenn ich bestimmten Stereotypen eines Niederländers entspreche, kann ich sie mir doch auf ganz verschiedene Weisen aneignen, je nachdem wie ich mein Leben gestalten will. Ich kann Niederländer sein und doch nicht *Oranje* mögen – ganz gleich ob es dabei um Fußball oder das Königshaus geht.

Das wichtigste Wort in dieser Feststellung ist das Wort »nicht«. Der Mensch ist das Wesen des Negativen: des »Nicht-seins« oder des »Nicht-das-seins«, so Sartre. Das »nicht« ist eine Art Riss im Sein, der Abstand schafft: eine Kluft, durch die das »für-sich« sich selbst ins Gesicht sieht. Der Mensch existiert nicht mehr als ein in sich selbst ruhendes Wesen, das zu sich selbst verurteilt ist, sondern wird durch das »nicht« aus seiner Faktizität befreit. Darin liegt seine Freiheit, oder besser gesagt: Das »nicht« ist seine Freiheit. Wenn sich ein Grundzug im Phänomen »Mensch« aufzeigen lässt, dann liegt er darin.

Dreckskerle

Dass Sartre nach dem Zweiten Weltkrieg fast von einem Tag auf den anderen zu dem Philosophen wurde, dessen Name in aller Munde war, war dieser simplen Feststellung zu verdanken: Der Mensch ist das Wesen der Freiheit. Wenn es etwas gibt, das ihn auszeichnet, dann die Fähigkeit, sich von dem zu befreien, was ihn festlegt, einschnürt, zwingt und ihn zu etwas vorbestimmt, wozu er sich nicht selbst entschieden hat. »Existenz geht der Essenz voraus«, sagt Sartre.* Zuerst *ist* der Mensch, danach erst ist er *etwas*. Und *was* er ist, ist immer der Gegenstand seiner Entscheidung. Er stimmt niemals willenlos damit überein, selbst dann nicht, wenn er sich dafür entscheidet, sich dadurch bestimmen zu lassen, was er ist – denn auch das ist eine Existenzentscheidung.

Das war nach dem verheerenden Krieg Wasser auf die Mühlen aller, die sich jahrelang nach Freiheit gesehnt hatten – und insbesondere der Amerikaner, die Sartre mit offenen Armen empfingen, weil sie sich das Freiheitsideal groß auf ihre Fahnen geschrieben hatten. Sartres Philosophie war eine Antwort auf das mora-

* Jean-Paul Sartre, *Der Existentialismus ist ein Humanismus*, S. 149.

In den Jahren nach dem Zweiten Weltkrieg zog der Existenzialismus nicht nur als Philosophie alle Aufmerksamkeit auf sich. Mit ihm war ein Lebensgefühl verbunden, das in Kleidung (Schwarz war beinahe obligatorisch), Literatur und Musik zum Ausdruck kam. In den Kellern des Quartier Latin in Paris fand die Jazzmusik, die in den Zwanzigerjahren schon nach Frankreich vorgedrungen war, ihre zweite Heimat. Sie wurde charakteristisch für die nach dem Zweiten Weltkrieg aufkommende erste Welle der »Jugendkultur«. In seinem Film ›Les Tricheurs‹ (›Die sich selbst betrügen‹) von 1958 zeigt Marcel Carné, wie sehr diese Kultur inzwischen auch in die bürgerlichen Kreise vorgedrungen ist (© Walter Limot / Album / akg-images).

lische Vakuum, das nach dem Krieg entstanden war. Der Weltkonflikt hatte Europa als ein Trümmerfeld hinterlassen, nicht nur physisch, sondern auch moralisch. Eine einfache Sanierung der Gesellschaft, die schon im vorangehenden Weltkrieg ins Wanken geraten war, schien unmöglich. Es musste ein Neubeginn gemacht werden, und dazu kam Sartres Philosophie gerade im rechten Moment. Er baute ein grundlegend neues philosophisches System auf, das in eine neue Ethik der Freiheit münden sollte – und das mit dem Vorkriegsweltbild, in dem Standesbewusstsein, Gruppendruck und der Glaube an Vorbestimmung jede individuelle Freiheit im Keim erstickt hatte, kurzen Prozess machte.

Sartre wandte sich entschieden gegen die Moral, die mit diesem Weltbild verbunden war, und gegen die gesellschaftlichen Klassen, auf die es sich stützte. Stärker noch als in seinem philosophischen Werk tat er dies in den anderen literarischen Genres, die sein Schaffen prägten. In seinem Romanzyklus ›Die Wege der Freiheit‹ versuchte er anhand konkreter Figuren deutlich zu machen, was ein Leben in Freiheit eigentlich bedeutete. In den Theaterstücken lotete er dessen ethische Implikationen aus. Und in dem Chanson ›Dans la rue des Blancs-Manteaux‹, dessen Text er verfasst hatte, ließ er seinem Hass auf die Klasse, die für ihn zur Verkörperung gesellschaftlicher Tyrannei geworden war, freien Lauf: die Klasse der Bourgeoisie, die er schlichtweg als *les salauds,* die Dreckskerle, bezeichnete. In dem Chanson ließ er Generäle, Bischöfe, Admiräle und Damen der besseren Gesellschaft nach und nach allesamt unter der Guillotine enden.

Dans la rue des Blancs-Manteaux
Ils ont élevé des tréteaux
Et mis du son dans un seau
Et c'était un échafaud
Dans la rue des Blancs-Manteaux

Dans la rue des Blancs-Manteaux
Le bourreau s'est levé tôt
C'est qu'il avait du boulot
Faut qu'il coupe des généraux
Des évêques, des amiraux,
Dans la rue des Blancs-Manteaux

Dans la rue des Blancs-Manteaux
Sont v'nues des dames comme il faut
Avec de beaux affûtiaux
Mais la tête leur f'sait défaut
Elle avait roulé d'son haut
La tête avec le chapeau

Dans l'ruisseau des Blancs-Manteaux

In der Rue des Blancs-Manteaux
Hat man ein Gerüst gebaut
Und Kleie in einen Kübel gestreut
Und so stand da ein Schafott
In der Rue des Blancs-Manteaux

In der Rue des Blancs Manteaux
War der Henker heut früh auf
Denn er hatte viel zu tun
Generäle, Admiräle und Bischöfe
kostete es heute den Kopf
In der Rue des Blancs Manteaux

In der Rue des Blancs-Manteaux
Erschienen die Damen proper und adrett
Mit allerlei hübschem Firlefanz
Ihnen fehlte aber der Kopf
Er war tief hinabgerollt
Den Hut noch obenauf

In die Gosse des Blancs-Manteaux

Die Freiheit, die Sartre im Menschen als seine elementare Existenzweise aufzeigt, ist nicht nur dessen wichtigstes Kennzeichen, sondern auch der Auftrag, den er ständig zu erfüllen hat. Er *ist* Freiheit, muss diese Freiheit aber auch gegen die Gefahr schützen, dass sie ihm von anderen oder, was noch schlimmer wäre, von ihm selbst geraubt wird. Diese zweite Gefahr ist mindestens so groß wie die erste. Denn ebenso wie bei Kant gibt die Freiheit auch bei Sartre dem Menschen keineswegs einen Freibrief dafür, sorglos vor sich hin zu leben. Im Gegenteil, die Freiheit legt ihm eine große Last auf die Schultern, die er nur allzu gerne abschütteln möchte, auch wenn das niemals möglich ist.

Verurteilt

Unsere Freiheit ist unentrinnbar. »Wir sind zu ihr verurteilt«, sagt Sartre. Wenn wir sie verleugnen und behaupten, dass wir etwas nun einmal tun »müssen« oder »nicht anders konnten«, als dieses oder jenes zu tun, dann verleugnen wir uns selbst. Wir machen unser Handeln von etwas anderem abhängig, das uns

»dazu zwingt«, und machen uns so selbst zu einem Ding: zu einer Billardkugel, die willenlos fortrollt, weil sie von einer anderen Billardkugel angestoßen wird. Diese Verleugnung der Freiheit ist unter der Würde des Menschen. Sie ist, sagt Sartre: »Unaufrichtigkeit« *(mauvaise foi)*.

Und die Verleugnung der Freiheit ist dies umso mehr, weil sie, wie immer wir es auch anzustellen versuchen, unmöglich ist. Wir *sind* nun einmal unsere Freiheit, *auch* in unserem Entschluss, sie zu verleugnen. Die Entschuldigung, dass wir nicht anders *können*, dass wir nun einmal so sind, wie wir sind, dass dies in unserem Charakter liegt oder dass wir einen Befehl oder eine Erwartung nicht ignorieren können, geht mutwillig an der Tatsache vorbei, dass wir immer noch selbst entscheiden, wie wir diesem Sachzwang, dem Charakter oder Befehl Bedeutung verleihen oder entsprechen. »Nein« zu sagen ist immer möglich, so Sartre – und sich zu weigern, »nein« zu sagen, ist *auch* eine Entscheidung, sei es auch eine unauthentische.

Die immer schwarz gekleidete Juliette Gréco, Muse der existenzialistischen Welt im Paris der Nachkriegszeit, interpretierte ›Dans la rue des Blancs-Manteaux‹ und veröffentlichte es 1950 (akg-images / Binder).

Ein schönes Beispiel dafür ist der oft zitierte Satz »On ne naît pas femme, on le devient«, mit dem Simone de Beauvoir den zweiten Band »Gelebte Erfahrung« ihres Werkes ›Le deuxième sexe‹ (›Das andere Geschlecht‹) von 1949 beginnt. Von der ersten Seite an ist deutlich, dass sie von denselben Begriffen und demselben Menschenbild wie Sartre ausgeht – und das ist kein Wunder angesichts ihrer innigen Beziehung und des intensiven Dialogs, in dem ihrer beider Bücher entstanden. Zuweilen wird diese Passage übersetzt: »Man wird nicht als Frau geboren, man wird zur Frau gemacht.« Wäre diese Übersetzung korrekt, wäre die Aussage des Satzes ein Paradebeispiel für »Unaufrichtigkeit«: Die Frau lässt sich von etwas anderem (dem Mann, der Gesellschaft, der Tradition) vorschreiben, was sie ist. Tatsächlich lautet die korrekte Übersetzung: »Man kommt nicht als Frau zur Welt, man wird es.«* Das bedeutet: Eine Frau zu werden ist ein Entscheidungsprozess, der sowohl Authentizität als auch Inauthentizität zulässt. Eine Frau wird auf eine »eigentliche« Art, was sie ist, indem sie ihrer Geschlechtlichkeit die Bedeutung verleiht, die mit ihrem eigenen Lebensentwurf übereinstimmt.

* Simone de Beauvoir, *Das andere Geschlecht. Sitte und Sexus der Frau*, übers. v. Uli Aumüller u. Grete Osterwald, Reinbek bei Hamburg: Rowohlt, 1992, S. 334.

Wim Wenders, 1970er Jahre (akg-images / Binder). Sartres Freiheitsideal hat in der Nachkriegskultur tiefe Spuren hinterlassen. Mitte der Siebzigerjahre drehte Wim Wenders einen Film, in dem sowohl die Ungebundenheit als auch die Verlorenheit des existenzialistischen Lebensgefühls noch nachwirken, obwohl der Existenzialismus schon lange aus der »Mode« gekommen war. ›Im Lauf der Zeit‹ erzählt die Geschichte zweier Männer, die sich zufällig im damaligen Grenzgebiet zwischen Ost- und Westdeutschland begegnen. Einer von ihnen reist mit einem alten Umzugswagen von Kino zu Kino, um die Projektoren zu warten und zu reparieren; der andere hat in seinem Leben Schiffbruch erlitten und begleitet ihn eine Zeit lang auf seiner Reise. Geredet wird nicht viel unterwegs. Der längste Monolog ist vielleicht der eines Mannes, dem sie unterwegs begegnen und der ihnen erzählt, dass seine Frau gerade Selbstmord begangen hat, indem sie mit ihrem Wagen gegen einen Baum gefahren ist. Das Erzählen des Geschehenen sorgt vielleicht für Erleichterung, ändert aber nichts an der Verlassenheit.

Einer Entscheidung – und damit auch meiner Verantwortung dafür – kann ich mich nicht entziehen, auch wenn sich das manch einer sehnlichst wünscht. Denn einerseits konfrontiert mich jede Entscheidung mit der Tatsache, dass ich sie letztlich nicht verantworten kann. Verwurzelt in der Freiheit, wie sie ist, lässt sich eine Entscheidung nie völlig mit Argumenten untermauern – dann wäre sie schließlich nicht mehr frei, sondern eine unvermeidliche Folge meines »Seins«. Anderseits legt die Pflicht, mich zu entscheiden, offen, dass ich für alles verantwortlich bin, ja sogar für die ganze Welt, so wie sie ist – auch für das Handeln meiner Regierung, gegen die ich mich offenkundig nicht (oder nicht ausreichend) zur Wehr gesetzt habe.

Das ist eine schwindelerregende Erkenntnis, die erklärt, warum Sartre von einem »Zur Freiheit-verurteilt-Sein« spricht. Diese Freiheit bewegt sich über einer bodenlosen Tiefe, aus der die menschliche Daseinsangst erwächst. Was ich tue, kann ich nie vollkommen verantworten: Darin liegt die menschliche Schuldigkeit. Hier spinnt Sartre einige von Kierkegaards Grundgedanken fort.

Doch während Kierkegaard die Angst in dem Bewusstsein empfindet, dass die göttliche Erlösung doch einmal ausbleiben und er im Abgrund des Seins zugrunde gehen könnte, geht die Angst bei Sartre aus dem Bewusstsein hervor, dass das Dasein unabwendbar ein Abgrund ist – ohne Hoffnung auf Erlösung. Und wo Kierkegaard Schuld buchstäblich als ein Versagen angesichts der göttlichen Realität auffasst, will Sartre von einer solchen theologischen Interpretation nichts wissen. Auf seine Weise gelingt es ihm, die Ansätze von Kierkegaards Existenzdenken zu einer Philosophie umzubiegen, in der der Mensch des 20. Jahrhunderts einerseits gottlos sein kann, andererseits aber seinen Lebensauftrag doch an sei-

De Beauvoir und Sartre bei einer Demonstration linker Organisationen. Die Demonstration verlief am Boulevard Saint-Germain entlang und wurde am Place Maubert von der Polizei angehalten, 1.11.1961 (akg-images / TT News Agency / SVT).

ner Existenz selbst ablesen kann. Authentizität ist dabei ausschlaggebend. Nur in der eigenen Entscheidung für das individuelle Lebensprojekt kommt die Freiheit wirklich zu ihrem Recht.

Dass Sartre das Bürgertum zum Modell für die Leugnung der Freiheit macht, lässt sich nun besser verstehen. Wie nirgendwo sonst findet er in der Bourgeoisie die Untugend wieder, die sich auf eine unverrückbare Ordnung und Bestimmung beruft, um jeglicher Lebensentscheidung zu entkommen. »Natürlich werde ich Notar, mein Vater war schließlich auch einer, meine Familie erwartet das von mir, und wie könnte ich denn anders?« Jegliche Verantwortung wird auf die Umstände, die Tradition und die bestehende Ordnung abgewälzt. Nichts wird sich je wesentlich verändern, denn niemand wird von den eingetretenen Pfaden abweichen. Ich entschuldige meine Fehltritte durch Hinweis auf meine unglückliche Jugend, die an allem schuld ist. Nicht ich, sondern mein Unbewusstes ist eigentlich der Akteur meiner Handlungen. Nicht ich, sondern mein Vorgesetzter ist verantwortlich für den Befehl, der mir gegeben wird. So wie die Entscheidungs-

Alle Bedeutung, die das Leben hat, hat ihm der Mensch in seinem »Lebensprojekt« verliehen. Die Welt selbst ist sinnlos. Nur eine bewusste Entscheidung kann ihr Sinnhaftigkeit verleihen. Der Mensch besteht in und dank dieser Entscheidung und seiner Fähigkeit dazu. Authentizität ist unter Sartres Einfluss einer der zentralen Werte der modernen Kultur geworden, selbst in der Unternehmensführung und im *Leadership* (akg-images / TT News Agency / SVT).

freiheit bei Sartre das atheistische Pendant zu dem schon gleichermaßen absurden »religiösen Sprung« bei Kierkegaard darstellt, so tritt dessen »unauthentischer Mensch« die Nachfolge von Kierkegaards »Spießbürger« an. Der Bourgeois ist für Sartre ein ebenso gedankenloses Mitglied seiner Klasse, wie der dänische Bürger das in seiner Staatskirche war. Damit glaubt er, von jeder Verantwortung für die Entscheidungen, die er dennoch immer schon getroffen hat, frei zu sein.

Jacques Brel hat diese Lebenshaltung später wunderbar in seinem Chanson ›Les Bourgeois‹* in Worte gefasst. Selbst die Beschimpfungen der bürgerlichen Autoritäten gehören zu den Jugendriten jener, die schon für dieselbe Klasse auserkoren sind.

Et quand vers minuit passaient les notaires
Qui sortaient de l'hôtel des Trois Faisans
On leur montrait notre cul
et nos bonnes manières
En leur chantant

Les bourgeois c'est comme les cochons
Plus ça devient vieux
plus ça devient bête
Les bourgeois c'est comme les cochons
Plus ça devient vieux plus ça devient c–

Und wenn gegen Mitternacht die Notare
vorbeigingen
Die aus dem Hotel »Drei Fasane« kamen
Zeigten wir ihnen unsere Ärsche
Und unsere gute Sitte
Und sangen ihnen nach

Die Spießbürger sind wie Schweine
Je älter sie werden
Desto dümmer werden sie
Die Spießbürger sind wie Schweine
Je älter sie werden, desto …

* ›Les Bourgeois‹, Auteur: Jacques Brel, Compositeur: Jean Corti. © Éditions et Productions Sidonie/Éditions Jacques Brel, Bruxelles, 1962.

Der giftige Stachel des Chansons sitzt an seinem Ende, an dem sich die jungen Rebellen schließlich als genau dieselben *Bourgeois* entpuppen, die sie einst in ihrer Aufsässigkeit beschimpft hatten. Einen solchen Salto mortale kann man Sartre nicht vorwerfen. Er ist bis zuletzt dem individuellen Nonkonformismus seines »authentischen Menschen« treu geblieben. Allerdings hat er nach dem Zweiten Weltkrieg diesem Nonkonformismus eine politisch-marxistische Dimension zu geben versucht, von der in seinem Hauptwerk ›Das Sein und das Nichts‹ noch keine Rede war.

Nachdem der Existenzialismus – als eine Philosophie mit dem Versprechen auf eine neue Zukunft – nach dem Zweiten Weltkrieg schon gut ein Jahrzehnt lang die intellektuelle Sphäre beherrscht hatte, blühte er Ende der Sechzigerjahre ein zweites Mal auf. Der Bewegung des »Mai 68« und der Hippies in Amerika sind wir zuvor schon als Erben von Rousseaus Liebe zum natürlichen Menschen begegnet. Aber in ihrer Suche nach einfacher »Echtheit« und »Authentizität« waren sie Sartres Existenzdenken mindestens ebenso zu Tribut verpflichtet, auch wenn damals schon fast niemand mehr das Wort in den Mund nahm.

In dem Song ›Twelve-Thirty‹ von The Mamas & The Papas wird das deutlich. Zunächst schildern sie die graue Realität des alltäglichen bürgerlichen Lebens.

I used to live in New York City;
Everything there was dark and dirty.
Outside my window was a steeple
With a clock that always said twelve-thirty.

Jacques Brel bei einem Konzert in Paris, 1964 (Daniel Frasnay / akg-images).

Doch dann ändert sich die Szenerie, und die Ödnis der Stadtlandschaft weicht einer menschlichen Welt, in der es keine Routine ist, »Guten Morgen« zu sagen, sondern ein ernst gemeinter Wunsch.

Young girls are coming to the canyon,
And in the mornings I can see them walking.
I can no longer keep my blinds drawn,
And I can't keep myself from talking.

At first so strange to feel so friendly –
To say ›Good morning‹ and really mean it –
To feel these changes happening in me,
But not to notice till I feel it.

Sartre benannte seine Zeitschrift ›Les Temps Modernes‹ nach dem Film ›Modern Times‹ (1936) von Charlie Chaplin, den er kurz nach dem Krieg gesehen hatte. Er sah darin die Situation des modernen Menschen auf humoristische Weise prägnant dargestellt.

17

Der lästige andere

Sartre

Das »Ich« ist nicht, was es ist. Es steht immer in Distanz zu sich *und* in Distanz zu der Welt, in der es sich befindet. Auf diese Feststellung gründet Sartre, wie wir gesehen haben, die menschliche Freiheit. Diese ist absolut, nicht deshalb, weil ein Mensch imstande wäre, eine Welt nach seinem eigenen Willen zu schaffen, sondern weil er eine souveräne Deutungshoheit darüber hat, welche Bedeutung die Welt, in der er sich vorfindet, für ihn hat. Ich mag mit allen erdenklichen Eigenschaften zur Welt kommen: als Mann oder Frau, mit mehr oder weniger Intelligenz, als Niederländer oder Rumäne – wie ich mit diesen Eigenschaften umgehe und wie ich sie in das Lebensprojekt, das ich für mich selbst entwerfe, einpasse, das ist ganz und gar meine Sache.

Ich erschaffe die Welt nicht, aber ich gestalte sie *um*, indem ich ihr einen bestimmten Sinn gebe, der mit meiner Lebensentscheidung konform geht. In dieser Hinsicht ist der Mensch bei Sartre zwar nicht zu einem Gott geworden, aber er nimmt doch eine analoge Stellung ein. Er bestimmt, was die Welt *für mich* ist. Und das läuft in der phänomenologischen Perspektive, in der das, was *ist*, immer für mich ist, eigentlich auf dasselbe hinaus. Kein Wunder, dass Sartre kurz nach dem Zweiten Weltkrieg, als er die berühmte Zeitschrift ›Les Temps Modernes‹ gründete, in seiner »Présentation« schlichtweg erklären konnte: »L'homme est un absolu.«* Der Mensch ist ein Absolutum, wie es einst Gott war.

Aber dem stehen doch einige Hindernisse im Weg. Bisher ging es immer nur darum, wie der Mensch sich selbst gegenübersteht und wie er der Welt gegenübersteht. Es kostet den Menschen schon einiges an Anstrengung, dabei seine Souveränität zu wahren. Wirklich problematisch aber wird es erst, wenn in dieser Welt auch noch ein anderer Mensch auftaucht. Wenn sich zwei Personen gegenüberstehen, sehen sie einander zunächst als Objekt, so Sartre. Und das hat weitreichende Konsequenzen. Ich weiß, dass mich der Blick des anderen objektiviert, mich auf eine Identität festlegt, über die ich keine Verfügungsmacht habe, da ich zum Bewusstsein des anderen keinen Zugang habe. In den Augen des anderen bin ich kein freier Mensch, sondern ein Gegenstand, der einfach mit dem, was er ist, zusammenfällt. Jemand sieht mich entgegenkommen und kon-

* Jean-Paul Sartre, »Présentation des Temps Modernes«, in: *Situations II*, Paris: Gallimard, 1948, S. 15.

Am Ende des herzergreifenden Films ›Ladri di biciclette‹ (»Fahrraddiebe«) Vittorio de Sicas von 1948 wird der bis dahin grundehrliche Arbeiter Antonio Ricci beim Diebstahl eines Fahrrades erwischt, das er braucht, um seiner Arbeit nachgehen und seine Familie ernähren zu können. Von einem Augenblick zum anderen wird er zum Dieb: in den Augen der Umstehenden, aber vor allem in den Augen seines kleinen Sohnes – wie sehr dieser auch mit ihm mitleidet. Auch wenn sein Sohn sich nichts anmerken lässt, sein Vater ist in seiner Achtung gesunken, und er weiß das. Die Scham brennt in seiner Seele.

statiert: Da kommt ein Niederländer, der wird wohl für *Oranje* sein.

Das scheint zunächst nicht so katastrophal zu sein, doch in Wirklichkeit, so Sartre, spielt sich hier ein schmerzhaftes Drama ab. In den Augen des anderen bin ich mit mir selbst identisch, ich kann dem nicht entkommen. Demnach bin ich dann nicht mehr frei. Schließlich kann ich mich dem Urteil des anderen über mich nicht entziehen. Was er über mich denkt, entzieht sich meinem Zugriff, ich bin dem anderen darin ausgeliefert – mir buchstäblich entfremdet und entwendet.

Wie tief das mein Selbstverständnis berühren kann, illustriert Sartre in ›Das Sein und das Nichts‹ mit einem herrlichen Beispiel. Im Flur eines Hotels liegt ein Mann auf seinen Knien und späht durch ein Schlüsselloch. Wir können uns vorstellen, was sich in dem Zimmer abspielt, das er ausspioniert – aber unser Urteil kümmert den Mann nicht. Er konzentriert sich ganz auf das, was er sieht, es ist, als wäre er in dem Zimmer anwesend und sich seiner selbst nicht mehr bewusst. Das ändert sich, als im Flur plötzlich das Licht angeht. Mit einem Mal weiß der Mann, dass noch jemand im Flur ist und – was schlimmer ist – dass er von dieser Person gesehen und beurteilt wird: Hier sucht ein betrogener Ehemann Beweise für die Untreue seiner Frau. Auf einmal ist er wieder bei sich und sieht sich in den Augen des anderen auf einen gehörnten Ehemann reduziert. Er *ist* etwas, etwas wie ein Ding, und in der Schmach seiner aufgezwungenen Identität errötet er. Die Scham ist der Beweis seiner Reduktion auf sich selbst und auf die Essenz, die ihm aufgenötigt wird. Und sie zeigt zugleich, dass er ihr gegenüber nicht gleichgültig bleiben kann. Das Urteil des anderen brennt ihm in der Seele.*

Nun bleiben diesem Mann zwei Auswege. Entweder akzeptiert er seine demütigende Objektivierung durch den Blick des anderen und liefert seine Freiheit damit dem anderen aus. Oder er versucht seinerseits, dessen Blick zu übertrumpfen. Er blickt ihm direkt in die Augen und setzt alles daran, ihn seinerseits zu objektivieren: Was tun Sie hier, mein Herr, schämen Sie sich nicht, andere so zu beurteilen? In diesem Augenblick entwickelt sich zwi-

* Jean-Paul Sartre, *Das Sein und das Nichts. Versuch einer phänomenologischen Ontologie*, hg. v. Traugott König, übers. v. Hans Schöneberg u. Traugott König, Reinbek: Rowohlt, 1991, S. 468 ff.

schen den beiden ein Machtkampf, der mit der Kapitulation desjenigen endet, der zuerst die Augen niederschlägt und sich dem objektivierenden Blick des anderen unterwirft. Dieser Kampf ist nach Sartre für alle zwischenmenschlichen Beziehungen kennzeichnend. »Das Wesen der Beziehungen zwischen Bewußtseinen ist nicht das *Mitsein* [ein von Heidegger entlehnter Begriff, der auf authentische Gemeinsamkeit verweist, Anm. Ger Groot], sondern der Konflikt.«*

Aus diesem Grund kann Sartre am Anfang von ›Der Existentialismus ist ein Humanismus‹ den Atheismus als Bedingung seiner Existenzphilosophie bezeichnen. Denn Gott ist schließlich der andere schlechthin, der den Menschen immerzu sieht, aber sich selbst niemals sehen, daher auch nicht zum Objekt machen lässt. Die Befreiung des Menschen in einem authentischen Dasein wird also erst dann möglich, wenn es den Blick dieses ewigen anderen nicht mehr gibt. Und da Freiheit offenbar möglich ist, kann Gott nicht existieren, lautet Sartres ebenso knapper wie lakonischer Anti-Gottesbeweis.

Die Hölle

Zwischen Unterwerfen und Unterworfenwerden gibt es nach Sartres Ansicht keinen Mittelweg. Es gibt im wahrsten Sinne des Wortes kein »wir«. Sofern wir uns gelegentlich als ein »wir« erfahren, ist das nur ein oberflächlicher Eindruck, der entsteht, wenn eine Gruppe von Menschen von einem äußeren Blick zu einem Kollektiv zusammengefasst wird: wir Reisende in einem Autobus beispielsweise. Aber auch dann ist es immer ein äußerer Blick, der uns bestimmt.

In einem seiner ersten Theaterstücke hat Sartre die verheerende Wirkung dieses Blicks thematisiert. ›Huis clos‹ (›Geschlossene Gesellschaft‹) von 1944 spielt in der Hölle. Infernalische Szenen gibt es nicht zu sehen, nur einen ganz normalen Salon, in dem drei Menschen eingeschlossen sind: zwei Frauen und ein Mann. Sie sind hier für immer und ewig, denn sie haben alle etwas auf dem Kerbholz. Ein Revolutionär hat aus Feigheit seine Kameraden verraten. Eine der Frauen hat ihr Kind getötet, das ihrem mondänen Leben im Wege gestanden hätte. Die andere Frau hat ihre Freundin in den Wahnsinn getrieben.

Schon bald kommen diese drei Menschen hinter ihre jeweiligen Geheimnisse, und von da an *sind* sie ihr Verbrechen. Selbst kurzzeitige Versuche zu erotischen Begegnungen laufen ins Leere, denn immer gibt es einen Dritten, der diese seinerseits objektiviert und auf diese Weise verdirbt. Das Stück läuft auf den berühmtesten Einzeiler des existenzialistischen Denkens hinaus: *L'enfer, c'est les autres*. »Die Hölle, das sind die anderen.« Selbst die Liebe bietet darin keinen Ausweg. Jede Intimität zwischen zwei Personen wird stets von einer dritten Person gestört. Er bricht wie ein Voyeur in das erträumte Paradies der Zweisamkeit ein und stellt es in der Obszönität seiner nackten Sichtbarkeit zur Schau.

In ›Huis clos‹ wird diese Enthüllung von Liebe und Erotik noch sehr verhalten inszeniert. Doch in den Siebzigerjahren finden wir genau die gleiche Szene an unvermuteter Stelle wieder: am Ende des Films ›The Devil in Miss Jones‹, den Gerard Damiano unmittelbar nach seinem aufsehenerregenden Film ›Deep Throat‹ (1972) drehte.

Was geht dieser Szene voraus? Die Hauptperson ist Justine Jones, eine kulturelle Anspie-

* Jean-Paul Sartre, *Das Sein und das Nichts*, S. 747.

In ›Ascenseur pour l'échafaud‹ (›Fahrstuhl zum Schafott‹) begeht ein Mann einen Raubmord an seinem Chef, wenige Minuten bevor der Betrieb wegen Urlaubs einige Wochen schließt. Doch es ist schon zu spät. Während er im Fahrstuhl sitzt, wird der Strom von der Concierge abgeschaltet. Er kann nicht weg. Seine Freundin (gespielt von Jeanne Moreau) wartet auf ihn am verabredeten Ort, aber er taucht nicht auf (akg-images / Album / Nouvelle Editions).

lung auf den Roman von Marquis de Sade: ›Justine oder Vom Missgeschick der Tugend‹. Auch Damianos Justine ist ein tugendhaftes Mädchen, aber sie hat wenig Freude daran. Als sie aus Verzweiflung Selbstmord begeht, zeigt sich, dass sie im Jenseits nicht einfach in die Hölle verwiesen werden kann, wo sie ihres Selbstmords (einer Todsünde) wegen eigentlich hingehören würde. Der Teufel weigert sich, sie anzunehmen, da sie noch Jungfrau ist. Er schickt sie zurück, damit sie erst einmal richtig sündigt.

Justine findet daran schnell Gefallen. Als sie schließlich zu dem bürokratischen Höllenwächter zurückkehrt, würde sie am liebsten ihr zügelloses Leben fortsetzen. Stattdessen hat dieser nun für sie die Hölle in petto – und die ist für Justine, wie sich herausstellt, noch viel schlimmer, als sie es sich vorstellen konnte.

Ebenso wie bei Sartre ist die Hölle ein kahler Raum, in dem Justine mit einem »anderen« eingeschlossen wird, der – wie Norman Bates am Ende von ›Psycho‹ – nur von einer herumschwirrenden Fliege beobachtet wird und sich überhaupt nicht für Sex interessiert, auf den Justine nun gerade solchen Appetit entwickelt hat. Justines ewige Qual liegt in dem Wissen, dass sie erneut, und nun für immer und ewig, unbefriedigt bleiben wird. So endet ›The Devil in Miss Jones‹ – wahrscheinlich der philosophischste Pornofilm der Geschichte – als ein erotisches sartreanisches Drama.

In Sartres Philosophie bedroht der andere andauernd meine Authentizität, solange ich ihn nicht meinerseits »ver-nichte«. Das wirft nicht gerade ein rosiges Licht auf das existenzialistische Menschenbild, das in der Wahrnehmung der Vierziger- und Fünfzigerjahre gleichbedeutend mit Einsamkeit, Sinnlosigkeit und Aussichtslosigkeit ist. Im Film ›Ascenseur pour l'échafaud‹ (›Fahrstuhl zum Schafott‹) von Louis Malle von 1958 wird das großartig zum Ausdruck gebracht. Zu den elegischen Klängen von Miles Davis' Trompete irrt die Hauptdarstellerin Jeanne Moreau auf der vergeblichen Suche nach ihrem Geliebten durch Paris, den sie in Freiheit nie mehr wiedersehen wird.

Dennoch bestreitet Sartre, dass der Existenzialismus eine pessimistische Philosophie sei. »Es gibt keine optimistischere Lehre«, so schreibt er, »da das Schicksal des Menschen in ihm selbst liegt.«* Doch dazu muss er dem gegenüber, was er noch in seinem Hauptwerk geschrieben hat, unmittelbar nach dem Krieg

* Jean-Paul Sartre, »Der Existentialismus ist ein Humanismus«, S. 164.

eine Wendung vollziehen. Zu Sartres Individualismus der Vorkriegszeit, der in ›Das Sein und das Nichts‹ noch fortwirkt, gesellen sich ein Glaube an die Politik und die Erfahrung eines gemeinsamen Schicksals – etwas, was sich im Laufe des Krieges bei ihm festgesetzt hat. Diese Erfahrung hat er gemacht, als er nach der französischen Niederlage 1940 in Kriegsgefangenschaft geraten und geraume Zeit in einem Lager inhaftiert war. Dem Glauben an die Politik verdankte er neue Freundschaften mit Menschen, die im Widerstand aktiv waren, Menschen wie Albert Camus und Maurice Merleau-Ponty.

Der Unterschied zwischen dem politischen Sartre nach dem Zweiten Weltkrieg und dem Sartre der Vorkriegszeit, der sich viel stärker von der Welt fernhielt, lässt sich gut an seinem literarischen Werk ablesen. In der Kurzgeschichte ›Le Mur‹ (»Die Mauer«) aus dem gleichnamigen Sammelband von 1939 erzählt Sartre, wie einige zum Tode Verurteilte im spanischen Bürgerkrieg die Nacht gemeinsam in der Zelle verbringen, bevor sie hingerichtet werden sollen. Die Politik ist dabei nur als Kulisse gegenwärtig. Was passiert mit einem Menschen, der den sicheren Tod vor Augen hat? Das ist der Fokus der Geschichte. Sie mündet schließlich in einer grausamen Ironie des Schicksals, die die Hauptperson, entgegen ihren Intentionen, zu einem Verräter und augenscheinlich auch zu einem Feigling macht – ein durchgehendes bedeutsames Element in Sartres Werk.

Ganz anders verhält es sich in dem Theaterstück ›Die schmutzigen Hände‹ von 1948, in dem ein junger intellektueller Aktivist in der Frage mit sich ins Reine zu kommen versucht, inwieweit er um der politischen Opportunität willen sein eigenes Gewissen beiseiteschieben will. Sartre geht dem psychologischen Drama nicht aus dem Weg, aber anders als in ›Die Mauer‹ muss die existenzialistische Tragödie hinter dem Dilemma der politisch-moralischen Entscheidung zurückstehen.

Aus seinem Engagement in der Nachkriegszeit heraus gibt Sartre in ›Der Existenzialismus ist ein Humanismus‹ dem Thema Freiheit eine viel umfassendere Bedeutung, als er das früher in seinem Hauptwerk getan hat. »Ich kann meine Freiheit nur zum Ziel machen, indem ich auch die der anderen zum Ziel mache«, schreibt er 1945.* Den Rest seines Lebens wird er sich wie kein anderer als engagierter Philosoph erweisen. Er beteiligt sich an jeder politischen Debatte und hat einen prägenden Einfluss auf die öffentliche Meinungsbildung, nicht nur in Frankreich, sondern weit darüber hinaus. Er opponiert heftig gegen das französische Vorgehen in Algerien, das sich vom kolonialen Mutterland zu befreien versucht, und setzt sich für die revolutionären Regime in Kuba und China ein – und auch für die Arbeiteraufstände, die gemeinsam mit der Revolte der Studenten im Mai 1968 zum Ausbruch kommen und in den folgenden Jahren anhalten. Sartre übernahm 1971 die Herausgeberschaft der maoistischen Zeitung ›La cause du peuple‹, nachdem die eigentlichen Herausgeber verhaftet worden waren.

In den Jahren nach dem Krieg versucht Sartre diese Wendung zum Politischen theoretisch in Form einer Ethik und einer Geschichtsphilosophie auszuarbeiten. Schließlich wird die Geschichte, wie wir bei Hegel lernen, von einem sich entfaltenden Projekt getragen, das auch Sartre letztlich in eine ideale Welt münden sehen will. Dazu inkorporiert er in den Fünfziger- und Sechzigerjahren den Marxismus in seine existenzielle Philosophie. Aber

* Jean-Paul Sartre, *Der Existentialismus ist ein Humanismus*, S. 172.

›Les mains sales‹: Grete Zimmer und Ernst Meister, Volkstheater Wien, 1954 (akg-images / IMAGNO / Votava).

letztlich scheitert er damit. Weder diese Moral- noch diese Geschichtsphilosophie ist je zustande gekommen.

Stattdessen publiziert Sartre 1960 ein zweites Hauptwerk, ›Die Kritik der dialektischen Vernunft‹, in dem eine gewaltsame Form totalitären Denkens jede Erinnerung an seinen Humanismus der Nachkriegszeit austreibt. Streng genommen muss sein Versuch auch misslingen; entsprechend ist auch sein Romanzyklus ›Die Wege der Freiheit‹ unvollendet geblieben, in dem er ein Bild davon zu skizzieren versucht, was ein Leben nach den Vorgaben seines Existenzialismus *in concreto* bedeutet.

Natürlich kann man sagen, dass jede authentische Entscheidung für *meine* Freiheit die Freiheit aller anderen einschränken will, wie Sartre schreibt. Wie soll ich in einer Welt, die von Knechtschaft durchdrungen ist, ein authentisches Leben führen können? Aber in dem Moment, in dem sich beide Freiheiten gegenüberstehen, kann – legt man das Menschenbild in ›Das Sein und das Nichts‹ zugrunde – nur ein Zusammenstoß die Folge sein. Die menschliche Berufung ist es, frei zu sein, doch die menschliche Situation ist von der Unmöglichkeit gekennzeichnet, zwei Freiheiten gleichzeitig Auge in Auge miteinander zu entfalten. Die Entscheidung für die Freiheit anderer ist schließlich nicht mehr als eine rein formelle Fortführung der Entscheidung, die ich für mich selbst treffe. Sie erkennt den anderen nicht an, sondern nur mich selbst – sie macht den anderen zu einem Statisten in einer Welt, die ich durch meine Entscheidung geschaffen habe. Der andere mag frei sein, aber mein Verhältnis zu ihm bleibt, genau darum, im Konflikt verwurzelt.

One-Night-Stand

Damit beginnt sich das Problem abzuzeichnen, das wir schon zu Anfang dieses Kapitels gestreift haben. Immer wieder aufs Neue hat Sartre betont, dass der Mensch innerhalb einer konkreten und endlichen Situation lebt, wie schon von Kierkegaard beschrieben. Der Mensch ist immer *dieser* Mensch, im Hier und Jetzt, so Sartre, der seine Essays in einer zehnteiligen Reihe unter dem Titel ›Situations‹ bündelt. Und nirgendwo in ›Das Sein und das Nichts‹ wird seine Analyse so durchdringend und aussagekräftig wie an den Stellen, an denen er konkrete Begebenheiten oder Szenen schildert und diese philosophisch aufdröselt:

Der Kellner im Café, das Mädchen, das sich auf einer Terrasse womöglich verführen lässt, der betrogene Liebhaber, der durch das Schlüsselloch den *One-Night-Stand* seiner Geliebten ausspäht.

Aber wie wir gesehen haben, sind wir der Situation nicht ausgeliefert. Wir erheben uns über sie, nehmen Abstand von ihr und unterwerfen sie uns, indem wir zwar nicht über die Tatsachen, aber über deren Bedeutung entscheiden – und diese damit erschaffen. All das bedeutet ironischerweise, dass Sartre letztlich in einer Position landet, die er nun offensichtlich gerade vermeiden will, wenn er wie ein Phänomenologe den Menschen immer und immer wieder in seiner konkreten Verwurzelung in der Welt analysiert. Letzten Endes steht das Subjekt bei ihm doch wieder der Welt *gegenüber*, einer Welt, der das Subjekt aus seiner Autonomie heraus den Sinn verleiht, den es ihr verleihen will.

Nach der kubanischen Revolution besuchen Sartre und de Beauvoir Havanna und sprechen mit Che Guevara.

Als Sartre am Ende von ›Der Existentialismus ist ein Humanismus‹ schreibt: »Der Existentialismus ist nichts anderes als das Bemühen, alle Konsequenzen aus einer kohärenten atheistischen Position zu ziehen«*, hat es allen Anschein, als könne er Gott letztlich nur aus seiner Philosophie verbannen, indem er das Subjekt fast buchstäblich an dessen Stelle setzt. Das ist nicht so zu verstehen, als habe das Subjekt die Welt im physischen Sinne hervorgebracht. Sartre geht es vielmehr darum, dass das Subjekt die Welt erleben muss, als sei sie von ihm mit einer eigenen Bedeutung umgestaltet und daher gewissermaßen ein zweites Mal erfunden worden. Daher ist die Entscheidung des Subjekts eine absolute Entscheidung (»für alle Menschen«, sagt Sartre), und seine Verantwortung ist allumfassend.

Die Ironie von Sartres Position liegt darin, dass er einerseits die menschliche Endlichkeit thematisiert – ein existenzialistischer Ausgangspunkt par excellence – und anschließend ebendiese Endlichkeit zu einer neuen Unendlichkeit erhebt. Der Mensch ist Herr über seine ganze Welt, er schafft und bestimmt das Sein, weil sein Verhältnis dazu absolut ist. Das Universum ist immer ein menschliches Universum, sagt Sartre deshalb am Ende von ›Der Existentialismus ist ein Humanismus‹. Das heißt: Das Universum ist sein Universum. Das ist es, was er mit dem Wort »Humanismus« meint: Der Mensch steht absolut im Mittelpunkt, er ist Herr über das Sein, und dieser Herrschaft sind keine Grenzen gesetzt.

Damit ist bei Sartre die moderne Philosophie, die mit einer Wende zum Subjekt als Zugang zur Welt begann, zu einem Höhepunkt gelangt. Der Mensch ist das Kriterium und sogar die Existenzbedingung der ganzen Welt geworden. Gott ist zwar tot, aber sein Platz ist immer noch besetzt. Allmacht und Unendlichkeit bestehen noch immer, aber sie sind nun im Menschen zu finden, der der Welt ihren Sinn zuweist.

Nicht umsonst benennt Sartre ungeachtet

* Jean-Paul Sartre, *Der Existentialismus ist ein Humanismus*, S. 176.

Jean-Paul Sartres Reputation fällt Ende der Sechzigerjahre der herrlichen Spottlust von Monty Python's Flying Circus zum Opfer: ›Mrs. Premise and Mrs. Conclusion visit Jean-Paul Sartre‹. Und auch hier geht es wieder um die unbeantwortbare Frage, wie ein Mensch frei sein kann.

seines phänomenologischen Ausgangspunktes das kartesianische *Cogito* als primäre menschliche Gegebenheit: die reine Subjektivität. Darin ist anfangs vielleicht noch nicht alles aufgeklärt: Der Mensch muss nach und nach herausfinden, was die Daseinsentscheidungen, die er implizit immer schon getroffen hat, nun eigentlich enthalten. Sartre nennt das in ›Das Sein und das Nichts‹ »existenzielle Psychoanalyse«. Aber anders als Freud akzeptiert er dabei kein Unbewusstes, das für das Bewusstsein das »andere« wäre, das außerhalb jedes Selbstverständnisses unser Handeln und Erleben bestimmte. Das wäre wieder ein Beispiel von Unaufrichtigkeit. Wir würden uns von etwas mitreißen lassen, worüber wir keine Verfügungsmacht und wofür wir uns erst recht nicht entschieden hätten. Und dem wir damit zugestehen würden, uns unseren Platz und unseren Lebenssinn zuzuweisen.

Das Bewusstsein ist bei Sartre in letzter Instanz ebenso *selbst*bewusst, wie es das bei Descartes ist – und bei Gott, soweit wir darüber irgendetwas wissen können. Gott verschwindet nicht, sondern wird in Gestalt des modernen Menschen wiedergeboren. So sehr Sartre den Atheismus auch zum Ausgangspunkt seines Denkens macht, letztlich hat er Nietzsches Botschaft nicht ernst genug genommen. Der Tod Gottes wird von ihm als unproblematischer Tod erfahren – so nonchalant, wie er davon ausgeht. Daran zeigt sich auch, würde Nietzsche sagen, dass er »dieses ungeheure Ereignis« nicht wirklich durchdrungen hat. Dessen weltbewegende Bedeutung scheint ihn nicht zu erschüttern.

Was diesen Aspekt angeht, ist Sartre noch ein Denker, der ganz aus und in der Tradition der Moderne lebt, deren Höhe- *und* Endpunkt er darstellt. Kants und vor allem Descartes' philosophisches Universum ist und bleibt auch sein Universum. Von der grundsätzlichen Ohnmacht des Denkens, die sich mit dem Ende der Moderne Bahn bricht, ist in seinem rationalistischen Selbstvertrauen nichts zu spüren. Erst recht nicht von dem philosophischen Auftrag, die Welt gerade von diesem Moment her, ausgehend von dieser Ohnmacht, zu durchdenken.

Daher gerät Sartres Denken letztlich in eine Sackgasse. Was menschliche Freiheit bedeutet, sobald sie sich *in concreto* in der Welt engagiert, bleibt unklar – trotz der vielfältigen Verwendung dieses Wortes im existenzialistischen Jargon. Denn wer sich entscheidet, entscheidet immer *etwas* – und ist daher nicht mehr völlig frei. Dieser Spannung kann Sartre auch in seinem Romanzyklus ›Die Wege der Freiheit‹ nicht entkommen. Seine Protagonisten versanden in »Unaufrichtigkeit«, oder sie verharren in einer frei schwebenden Unwirklichkeit, in ihrer Weigerung, sich für etwas Verpflichtendes zu entscheiden.

Aus denselben Gründen gelingt es Sartre auch nicht, das Problem der zwischenmenschlichen Beziehung zu lösen. Wenn *ich* entscheide, welche Bedeutung meiner Welt zukommen soll, erscheint mir jeder andere, der das Gleiche tut, zwangsläufig als Feind, der meinen Bedeutungshorizont durchkreuzt. Für Sartre ist die Welt und alle, die sie bewohnen, in letzter Instanz keine »Situation«, sondern ein Instrument. Der Mensch hält die Welt in seiner Hand, um mit ihr – mittels der Bedeutung, die er ihr zuerkennt – zu tun, was er will.

Dieser Traum hat die Moderne lange in seinen Bann gezogen. Doch im Laufe des 20. Jahrhunderts wurde es immer schwieriger, an ihm festzuhalten. Die Wirklichkeit rebelliert (in der Ökologie) oder entgleist in einem *zu* selbstherrlichen Versuch des Menschen, sie nach seiner Vorstellung zu formen (in den politischen Katastrophen der großen Totalitarismen des 20. Jahrhunderts). Das ist eine harte Lektion. Der Mensch erfährt, dass er so gut nicht ist, oder er muss lernen, auf die Wirklichkeit zu hören – und sich selbst in die Begrenzungen einfügen, die sie ihm auferlegt.

Der Humanismus der menschlichen Autonomie, wie ihn Sartre proklamiert, erweist sich als äußerst problematisch. Das ist die wichtigste Schlussfolgerung, die mit dem Scheitern von Sartres großartiger Vision verbunden werden muss. In seiner Philosophie versucht er, noch einmal ein System zu entfalten, das die ganze Wirklichkeit umspannt, sie damit aber auch objektiviert und unterwirft. Das große Missverständnis der Moderne, deren Apotheose Sartres System darstellt, tritt in dem Fiasko zutage, auf das sie hinsteuert. Sartres revolutionärer »Humanismus« ist noch längst nicht radikal genug, denn er akzeptiert den Tod Gottes nur halb.

Deshalb kommt es am Ende der Moderne erneut zu einer radikalen Umkehr der philosophischen Perspektive und der damit einhergehenden Vorstellung dessen, was der Mensch eigentlich ist. Die Philosophie sieht sich endgültig vor die schwierigste Herausforderung gestellt: den Tod Gottes zu akzeptieren und dessen frei gewordenen Platz dennoch bewusst frei zu lassen.

Martin Heidegger mit Jean Beaufret und Hermann Heidegger (ullstein bild – Spiegl).

18

Zugang zum Sein

Heidegger, Husserl, Arendt

Nach dem Zweiten Weltkrieg musste der »selbstbewusste« Humanismus einiges an Terrain preisgeben. Das Problem, mit dem er sich konfrontiert sah: Der Verlust Gottes ließ sich offenbar nicht ausgleichen, indem man den Menschen auf seinen Platz setzte. Der Mensch ist nun einmal kein Gott, und wenn er es dennoch zu sein versucht, lassen Fehlschläge und manchmal regelrechte Katastrophen nicht lange auf sich warten. Wir müssen dem Menschen also einen anderen Platz zuweisen, auf eine andere Art über ihn denken, als es die Moderne getan hat. Der Mensch ist ein Wesen, das nicht sein eigenes Fundament sein kann. Bei seinem Versuch, seine Existenzangst zu bannen, wird er sich nach anderen Lösungen auf die Suche begeben müssen.

Die bedeutsamste Wende, mit der der eigenmächtige Humanismus der Moderne sein Ende findet, vollzieht sich bei einem Denker, von dem sich Sartre bei seiner Abfassung von ›Das Sein und das Nichts‹ ironischerweise stark inspirieren ließ. Martin Heidegger markiert die absolute Grenze des modernen Denkens und überschreitet sie, während Sartre über diese Grenze nicht hinauskommt. Deshalb tun wir der Chronologie hier ein wenig Gewalt an, wenn wir auf Heidegger erst nach Sartre eingehen, obgleich jener zwanzig Jahre älter war und sein Hauptwerk ›Sein und Zeit‹ schon im Jahr 1927 veröffentlicht hat.

Auch Heidegger ist der Tradition der Phänomenologie zuzurechnen. Er wurde sogar von deren Begründer Edmund Husserl zu seinem Kronprinzen ernannt. Heidegger schlug jedoch schon bald seinen eigenen Weg ein. Husserl war ein Mann der Wissenschaft aus dem 19. Jahrhundert, Heidegger ein Philosoph des 20. Jahrhunderts mit einem theologischen Hintergrund. Die Unterschiede kommen in ›Sein und Zeit‹ in aller Schärfe zum Ausdruck. In Husserls eigenem Exemplar dieses Werkes, das im Husserl-Archiv in Löwen aufbewahrt wird, zeigt sich an manchen Stellen deutlich, dass Husserl mit dem, was Heidegger schrieb, nicht einverstanden war.

Der Titel des ersten Paragrafen des Buches macht unmittelbar deutlich, worin sich Heidegger von Husserl unterscheidet: *Die Notwendigkeit einer ausdrücklichen Wiederholung der Frage nach dem Sein.** Anders als Husserl geht es Heidegger nicht zuallererst um die erkennt-

* Martin Heidegger, *Sein und Zeit*, 16. Aufl., Tübingen: Niemeyer, 1986, S. 2–4.

nistheoretische Frage nach dem Status des Bewusstseins, die Husserl – wie wir im 16. Kapitel sahen – in der Auseinandersetzung mit der wissenschaftlichen Methode der Psychologie anging. Heidegger versucht, in Worte zu fassen, was es bedeutet, in der Welt zu existieren: was »Welt« ist, was »existieren« ist, was »sein« ist. Dabei setzt er sich nicht mit einer bestimmten *wissenschaftlichen Methode* auseinander, sondern mit der *Wissenschaft als solcher*. Zumindest insofern diese Wissenschaft und ihre Methode den Anspruch erheben, die letzte Wahrheit über die Wirklichkeit zu verkünden.

Gleichwohl ist Martin Heidegger in *Sein und Zeit* Phänomenologe genug, um an Husserls Ausgangspunkt festzuhalten, nach dem die Frage nach dem Sein nur mittels der ursprünglichsten Tatsache, die sich uns darbietet, gestellt werden kann. Und das ist auch für Heidegger der Mensch, der sich selbst als ein Wesen in der Welt entdeckt. Wenn wir die wahrhaft philosophische Frage nach dem Sein stellen wollen, dann ist das nicht unmittelbar möglich, so Heidegger. Wir müssen beim Menschen beginnen, für den die Welt auf eine für ihn spezifische Weise besteht. Nur für den existierenden Menschen kann das Sein zu einer Frage werden, und nur er bietet daher die Offenheit, in der wir auf die Suche nach einer Antwort gehen können.

Erneut erweist sich Heidegger als Phänomenologe, indem er diese Antwort nicht in der ätherischen Sphäre der Spekulation sucht. Der konkrete Mensch und seine faktische Existenz dienen ihm dabei als Richtschnur – nicht ein abstraktes *Cogito* oder ein »transzendentales Ich«. Heidegger betrachtet den Menschen, so wie er seine Existenz in der Welt erlebt, mit seinem ganzen Wesen: körperlich, emotional, in seiner in einer bestimmten Zeit und einem bestimmten Raum situierten Bedingtheit, über die er sich nicht ohne Weiteres erheben kann. *Dasein* nennt er das: ein »Da-sein«, das immer *irgendwo* ist, verwoben mit einer konkreten Welt.

Ebenso wie für Sartre ist ein Mensch für Heidegger also kein Ding unter Dingen, aber anders als Sartre sieht er den Menschen nicht als den Dingen gegenüberstehend, sondern eher in Vertrautheit mit ihnen verbunden. Der Mensch *bewohnt* die Welt, der er angehört. Auch Husserls Phänomenologie ging schon davon aus, dass das Bewusstsein wesentlich auf die Welt gerichtet ist; es besteht, so sahen wir, als Intentionalität. Heidegger erweitert diese ursprüngliche Zusammengehörigkeit von der erkenntnistheoretischen Ebene auf die Existenz als Ganze. Diese Nähe ist keine theoretische, sondern zuallererst eine praktische Nähe, die in unserem Handeln zum Ausdruck kommt.

Zu-handen

Die Gegenstände – so schreibt Heidegger in einer berühmten Passage – sind mir »zuhanden«.* Über die Frage, wie jemand einen Hammer verwenden soll, braucht er nicht erst nachzudenken. Der Umgang damit ist in der natürlichen Vertrautheit zwischen seinen Händen und dem Ding selbst mit einbegriffen. Der Gegenstand hat eine Bedeutung in einer Welt, die er unmittelbar als die seine erfährt und in welcher der Zusammenhang der Bedeutungen seine Welt formt.

Bei der »Zuhandenheit« bleibt das *Dasein* nicht stehen. Es bildet sich auf einer reflexiven Ebene eine Vorstellung von den Dingen *und* von ihrem Sinnzusammenhang. Dann liegen die Dinge nicht mehr »automatisch« in der Hand (»zuhanden«), sondern sind – in der

* Martin Heidegger, *Sein und Zeit*, S. 69 ff.

Terminologie Heideggers – »vorhanden«. Das *Dasein* betrachtet die Dinge buchstäblich als Vorstellung: als ein Schauspiel, das sich das Bewusstsein anschaut wie ein Zuschauer in einem Theater.

Das ist die Art und Weise, in der Descartes, wie im 2. Kapitel dargelegt, das *Cogito* der Welt gegenübergestellt sieht. In diesem Verhältnis der Re-Präsentation hat sich zwischen dem Ich und der Welt ein Bruch ereignet. Die Dinge werden darin zu Gegenständen des Sehens (*theorein*, im Griechischen) objektiviert, das in der philosophischen Tradition immer als die privilegierte Beziehung zwischen dem Ich und der Welt aufgefasst wurde. Darin sind die Dinge nicht mehr unmittelbar gegenwärtig, sondern auf eine abstrakte und betrachtend-distanzierende Weise zum Objekt des theoretischen Denkens geworden. Jede ursprüngliche existenzielle Beziehung geht in einer »Vorhandenheit« verloren, die gleichzeitig Verfügbarkeit bedeutet. Denn diese entfremdende theoretische Haltung macht die Welt auch für das subjektive Belieben manipulierbar.

War der »zuhanden-seiende« Hammer denn nicht verfügbar? Doch, aber er war es aus seiner eigenen Bedeutung heraus, die derjenige, der ihn gebrauchte, in der direkten Beziehung zu ihm implizit erfasste. Diese Bedeutung geht im vorstellenden Denken verloren: Gegenwärtigkeit wird nun zur Verfügbarkeit für einen Willen, der rein nach eigenem Gutdünken über die Verwendungsweise des Hammers verfügt. Die Welt und die Dinge darin sind zu bloßen Gegenständen für mein Handeln geworden, das sich nicht mehr an den ursprünglichen Sinnzusammenhang gebunden fühlt. Das zuschauende Subjekt ist kein Mitspieler mehr auf der Bühne der Welt, sondern ist Regisseur, Autor und Produzent zugleich geworden: Es steht außerhalb und über der Welt und den Dingen und kann damit tun, was es will.

Damit nimmt die Welt für den Menschen eine radikal andere Gestalt an, unterworfen, wie sie nun dem – wie Heidegger es nennt – »rechnenden« Denken ist, das gegenüber dieser »neuen« Welt keinerlei besondere und konkrete Verantwortung mehr hat. Diese Verantwortung hat der Mensch höchstens gegenüber sich selbst, aber dieses »Selbst« hat sich von der Welt losgelöst. Die Welt ist von nun an nur noch der wert-lose und neutrale Rohstoff des Denkens.

Ironischerweise finden wir darin genau die Beziehung wieder, in der sich Sartres souveränes und vollkommen freies Subjekt letztlich gefangen sah. Das Seiende (zu dem sogar der andere gehört) ist bei ihm schließlich nicht *mehr* als ein Objekt, das gerade deshalb, weil es nur ein Objekt ist, keinen eigenen Wert hat. Wert hat allein meine Freiheit. Und deshalb bin ich, und nur ich, derjenige, der über dieses Objekt entscheidet. In meiner ebenso freien wie absoluten Souveränität habe ich mich von der Welt abgesondert und mich ihr gegenübergestellt – in einer ständigen Ver-nichtung, in der ich als Subjekt existiere.

Wie schon gesagt, vollendet Sartre damit die Bewegung der modernen Philosophie und ihres Anthropozentrismus – von Heidegger kurz und bündig unter dem Begriff »Metaphysik« zusammengefasst. Der Begriff enthält für ihn fast immer etwas Negatives. Metaphysik ist die Entartung der Philosophie, die die Welt – besser gesagt: das Sein – als ein Objekt auffasst, als *ihr* Objekt. In der modernen Zeit hat diese Tendenz ihren Tiefpunkt erreicht, aber Heidegger sieht den Anfang dieses Übels schon bei Platon.

Damit setzt er in der Geschichte des Denkens dieselbe Zäsur wie Nietzsche: Mit Platon hat sich in der Geschichte des Denkens eine Katastrophe ereignet, die Heidegger später »Seinsvergessenheit« nennen wird. Die Philo-

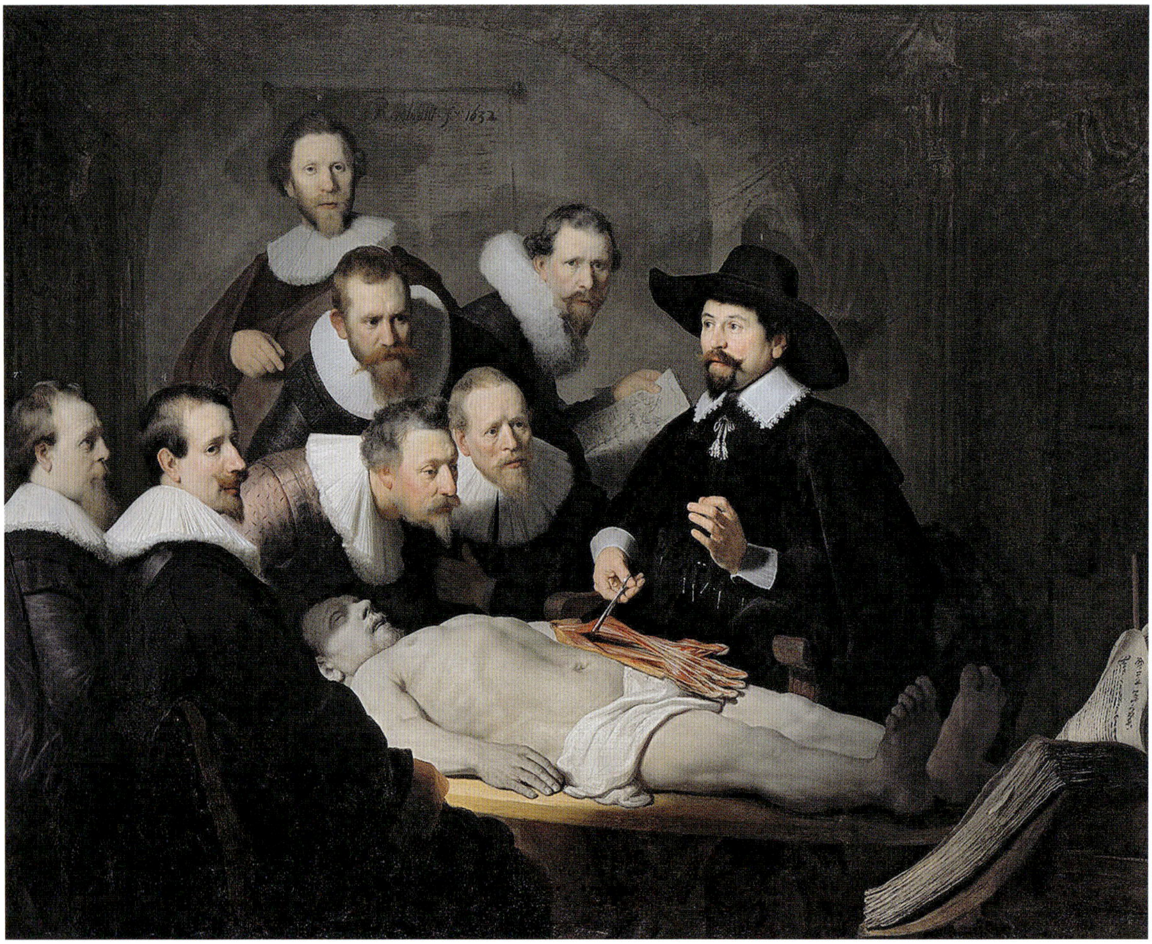

›Die Anatomie des Dr. Tulp‹: Beobachtung macht einen Gegenstand zu einem Objekt. Das ist es, was in der »Vorhandenheit« geschieht. So wird eine Analyse möglich, es entfernt den Gegenstand aber auch aus unserem lebendigen Umgang mit der Welt. Der theoretische Blick setzt das Objekt auf Distanz: Wir haben keinen unmittelbaren Kontakt mehr dazu, sondern werden Zuschauer in einem Theater. Je weniger die anatomischen Untersuchungen im Laufe der Jahrhunderte tabuisiert wurden, desto weniger wurde auch der menschliche Körper tabuisiert. Auf Rembrandts berühmtem Gemälde ›Die Anatomie des Dr. Tulp‹ (1632) wird der Körper wie ein Gegenstand untersucht. Das führt zu großem Wissen, aber auch zu der Überzeugung, dass der Körper manipulierbar ist und unserem Willen unterworfen werden kann.

sophie hat vergessen, wie es sich mit dem »Sein« eigentlich verhält, und hat sich dabei ausschließlich am »Seienden« ausgerichtet: das heißt, an den Dingen, die man sehen, anfassen und manipulieren kann. Nach Ansicht Heideggers geht es in der Philosophie darum, diese Katastrophe in einer neuen Wendung (einer *Kehre*, wie er es nennt) rückgängig zu machen.

Im »metaphysischen« Denken, das von der alles umfassenden Verfügbarkeit ausgeht, ist das »Sein« gewissermaßen zu einer großen Maschine geworden. Deshalb kann Heidegger sagen, dass das Wesen der modernen (aber im

Wesentlichen platonischen) Denkweise in der Technik liegt: Alles Sein wird in den Dienst der Berechenbarkeit und Verfügbarkeit gestellt. Das Sein wird also als etwas betrachtet, das sich nicht wesentlich von den einzelnen Gegenständen, die vorhanden sind, unterscheidet: vollkommen gegenwärtig und unserem Willen ausgeliefert, Gegenstand umfassender Betrachtung und eines alles durchforschenden Wissens. Philosophischer gesagt: Das Sein (das Bestehen von allem Bestehenden) wird nach dem Modell des *Seienden* gedacht. Zwischen Sein und Seiendem wird kein Unterschied mehr gemacht, die Eigenart des Seins wird vergessen.

Das ist nach Heidegger die die westliche Philosophie kennzeichnende Art des Denkens, die Metaphysik. In ihr sind die Dinge in ein Funktionsschema eingeordnet, das er »Gestell« nennt. Sie zirkulieren – sozusagen – nur noch, wie Geld zirkuliert, aber sie haben keine eigene Bedeutung mehr: wie auch ein Euro nur innerhalb des Systems der Geldzirkulation Bedeutung hat. Alles ist restlos dem objektivierenden Blick des Subjekts aufgeopfert, das in vollkommener Autonomie über die Welt verfügt.

Dieser Kult des Menschen bildet für Heidegger das Herzstück des Humanismus: die Überzeugung, dass der Mensch der erste und letzte Wert und – was noch bedeutsamer ist – zugleich die Quelle aller Werte ist. Darin zeigt sich nämlich, so schreibt Heidegger in seinem ›Brief über den *Humanismus*‹ von 1947, dass »das Eigentümliche aller Metaphysik darin« besteht, »dass sie ›humanistisch‹ ist«.* Er schreibt »humanistisch« in Anführungszeichen, um deutlich zu machen, dass es ihm nicht um »Menschlichkeit« im landläufigen ethischen Sinne des Wortes geht, sondern um den philosophischen Humanismus, der auf das Verhältnis des Menschen zu seiner Welt abhebt.

Entschlossen

Für Heidegger ist nicht der Mensch das primär Seiende. Die Suche nach dem Sein beginnt in ›Sein und Zeit‹ zwar beim Menschen, aber das ist nur ein methodischer Beginn. Philosophisch liegt der Primat bei einem Sein, in dem alles, auch der Mensch, verwurzelt ist und das er zu ehren hat. Das bedeutet, dass die Welt für uns zuallererst der Ort ist, aus dem wir existieren auf eine Weise, die wir als sinnvoll erfahren. Diesen Sinn machen wir nicht selbst, er fällt uns vielmehr zu. Er ist eine Gabe, sagt Heidegger. Der Sinn des menschlichen Daseins wird uns geschenkt; darin zeigt sich die Grenze der menschlichen Verfügungsgewalt, oder in einer aktuelleren Formulierung: der Machbarkeit der Welt.

Der Grund unseres Lebens steht uns nicht mehr ohne Weiteres zur Verfügung, aber wir leben aus ihm. Dieser Grund ist kein Ding, das manipulierbar ist und das wir uns vor Augen stellen können (zu-handen), er ist etwas, was sich uns entzieht. Er ist wesentlich anders als die Dinge in ihrer möglichen Verfügbarkeit. Es besteht zwischen Sein und Seiendem ein fundamentaler Unterschied, den Heidegger »ontologische Differenz« nennt.

Damit steht ›Sein und Zeit‹ in der Geschichte der Philosophie, und vor allem der philosophischen Anthropologie, auf einer Bruchlinie. Das Werk durchbricht den Anthropozentrismus, der für die moderne Philosophie kennzeichnend geworden ist und bei Sartre seinen Höhepunkt erreichte. Die sartreanische Analyse des Blicks fügt sich vollkommen in Heideggers Analyse der *theoria* als Habitus der (modernen) Philosophie ein. Darin ist das Auge allesbestimmend: zunächst als der allsehende Blick Gottes und danach als das Blickfeld des Menschen, in dem ihm die Welt unterworfen ist.

* Martin Heidegger, »Brief über den ›Humanismus‹«, in: ders., *Wegmarken*, Frankfurt a. M.: Klostermann, 2013, S. 321.

Heidegger auf den Arm genommen:

Um seine Philosophie auf eine adäquate Weise zu formulieren, hat Heidegger einen eigenwilligen Begriffsapparat und einen sehr idiosynkratischen Schreibstil ausgebildet.

Der deutsche Sänger Thomas Pigor hat ihn auf geistreiche Weise in seinem reggae-artigen Lied ›Was ist sein?‹ auf den Arm genommen. In dem unnachahmlichen Text wird auch Hannah Arendt noch kurz angerufen:

Was ist Sein? Was ist Sein? Was ist die Frage
nach dem Sinn vom Sein?
Was ist Sein? Was ist Sein? Was ist der
Sinn vom Sein?
Das Fragen dieser Frage hat als Fragen nach
natürlich sein Gefragtes Befragtes Erfragtes
Und als Fragen eines Seienden selbst den
Charakter des Seins
Das Fragen dieser Frage ist ein Seinsmodus
eines Seienden, das wir je selbst sind.
Das heisst, das Sein dieses Seienden
ist je meins

Und in seiner Jemeinigkeit, darum es diesem
Sein in seinem Sein geht,
Ou ou ou liegt ein Charakter des Daseins
Alles Sosein dieses Seienden ist primär Sein,
daher drückt das Wort Dasein
Nicht sein Was aus, wie Tisch oder Stein
(nein nein),
Sondern sein Sein Sondern sein Sein

Da hat der, hat der, hat der Heidegger
wieder mal recht
Da hat der, da hat der Heidegger
wieder mal recht
Dasein ist Seiendes, das sich in seinem Sein
verstehend zu diesem Sein verhält
Und seine Wesensstruktur, das In der Welt
sein, wirft die Frage auf nach der
Weltlichkeit der Welt

Nach dem Umhaften der Umwelt,
nach der Inheit des Inseins
Nach der Weltlichkeit der Umwelt, der
sogenannten Umweltlichkeit
Dem ganzen Zeug in seiner Zeugganzheit,
denn zum Sein von Zeug gehört je immer
Ein Zeugganzes, darin es dieses Zeug sein
kann, das es ist – nee, das führt jetzt zu weit.

Machen wir lieber alle: Heidegger Heidegger
ou ou ou (Hannah, Hannah!)
Ich heideggere euch in Grund und Boden
Heideggere euch den Schwarzwald rauf
Und wieder runter, heideggere
Euch die Hoden
Und maroden Schädel auf

Heideggere euch die Wand entlang
Heideggere euch – so klein
Heideggere euch zurück auf Anfang
Auf die Frage nach dem
Sinn nach dem Sinn dem Sinn nach dem
Sinn vom Sein …

(Musik / Text: Thomas Digor. Musik: Benedikt Eichhorn, Verlag: ROOF Music GmbH).

Die ontologische Differenz anzuerkennen bedeutet, für den Menschen diesen allsehenden und allesbeherrschenden Blick nicht mehr als maßgebend anzusehen. Statt die Welt zu einem »Ding« zu machen, muss der Mensch wieder lernen, dass die Wirklichkeit sich gerade *nicht* in ihrer Totalität von ihm objektivieren und beherrschen lässt. Der Mensch muss stets realisieren, dass er in eine bedeutungsvolle Welt eingebettet ist, die er nicht selbst geschaffen hat. Der Primat liegt nicht bei ihm, sondern beim Sein; erst dadurch kann er existieren. Er sieht sich in die Welt *geworfen*, wie sich auch der Mensch – was Sartre hervorhebt – immer in einer faktischen Situation vorfindet.

Aufgrund seines Freiheitsideals kann Sartre demgegenüber keine andere Haltung annehmen als die einer Zu-Eignung dieser »Geworfenheit« oder Faktizität, *als wäre sie* die eigene Entscheidung. Bei Heidegger finden wir etwas Vergleichbares, und daher schleppt er in ›Sein und Zeit‹ noch immer das Erbe des modernen Denkens mit sich mit. Auch für Heidegger muss der Mensch seine Geworfenheit in einem »Entwurf« (bei Sartre das *Projekt*) annehmen, in dem er seinen Möglichkeiten vorläuft. Diese Entscheidung – auch bei Heidegger eine Frage der Authentizität – wird noch einmal dadurch zugespitzt, dass er den Menschen darin zur »Entschlossenheit« gerufen sieht: Mit diesem Begriff untermauert Heidegger scheinbar dieselbe menschliche Selbstständigkeit und Autarkie, die Sartre so lieb und teuer ist.

Zugleich bemerkt Heidegger jedoch, dass das *Dasein* auch durch die Tatsache gekennzeichnet wird, dass es eine sorgende Existenz ist. Das heißt: das *Dasein* ist dazu aufgerufen, in der Welt auf eine Weise bei den Dingen zu sein, die die Dinge (wie Heidegger später sagen wird) in ihrer Eigenheit *sein lässt.* Jede Unterwerfung der Dinge, die sie auf Gegenstände für die Willkür des »Ichs« reduzieren würde, ist hier also ausgeschlossen. Der Mensch sieht sich vor eine Grenze gestellt. Der Sinnzusammenhang der Welt ist nicht vom ihm geschaffen worden und auch nicht der Sinn oder die Bedeutung der einzelnen Dinge. Er hat keine absolute Verfügungsmacht darüber, sondern soll »sorgend« hinhören, was die Dinge *ihm* zu erzählen haben.

Was sollen wir demgegenüber von der Entschlossenheit halten, von der Heidegger in diesem Buch aus dem Jahr 1927 *auch* spricht? Zweifellos klingt darin etwas von dem Ruf nach einem stolzen und mitreißenden Leben durch, der in dieser Zeit unter dem Einfluss Nietzsches in Kunst, Literatur und Politik so nachdrücklich Widerhall fand. Vielsagend ist der Kommentar von Heideggers Studenten auf seine mannhafte Entschlossenheit in seinen Vorlesungen: »Ich bin entschlossen«, so lautete ein bekannter Scherz aus dieser Zeit, »nur weiß ich nicht, wozu.«

Wie verhängnisvoll das letztlich ausging, wurde einige Jahre darauf deutlich, als sich Heidegger für die Verführung des Nationalsozialismus als überaus empfänglich erwies. In seiner »Rektoratsrede«, mit der er 1933 das Amt des Rektors an der Universität Freiburg antrat, stellt er sich offen hinter den *Führer*, der einige Monate zuvor an die Macht gekommen war. Ein führender Ideologe des Nationalsozialismus ist Heidegger nie geworden, aber ebenso wenig hat er sich später von diesem Engagement distanziert. Karl Löwith, ein anderer Student aus dieser Zeit, musste im Nachhinein konstatieren: »Es war Heidegger mit dem ›Heil Hitler‹ stockbieder ernst.«*

* Karl Löwith, *Mein Leben in Deutschland vor und nach 1933. Ein Bericht*, Frankfurt a. M.: Fischer Taschenbuch Verlag, 1989, S. 39.

Hannah Arendt (Heritage-Images / Jewish Chronicle Archive / akg-images).

Die Kehre

Es knirschte in Heideggers Philosophie zwischen dem Dezisionismus des Begriffs »Entschlossenheit« aus *Sein und Zeit* und dem Thema der »Gelassenheit«, das er nach dem Zweiten Weltkrieg in den Mittelpunkt rückte. Zweifellos haben das Fiasko des Krieges und die Katastrophe des Nationalsozialismus ihn zu einem solchen Rückzug gezwungen. Vielleicht kann man darin auch eine implizite Selbstkorrektur sehen: einen Nachkriegskommentar zu seiner Empfänglichkeit für den unvergleichlich »entschlossenen« Nationalsozialismus.

Ironischerweise verlief Heideggers Entwicklung genau umgekehrt wie die politisch-philosophische Karriere Sartres. Hielt sich dieser, wie so viele französische Intellektuelle, in den Dreißigerjahren von der Politik fern, sollte er sich nach dem Krieg gerade als eine der lautesten Stimmen in der öffentlichen Debatte entpuppen. Mit Heidegger verhielt es sich umgekehrt, nicht zuletzt, weil ihm im Zuge des Entnazifizierungsprozesses nach dem Zweiten Weltkrieg für geraume Zeit Publikationsverbot auferlegt wurde. Doch auch inhaltlich veränderte sich seine Philosophie: Er rief nun eher zur Hingabe an das Sein als zu Entschlossenheit auf.

Damit nahm er einen Standpunkt ein, der in Gegensatz zu dem seiner früheren Studentin und Geliebten Hannah Arendt stand, die als Jüdin aus Nazideutschland – zunächst nach Frankreich und dann in die USA – geflüchtet war. Die Liebe zur Welt, die in Arendts Werk eine so große Rolle spielen sollte, nahm bei ihr gerade die Form eines aktiven Lebens, einer *Vita activa* an, wie der Titel eines ihrer Bücher lautete. Für sie war der Mensch zuallererst ein politisches Wesen, das sich mit Hingabe für die Gemeinschaft und die Gestaltung der Gesellschaft einsetzte. Von einem solchen Aktivismus ist beim späten Heidegger nichts mehr zu spüren. Im Gegenteil, er betrachtet das zunehmend als ein Kennzeichen der Seinsvergessenheit.

Aber auch in *Sein und Zeit* scheint die Entschlossenheit irgendwie schon ein verzweifelter Versuch gewesen zu sein. Sie ist die Antwort auf die »Faktizität«, die das *Dasein* als *seine Möglichkeit* annehmen muss, ohne der Grund dafür sein zu können, so Heidegger. Der Mensch muss etwas sein, wofür er selbst ontologisch gesehen nicht einstehen kann. Mit einem deutlichen Nachhall von Kierkegaard spricht Heidegger hier *von in-Verzug sein* oder von einer *Schuld*, die in Form von Angst erfahren wird. Allen Anschein nach trachtet Heidegger in ›Sein und Zeit‹ danach, diese Existenzangst in der Entschlossenheit zu überwinden, indem er das Subjekt moralisch für etwas einstehen lässt, wofür es ontologisch nicht einstehen kann: eine Flucht nach vorn in eine Heroik, die aus einer Verlegenheit heraus geboren ist.

So steht ›Sein und Zeit‹ auf der Grenze zweier philosophischer Welten; und man sieht, wie darin das moderne Menschenbild umschlägt. ›Sein und Zeit‹ läutet das Ende des Zeitalters der Anthropologie als zentraler philosophischer Disziplin ein, wie wir sie implizit bei Descartes und explizit bei Kant zum Ausdruck kommen sahen – deren erste Ansätze aber Nietzsche und in seinen Fußstapfen Heidegger bereits bei Platon ausmachen zu können glaubten. Was an seine Stelle treten soll, ist ziemlich ungewiss, doch es erfordert eine Kehre, obwohl es sich in Bezug auf ›Sein und Zeit‹ nach Heidegger eher um eine Akzentverschiebung handelt. 1950 hält er eine Vorlesung unter diesem Titel (›Die Kehre‹), die er erst 1961 veröffentlicht. Auch darin klingt seine Diskussion mit Sartre nach. Heidegger schreibt diese Vorlesung größtenteils gleichzeitig mit seinem ›Brief über den *Humanismus*‹, teilweise als Reaktion auf Sartres einige Jahre zuvor entstandene Schrift ›Der Existentialismus ist ein Humanismus‹.

Eine amerikanische Familie beim Fernsehen, ca. 1958. Die Zeit des Weltbildes: Besonders das Kino und das Theater sind Orte, an denen wir eine Welt betrachten, ohne selbst Teil dieser Welt zu sein. Die Wirklichkeit ist *dort*, auf der Leinwand oder der Bühne, und wir schauen sie wie eine Vorstellung in einer Dimension an, der wir selbst nicht angehören. Der Flaneur in Kierkegaards Denken war ein Vorläufer dieser »ästhetischen« Betrachtungsweise. Aber erst mit der Einführung des Fernsehens wird diese wirklich Gemeingut.

19

Humanismus in der Diskussion

Heidegger, Sartre, Gadamer

Die Wende, die sich in Heideggers Denken nach dem Zweiten Weltkrieg abzeichnet, kreist um die Frage, welche Stellung der Mensch in der Welt einnimmt, oder philosophischer gesagt: wie er sich zum »Sein« verhält. Schon in *Sein und Zeit* verwahrte sich Heidegger dagegen, das »Sein« als eine Art Ding zu betrachten: etwas, das man im Prinzip auf dieselbe Weise anschauen kann wie einen Gegenstand, der sich zur theoretischen Betrachtung der »Vorhandenheit« darbietet. Dieser Ansicht nach ist der Mensch der Mittelpunkt und der Grund der Wirklichkeit.

Kurz vor dem Zweiten Weltkrieg fragte sich Heidegger, was der mittlerweile in Mode gekommene Ausdruck »Weltbild« bedeuten könnte. Dieser Ausdruck suggeriert, dass die Welt, in der wir leben und in die wir eingebunden sind, sich auf ein Bild reduzieren lasse: auf etwas, dem wir gegenüberstehen und das wir betrachten können. Das ist eine Auffassung, die, obgleich tief verwurzelt, in der modernen Zeit zu einer Apotheose gekommen ist – in der ›Zeit des Weltbildes‹, wie der Titel seiner Betrachtung (1950) lautet.

Wie wir schon des Öfteren sehen konnten, beginnt der Mensch in der Moderne sich selbst mehr und mehr als Gott aufzufassen, was deutlich in seinem »Weltbild« hervortritt. Der Mensch betrachtet die Welt nun so, wie sie Gott nach althergebrachtem Glauben betrachtete: als Schauspiel vor seinem Auge. Zugleich – und im Wesentlichen ist das dieselbe Entwicklung – wird der Mensch zum Subjekt im ursprünglichen Sinne des griechischen Wortes *hypokeimenon*, in der Übersetzung: das, was (dar)unter liegt, die Grundlage oder das Fundament von etwas. »Wenn aber der Mensch zu dem ersten und eigentlichen *Subjectum* wird«, so Heidegger, »dann heißt das: Der Mensch wird zu jenem Seienden, auf das sich alles Seiende in der Art seines Seins und seiner Wahrheit gründet. Der Mensch wird zur Bezugsmitte des Seienden als solchen.«*

Diese Beziehung des Menschen zur Welt wird als eine *Vorstellung* gedacht: Die Welt erhält Bedeutung dank der Tatsache, dass – und der Art und Weise, in der – das Subjekt sie sich vor Augen hält, dank seiner Weise des *Sehens*. Und was für die Dinge gilt, gilt auch für das Sein als solches. Das Sein wird zum »Weltbild«, es wird zum Objekt, etwas, worüber ich auf die

* Martin Heidegger, »Die Zeit des Weltbildes«, in: ders., *Holzwege*, Frankfurt a. M.: Klostermann, 1952, S. 81.

Hieronymus Bosch, ›Der Garten der Lüste‹ (1503–1515). Oben: Mittelteil des Triptychons, links: »Die Hölle«, Innenseite der rechten Tafel.

gleiche Weise sprechen kann wie über einen Gegenstand, und das ich wie einen Gegenstand, zum Beispiel einen Schirm, behandeln kann, so schreibt Heidegger in seiner Schrift *Zur Seinsfrage* aus dem Jahr 1955. Wir sehen es als ein »Seiendes unter den Seienden«, die Todsünde, die Heidegger einfachhin als »Metaphysik« und »Seinsvergessenheit« beschreibt. Wir wissen nicht mehr zu bedenken, was »Sein« eigentlich bedeutet.

Denken wir an Kant zurück, dann offenbart sich uns eine unerwartete Parallele zwischen den beiden Denkern. Kant machte deutlich, dass ein Begriff wie »Welt« nicht als Verweis auf ein konkretes Ding aufgefasst werden darf, nicht als etwas, das wir uns vorstellen könnten, indem wir es uns vor Augen stellen (5. Kapitel). Tun wir das dennoch, verwickeln wir uns heillos in Widersprüche. Dann denken wir, ein rein logischer Begriff, der in unserem Denken alle existierenden Dinge in *einer* zusammenhängenden Denkbewegung vereint, sei etwas

Reales, das wir *sehen* könnten. Dazu müsste der Zusammenhang zwischen uns selbst und diesem »Ding« wiederum konstituiert werden, worin nun gerade der Zweck der ganzen Idee der »Welt« lag.

Wenn Heidegger das Sein von den Dingen unterscheidet, hat er etwas Vergleichbares im Sinn. Ein Ding können wir sehen, in der Hand halten und manipulieren, aber das gilt nicht für die *Existenz* dieses Dinges, die von einer ganz eigenen Art ist. Die Bedeutung dieser Existenz entzieht sich unserer Macht. Nicht dass wir ein solches Ding nicht zerstören könnten: Natürlich können wir das. Doch was wir damit nicht verändern, ist die einfache Gegebenheit, dass das Ding da ist (oder da gewesen ist) und dass wir über deren Bedeutung nie einfach Verfügungsgewalt haben.

Nehmen wir einen beliebigen Gegenstand, empfiehlt Heidegger seinen Lesern an. Wir wissen mehr oder weniger, was er ist, wozu er dient, woher er kommt usw. Aber wir ergründen ihn niemals ganz. Es gibt immer Seiten und Aspekte an ihm, von denen wir keine Vorstellung haben oder denen wir keine Aufmerksamkeit schenken und die uns früher oder später – oder vielleicht auch niemals – überraschen können. »Sein« bedeutet daher: niemals absolut vollständig und umfassend präsent sein. Die Welt entzieht sich uns immer zu einem Teil, womöglich auch zu einem großen Teil. »Sein« ist nicht Hier-Sein; vielmehr entzieht sich etwas, das ist, *in* seinem »Sein« in vielerlei Hinsicht unserem Blick: Es ist gerade nicht ganz »hier«. Das »Sein« ist nicht harte, dinghafte Präsenz und Verfügbarkeit, sondern kennzeichnet jene Dimension der Dinge, die sich uns prinzipiell entzieht. Es verweist eher auf Abwesenheit als auf Anwesenheit.

»Sein« ist also eine andere Kategorie als »ein Seiendes«. Es ist der Aspekt aller seienden Dinge, der verhindert, dass wir der Dinge habhaft werden können. Nicht als eine alles vereinende logische Kategorie wie die Welt-Idee bei Kant, sondern als eine Schattenseite der Dinge, die die Welt unendlich tief und unfassbar macht. Wir stehen der Welt letztendlich machtlos gegenüber, denn sie ist größer als wir. Damit tritt Heidegger der modernen Versuchung des Menschen entgegen, sich als Stellvertreter Gottes – in einer »Bildreligion«, wenn man so will – doch noch zum Herrn über die Welt aufzuschwingen und sich so selbst eine Existenzsicherheit zu verschaffen, bei der ihm der Grund unter den Füßen nicht mehr entzogen wird.

Gerade Letzteres tut Sartre in Heideggers Augen, wenn er auf die gleiche Weise über den »Blick« schreibt, wie das Heidegger über das »Sehen« in Hinsicht auf das »Weltbild« tut: Das Sehen bzw. der Blick objektiviert das Andere und den Anderen. Damit macht das »Sehen« sowohl das Andere als auch den Anderen zu *Dingen*, die »vorhanden« sind. Sie werden nicht mehr in ihrer eigenen Existenzweise respektiert, sondern gezwungen, sich hier und jetzt der totalen Verfügbarkeit auszuliefern.

In seinem ›Brief über den *Humanismus*‹ kommt Heidegger dann folgerichtig auch zu dem Schluss, dass sich Sartre noch immer in der Sphäre einer Philosophie aufhält, gegen die er selbst sich eigentlich abzusetzen versucht. »Précisément nous sommes sur un plan où il y a seulement des hommes«, so zitiert er Sartre: »Wir befinden uns ja auf einer Ebene, wo es nichts gibt außer den Menschen.« Das heißt: auf der der Mensch ein Absolutum ist, wie Sartre in ›Les Temps Modernes‹ geschrieben hat. Heidegger korrigiert ihn. »Précisément nous sommes sur un plan où il y a principalement l'Être«, schreibt er: »Wir befinden uns ja auf einer Ebene, auf der es vornehmlich das Sein gibt.«*

Warum ist das nun so bedeutsam, und vor allem: warum ist es so bedeutsam für unser Menschenbild, das mit Sartre in der Moderne an seine Grenze gekommen ist? Heidegger gebietet der Emanzipation des Subjekts Einhalt und will, dass es sich der Autarkie bewusst wird, die es sich aus dem Aufklärungsdenken heraus angemaßt hat. Der Mensch ist nicht der Grund von allem und bringt nicht wie ein Gott alles aus sich selbst hervor, und er schafft nicht seinen eigenen Lebenssinn. Dieser Sinn fällt ihm zu als ein Geschenk – worin durchaus der alte religiöse Begriff der »Gnade« anklingt. Nicht dass Heidegger auf die Religion zurückgreifen würde. Diese ist seiner Auffassung nach schon ebenso mit »Metaphysik« infiziert worden wie das humanistische Denken *ohne* Gott. Es bedeutet vielmehr, dass wir unseren Platz in der Welt und das, was für unser Leben wirklich wichtig ist, auf eine andere Weise durchdenken müssen.

Nehmen wir zum Beispiel die Geburt eines Kindes: eines der wichtigsten Ereignisse im Leben vieler Menschen. Haben diese Menschen ein Kind »gemacht«, wie es die populär gewordene Ausdrucksweise nahelegt? In gewissem Sinne schon: Schließlich wissen wir alles über die Blümchen und Bienchen. Aber die Erfahrung, Eltern zu werden, entspricht oft ganz und gar nicht dem vulgären Charakter dieses Ausdrucks. Das Kind kommt als eine Gabe zur Welt, die die Eltern empfangen. Es ist ein Geschenk: Das ist es, was »Elternschaft« ausmacht. Doch für den modernen Menschen ist das eine fast undenkbare Erfahrung geworden, weil sie Passivität, Abhängigkeit und vielleicht sogar Dankbarkeit voraussetzt. Weil wir damit nichts anzufangen wissen, kleiden wir die Erfahrung in eine Grobheit, die wir selbst für Realismus halten. »Ein Kind machen«: dagegen lässt sich nichts einwenden, und doch erkennt jeder, dass in diesem Ausdruck etwas Befremdliches liegt.

Aus diesem Grund beschreibt Heidegger das Sein selbst als eine Gabe. Das Sein »ist« nicht, aber: *Es gibt Sein*. Wer oder was »gibt« dieses Sein? Nicht Gott, es gibt nicht wirklich einen Gebenden. Aber wir leben unser Leben dennoch im Modus des Geschenks. Und darum sind wir auch dazu berufen, unseren Kontrolldrang zu zügeln und ins Gleichgewicht mit der Erfahrung der Empfängnis zu bringen, so Heidegger. Wenn das Leben einen Sinn hat, dann nur in dem Maße, in dem mir dieser Sinn zufällt, ich kann ihn selbst nicht machen. Dazu sind vielmehr Vertrautheit mit und Hingabe an das Leben erforderlich. Das bedeutet für Heidegger auch: Vertrautheit mit der Umgebung, in der man wohnt. Der Mensch lebt nicht in einem anonymen Raum oder einem kalten Weltall, sondern kann erst sein, wer er ist, durch die Verwurzelung in der Umgebung, die ihn anspricht.

Heimat nennt Heidegger das: kein unumstrittener Begriff. Schnell tauchen dabei Dirndl und federgeschmückte Jagdhüte vor unserem inneren Auge auf. Heidegger selbst war dafür zweifellos empfänglich. Gleichwohl legt er damit philosophisch den Finger auf einen wunden Punkt. Wir können uns den Grund nicht aussuchen, auf dem wir geboren werden. Die Welt, in der unser Leben sinnvoll sein kann, wird nicht von Anfang an von uns selbst eingerichtet.

Die Verlegenheit der Moderne über diesen unangenehmen Mangel an Selbstbestimmung spiegelt sich in der Diskussion darüber wider, was wir heute mit einem entlarvenden Begriff

* Martin Heidegger, »Brief über den ›Humanismus‹«, *Wegmarken*, S. 334.

Heidegger dachte bei *Lichtung* auch an eine *Waldlichtung*, eine Fläche in einem Wald, in die Licht einfällt.

als Frage der »Sinngebung« bezeichnen. Sinn gibt man seinem Leben nun einmal nicht. Sinn ist da oder er ist nicht da, man kann ihn nicht »produzieren«, wie wir das mit einem Gebrauchsgegenstand tun. Er ist kein Objekt, sondern besteht in der Einbettung, innerhalb derer wir leben. »Sinn« ist ein ebenso ungreifbares Wort wie »Sein« oder »Welt«: Es verweist nicht auf etwas, sondern auf die Bedingungen, unter denen dieses »Etwas« zu existieren vermag.

In seinem ›Brief über den *Humanismus*‹ arbeitet Heidegger diese Themen weiter aus. Das Büchlein ist in Form eines offenen Briefes an den Franzosen Jean Beaufret geschrieben, der während des Krieges das Werk Heideggers gelesen hatte und direkt danach Kontakt zu ihm aufnahm, um ihm eine Reihe von Fragen vorzulegen. Die erste dieser Fragen ist zugleich die wichtigste: »Comment redonner un sens au mot ›Humanisme‹?« »Wie kann man dem Wort ›Humanismus‹ wieder einen Sinn geben?«*
Beaufret verweist natürlich auf die Nachkriegssituation, in der gerade das Bewusstsein entstanden ist, dass die zurückliegende Phase eine Zeit extremer Inhumanität gewesen war.

Aber Beaufret verweist ebenfalls auf den bemerkenswerten Anspruch, den Sartre in seinem Vortrag *L'existentialisme est un humanisme* mit dem Wort »Humanismus« verbindet. Auch

* Martin Heidegger, »Brief über den ›Humanismus‹«, *Wegmarken*, S. 315.

Sartre hat damit ein doppeltes Ziel im Blick. Einerseits widersetzte er sich dem düsteren Ruf der Dekadenz und Misanthropie, der dem »Existenzialismus« anhing. Andererseits erklärte er den »Humanismus« zur Vollendung der menschlichen Emanzipation: der Befreiung des Menschen aus der »selbstverschuldeten Unmündigkeit« des Menschen, wie es Kant in seiner Schrift ›Was ist Aufklärung?‹ genannt hatte.

Was den ersten Punkt angeht, schließt sich Heidegger Sartre an. Auch er plädiert für »Humanität« in der landläufigen Bedeutung des Wortes. Und er schließt sich ebenso Sartres Zuspitzung des Wortes »Humanismus« als Endpunkt der Aufklärung an. Doch Heidegger tut das gerade, um sich davon abzuwenden. Und damit auch das Menschenbild zurückzuweisen, das bei Sartre Gestalt annimmt.

Was sagt Heidegger in seinem ›Brief über den *Humanismus*‹ denn nun über den Menschen und das Humane? »Das Wesen des Menschen beruht in der Ek-sistenz«*, schreibt er. Ebenso wie für Sartre bedeutet Existenz für Heidegger *Ek-stase*, das heißt über sich hinaus sein, gerichtet sein auf das andere als sich selbst. Aber Heidegger kann mit dem Begriff »Wesen« entspannter umgehen als Sartre, weil er »das Sein selbst« auf eine freundlichere Weise auffasst. Es ist bei Heidegger nicht das massive *être*, das bei Sartre das »Sein an sich« ist und das letztlich der Existenz des Menschen gegenübersteht, die ihrerseits daher nur ein »nicht« sein kann. »Sein« ist für Heidegger nun gerade eine Offenheit, die er fast schon bildhaft als »Lichtung« beschrieben hat. So kann bei Heidegger zwischen Mensch und Sein eine Vertrautheit bestehen, die bei Sartre (für den dem »Sein« eine Dinghaftigkeit anhaftet) nicht möglich ist.

Nur wenn der Mensch in dieser Offenheit steht, die nicht von ihm abhängig ist, kann sein Wesen wirklich gedacht werden, so Heidegger. Dementsprechend widersetzt er sich auch entschieden den Versuchen der Wissenschaft, diese Essenz des Menschen objektiv-biologisch festzulegen. Denn auch eine solche Herangehensweise unterstellt sich stillschweigend den Verfügungen der Metaphysik: Sie betrachtet den Menschen als Objekt, als »vorhandenes« Phänomen, ohne die Offenheit in Augenschein zu nehmen, auf Grund derer er erst zur Erscheinung kommen kann und die ihn erst zu dem macht, was er ist.

In Heideggers Kritik an der Wissenschaft hallt zum Teil ein Gedanke Nietzsches nach. Hatte dieser doch schon darauf hingewiesen, wie »gläubig« die Wissenschaft immer noch war, insofern sie die Wahrheit als etwas Absolutes nicht im Geringsten in Frage stelle. Nietzsche wollte das Wort »Wahrheit« daher lieber zu Gunsten der Rhetorik fallen lassen. So weit geht Heidegger nicht, er unterscheidet jedoch zwischen zwei Arten von Wahrheit. Die eine ist die der Wissenschaft: objektiv und objektivierend. Sie ist allerdings einer ursprünglicheren Wahrheit nachgeordnet, die nicht in den Bereich der objektivierenden und manipulierenden »Vorhandenheit« fällt, sondern dieses erst ermöglicht.

Wahrheit

Die Philosophie muss die Wahrheit von der Offenheit her denken, die diesem Ansinnen vorausgeht. Die Wahrheit lässt sich daher nicht mittels einer *Methode* erschließen, wie die Wissenschaft das seit Descartes tut; die Philosophie denkt zu dem zurück, was der Methode vorausliegt. Heideggers Schüler Hans-Georg

* Martin Heidegger, »Brief über den ›Humanismus‹«, *Wegmarken*, S. 345.

Gadamer hat diese Dichotomie zwischen wissenschaftlicher Methode und philosophischer Wahrheit in dem berühmten Werk *Wahrheit und Methode* von 1960 thematisiert. Darin kennzeichnet er den philosophischen Weg zur Wahrheit als ein Suchen nach der Bedeutung dessen, was in der Sprache – vor allem in der Literatur – zum Ausdruck kommt und viel weiter reicht als »wahre Aussagen« wie »zwei mal zwei ist vier« oder »der Mond besteht nicht aus grünem Käse«.

»Methode« steht bei Heidegger und Gadamer für den logischen Fortschritt der Wissenschaft, »Wahrheit« für die Sphäre, in der sich die Philosophie entfaltet. Sie kann sich nur im Sprechen selbst lichten, sagt Gadamer in seiner Fortführung Heideggers. Denn, so merkt dieser in einem Fernsehgespräch mit dem buddhistischen Mönch Bhikku Maha Mani an: »Im abendländischen Denken bestimmen wir das Wesen des Menschen dadurch, dass er im Bezug zum Sein steht, und der Mensch existiert, indem er dem Sein entspricht. Das heißt: Der Mensch ist als dieser Entsprechende dasjenige Wesen, das Sprache hat.«

Was die Auszeichnung des Menschen als sprachfähiges Wesen betrifft, stimmt Heidegger mit Descartes überein, aber dann zieht er daraus völlig gegenteilige Schlüsse. Denn wir kommen der philosophischen Wahrheit erst nahe, schreibt Gadamer in der Weiterführung von Heideggers Denken, wenn wir danach fragen, was uns die Sprache über den direkten Verweis auf faktische Gegebenheiten in der Welt hinaus sagt. Sie muss »verstanden« und nicht nur konstatiert werden: Philosophie ist eine Form der Hermeneutik, der Kunst des Auslegens und Ergründens von Sprache und Texten.

Hermeneutik erhält daher bei Gadamer eine viel umfassendere Bedeutung, als es ihr von alters her, vor allem in der Bibelexegese, zukam: jener Technik, mit der aus der zuweilen unergründlichen Überlieferung biblischer Texte sinnvolle Bedeutung geschöpft werden kann. Bei Gadamer ist Hermeneutik nicht länger eine Teildisziplin, sondern ein Wesenszug der Philosophie. Sie sucht nach der Bedeutung und Wahrheit der menschlichen Existenz (und des Seins im Allgemeinen) mittels dessen, was in der Sprache dazu – verborgen – zur Sprache kommt.

Hans-Georg Gadamer: »Ein Gespräch setzt voraus, dass der andere Recht haben könnte.«

Wahrheit ist für Gadamer und Heidegger daher auch mehr als nur die Übereinstimmung von Aussage und Tatsache. Natürlich ist die Behauptung »Es regnet« erst wahr, wenn hier und jetzt Wasser vom Himmel fällt. Aber die Wahrheit, um die es Heidegger geht, ist weitreichender und tiefgreifender. Sie ist im ursprünglichen Sinne das, was die Griechen *alétheia* nennen und was er selbst als »Unverborgenheit« bezeichnet. Das ist nichts, was errungen wird, sondern etwas, das sich darbietet. Diese Wahrheit bringt sich zu *Gehör*, wenn wir dazu bereit sind, sie zu hören. Das geschieht vor allem, so Heidegger, in der Sprache der

Dichter. Selbst »Es regnet« erhält eine tief anrührende Bedeutung, wenn J. C. Bloem sein Gedicht ›November‹ damit beginnen lässt.

Het regent en het is november:
Weer keert het najaar en belaagt
Het hart, dat droef, maar steeds gewender,
Zijn heimelijke pijnen draagt.

En in de kamer, waar gelaten
Het daaglijks leven wordt verricht,
Schijnt uit de troosteloze straten
Een ongekleurd namiddaglicht.

De jaren gaan zoals zij gingen,
Er is allengs geen onderscheid
Meer tussen dove erinneringen
En wat geleefd wordt en verbeid.

Verloren zijn de prille wegen
Om te ontkomen aan de tijd;
Altijd november, altijd regen,
*Altijd dit lege hart, altijd.**

Es regnet und es ist November:
Der Herbst kehrt wieder und belädt
Das Herz, das trüb, doch stets behänder,
Den eignen Schmerz verborgen trägt.

Und in das Zimmer, wo gelassen
Des Lebens Alltag wird verricht,
Scheint aus den trostlos trüben Gassen
Ein farbloses Nachmittagslicht.

Die Jahre gehen, so wie sie gingen,
Längst ohne Unterschied besteht,
Was taube Erinnerungen bringen
Und was gelebt wird und ersehnt.

Verloren sind die zarten Wege,
Um zu entfliehen aus der Zeit.
Allzeit November, allzeit Regen,
Allzeit dies leere Herz, allzeit.

Dichterisch

So hat Sprache nach Ansicht Heideggers und Gadamers zwei Gesichter, was mit den zwei Gesichtern der Wahrheit korrespondiert. Zunächst ist da die *Common-sense*-Haltung, die in der Sprache nur ein Instrument sehen will, über das wir verfügen, um unsere Gedanken auszudrücken und unseren Willen zu realisieren. Aber Sprache ist nach Heidegger viel mehr, und in diesem »mehr« ist sie auch ursprünglicher. Sie *macht* uns. Das Dasein des Menschen *ist* ein Dasein in der Sprache. Das heißt: Wir kennen den tiefsten Grund unserer Existenz (des Seins) nur durch die Sprache und durch das gesprochene und geschriebene Wort (die Literatur). Darin spricht letztlich die Wahrheit zu uns. Heidegger bringt das in einem poetischen (und oft ins Lächerliche gezogenen) Satz zum Ausdruck: »Die Sprache ist das Haus des Seins.«** Oder auch mit einer Sentenz des von ihm sehr verehrten Dichters Hölderlin: »Dichterisch wohnet der Mensch.« Am prägnantesten spricht die Sprache in der *Dichtung*.

Authentische Menschlichkeit besteht also nicht darin, die Sprache als Instrument zu begreifen, das ich beherrsche, sondern gerade in einem Hinhören oder – buchstäblich – in einem Gehorsam: einer Haltung, in der wir dem Platz, der uns in unserem Dasein zugewiesen ist, Gehör schenken. Letzteres klingt ziemlich hierarchisch und militärisch, und einen

* J. C. Bloem, *Verzamelde gedichten*, Amsterdam: Athenaeum-Polak & Van Gennep, S. 131.

** Martin Heidegger, »Brief über den ›Humanismus‹«, *Wegmarken*, S. 333.

solchen latenten Totalitarismus haben viele auch aus Heideggers Philosophie heraushören wollen. Das ist vielleicht nachvollziehbar, wenn wir an Heideggers Nazivergangenheit denken, aber es steht im Widerspruch zum Impetus seiner Philosophie, vor allem nach seiner »Kehre«. Heidegger trachtet danach, den Menschen auf eine Weise zu denken, die eine Alternative zur aufgeklärten Moderne und ihrem autarken Menschenbild sein will – einer Moderne, die allmählich an ihre Grenzen stößt, angefangen von der Umweltproblematik bis zum Verlust von Sinnhaftigkeit.

Das erfordert nach Heideggers Ansicht einen Umbruch in der Kultur: eine Wende vom Menschen als Souverän – nach dem Modell Gottes – zu einem Menschen als »Hüter« des Seins. Das bedeutet nicht, dass wir uns auf die Suche nach einem anderen Fundament begeben müssen, um wieder festen Boden unter die Füße zu bekommen. Eher verbindet sich damit der Auftrag an das Denken, die Immanenz des Menschen, die Eingebundenheit des Menschen in das geschichtliche Sein, ernst zu nehmen und dem Drang zu widerstehen, insgeheim das alte Modell doch wiederherzustellen.

Heidegger und der Totalitarismus Alle Totalitarismen des 20. Jahrhunderts, und viele utopische Bewegungen aus den Jahrhunderten davor, leiden an einer Überschätzung dessen, was der Mensch vermag. Auf Grund dessen, was sie als ihre eigenen tiefsten Einsichten in die Welt erachten, versuchen sie, der Wirklichkeit eine ideale Welt abzuringen. Dass diese Einsichten immer begrenzt und teilweise unzutreffend sind, erweist sich erst später; aber dann kann der Totalitarismus nicht mehr zurück. Was schiefläuft, kann seinen Ursprung nur in einer Böswilligkeit haben, die mit Stumpf und Stiel ausgerottet werden muss. Darum braucht jeder Utopismus von vornherein einen Sündenbock, einen »Abfalleimer der Geschichte«, wie Lenin es nannte. Der sowjetrussische Kommunismus hatte die »Kulaken« und konterrevolutionären Elemente, die in den Gulag geschickt wurden, der Nationalsozialismus die Juden, die in Konzentrationslager abtransportiert wurden. Heideggers »Philosophie der Gelassenheit« ist ein philosophischer Ausdruck dieser Erkenntnis – sie bewahrte ihn jedoch nicht davor, an den trügerischen Versprechungen des Nationalsozialismus selbst mitschuldig zu werden.

Heidegger und das Umweltdenken Als in den Siebzigerjahren des 20. Jahrhunderts das Umweltbewusstsein Fuß fasste, hatte Heidegger seine bedeutendsten Erkenntnisse schon lange zu Papier gebracht. Heidegger wird selten sehr konkret, doch in seinen Worten klingt die Sorge um das Schicksal der Erde und der Natur an. Sein Konservatismus verbindet sich hier auf überraschende Weise mit dem Thema des Umweltschutzes, das im ökologischen Denken eine so große Rolle spielt. Auch in diesem Denken ist schon bald die Einsicht durchgedrungen, dass der Mensch lernen muss, auf die Erde zu »hören«, und sich nicht aufgrund des Irrglaubens, mit ihr nach Gutdünken verfahren zu können, einbilden darf, er könne sich zum Herrn über sie aufschwingen. Wenn wir uns nicht bewusst machen, in welchem Maße wir von der Erde abhängig sind, werden wir unwiderruflich ins Straucheln geraten. Die Tonlage und die Tiefe dieser Feststellung sind anders, aktivistischer als bei Heidegger, doch der Appell, der davon ausgeht, weist in die gleiche Richtung.

Heidegger hat den Ausweg im Widerstand gegen eine Moderne gesucht, in der er das metaphysische Projekt zu seinem Höhe- und Endpunkt kommen sah. Das machte ihn zu einem konservativen Denker, wie es in seinem Kulturverständnis und seinem politischen Ver-

Martin Heidegger, Fotografie 1945–1950 (akg-images / Fototeca Gilardi).

halten deutlich zu Tage tritt. Die moderne Weltvision – in der er sowohl den Sowjetkommunismus als auch den Amerikanismus, aber erst viel zu spät den Faschismus fürchtete – war seiner Ansicht nach zu einem Karussell leerer Zeichen und einer leeren Sprache verkommen, das zwar noch funktionierte, aber nicht mehr wirklich sprach.

Die westliche Kultur sei nur noch zu retten, wenn sie die Sprache wieder in ihrer Fülle zurückgewinnen könne. Darum entschied er sich für die Poesie und gegen die Wissenschaft, die die Wirklichkeit in leere Formulierungen auflöste, in denen die Bedeutung der Wirklichkeit nicht länger ihren sprachlichen Ausdruck fand. Diese leere Sprache wurde als die Wirklichkeit selbst angesehen, so Heidegger. Damit wurde er der Wissenschaft zweifellos nicht gerecht, dennoch waren seine Sorgen nicht unbegründet. Politisch, kulturell, anthropologisch und ökologisch ist sich das moderne Menschenbild selbst immer mehr zum Problem geworden.

Heideggers Verteidigung einer spezifisch philosophischen Wahrheit hat gegen Ende des 20. und zu Beginn des 21. Jahrhunderts unerwartet in der Ökologiebewegung Widerhall gefunden. Diese Bewegung ist sich dessen bewusst, dass wir die Erde nicht ohne Weiteres wie einen Gegenstand nach unserem Gutdünken behandeln können, sondern dass die Erde ihre eigenen Grenzen setzt, die wir nur zu unserem eigenen großen Schaden überschreiten können. Diese Wahrheit offenbart sich auch in der zunehmenden Kritik am Expansionsdrang des Menschen, der sich in seiner Hast selbst aus dem Blick verliert und vergisst, nach den Werten und der Wirklichkeit zu fragen, die all dieser Umtriebigkeit vorausgehen. Sie offenbart sich schließlich in einem wachsenden Misstrauen gegenüber dem Anthropozentrismus, der den Menschen in den Mittelpunkt stellt und damit über die Welt erhebt: dem Projekt, mit dem die Moderne den frei gewordenen Platz Gottes aufs Neue zu besetzen trachtet.

Newspeak: Nach dem Zweiten Weltkrieg und als Reaktion auf den Totalitarismus der Sowjetunion übte George Orwell – ebenso wie der »Wiener Kreis« – Kritik am missbräuchlichen und manipulativen Umgang mit der Sprache – an der sogenannten »Newspeak«. In seinem dystopischen Roman ›1984‹ aus dem Jahr 1949 tat er dies auf satirische Weise. 1954 wurde das Buch zum ersten Mal verfilmt. (Wikimedia commons: Jordan L'Hôte Fotomontage 2011)

20

Struktur

Lévi-Strauss, Saussure, Lacan

Martin Heidegger war im 20. Jahrhundert bei Weitem nicht der einzige Philosoph, der die Sprache und die von ihr ausgehende Kraft ins Zentrum seines Denkens stellte. Die gesamte Philosophie vollzog in dieser Zeit einen *linguistic turn*, wie ihn der amerikanische Philosoph Richard Rorty in seiner gleichnamigen Anthologie nannte. In sehr divergierenden philosophischen Traditionen mit ihren je eigenen Stilen und Methoden begeisterte man sich für die Idee der Sprache als Königsweg zu besseren Einsichten in die Probleme, die den Menschen schon so lange umtrieben.

Wer philosophische Probleme lösen wolle, müsse sich damit befassen, wie Sprache funktioniert und unser Denken konditioniert, betonte vor allem die angelsächsische Philosophie, die sich ausdrücklich an der (natur-) wissenschaftlichen Denkweise orientierte. Nach Auffassung analytischer Philosophen wie Moore, Russell, Wittgenstein und Ayer eignen sich Unklarheiten in der Sprache gut für gedankliche Tüfteleien, die den Schein erwecken, tiefsinnige Rätsel des Lebens ans Licht zu bringen; in Wirklichkeit gingen sie jedoch nur aus einem inadäquaten Sprachgebrauch hervor. Eine neue, nüchterne Philosophie müsse diese Fata Morganas mittels einer logischen Analyse dessen entlarven, was bei einem derartigen Sprachgebrauch eigentlich geschieht.

Womöglich könne die Philosophie sogar eine neue Form des Sprachgebrauchs entwickeln, der einem solchen Obskurantismus keine Chance mehr ließe, meinte der österreichische *Wiener Kreis*, in dem sich in den Zwanzigerjahren Philosophen und Wissenschaftler zusammenfanden. Das hatte nicht nur eine theoretische Bedeutung. Nach dem verheerenden Ersten Weltkrieg, den niemand hatte kommen sehen, war manch einer der Ansicht, dass ein klarer Sprachgebrauch, der sich jeglicher Rhetorik und Verführungskraft verweigert, die Menschheit zukünftig vor einem solch katastrophalen Irrtum bewahren könne.

Eine eitle Hoffnung, wie sich leider erweisen sollte. Schon bald dämmerte es auch der angelsächsischen Sprachphilosophie, dass der Sprache und dem Sprachgebrauch viel kompliziertere Mechanismen zugrunde liegen, als man anfangs vermutet – und mit wissenschaftlichem Duktus vertreten – hatte. Was dies anbetrifft, waren diese Denker Erben des modernen Projekts, in dem Wissenschaft und Fortschritt der Menschheit einen stetig wachsenden Zugriff auf die Welt – und auf sich selbst – in Aussicht stellten. Wir haben gesehen,

Hölderlin-Gedenkstätte in Lauffen am Neckar.

wie diese Tradition, obgleich mit einer völlig anderen Orientierung, noch bei Sartre weiterwirkte – nicht umsonst hat sich Sartre als einen Erben Descartes' betrachtet – und bei ihm in eine Sackgasse geriet.

Im 20. Jahrhundert hat sich die kontinentale Philosophie Europas – einerseits durch Heidegger und seine Schüler, andererseits durch die französische strukturalistische Philosophie vertreten – bemüht, darauf eine Antwort zu geben. Heidegger schrieb, wie wir sahen, der Sprache eine große Rolle zu, allerdings auf diametral entgegengesetzte Weise. Er glaubte, in der Sprache sehr wohl die tiefe Seinsbotschaft vernehmen zu können, die viele Angelsachsen als Hirngespinst erachteten. Dabei distanzierte er sich ausdrücklich von dem wissenschaftlichen (oder »rechnenden«) Denken, das sich selbst als *der* Enthüller der Wahrheit empfahl. Vielsagend ist dann auch, dass Heidegger sich nicht darum scherte, welche »Logik« die Sprache enthüllt, sondern das Heil in ihrer dichterischen Kraft suchte, nicht nur in ihren Ausdrucksformen – wobei er sich gerne von dem romantischen Dichter Hölderlin inspirieren ließ –, sondern auch in der impliziten Poesie ihres Ursprungs: der Etymologie, die *auch* schon der Ertrag der Romantik war.

Anders als die angelsächsische Sprachphilosophie versuchte Heidegger ausdrücklich, den Menschen aus dem Zentrum der Philosophie zu verdrängen, wo er sich seit der Moderne befindet – Heidegger zufolge zu Unrecht. Nicht der Mensch, sondern das »Sein« soll zum Orientierungspunkt des Denkens werden – mag es auch niemals ganz greifbar werden. Das »Sein« ist ein Abgrund und damit selbst ein »Nichts«, doch – so gibt Heidegger zu verstehen – es ist gerade dieses »Nichts«, das spricht. Hier wird deutlich, dass Sartre, obgleich er anfänglich durch dessen Denken inspiriert war, unverkennbar von Heidegger Abstand genommen hat. Schließlich ist bei Sartre das Bewusstsein zu diesem ungreifbaren »Nichts« geworden. Und obwohl auch bei ihm diesem »Nichts« die Bedeutung der Welt entspringt, ist diese Bedeutung durchaus in der menschlichen Souveränität verwurzelt, gegen die sich Heidegger nun gerade so leidenschaftlich wendet.

Während Heidegger in *Sein und Zeit* noch zwischen dem Menschen als »entschlossenem« Helden und einem dem Sein »untertänigen« Menschen zu schwanken scheint, sieht er den Menschen nach dem Zweiten Weltkrieg als ein »hörendes« Wesen. Das Sein spricht durch die Sprache zum Menschen, wobei Heidegger vor allem an die Worte der großen Dichter denkt. In der Literatur lernt der Mensch zu begreifen, wer er ist, angesprochen von einer Stimme, die aus der Sprache des Seins selbst ertönt.

Humanwissenschaften

Auch in Frankreich entwickelte sich seit den Vierzigerjahren eine philosophische Bewegung, die sich radikal von der zentralen Stellung des menschlichen Subjekts distanzierte und dabei der Sprache eine bedeutende Rolle zuerkannte. Aber anders als bei Heidegger ging sie nicht aus einer Gegenwehr gegen die moderne Praxis von Wissenschaft und Technik hervor. Sie wurzelte gerade selbst in der Wissenschaft, oder besser gesagt: sie versuchte, den ziemlich unklaren Status der Humanwissenschaften aufzuheben, indem sie eine wirklich wissenschaftliche Methode entwickelte.

Diese Unklarheit war eine Folge der Doppelstellung, die der Mensch seit Kant eingenommen hatte. Einerseits war der Mensch bei Kant zu einem Objekt der Erkenntnis geworden: Er erscheint der sinnlichen Wahrnehmung als ein Ding. Andererseits bildete der Mensch bei Kant auch die Grundlage aller Erkenntnis: In ihm sind die Anschauungsformen und Kategorien verankert, die es ermöglichen, dass das, was wir sinnlich wahrnehmen, überhaupt als eine Welt erscheint.

Es war zu erwarten, dass sich diese zirkuläre Struktur in jener Disziplin, in der der Mensch nicht nur als Subjekt (Forscher), sondern auch als Objekt (Testperson, Gesellschaft) erscheint, letztendlich rächen würde: in der Disziplin der Humanwissenschaften, die gegenüber den um vieles strengeren Naturwissenschaften ohnehin schon mit ihrer dubiosen methodologischen Grundlage rangen. *Wirklich* wissenschaftlich wollten sie jedoch nicht werden, wie sie in den Sechzigerjahren in einem heftig ausgefochtenen Methodenstreit eingestehen mussten.

Der wichtigste Stolperstein war die doppelsinnige Stellung des Menschen, der sich als Untersuchungsobjekt hartnäckig weigerte, die passive Rolle zu spielen, in die sich das Objekt der Naturwissenschaften naturgemäß fügen musste. Während beispielsweise ein Neutrino von allen Erkenntnissen, die über es zusammengetragen wurden, unangetastet bleibt, sahen sich die Humanwissenschaftler damit konfrontiert, dass sich ihre Testpersonen durch die Einsichten, die sie entwickelten, ständig veränderten. Wurde ein Experiment wiederholt, reagierten die Probanden manchmal anders als beim ersten Mal, da *auch* sie inzwischen das erlangte Wissen über

Im Strukturalismus wird der Mensch zu einer Figur auf einem Schachbrett; was er tun kann und darf, wird von den formellen Regeln des Spiels bestimmt. In Portmeirion in Wales wird das in einer Szene aus der Fernsehserie ›The Prisoner‹ aus den späten Sechzigerjahren deutlich, die dort für ihre Fans ab zu nachgespielt wird (Julie Edwards / Alamy Stock Photo).

ihr »gesetzmäßiges« Verhalten zur Kenntnis genommen hatten. Die Doppelstellung des Menschen führte zu einer Rückkoppelung: Die Fähigkeit des Menschen zur Reflexion ließ jede wissenschaftliche Untersuchung Schiffbruch erleiden. Die Gesetzmäßigkeit des erforschten Menschen wurde vom Selbstbewusstsein des Menschen durchkreuzt, der als Wissenschaftler sich selbst untersuchte.

Aufgrund dieses Dilemmas hatte man sich schon früher auf die Suche danach begeben, was man ein alternatives »transzendentales Schema« der Erkenntnis nennen könnte. Dieses Schema durfte sich nicht länger auf das Denken oder im Denken des Menschen konzentrieren, sondern musste durch ein anderes Schema ersetzt werden, das (ebenso wie bei Kant) die Möglichkeitsbedingungen für das Erscheinen einer Welt enthalten sollte. Im menschlichen Subjekt kann das jedenfalls nicht mehr liegen. Der Mensch kann seinen Grund nicht in sich selbst finden und sich nicht wie der Baron von Münchhausen an den eigenen Haaren aus dem Sumpf ziehen. Er kann nur sein, was er ist, aufgrund einer Struktur, die ihm das Koordinatensystem einer zusammenhängenden Welt liefert, dessen Quelle und Ursprung er nicht selbst ist. Er ist selbst ein Element *innerhalb* dieser Struktur – einer Struktur, die ihm vorausgeht und ihm seinen Platz zuweist.

Ausgehend von dieser Überzeugung kam seit den Vierzigerjahren eine Denkrichtung auf, die »Strukturalismus« genannt wird. Der gemeinsame Ausgangspunkt der Strukturalisten lag in der Auffassung, dass die Bedeutung der Welt nicht aus einer spontanen Entscheidung des Subjekts hervorgeht (wie vor allem Sartre dachte), sondern das Subjekt selbst in eine mentale Ordnung eingebettet ist, nach der es sich zu richten hat, ob es nun will oder nicht. Ja mehr noch: Nur weil es eine solche Ordnung gibt, kann so etwas wie ein Subjekt überhaupt existieren. Das »Ich« ist nicht länger der Quell aller Bedeutung, sondern ist *selbst* zu einem Zeichen in einem anonymen Raster geworden, das über eine anfangs diffuse und daher bedeutungslose Wirklichkeit gelegt ist. Dank dieses Rasters bestehen Unterschiede zwischen den Dingen, und erst aufgrund dieser Unterschiede kann auch so etwas wie ein sinnvolles Universum entstehen.

Die Grundlagen dieses Strukturalismus werden von dem Anthropologen Claude Lévi-Strauss und dem Religionshistoriker Georges Dumézil gelegt. Beide gingen davon aus, dass die mentale Struktur, die die Möglichkeitsbedingung einer bedeutungsvollen Welt bildet, in religiösen Mythen zum Ausdruck kommt. Dumézil untersuchte sie vor allem bei den alten Germanen, Lévi-Strauss bei den brasilianischen Indianern, die er kurz vor dem Zweiten Weltkrieg mehrmals besuchte. Jahre später veröffentlichte er darüber einen atemberaubenden Bericht in seinem Buch *Traurige Tropen,* in dem er auch die Entstehungsgeschichte seiner Ideen erläuterte.

Gesichtsbemalung der Caduveo-Frauen, fotografiert von Lévi-Strauss.

Kartenspiel

Ein entscheidender Moment auf Lévi-Strauss' Expeditionen bestand in einer zufälligen Beobachtung. Bei einem Besuch des Caduveo-Indianerstamms fiel ihm auf, dass die Gesichtsbemalung der Frauen viele Übereinstimmungen mit den Spielkarten aus westlichen Kulturen aufwies. Außerdem fanden sich deren Motive in allerlei Variationen auf Gebrauchsgegenständen wieder. Offenkundig bestand zwischen all dem ein bestimmtes System, ihm war aber noch unklar, was das bedeutete. Nachdem er die Frauen gebeten hatte, die Motive ihrer Gesichtsbemalung auf Papier zu zeichnen, traten ihm die Übereinstimmungen mit Spielkarten und heraldischen Motiven auf europäischen Wappenschilden noch deutlicher vor Augen. Auffallend waren nicht nur die dünnen Arabesken in den Motiven, sondern auch die Flächenteilung, die das Motiv schräg und oft spiegelbildlich durchschnitt.

Für ein System von Kartenspielen ist es charakteristisch, dass jedes Element erst innerhalb des Ganzen seine Bedeutung erlangt. Bild, Zahl, Farbe und Form bestimmen den Platz einer Karte innerhalb des Systems. Dieses System besteht aus einer Anzahl von Positionen, die festgelegt sind und gemeinsam die Struktur bilden, in der jede Karte ihre »Identität« erhält. Diese Identität entscheidet, über welche »Rechte« eine bestimmte Karte inner-

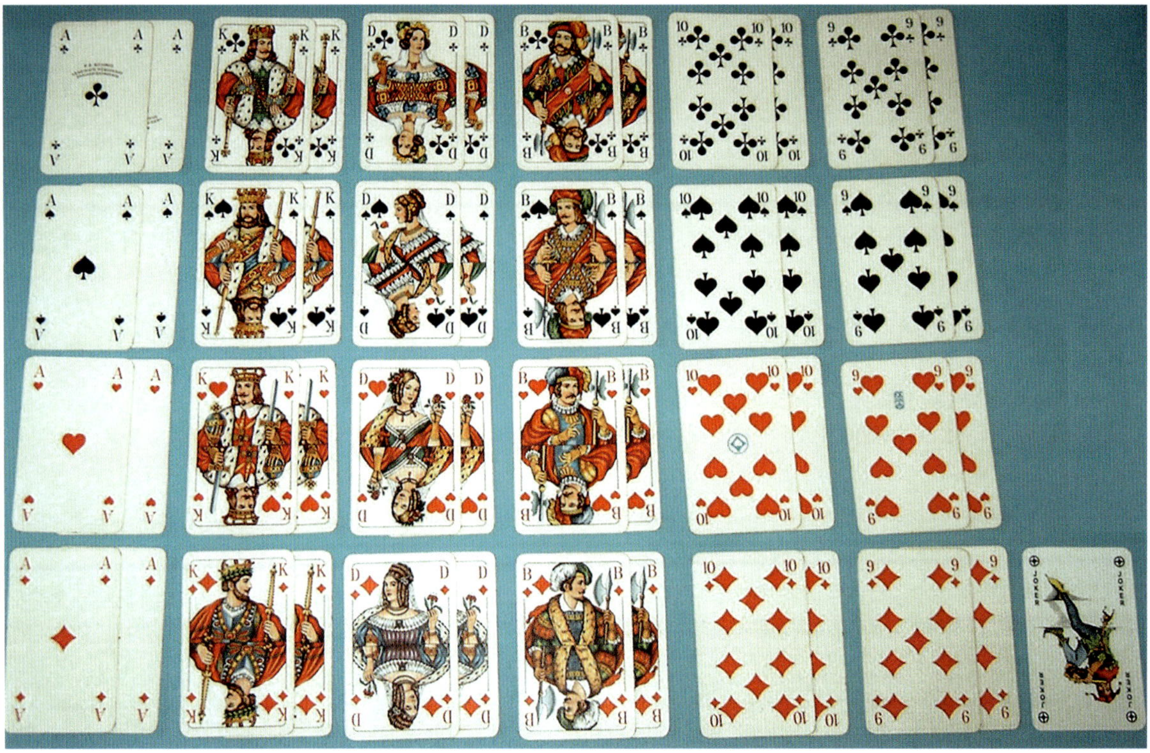

Doppelkopfblatt französisches Bild (Wikimedia Commons, Sönke Kraft aka Arnulf zu Linden 2009).

halb des spezifischen Spiels, das gespielt wird, verfügt. Darf sie ausgespielt werden, kann sie als Trumpfkarte gelten oder muss sie gerade zurückgehalten werden? Ein Ass »funktioniert« anders, unterliegt anderen Regeln und ist anderen Codes unterworfen als ein König, Bube oder eine einfache »3«, und für Pik oder Herz gelten wiederum andere Regeln als für Kreuz. Das abstrakte System macht das Spiel möglich dank der Regeln, die für dieses spezifische Spiel gelten. Poker wird auf andere Art und Weise gespielt als Skat oder Rommé.

Das war der Einfall, der Lévi-Strauss auf die Spur seiner strukturalistischen Interpretation der menschlichen Kulturen – und letztendlich des Menschen selbst – brachte. In den Gesichtsbemalungen der Caduveo-Frauen sah er die gesellschaftliche Ordnung widergespiegelt, die ihrer Gemeinschaft Gestalt verlieh. Ihr Gesicht war eine Art lebendige Spielkarte, die angab, welchen Platz sie in dieser Ordnung einnahmen. Diese umfasste nicht nur die soziale Struktur des Stammes mit seinen Wechselbeziehungen, Rechten und Pflichten, sondern auch das Verhältnis zur Natur, zur Götterwelt und zum Kosmos im Allgemeinen. Durch derartige Zeichen war, so nahm Lévi-Strauss an, jedes Element der Stammeskultur besetzt.

Letztendlich ging alles auf ein kartenspielartiges System zurück, das deutlich machte, wie das Leben jedes Individuums (jedes Elements) darin Bedeutung erlangte: die Mythen, die man sich erzählte, die Struktur des Dorfgrundrisses, die Regeln, nach denen Ehen geschlossen wurden und Frauen von einem »Haus« in das andere übergingen, die Tabus, mit denen der Verzehr bestimmter Arten oder Kombinationen von Nahrungsmitteln belegt waren. Ja,

Bedeutung wurde erst dank eines solchen Systems möglich, das ein Raster über eine zunächst unstrukturierte und daher bedeutungslose Wirklichkeit legte.

Erst wenn es so etwas wie ein Ordnungssystem gibt, in dem Dinge deutlich voneinander abgegrenzt sind und einen Platz bekommen, ist Sinn oder Bedeutung, die an einen solchen Platz oder eine solche Position gebunden sind, möglich. Nehmen wir ein einfaches Beispiel aus unserer eigenen städtischen Umgebung. Die Farbe »Grün« bedeutet innerhalb des gesamten Farbenspektrums an sich nichts, solange es in der fließenden Skala von Abstufungen keine Trennlinien gibt: Das nennen wir grün und das nicht (mehr). Und auch ein grünes Licht bedeutet an sich noch nichts, solange es nicht in ein System von »rot-gelb-grün« eingefügt ist, das den Verkehrsfluss regelt. Eine Ampel könnte man als eine ganz kleine, primitive Art von Bedeutungsstruktur mit nur drei Elementen auffassen – in der beispielsweise »blau« auf nichts verweist und daher auch nicht vorkommt. Rot, grün und gelb können sich im Ton ziemlich unterscheiden, solange der Platz des betreffenden Elements strukturell gleich bleibt, bleibt auch die Bedeutung gleich.

Aus alldem zog Lévi-Strauss weitreichende Schlussfolgerungen, die er in seinem umfangreichen Werk weiter ausarbeitete. Unser Denken über die Welt und über uns selbst, so stellte er fest, wird von einer Reihe gegensätzlicher Begriffspaare (Mann-Frau, links-rechts, Erde-Himmel, Natur-Kultur usw.) strukturiert, die in der Ausgestaltung der Kultur immer wieder auf andere Weisen miteinander kombiniert werden. Diese Variationen prägen die Unterschiede in Zivilisationen und Gesellschaften, aber letztendlich gehen sie alle auf eine zugrunde liegende virtuelle Struktur zurück, die allgemein menschlich ist. Dieses vorgegebene

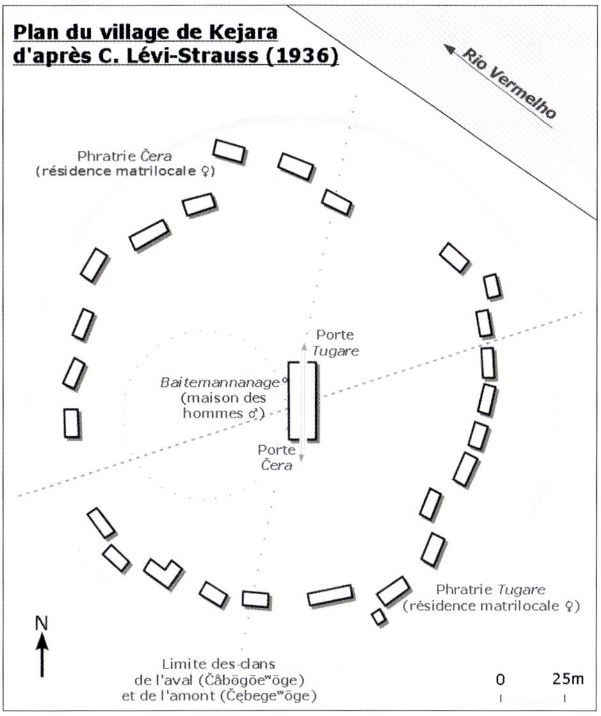

Grundriss eines Indianerdorfes, in dem Lévi-Strauss die unsichtbaren Trennlinien zog, die die soziale Struktur der Gemeinschaft bestimmten.

Schema, das unser Bewusstsein mit einem Raster und mit Koordinaten versieht, verdanken wir der Tatsache, dass wir Menschen sind und wie Menschen denken können.

Das ist das quasitranszendentale Schema, nach dem die Humanwissenschaft auf der Suche war, seit sie mit ihrer »humanistischen« Arbeits- und Denkweise Schiffbruch erlitten hatte. Die Anschauungsformen der Sinnlichkeit und die Kategorien des Verstandes machen, wie wir bei Kant gesehen haben, eine zusammenhängende Wirklichkeit möglich. Aber anders als bei Kant (von daher das »quasi«) machen sie den Menschen nicht zum Herrn seiner Welt, sondern ordnen ihn in ein Raster ein, das seiner Autonomie vorausgeht – wodurch diese einen wesentlich bescheideneren Platz erhält.

Ferdinand de Saussure, 1913.

Allgemeine Linguistik

Was hat das nun mit der Wende zur Sprache zu tun, die sich in der Philosophie des 20. Jahrhunderts vollzieht? *Eine* Übereinstimmung springt sofort ins Auge. Das Kartenspiel, das sich Lévi-Strauss zum Vorbild nimmt, ist ein System von Zeichen: Jede Karte verweist auf einen bestimmten Platz innerhalb des Kartensatzes und auf bestimmte Funktionen, die damit möglich werden: ausspielen, übertrumpfen usw. Auch die Sprache ist ein Zeichensystem, wenn auch ein viel umfangreicheres, komplizierteres und subtileres als das des Kartenspiels, geschweige denn als jenes der Ampelanlage.

Aber die Sprache hat den Vorteil, dass ihre Funktionsweise und Logik schon seit Jahrhunderten tiefgehend erforscht sind. So greift auch Lévi-Strauss auf die Linguistik zurück, um die Logik der Zeichensysteme, die er untersucht, aufzuspüren. Er kann dabei an eine Theorie anknüpfen, die schon zu Beginn des 20. Jahrhunderts von dem Schweizer Sprachwissenschaftler Ferdinand de Saussure entwickelt wurde – einem weit entfernten Nachkommen von Horace Bénédict de Saussure, der, wie wir in Kapitel 10 sahen, gut hundert Jahre zuvor als Erster den Montblanc bestiegen hatte. Was Ferdinand de Saussure für die Einsicht in die Sprache leistete – die Erforschung eines völlig neuen Gebiets –, war mindestens so bedeutsam wie das, was sein Vorfahre für den Alpinismus geleistet hatte.

Wie ist es möglich, dass Wörter bedeuten, was sie bedeuten? Wie ist es möglich, dass Laute überhaupt auf etwas verweisen können, das wir als ihre »Bedeutung« bezeichnen? Das waren die Fragen, auf die Saussure eine Antwort zu finden suchte. Dazu hielt er an der Universität von Genf eine Reihe von Vorlesungen, die 1915, zwei Jahre nach seinem Tod, von einigen Schülern unter dem Titel ›Cours de linguistique générale‹ (›Grundfragen der allgemeinen Sprachwissenschaft‹) herausgegeben wurden. »Allgemein«, weil es Saussure nicht um die Logik dieser oder jener Sprache ging, sondern um den Mechanismus, der sich im Phänomen der »Sprache« als Ganzes verbarg.

Auf diese Fragen wurden (und werden) oft irreführende Antworten gegeben. Wörter und ihre Bedeutung haben sich in einer langen Geschichte zu dem entwickelt, was sie sind, lehrte die historische Sprachwissenschaft, die seit 1800 einen rasanten Aufschwung genommen

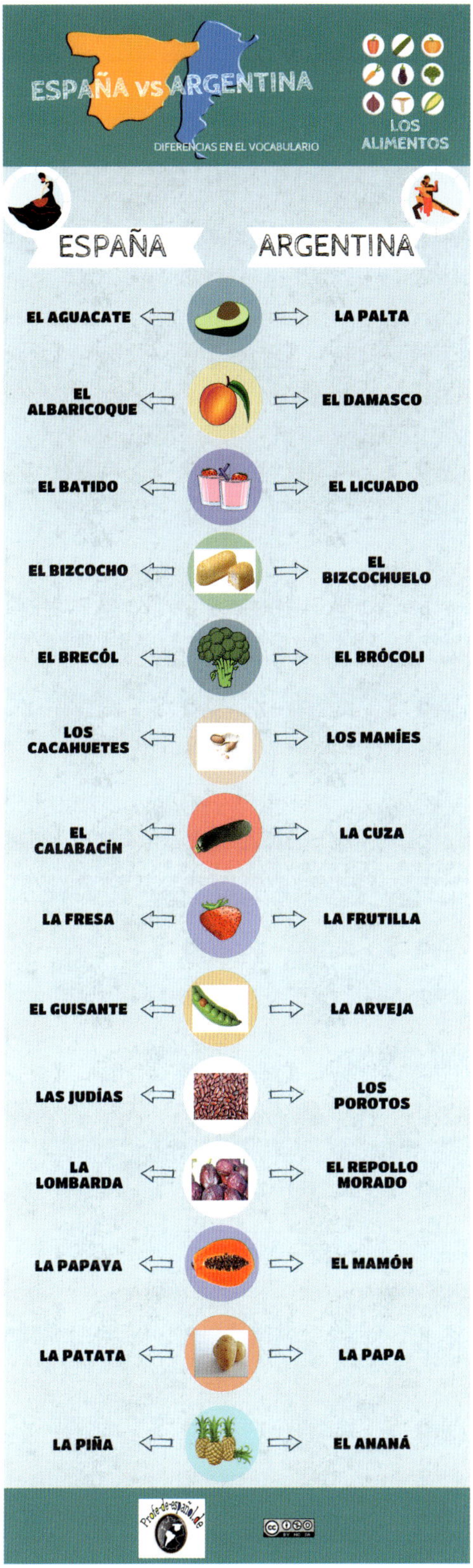

hatte. Aber diese Geschichte erklärt nicht das Phänomen der Sprache als solches, so Saussure. Mag ich auch etymologisch erklären können, warum ein bestimmtes Wort eine bestimmte Bedeutung hat, so erklärt das noch nicht das bloße Faktum, *dass* das Wort Bedeutung hat. Außerdem ist das etymologische Wissen für einen Sprecher überhaupt nicht relevant. Die Sprache hat natürlich eine Historie, aber sie funktioniert in dem Moment, in dem jemand spricht, ohne dass diese Geschichte zum Tragen kommt. Der Sprecher braucht überhaupt nicht zu wissen, woher seine Wörter kommen – und meistens *weiß* er auch nichts darüber.

Was aber verbindet dann ein Wort mit seiner Bedeutung? Sind Wörter vielleicht Abbilder oder Imitationen dessen, worauf sie verweisen? Gelegentlich ist das tatsächlich der Fall. Ein Kuckuck verdankt seinem Namen dem Laut, den er hervorbringt. Es gibt also eine unmittelbare Beziehung zwischen Wort und Ding. Aber die Beispiele für eine derartige Beziehung sind bei Licht besehen ziemlich selten und in der Sprache eher Randerscheinungen als die Regel.

Oder ist es die Intention des Sprechers, die den Wörtern ihren Sinn verleiht? Das ist eine verlockende Idee. Schließlich betrachten wir unsere Wörter als Veräußerungen von Gedanken, die wir zuerst in unserem Kopf hatten und danach aussprechen. Daher scheint die Tatsache, dass ich *diesen* Satz äußere und damit *diese* Bedeutung zum Ausdruck bringe, in dem Faktum zu gründen, dass *ich* diese Bedeutung äußern will.

Sogar innerhalb *einer* Sprache können Wörter (»Zeichen«) manchmal in verschiedenen Subsystemen ganz verschiedene Bedeutungen annehmen: in Dialekten, nationalen Sprachvarianten usw. Das Spanische mit seiner weltweiten Verbreitung ist dafür ein gutes Beispiel: *¡Qué difícil es hablar el español!*

Aber auch dieser Gedankengang ist nicht haltbar. Dass ich etwas sagen will, genügt nicht, um meinen Wörtern die Bedeutung zu verleihen, die mit meiner Intention übereinstimmt. Ich muss mich nach der Sprache richten, wie sie faktisch besteht, und meine Entscheidung innerhalb der Bandbreite von Bedeutungen treffen, die sich darin ausdrücken lassen. Die Praxis zeigt, dass das alles andere als selbstverständlich ist. Es kostet mich oft Mühe zu sagen, was ich sagen will, entweder weil ich die Worte nicht finde oder es die passenden Worte einfach nicht *gibt*. Es liegt also eine Kluft zwischen Intention und Sprache. Die Sprache fügt sich nicht ohne Weiteres der Intention.

Wenn wir wissen wollen, wie Sprache funktioniert, dürfen wir also nicht auf ihre Geschichte und auch nicht auf den Sprecher schauen, schlussfolgert Saussure. Die Lösung können wir nur in den Sprachzeichen selbst finden: in den Wörtern, aus denen sich die Sprache zusammensetzt und in denen sich immer zwei Aspekte unterscheiden lassen: ein materieller und ein ideeller Aspekt. Das Wort ist zum einen ein *Ding*, meistens ein Laut, zum anderen verkörpert es eine Bedeutung. Ersteres nennt Saussure das *Bezeichnende*, Letzteres das *Bezeichnete*: die Idee oder der begriffliche Inhalt, den das Wort zum Ausdruck bringt. Es bezeichnet also nicht den Tisch, der vor mir steht, sondern die Idee »Tisch«. Der Verweis auf das Ding in der Welt (die Semantik) bleibt in Saussures Sprachtheorie außen vor.

Parallel dazu ist auch das Bezeichnende nicht schlichtweg der Laut des Wortes, sondern vielmehr das »mentale Bild« dieses Lautes. Das Lautspektrum, das wir hervorbringen können, ist enorm umfangreich, aber in der Sprache spielt nur eine begrenzte Anzahl von Lauten eine Rolle. Das Niederländische kennt beispielsweise nur vierzehn Vokalvarianten. Obwohl wir unendlich viel mehr Laute hervorbringen können, nehmen wir sie alle als eine dieser vierzehn offenen oder geschlossenen Vokale und Diphthonge wahr. Auch wenn ein a in dem einen Wort ganz anders klingt als in dem anderen und von Person zu Person immer unterschiedlich, nehmen wir den Laut als *á* oder *à*, als eine offene oder geschlossene Variante wahr. Denn das ist der einzige signifikante Unterschied, den das Niederländische innerhalb dieses *a*-Lauts erkennt, anders als beispielsweise das Spanische, dass das *a* immer als einen offenen Vokal hört.

Damit hat Saussure seine bedeutendste Erkenntnis formuliert. In der Sprache geht es in erster Linie um Unterschiede oder *Differenzen*. Inhaltliche Kennzeichen eines Wortes tun nichts zur Sache. Es gibt nicht den geringsten Grund dafür, dass ein Hund »Hund« heißt und nicht »Hand«. Zunächst ist festzuhalten, dass beide Worte innerhalb einer Sprache vorkommen können, weil sich ihre Form – dank des Gegensatzes zwischen u und a – voneinander unterscheidet. Damit sind im Vokabular des Deutschen ebenso wie im Niederländischen zwei Positionen geschaffen, zu denen sich andere Positionen gesellen, die ebenfalls aufgrund ihres Unterschieds zu umgebenden Positionen bestehen: Bund, Band, Mund, Hemd, Schlund, Wand usw.

Mode und das Unbewusste

So entsteht ein Netzwerk aus Zeichen, die eigentlich nicht mehr sind als Orte innerhalb des entsprechenden Netzes, festgelegt durch ihre auf Differenzen beruhenden Relationen. Nur diese Differenzen zueinander sind von Bedeutung, das materielle »Wesen« der einzelnen Zeichen ist nebensächlich. Wir haben gesehen, dass Lévi-Strauss dafür das Kartenspiel als Vorbild wählte. Wie die einzelnen Karten

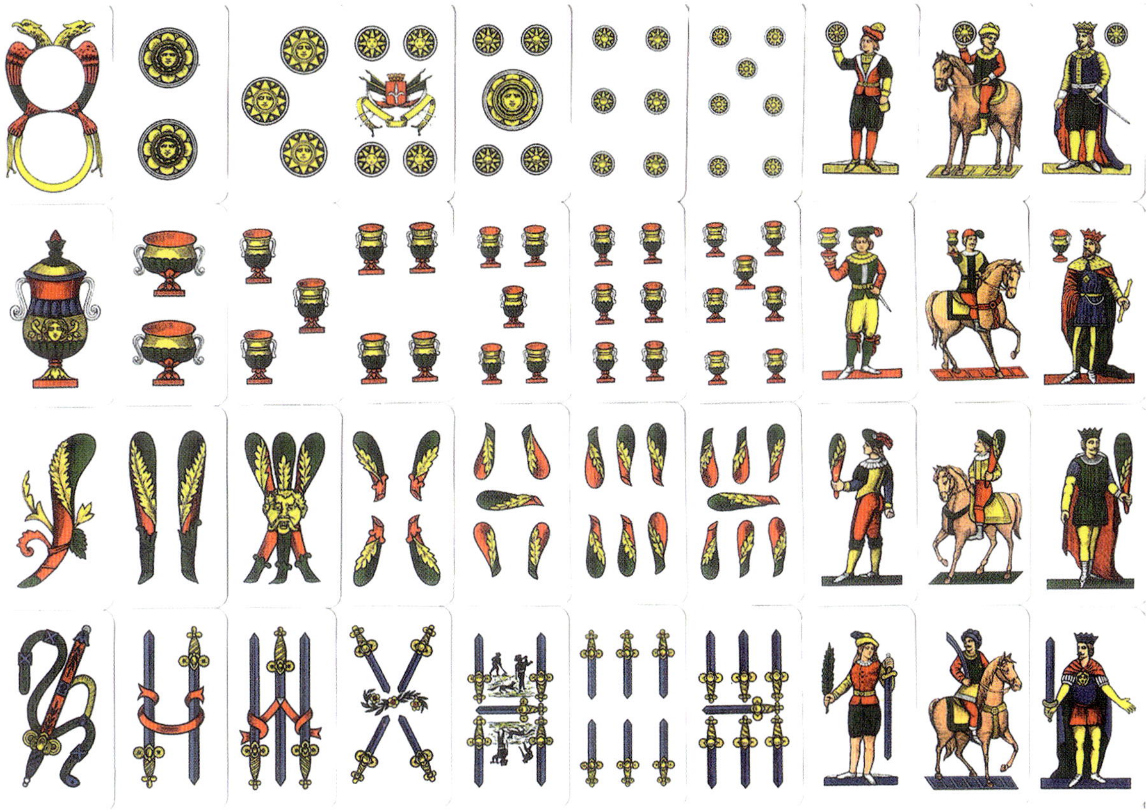

Ein spanisches Kartenspiel setzt sich nicht aus Herz, Kreuz, Pik und Karo zusammen, sondern aus »Münze«, »Schwert«, »Becher« und »Keule«.

aussehen, spielt eigentlich keine Rolle, hörten wir ihn bereits sagen. Was in einem französischen oder niederländischen Kartenspiel Pik und Karo ist, ist im spanischen Kartenspiel »Keule«, »Kelch« oder »Schwert«. Das macht keinen Unterschied. Jede dieser Karten hat insgesamt einen gewissen Wert und *dieser* legt fest, was sie sind.

Zeichen sind wie Münzen in einem Geldsystem, sagt Saussure, der daraus auch den Begriff »Wert« herleitet. Ein Groschen war – vor der Einführung des Euro – nur das, was er war, weil es auch Pfennige und Fünf-Mark-Stücke gab, alle zusammengehalten durch den zentralen Wert »D-Mark«. Hätte es diesen Wert nicht gegeben, dann hätten die runden Scheibchen allenfalls zu Geschicklichkeitsspielen getaugt oder dazu, das Kippeln eines wackligen Tisches zu beheben. »Das Zeichen ist arbiträr«, so Saussure. Wie es genau aussieht, tut letztlich nichts zur Sache; entscheidend ist nur sein Platz innerhalb des Systems.

So bildet das Netzwerk der Wörter dank der Unterschiede zwischen ihnen ein stabiles System abstrakter Positionen, an die auf strikt willkürliche Weise Bedeutungen geknüpft sind. Dank der Tatsache, dass die Sprache unterschiedliche Positionen auf diese Weise eindeutig definieren kann, kann es auch auf kognitiver Ebene eine Definition von Begriffen geben, es handelt sich um zwei Seiten einer Medaille: das Bezeichnende und das Bezeichnete. Der

Barthes über Mode In seinem Buch ›Système de la mode‹ (»Die Sprache der Mode«) von 1967 fasste Roland Barthes Kleidung als eine Gesamtheit abstrakter Positionen auf (Kopfbedeckung, Körperbedeckung, Überkleidung usw.), die in Relation zueinander stehen. Ihre mögliche Ausgestaltung in Farbe, Form und Typus der Kopf- oder Körperbedeckung werde von dem Verhältnis dieser (abstrakten) Elemente zueinander bestimmt. Variationen innerhalb dieses Verhältnisses formen die sich ständig aufs Neue wandelnde Modevorstellung, die jedoch an feste »grammatische« Regeln geknüpft ist: Kleidungsstücke sind wie Spielkarten, Models wie Trägerinnen von Zeichen.

unhaltbare Gedanke, dass ein inhaltliches Band zwischen Bezeichnendem und Bezeichnetem bestände, wird nun von dem Prinzip von Platz oder Wert abgelöst; es macht das Zeichen zu dem, was es ist.

Dieses Modell gilt Saussures Auffassung nach nicht nur für die Sprache; alle Zeichensysteme gehen für ihn auf dieselbe Logik zurück. Er selbst sah in seiner linguistischen Analyse daher auch einen Anfangsschritt hin zu einer allgemeinen Theorie der Zeichensysteme, für die er – nach dem griechischen Wort für »Zeichen«: *sémeion* – den Namen Semiologie prägte. Er selbst hatte die Semiologie nicht ausarbeiten können, doch als seine Theorie nach einigen Jahrzehnten, in denen sie in Vergessenheit geraten war, in den Sechzigerjahren wieder in den Fokus der Aufmerksamkeit rückte, avancierte sie schon bald zu einem Ausgangspunkt für jene Theoretiker, die auf unterschiedlichen Gebieten die Grundlagen ihres Denkens zu erneuern versuchten. So wandte der Literaturtheoretiker Roland Barthes dieses Modell auf die Literatur und die Mode an. Der Filmtheoretiker Christian Metz entwickelte eine strukturalistische Filmanalyse, in der Kamerastandpunkt, Montage (Schnitt) und Kadrierung usw. eine bestimmte Zahl von »Plätzen« darstellten, die auf unterschiedliche Weisen besetzt werden konnten. Und der Psychoanalytiker Jacques Lacan wandte das Modell auf das Unbewusste an, das seiner Ansicht nach wie eine Sprache strukturiert war.

Vor allem Letzteres war ein eleganter Schachzug. Die Psychoanalyse war immer schon davon ausgegangen, dass das Bewusstsein die Bedeutung seiner Welt nicht selbst erschafft, sondern von etwas abhängig ist, das ihm vorausgeht. Wo Freud dazu ein unbewusstes Spiel von Kräften und Strömen (Libido-Energie) unterstellt hatte, setzte Lacan nun ein strukturelles Kraftfeld anonymer

Bezeichner, dem das Subjekt ebenso sehr unterworfen ist wie den Trieben bei Freud. Beide Modelle verband von vornherein schon ihre fundamentale anthropologische Unterstellung, dass das bewusste Subjekt nicht die Quelle und die Grundlage seiner Welt ist, sondern aus ihr hervorgeht. Wenn ich es nicht bin, der spricht, sondern »es« in mir spricht, so Lacan, dann ist dieses »es« die Sprache selbst, die das Ich bezeichnet: mit Bedeutungen belegt, wodurch es erst zu dem wird, was es ist.

Dementsprechend verliert das »Ich« im strukturalistischen Denken seine zentrale Stellung in der Welt. Es ist nicht länger Gottes Stellvertreter als Sinngeber und Grund von allem, sondern wird auf eine »Position« in einem anonymen Bedeutungsfeld reduziert. Dieses Bedeutungsfeld schreibt ihm seine Identität zu; das »Ich« ist selbst nicht anders als ein Zeichen, das nur dank des Feldes, in dem es sich bewegt, existiert. Nicht, was ich sage oder denke, ist im Strukturalismus von Bedeutung, sondern was über mich gesagt wird und wie ich in die umhersurrende Sprache, deren Wörtern, Grammatik und Vokabular ich mich fügen muss, aufgenommen bin.

Michel Focault (akg-images / Jacques Violet).

21

Hoffräulein

Foucault

Lévi-Strauss war davon überzeugt, mit seiner Analyse der Mythen und anderer kultureller »Stimmen« eine weltumfassende Alternative zu dem transzendentalen »Ich« gefunden zu haben, das bei Kant noch an das Subjekt gebunden war. Folgt man Levi-Strauss, so brachte nicht das »Ich« aus sich selbst die Ordnung und Bedeutung der Welt hervor, sondern ein anonymes Feld, in dem das Subjekt erneut zum »Subjekt« wurde, aber nun in einer neuen Bedeutung des Wortes. Es war von Anfang an einem Schema unterworfen (*subjectum*), das es zu dem machte, was es war. Seine Identität wurde nicht von innen heraus, sondern von außen bestimmt. Lévi-Strauss glaubte, damit ein neues universelles Gesetz erkannt zu haben. Das transzendentale Feld, das er offenlegte, gelte für den Menschen im Allgemeinen: überall und zu allen Zeiten.

So strikt und starr, wie Lévi-Strauss die konstitutive Rolle »des Systems« oder »der Struktur« auffasst, wird sie von den meisten anderen Strukturalisten nicht verstanden. Vor allem Michel Foucault weist darauf hin, dass unsere Art des Denkens durch die Geschichte hindurch gerade – manchmal brüsken – Veränderungen unterworfen war. Auch er lässt sich von der Überzeugung leiten, dass diese Prädisposition nicht dem Willen des Subjekts entspringt, sondern diesen Willen erst ermöglicht und ihm daher logisch vorausgeht.

Nicht Saussure war dabei Foucaults wichtigste Inspirationsquelle, sondern Roman Jakobson. Dieser russische, tschechische und schließlich amerikanische Sprachwissenschaftler befasste sich nicht so sehr mit der Frage, wie Zeichen möglich sind, als vielmehr damit, wie sie miteinander zu einem bedeutungsvollen Ausdruck verknüpft werden. In dieser Hinsicht übte Jakobson auch Einfluss auf Lévi-Strauss aus. Es ist *eine* Sache festzustellen, wie ein mentales Schema (eine Struktur) entsteht, aber eine andere zu verstehen, wie deren Elemente eine konkrete Bedeutung zustande bringen. Dazu muss man untersuchen, wie sich die einzelnen Zeichen zu einem Text zusammenfügen: zu einem Text *dieser* spezifischen Kultur mit ihren eigenen Formen, Geschichten und Regeln.

Worte und Dinge

Dass Foucault besonderes Augenmerk auf die historischen Veränderungsprozesse legte, die sich in solchen Bedeutungssystemen abspielen,

Roman Jakobson.

ist nicht verwunderlich. Schließlich hatte er sich schon früh mit Geschichte befasst. Als er 1966 mit der Publikation seines bahnbrechenden Werkes ›Les mots et les choses‹ (»Die Ordnung der Dinge«) alle Blicke auf sich zog, fiel auf, dass er dieses Buch mit einem vielsagenden Untertitel versehen hatte: ›Eine Archäologie der Humanwissenschaften‹.

Was das Werk verfolgt, ist allerdings eine ungewöhnliche Form der Archäologie. Sie gräbt nicht in der Erde auf der Suche nach Steinen und anderen materiellen Zeugnissen dessen, was einst gewesen war, sondern nach immateriellen Spuren all dessen, was in der Geschichte selbst unsichtbar geworden ist. Dass sich die Menschen die Wirklichkeit immer wieder anders vorgestellt haben, wissen wir seit Hegel. Foucault versucht die historischen A-priori-Formen wieder aufzufinden, in denen sich das Weltwissen so abgelagert hatte, dass die einzelnen Elemente gemeinsam ein bedeutungsvolles Ganzes bilden konnten.

Zeitlos sind diese Formen oder *épistémès*, wie sie Foucault nennt, jedoch nicht. Sie wechseln einander in Revolutionen ab, die an der Oberfläche kaum sichtbar, aber darum nicht minder radikal sind. Die Auswirkungen dieses Prozesses lassen sich nur allmählich und unter Mühen ablesen. Um ihnen auf die Spur zu kommen, müssen wir tief in die Geschichte vordringen und uns wie philosophische Archäologen auf die Suche nach dem wechselhaften Status des Menschen in seiner bedeutungsvollen Welt begeben. Wie dies von den Humanwissenschaften erforscht werden kann und vor allem wie diese Humanwissenschaften möglich geworden sind, das sind die zentralen Fragen, auf die Foucault in diesem Buch eine Antwort sucht.

Schon früher hat sich Foucault ausführlich mit der Humanwissenschaft befasst, *in concreto* mit der Psychiatrie und dem Aufkommen der modernen Entgegensetzung von Wahnsinn und Vernunft. Dieser Gegensatz hatte sich in der Phase des »Klassizismus«, ungefähr in der Zeit zwischen 1650 und 1800, herausgebildet, wie Foucault in ›Folie et déraison: Histoire de la folie à l'âge classique‹ (»Wahnsinn und Gesellschaft: Eine Geschichte des Wahns im Zeitalter der Vernunft«) von 1961 konstatiert. Nicht zufällig beginnt diese Phase in der Zeit von Descartes und endet in der Zeit Kants. Die Moderne ist darin zwar schon zum Durchbruch gelangt, der spezifische Doppelstatus, den der Mensch bei Kant erhält und der im Laufe der Zeit die Humanwissenschaften möglich (und zugleich so problematisch) macht, ist allerdings noch nicht zum Abschluss gekommen. Seit Descartes ist der Mensch zwar ein *Cogito*, das sich in erster Linie durch seine Rationalität auszeichnet, aber noch kein Wesen, das sich im vollen Sinne des Wortes selbst eine Welt erschafft.

Foucault zufolge geht das klassische, frühmoderne Denken davon aus, dass die Ordnung der Welt mit der Ordnung der Sprache übereinstimmt. Welt und Sprache sind vollkommen deckungsgleich; daher ist es für das Wissen wesentlich, dass die Dinge auf die richtige Weise *benannt* werden. Die Ordnung ist in der Sprache und in der Wirklichkeit auf dieselbe Weise gegeben, beide fallen mühelos in eins, weil sie beide in der Ratio Gottes gründen. Wenn Gott im ersten Buch der Bibel sagt: »Es werde Licht«, dann *ward* Licht. Das Wort ist bei Gott Wirklichkeit – und das bedeutet in der klassizistischen Ordnung, dass das Regime der Sprache der ungebrochene und unproblematische Ausdruck der Weltordnung ist, und vice versa: letztendlich fallen beide zusammen.

»Die Möglichkeit, die Dinge und ihre Ordnung zu erkennen, läuft in der klassischen Erfahrung durch die Souveränität der Wörter«, schreibt Foucault in *Die Ordnung der Dinge*. Die Wörter bilden »den farblosen Raster, von dem aus die Wesen sich offenbaren und die Repräsentationen sich ordnen.«* Warum farblos? Weil die Sprache der Wirklichkeit weder etwas hinzufügt noch ihr etwas nimmt: Sie bildet nur deren neutrale Widerspiegelung. Die Vorstellung (wie sie von der Sprache zum Ausdruck gebracht wird) und das *Sein* des Vorgestellten selbst fallen in eins. Daher kann Descartes vom »Ich denke« (dem Akt der Vorstellung) unmittelbar zur Ordnung des Seins, dem »Ich bin«, übergehen. Die Spiegelung ist vollkommen neutral und transparent: Die Form der einen Ordnung (der Sprache) entspricht völlig der Form der anderen Ordnung (der Wirklichkeit).

Auch der Mensch kommt, Foucault zufolge, auf dem klassizistischen Tableau vor, doch nur als dessen Bestandteil, nicht als sein Fundament. »Die klassische *épistémè* gliedert sich nach Linien, die in keiner Weise ein spezifisches und eigenes Gebiet des Menschen isolieren.«** Er kann dessen Ordnung nachdenken, aber diese Ordnung ist nicht von ihm abhängig. Er »geht ein« in die Souveränität eines Diskurses, der unabhängig von ihm existiert, und er kann sich, dank der Sprache, das göttliche Tableau der Welt buchstäblich vor Augen führen und das Wissen erwerben, das zugleich das Wissen Gottes ist.

Velázquez

Im ersten Kapitel von ›Die Ordnung der Dinge‹ illustriert Foucault dieses göttliche Tableau anhand des Gemäldes ›Las Meninas‹ von Velázquez aus den Jahren 1656–1657, also aus der Anfangszeit der »klassischen« Periode, auf einzigartige Weise. Betrachten wir das Gemälde, dann fällt darin zunächst die ins Zentrum gerückte Prinzessin Margarita, die Tochter von König Philipp IV. und Königin Maria Anna von Österreich, ins Auge. Sie ist zu dieser Zeit fünf Jahre alt und wird von zwei Hoffräulein (*meninas*) flankiert, von denen *eine* die Prinzessin ansieht, während die *andere* in Richtung des Betrachters blickt.

Auch der Maler selbst kommt auf dem Gemälde vor. Er ist mit Palette und Pinsel in der Hand bei der Arbeit und einige Schritte zurückgetreten, um sein Modell gut zu betrachten. Dieses Modell sind wir, zumindest steht es an der Stelle, an der wir uns befinden: Der Maler scheint *uns* anzublicken. Der Maler, und das Gemälde als Ganzes, ist also auf etwas außer-

* Michel Foucault, *Die Ordnung der Dinge. Eine Archäologie der Humanwissenschaften*, 12. Aufl., Frankfurt a. M.: Suhrkamp, 1993, S 376.

** ebd., S. 373.

Las Meninas oder *Die Familie von Philip IV.* von Diego Velázquez, 1656–57.

halb der Darstellung gerichtet, das nichtsdestotrotz die Perspektive und damit die Ordnung des Gemäldes bestimmt. Die Perspektive fällt mit dem Blick des Modells zusammen, das selbst nicht dargestellt ist.

Dennoch finden sich das Modell und dieser Blick in dem Gemälde, allerdings an unvermuteter Stelle. An der Rückwand des Raumes hängt ein Spiegel, in dem die Gesichter derer reflektiert werden, von deren Platz aus wir das Gemälde betrachten: der König und die Königin. Sie verkörpern den souveränen Blick, der dem ganzen Tableau seine Form gibt. Aber sie tun das, indem sie selbst nicht im Gemälde anwesend sind: Sie sind buchstäblich transzendent gegenwärtig. Ihr Platz ist der Platz Gottes, den sie als christlichen Herrscher repräsentieren. Deshalb beschwört das Gemälde nicht nur die transzendente Perspektive der klassischen Ordnung herauf, sondern auch »die Macht des Diskurses«, so Foucault. »Das heißt: der Sprache, insofern sie repräsentiert.«*

Denken wir zurück an die Diskussion um die klassischen Miniaturen, die uns in Kapitel 5 begegnet sind, dann zeigt sich, dass davon in diesem Gemälde mit seiner unverkennbaren perspektivischen Technik sehr viel wiederzufinden ist. Der Blick, den das Gemälde repräsentiert, ist schließlich der Blick des Herrschers, des Stellvertreters Gottes selbst. Daher sehen wir auf ihm ein Abbild der Ordnung, wie sie im absoluten Sinne besteht. Die Perspektive ist nicht die des menschlichen Subjekts, sondern die Perspektive der Transzendenz, die die Welt objektiv festlegt: *So* fügt sie sich ineinander, *so* kommen Sprache und Wirklichkeit aus überirdischer Perspektive völlig überein. Anders als die persischen Miniaturen löst sich Velázquez' Gemälde nicht vom Standpunkt eines bestimmten Blicks, doch der Betrachter ist noch immer Gott selbst, wenn auch nun in der Person des Herrschers.

Foucaults Ansicht nach verändert sich diese Ordnung nach 1800 jedoch radikal. Die Sprache hört auf, ein rein transparentes Medium zu sein, durch das hindurch man die Welt erkennen kann. Sie wird selbst zu einem Objekt, zu einem »dicken« Medium mit einem eigenen Gewicht und eigener Materialität – und damit zu einem Problem. Wie wir schon in Kapitel 8 sehen konnten, wendet sich die Wissenschaft in der Romantik der Erforschung der Landessprachen zu und versucht in ihnen die Originalität des Volksgeistes aufzuspüren. Doch was die Wissenschaft des 19. Jahrhunderts tatsächlich entdeckt, ist die Historizität der Sprache: ihre eigene Geschichte und die

* Michel Foucault, *Die Ordnung der Dinge*, S. 375.

Verwandtschaft, die sich zwischen den Sprachen feststellen lässt.

Das bedeutet, dass die Wörter nicht länger transparente Ausdrucksformen ihres Inhalts sind und darin unmittelbar aufgehen, sondern selbst eine Schwere und Materialität mit sich tragen, die eine Enträtselung erfordern. Was die Sprache sagt, bedarf von diesem Augenblick an einer Auslegung. So werden die Philologie und die Hermeneutik geboren, die in den Wörtern und Texten nach einer Bedeutung suchen, die uns nicht länger offen vor Augen liegt – zunächst in der Bibelwissenschaft. Das bedeutet, dass die Sprache nun nicht mehr als ein getreuer Spiegel der Wirklichkeit gelten kann und damit auch nicht als ein transparentes Raster, das den Aufbau dieser Wirklichkeit selbst offenlegt. Die vormalige Einheit von Welt und Sprache, in ihrer gemeinsamen Ordnung, die dem Blick einer souveränen Transzendenz entsprungen ist, ist entschwunden.

Merkwürdig ist das nicht, denn wie wir gesehen haben, verschwand mit der Enthauptung Ludwigs XVI. dieser »transzendente« herrschaftliche Blick tatsächlich, um in Frankreich (und in den Vereinigten Staaten) einer politischen Ordnung zu weichen, die die Souveränität in den Blick des Bürgers legte. Wie groß die Sprachverwirrung war, die *darin* das Funktionieren der Macht durchkreuzte, ist schon in Kapitel 7 deutlich geworden. Versuche, das politische Gezänk in einem *volonté général* zu einer Einheit zusammenzubringen, mussten sich letztlich mit der Verlegenheitslösung zufriedengeben, dass »die meisten Stimmen gelten«.

Auf einer tiefergehenden Ebene der modernen *épistémè* erzeugte der Verlust der Durchsichtigkeit der Sprache als transzendentem Ordnungsprinzip ein diffuses Unbehagen. Wie kann man den Wörtern die Unmittelbarkeit zurückgeben, die das unbekümmerte »klassische«

Das Königspaar Philipp IV. und Marie Anna, reflektiert im Spiegel an der Rückwand von Velázquez' Gemälde ›Las Meninas‹.

Sprechen noch besaß? Die Antwort auf diese Frage wird von einer neuen Funktion gegeben, die der Literatur zugeschrieben wird. Die Literatur wird im 19. Jahrhundert zu dem Medium, das der Seele des Künstlers unmittelbar Ausdruck verleiht, der als Genie den Platz des Vermittlers zwischen dem alltäglichen Leben und dem Göttlichen einnimmt. Der Schreibakt wird in der Romantik ein Schöpfungsakt *par excellence.* »Die Literatur«, so Foucault, »wird zur reinen und einfachen Offenbarung einer Sprache, die zum Gesetz nur die Affirmation – gegen alle anderen Diskurse – ihrer schroffen

›Ik ben een God in 't diepst van mijn gedachten‹
(Willem Kloos, 1894)

Ik ben een God in 't diepst van mijn gedachten,
En zit in 't binnenst van mijn ziel ten troon
Over mij zelf en 't al, naar rijksgeboôn
Van eigen strijd en zege, uit eigen krachten.

En als een heir van donkerwilde machten
Joelt aan mij op en valt terug, gevloôn
Voor 't heffen van mijn hand en heldere kroon:
Ik ben een God in 't diepst van mijn gedachten.

– En tóch, zo eindloos smacht ik soms om rond
Úw overdierb're leên den arm te slaan,
En, luid uitsnikkende, met al mijn gloed

En trots en kalme glorie te vergaan
Op úwe lippen in een wilden vloed
Van kussen, waar 'k niet langer woorden vond.

Ich bin im tiefsten meines geists ein Gott
Und thron im innersten der eignen seele
Herrscher des Ichs · des Alls · dem ich befehle
In kampf und sieg · so wie meine kraft gebot.

Ein mächtiger hauf in dunkel-wildem spott
Johlt an mir hoch · fällt dann zurück · geflohne
Vor der erhobnen hand · vor heller krone …
Ich bin im tiefsten meines geists ein Gott.

Doch manchmal sehn ich mich wie sehr darnach
Vor eurer teuren brust um gunst zu flehn
Schluchzend alsdann mit meiner vollen glut

In stolz und ruhigem ruhme zu vergehn
Auf eurem mund in einer wilden flut
Von küssen wo am Wort mir's doch gebrach.*

Willem Kloos

* Jacques Perk, Willem Kloos, Albert Verwey, *Freundschaftsdichtung in den Niederlanden*, aus dem Niederl. übertr. und mit einer Einf. vers. durch Rudolf E. Schierenberg, Heidelberg: Winter, 1996, S. 233.

Existenz hat. [...] Sie wendet sich an sich selbst als schreibende Subjektivität.«*

Das bedeutet nun, dass die Verfremdung, die die Sprache erfahren hat, weil sie nicht mehr problemlos Ausdruck des Schreibenden oder Sprechenden sein kann, in der Literatur wieder neutralisiert wird. Darin kommt erneut eine Subjektivität zum Ausdruck, die womöglich noch stärker ist als zuvor: Der selbstbewusste romantisch-moderne Autor sieht sich selbst mehr denn je als Schöpfer seines eigenen Wortes und seiner eigenen Welt.

Doppelblick

Wir können das wiederum anhand der Geschichte von Velázquez' ›Las Meninas‹ illustrieren, wenn wir uns vor Augen führen, was im Laufe der Jahrhunderte mit diesem Gemälde geschehen ist, nachdem es auf die Weise gemalt worden war, die Foucault in seinem Buch analysiert. Vor der großen Restaurierung des Gemäldes im Jahr 1984 war für den Betrachter jahrhundertelang ein wichtiges Detail kaum sichtbar gewesen. Im Laufe der Zeit hatten sich Staub und Schmutz auf dem Gemälde abgesetzt, und so war das Königspaar im Hintergrund mehr oder weniger dem Blick des Betrachters entzogen. Radikalisieren wir diesen Gedanken, dann sehen wir noch immer einen Maler, der auf sein Modell blickt, aber dessen Platz wird nun nicht mehr vom göttlichen Souverän eingenommen, von dem nicht einmal mehr die Spiegelung existiert.

In der Zeit vor der Restaurierung, so können wir uns mit einiger Fantasie vorstellen, sind es nur *wir selbst*, die Betrachter im Museum, die der Maler anschaut. Jede Möglichkeit, die die Perspektive des Gemäldes noch mit dem miniaturartigen »objektiven« Blick verband, die die Welt aus dem Blickwinkel Gottes zeigte, ist nun verschwunden. Die Perspektive ist rein irdisch und immanent geworden. Wir als beliebige Besucher des Museums ordnen die Welt aus unserem jeweiligen und begrenzten Blickwinkel. Oder besser gesagt: der Maler, der ebenso ein irdischer Mensch ist wie der Betrachter, tut dies. Er sieht aus seiner Position im Gemälde in einen Spiegel, von dem aus er dann in den Raum zurückblickt. Er ist also der Betrachtende und zugleich der Betrachtete. Er selbst steht auf dem Platz des Modells, und wir stehen *mit* ihm dort und blicken auf eine Szene, dessen Teil er selbst ist. Er befindet sich also an zwei Orten zugleich: Als der Blick, der das Gemälde sieht, und als die (schauende) Figur, die auf diesem Gemälde dargestellt ist.

Damit kristallisiert sich in der Figur des Malers ein Doppelblick heraus: genau derselbe Doppelblick, der nach Foucault (zu dem wir jetzt wieder zurückkehren) für das Menschenbild der Zeit der Moderne, der Zeit zwischen 1800 und dem Zeitraum, in dem er sein Buch schreibt, charakteristisch ist. Darin erkennen wir, so Foucault, den Menschen »in seiner nicht eindeutigen Position als Objekt für ein Wissen und als Subjekt, das erkennt«**. So hatte es Kant, der glaubte, alle philosophischen Fragen auf die eine Frage »Was ist der Mensch?« zurückführen zu können, beschrieben. Auf diese Weise wurde auch die Wissenschaft möglich, die den Menschen in seinen wechselnden Rollen eines empirischen und transzendentalen Wesens studierte. Er besetzt entweder den Platz des Königs außerhalb der Szene oder er steht auf dem Platz des Malers,

* Michel Foucault, *Die Ordnung der Dinge*, S. 366.

** ebd., S. 377.

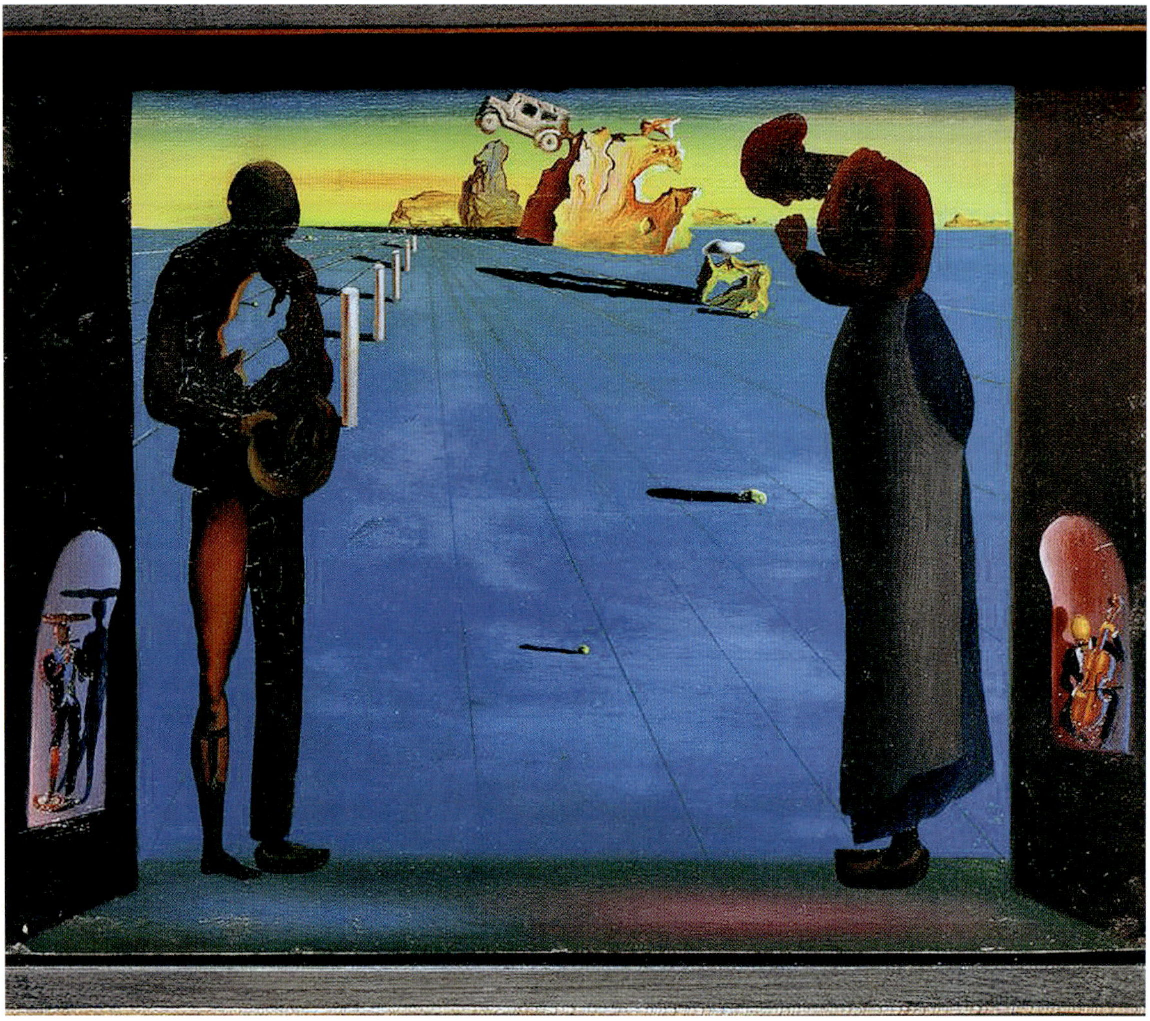

Salvador Dalí, ›Reminscencia arqueológica del Angelus de Millet‹ (»Archäologische Reminiszenz an den Angelus von Millet«) (1935). In Dalís Adaption von Millets Gemälde von 1857–1859 können wir sehen, wie der Mensch völlig vereinsamt in einer Landschaft steht, die nicht mehr auf Gott verweist, sondern radikal immanent geworden ist. Bei Millet stehen der Bauer und die Bäuerin, die auf dem Feld den Angelus beten, noch in einer von Gott gelenkten Welt. Beten sie für eine gute Ernte oder für etwas anderes? Dalí hat immer darauf bestanden, dass an der Stelle des Korbes eigentlich ein kleiner Sarg gestanden habe. Dann handelte es sich um Eltern, die

bei dem Begräbnis ihres Kindes beten. Röntgenuntersuchungen des Louvre haben ihm darin offenbar recht gegeben. Auf seinem eigenen Gemälde zeigt Dalí, was aus dem Menschen geworden ist, seitdem sein theologisches Universum zur Ruine verfallen ist – und damit auch die alte Gestalt des Menschen verschwunden ist. Ebenso wie Foucault spricht er dabei von einer »Archäologie« (oben: Salvador Dalí, ›L'angelus‹, © Salvador Dalí, Fundació Gala-Salvador Dalí / VG Bild-Kunst, Bonn 2019, unten: Jean-François Millet, ›Beim Angelusläuten‹ (1858 / 1859, beide: akg-images).

innerhalb der Darstellung. Er muss einerseits irdisch und endlich und andererseits unendlich sein, denn er ist dazu berufen, alles Wissen zu fundieren.

Im vorigen Kapitel sahen wir bereits, dass das in den Humanwissenschaften zu einer methodologischen Krise führt, und dass der Strukturalismus dem zu entkommen versucht, indem er sich auf die Suche nach einem anderen Fundament jenseits des menschlichen Subjekts begibt. Die Ära, in der die philosophische Frage nach einer neuen Konstitution der Erkenntnis mittels einer Vergöttlichung des Menschen beantwortet wurde, geht ihrem Ende entgegen. Nietzsche machte in aller Schärfe deutlich, dass der »Tod Gottes« auch den »Tod des Menschen« nach sich ziehen muss, der den Platz Gottes zunächst einzunehmen versucht, damit er das philosophische Gebäude nicht radikal erneuern, sondern nur hier und da zu restaurieren braucht.

Das ist die Bedeutung der oft falsch verstandenen Feststellung, mit der Foucault ›Die Ordnung der Dinge‹ beschließt: »dass der Mensch verschwindet wie am Meeresufer ein Gesicht im Sand«.* Damit zielt Foucault weder auf ein biologisches Aussterben der Menschen ab, etwa nach einer nuklearen Apokalypse, noch will er damit einen Selbsthass des Menschen als Gattung zum Ausdruck bringen. Es geht ihm hier allein darum, dem modernen Menschen, der sich selbst als Quelle, Fundament und Herr von allem geriert, den Kopf zurechtzurücken. Die Welt und der Platz des Menschen darin müssen auf eine radikal andere Weise philosophisch kartiert werden.

Im Geiste Foucaults kann diese Erneuerung nur aus Wissenschaftsdisziplinen hervorgehen, die ihr Zentrum und ihre Legitimation nicht im menschlichen Bewusstsein suchen, sondern in einem weiteren Feld, worin der Mensch ein Teil ist, von dem er aber nicht die Basis bildet. Drei Wissenschaften hält Foucault hierbei für richtungsweisend. Die erste ist die Psychoanalyse, der zufolge, wie wir bereits sahen, das Bewusstsein im Unbewussten wurzelt und das Bedeutungsvolle somit in etwas gründet, was noch keine »Bedeutung« trägt. Das »Ich« ist Freud zufolge sekundär gegenüber einem Kräftefeld, in dem es noch kein organisierendes Zentrum gibt, das sich selbst als Quelle aller Ordnung wähnen könnte.

Das Gleiche vollzieht sich in der Ethnologie, die – wie wir bei Lévi-Strauss gesehen haben – die Kategorien des menschlichen Denkens in einem kollektiven Unbewussten vorfindet, das so weitgespannt ist wie die Menschheit selbst. Und schließlich verweist Foucault auf die Linguistik, die gezeigt hat, dass die Bedeutung, die von der Sprache ausgedrückt wird, nicht von einem sprechenden Subjekt abhängig ist: Die Möglichkeitsbedingungen der Bedeutung sind bereits eingebettet in die Sprache selbst, in der sich dieses Subjekt ausdrückt. Der sprechende Mensch fügt sich dieser Möglichkeit, der er seine eigene Initiative unterordnet.

Ein neues Subjekt

Wie sieht der Mensch aus der Perspektive dieser Wissenschaften Foucault zufolge aus? »In unserer heutigen Zeit«, stellt er fest, »kann man nur noch in der Leere des verschwundenen Menschen denken.«** Das bedeutet, auf eine andere Weise zu denken als im Tonfall der metaphysischen Fundierung und einer absoluten Wahrheit. Das Denken kann sich nur in einer

* Michel Foucault, *Die Ordnung der Dinge*, S. 462.

** ebd., S. 412.

Relativität entfalten, die endgültig zu überwinden der Mensch nie hoffen darf. Das bedeutet auch, dass sich das Denken allzeit der Kraft der Sprache ausgeliefert weiß, von der es sich nicht zu lösen vermag. Der Mensch muss sich von der Illusion verabschieden, über sie hinaus zu einer absoluten Wahrheit aufsteigen zu können, deren Hüter *und* Garant zugleich er wäre.

Damit stellt sich Foucault in ›Die Ordnung der Dinge‹ in die Perspektive, die von Nietzsche eröffnet wurde. Dessen Ankündigung, dass es wohl noch ein Jahrhundert dauern würde, bevor die Auswirkungen des von ihm beschriebenen »Todes Gottes« wirklich ins Bewusstsein der Menschen dringen würden, hat sich damit innerhalb eines entsprechenden Zeitraumes bewahrheitet. Welche Statur der Mensch annimmt, nachdem er in seiner modernen Gestalt verschwunden ist, bleibt auch dann noch eine ebenso offene Frage wie die nach der konkreten Gestalt des »Übermenschen«.

Das Subjekt als Stellvertreter Gottes mag wohl verschwunden sein, aber damit ist das Subjekt noch nicht in *jeder* Gestalt unmöglich geworden. Ab den Siebzigerjahren bis zu seinem frühen Tod im Jahr 1984 versucht Foucault, eine neue Ethik der Subjektivität zu entwickeln, die nicht länger an die Allgemeinheit gekoppelt ist, die er vor allem an der Kant'schen Philosophie und ihrer Pflichtethik missbilligt. Im Zentrum steht für ihn nicht mehr der ethische Auftrag der Selbstverleugnung, die in der christlich-westlichen Ethik prädominant ist, sondern eine Kultivierung des Eigenen in der Tradition der Tugendethik.

Allerdings wird auch dieses Eigene von Foucault in keinerlei Hinsicht als grundlegend betrachtet noch wird es als etwas mit allgemeiner Geltung herausgestellt. Eher wird sich das Eigene immer auf singuläre Weise entwickeln müssen. Und auch bei Foucault wird die Sprache zur Rhetorik. Der Mensch muss sich selbst erschaffen, ohne jegliche Verbindung oder Beziehung zu einer transzendenten Wahrheit, zu deren Verkörperung sich dieser Mensch machen könnte. Wenn darin noch ein Echo der protestantischen Tradition nachhallt, dass jeder nach seiner Fasson selig werden solle, dann wird deren Einfluss vom spätklassischen Denken überschattet, von dem sich der späte Foucault inspirieren lässt. Das Gute ist für ihn nicht länger mit irgendeinem Anspruch auf Absolutheit verbunden und auch nicht mehr mit einer unmittelbaren Eintracht mit dem Göttlichen.

Damit entschwindet das Subjekt als Objekt einer Humanwissenschaft, die beansprucht, eine absolute Wahrheit über den Menschen zu verkünden, sowie als Subjekt im strengen Sinne des *hypokeimenon*: desjenigen, das allem zugrunde liegt. Das Subjekt, das den Tod des Menschen überlebt, ist ein Wesen, das immer schon in ein Feld eingebettet gewesen ist, von dem es getragen und hervorgebracht wird. Seine »Eigenheit« ist von Anfang an von einem »Anders-sein« durchdrungen, aus dem es nur als sekundäres Phänomen entstehen kann. Noch immer spielt die Sprache darin eine Schlüsselrolle. Sie bezeichnet den Menschen, der nur durch und dank der Sprache zum Sprechen kommt, in Worten, die er nicht selbst ersonnen hat.

Dekonstruktion in der Architektur: ›Dancing House‹ in Prag (1996), entworfen von Frank Gehry.

22

Die Schrift

Derrida

Die Hinwendung zur Sprache, die die Philosophie im 20. Jahrhundert auf dem europäischen Kontinent vollzogen hat, führte zu einer ziemlich paradoxen Situation. Auf der einen Seite sah sich der Mensch in Heideggers Denken vom Sein selbst angesprochen, das ihm in der Poesie zuflüsterte, welchen Platz er im Ganzen der Wirklichkeit einzunehmen hatte. Seine Eigenmächtigkeit war ihm dabei abhandengekommen – er konnte nicht mehr selbst entscheiden, was er für sich selbst und die Welt in petto hatte. Doch wer den Dichtern Gehör schenkte, wusste sich nach Heidegger von einer »Fügung« angesprochen, die ihm eine sinnvolle Wirklichkeit enthüllte. Die Sprache mochte den Menschen zwar aus dem Zentrum der Welt gerückt haben, in ihrer poetischen Artikulation wandte sie sich ihm jedoch wieder mit einer warmen Stimme zu.

Ganz anders verhielt es sich bei den französischen strukturalistischen Denkern. Auch sie wiesen der Sprache die Aufgabe zu, die der Mensch in der Moderne mehr und mehr für sich beansprucht hatte. *Sie* war es, die die Wirklichkeit mit einem Koordinatensystem versah, das Bedeutung möglich machte. Und auch für die Strukturalisten war der Mensch ein Wesen, das lernen musste, sich ihr einzufügen, statt den Anspruch zu erheben, das System nach seinen Vorstellungen zu gestalten. Doch war der Ton, in dem diese Denker das von ihrem humanwissenschaftlichen Hintergrund her artikulierten, wesentlich kühler als der Heideggers. Wenn die Sprache schon sprach, dann tat sie das nicht in poetischen Klängen, sondern in den nüchternen Kategorien der Linguistik. Statt Empfänger der Sprache zu sein, wurde der Mensch zu ihrer Funktion. Das »Ich« fand sich selbst in einer kahlen Struktur wieder, in der es wie eine Spielfigur den Regeln der Wort- und Begriffsbildung und der Grammatik gehorchen musste.

Der klassische Strukturalismus von Lévi-Strauss ging davon aus, dass die Struktur, die dabei zutage trat, universell festlag und im Prinzip statisch war. Das ist nicht verwunderlich, wenn man bedenkt, dass diese Struktur den Platz von Kants transzendentalem Schema einnehmen musste, jedoch ohne hierbei das menschliche Subjekt zu ihrem Träger auszurufen. Eine Generation später setzte man in Frankreich allerdings Fragezeichen dahinter. Ein Denker wie Jacques Derrida entwickelte die Einsichten des Strukturalismus weiter, verband diese aber mit Inspirationen, die ihm Nietzsche und Heidegger geliefert hatten. Viel stärker als

Mit ‹De la grammatologie› eröffnet Derrida neue Wege zur Interpretation von Texten – und damit von Textsystemen im Allgemeinen. Diese Erkenntnis sei ihm zugefallen, so erzählte er später in einem Interview: »Ein ganz besonderer Moment, aus dem alles erwachsen konnte, was sich in meinem Werk daran anschloss.« (akg-images / Marion Kalter).

seine Vorgänger legte er auf die Beweglichkeit dieses »quasitranszendentalen« Feldes Nachdruck, wodurch auch sein eigenes Denken viel »fließender« wurde – wenngleich der Mensch bei ihm ebenfalls der Sprache, innerhalb derer er sich bewegte, unterstellt blieb.

Dass Derrida die Sprache nicht als ein statisches System auffasste, sondern gerade ihre Beweglichkeit unterstrich, mag auf den ersten Blick überraschen. Schließlich ging er in seinem frühen Hauptwerk *De la grammatologie* von 1967 vor allem auf den philosophischen Status der Schrift ein, die nun gerade als etwas betrachtet wird, was die Sprache *festlegt*. *Verba volant, scipta manent*, sagt ein altes Sprichwort: »Gesprochene Worte verfliegen, das Geschriebene bleibt.«

Aber das ist ein Irrtum, konstatiert Derrida. Gerade in der Schrift erweist sich das, was schriftlich festgehalten ist, in ständiger Veränderung begriffen. Daher wird eine Analyse erforderlich, in der die Sprache auf eine neue Weise erscheint, die für die Philosophie in vielerlei Hinsicht erschütternd ist. Mit dieser neuen Herangehensweise geraten nun offenbar auch jahrhundertealte unhinterfragte philosophische Gewissheiten ins Wanken und verkehren sich hin und wieder sogar in ihr Gegenteil.

Grammatologie

In der Philosophie hat es mit der Schrift etwas Merkwürdiges auf sich, konstatiert Derrida in *De la grammatologie*. Obgleich sie selbst größtenteils in geschriebenen Texten fixiert ist und ihre Diskussionen in Büchern und Zeitschriften austrägt, hat die Philosophie ihrem bevorzugten Medium gegenüber immer eine misstrauische Reserviertheit gehegt. Ungeachtet der Tatsache, dass sie ohne Schrift unmöglich auskäme, tat sie am liebsten so, als habe sie kaum etwas oder nichts mit ihr zu tun, und war allenfalls bereit, sie als eine Art zweitrangiges Phänomen anzuerkennen.

Die Schrift ist eine Ableitung des tönenden Wortes, stellte schon Platon fest; damit stand sie in der Wirklichkeitshierarchie noch *eine* Stufe tiefer, wobei auch schon das Wort, als Abbildung der Realität, einen dubiosen Status hatte. Denn *wirklich* im strengen Sinne sind Platon zufolge schließlich nur die Ideen, die das Denken in einer unmittelbaren Schau vor sich hat. Die Realität besteht nur in einer Spiegelung dieser Ideen und ist damit in geringerem Maße »wirklich«. Das Wort ist *davon* wiederum eine

Abbildung, und die Schrift ist ihrerseits eine Abbildung des Wortes. Wenn man auf eine philosophische Analyse aus ist, die letztendlich darauf abzielt, die Ideen zur Anschauung zu bringen, könnte man sich kaum weiter in die verkehrte Richtung bewegen.

Diese platonische Geringschätzung der Schrift hat Derrida zufolge den Ton für die ganze philosophische Tradition angeschlagen. Überall in der Geschichte findet er diese wieder, seltsamerweise in erster Linie in Zeugnissen von Denkern, die uns gerade in schriftlicher Form überliefert sind. Obwohl die Philosophie ohne Notation auf Papier nicht auskommen kann, was beispielsweise auch für die Mathematik zutrifft, die für Descartes ein überaus wichtiger Wegweiser war, verdrängt sie den Gedanken daran aus ihrem Bewusstsein, soweit es nur geht. Selbst Ferdinand de Saussure konnte sich dem nicht entziehen. Er wies zwar mit Nachdruck darauf hin, dass jedes Zeichen »willkürlich« ist und es daher nicht darauf ankommt, *was* auf *was* verweist, solange es nur ein System gibt, das das Zeichen als Zeichen ins Leben ruft. Aber darüber dachte er offenbar ganz anders, als er in seinem ›Cours de linguistique générale‹ (»Grundbegriffe allgemeiner Sprachwissenschaft«) auf die Schrift zu sprechen kam.

Auch bei Saussure stellt die Schrift eine Art Dekadenzphänomen dar, dem innerhalb der Zeichentheorie kein vollwertiger Platz zusteht. Er stellt sie auf die zweite Ebene, weil sie – wie er in einer Linie mit Platon schreibt – nur von dem Zeichensystem des gesprochenen Wortes abgeleitet sei. Das Schriftzeichen verweist in der Verweisungsbeziehung, die vom Bezeichnenden zum Bezeichneten führt, nicht direkt auf den Endpunkt, auf das, was zu guter Letzt bezeichnet werden soll, sondern operiert *mittels* eines anderen Bezeichnenden. Zunächst löst sich die Schrift im gesprochenen Wort auf, das anschließend als »eigentliches« Zeichen auf das Ding in der Welt oder den Gedanken darüber verweist. Die Schrift ist also nur ein Zeichen-des-Zeichens, ein uneigentliches Supplement.

Das steht allerdings in krassem Gegensatz zu den fundamentalen Ausgangspunkten von Saussures eigener Theorie. Diese besagte schließlich, dass ein Zeichen bloß von außen zu dem bestimmt wird, was es ist: in seiner Differenzrelation zu anderen Zeichen und nicht aufgrund seiner eigenen, internen Eigenschaften. Warum gilt dieses Gesetz, das Saussure sogar weit über die Sprache hinaus auf *jedes* Zeichensystem (Semiologie) ausdehnen will, nun für die Schrift gerade *nicht*? Und warum hat sich diese philosophische Abkehr, so fragt sich Derrida, in der Geschichte des Denkens als so allgegenwärtig und hartnäckig erwiesen?

Um diese Frage zu beantworten, versucht Derrida herauszufinden, welche Vorstellungen und (Vor-)Urteile in der Philosophiegeschichte mit der Schrift verbunden sind – in ihrem vermeintlichen Kontrast zum gesprochenen Wort, der lebendigen Stimme. Das gesprochene Wort, so entdeckt er schon bald, wird als die direkte Verlautbarung von Gedanken betrachtet und daher als etwas, das dem Denken von Natur aus vertraut und nah ist. Descartes hat das wie kein anderer deutlich gemacht. Die Ideen, mit denen das Bewusstsein denkt, stellen die vollkommen »klare und eindeutige« Verkörperung des Gedachten *selbst* dar. *Clare et distincte,* wie sie sind, gibt es nichts, was diese Transparenz und daher unmittelbare Präsenz für das Denken trübt.

Die Stimme ist die lebendige Veräußerung des Gedachten. Jemand, der spricht, ist als Bewusstsein selbst bei seinem Wort, das erklingt, gegenwärtig. Er hat die Kontrolle über das, was es ausrichtet, und damit ist die Stimme ein ideales Kommunikationsmittel, in dem Gedanken fast schwerelos von einer Person zur anderen übertragen werden. Der Gedanke wird zwar

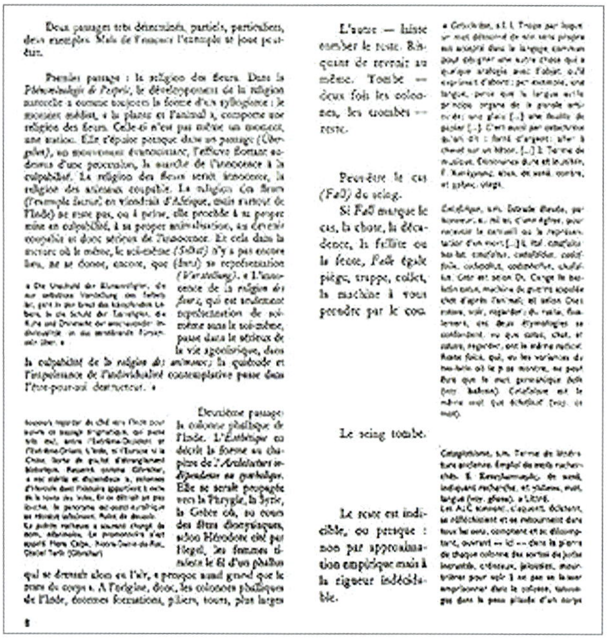

INTERTEXTUALITÄT Texte beschwören in neuen Zusammenhängen immer wieder neue Bedeutungen herauf – vor allem, wenn zwei Texte kollidieren oder einander kontrastiert werden. Diese »Intertextualität« hat Derrida in seinem Buch ›Glas‹ von 1974 sichtbar gemacht, in dem ein Text von Hegel einem Roman von Jean Genet gegenübergestellt wird. Aus ihrer Wechselwirkung gehen wiederum andere Texte hervor, die in kleinen Blöcken die Textseite unterbrechen. Daraus resultiert ein Satzspiegel, der oft mit den klassischen jüdischen Thorakommentaren des Midrasch verglichen wird.

veräußert, aber diese Äußerlichkeit hebt sich unmittelbar wieder auf, sobald das Wort vom Hörer verstanden und wiederum zu einem Gedanken gemacht wird.

Das Ideal von Klarheit und Beherrschbarkeit korrespondiert Derrida zufolge mit dem philosophischen Streben nach absoluter, eindeutiger und klarer Einsicht in die Wirklichkeit. In dieser Einsicht will das Denken die ganze Wirklichkeit von keinerlei Trübung gestört erfassen. Der *Logos,* auf den sich die Philosophie beruft, verweist nicht nur auf die Durchsichtigkeit des gesprochenen Wortes (*Logos* als Wort, wie im Eingangssatz des Johannesevangeliums), sondern auch auf den Inhalt dieses Sprechens (*Logos* als Schlussfolgern, als Logik). Dieser Inhalt ist der denkenden Vernunft, die ihrerseits auch wieder *Logos* heißt, direkt präsent.

Dagegen ist die Schrift »vollgesogen« mit Materialität. Sie verflüchtigt sich nicht wie die Stimme, sondern bleibt lesbar. Der Brief, den ich an jemanden verschickt habe, kann Jahre, nachdem er von dem Empfänger gelesen wird, in einer vollkommen anderen Situation und von vollkommen anderen Menschen stets erneut gelesen werden. Außerdem ist der Autor generell nicht anwesend, wenn ein geschriebener Text gelesen wird. In zweierlei Hinsicht verliert er so die Kontrolle darüber, wie sich die Bedeutung seiner Wörter beim Leser niederschlagen kann. Bei Nietzsche sahen wir dafür ein gutes Beispiel. Nietzsche konnte sich gegenüber seiner Schwester noch so heftig gegen eine antisemitische Lesart seiner Schriften zur Wehr setzen, dennoch blieben die Nazis weiterhin bei ihrer Deutung.

Natürlich kann man sagen, dass diese Texte dann von den Nazis falsch gelesen wurden. Aber damit, so Derrida, versucht man nur mit einem ethischen Verbot etwas zu verwischen, was dessen ungeachtet auf jeden Fall geschieht. Texte *gehen* nun einmal ihren eigenen Weg. Dass sie das können, sagt etwas über das Wesen der Sprache und des Textes selbst aus. Am deutlichsten kommt das vielleicht zum Ausdruck, wenn wir unsere eigenen Texte noch einmal lesen. Unweigerlich kommen sie uns, aufgrund der zeitlichen Distanz, fremd vor. Jeder, der schon einmal eine Geschichte, einen Artikel oder selbst nur einen Brief geschrieben hat, wird das kennen. Nach einigen Jahren, manchmal schon nach wenigen Tagen, schaut man verwundert auf seine eigene Handschrift und fragt sich: Warum in Gottes Namen habe ich das geschrieben, was bezweckte ich eigentlich damit?

Entfremdung

So ist die Schrift ein Medium der Entfremdung. Die Wörter lösen sich von den ursprünglichen Intentionen, mit denen sie niedergeschrieben wurden, und ihre Bedeutung muss jedes Mal, wenn sie gelesen werden, aufs Neue konstruiert werden. Daher können sie, in stets wechselnden Kontexten, immer wieder neue Bedeutungen erhalten. Ein geschriebener Text ist prinzipiell unerschöpflich und niemals ganz zu durchschauen. Denn wie wir schon von Saussure gelernt haben, stehen uns nur die Zeichen, die Wörter, nicht aber die Intentionen des Verfassers zur Verfügung. Und auch diese Wörter haben ihre *eigene* Bedeutungskraft, unabhängig von den Intentionen desjenigen, der sie einmal geäußert hat.

Mit dieser Feststellung wandelt sich, wie Derrida sagt, plötzlich die ganze Entgegensetzung von Schrift und Stimme. Was für das geschriebene Zeichen gilt, gilt auch für das gesprochene Zeichen – wie transparent und eindeutig dieses auch wirken mag, wie sehr der Sprecher dabei auch gegenwärtig ist und damit scheinbar die Kontrolle über das Schicksal seiner Wörter ausüben kann.

Diese Kontrolle ist mehr Schein als Wirklichkeit. Sobald wir uns in die Sprache begeben, verlieren wir uns selbst. Wie ein anderer meine Wörter *wirklich* auffasst, entgeht mir meistens zum größten Teil. Und in seinen Erinnerungen wird er später, wenn ich schon lange nicht mehr präsent bin, um ihn direkt korrigieren zu können, noch etwas darin entdecken, was ihm zunächst entgangen ist; ob ich Letzteres tatsächlich gemeint habe oder nicht, spielt dann keine Rolle mehr. Die Wörter bewerkstelligen etwas in der Distanz und das wird *de facto* Teil ihrer Bedeutung.

Derrida folgert daher auch das genaue Gegenteil dessen, was Saussure implizierte. Die Schrift ist nicht eine Art »dekadente« Nebenerscheinung der Sprache aus zweiter Hand. Was sie kennzeichnet, ist vielmehr für *jegliche* sprachliche Äußerung, auch die der Stimme, bestimmend. In allem, was gesagt, geschrieben und notiert wird, sieht sich das Subjekt von sich selbst entfremdet, obwohl es doch an der Basis dieser Äußerungen stand. Wir geraten in unserer eigenen Sprache also immer vom Weg ab. Wir überblicken nicht, was wir selbst sagen – jedes Wort, das wir verwenden, entfernt sich nicht nur buchstäblich, es entfernt sich auch in seiner Bedeutung von unseren selbstbewussten Intentionen.

Darin erfahren wir eine Machtlosigkeit, die, so folgert Derrida, dafür verantwortlich war, dass die Philosophie gegenüber dem Phänomen »Schrift« immer ein Unbehagen empfunden hat und der Stimme, bei der sich diese unangenehme Wahrheit bequem ignorieren lässt, den Vorzug gegeben hat. Das Denken sieht sich nicht gerne mit seinen eigenen Grenzen und Undurchschaubarkeiten konfrontiert. Die Klarheit, auf die es sich so geflissentlich beruft, ist verfehlt, denn sobald es sich in Wörtern oder Zeichen ausdrückt, hat es den Zugriff auf sich selbst und seine Welt bereits verloren. Sogar die Mathematik, die für Descartes *das* Modell für klares Denken war, kommt nicht ohne Schrift aus, wie Derrida schon 1962 in seiner Einleitung zu Husserls ›L'origine de la géométrie‹ (»Der Ursprung der Geometrie«) von Husserl darlegt.*

* Jacques Derrida, *Husserls Weg in die Geschichte am Leitfaden der Geometrie. Ein Kommentar zur Beilage 3 der »Krisis«*, übers. v. Rüdiger Hentschel u. Andreas Knop, München: Wilhelm Fink, 1987; Edmund Husserl, *L'origine de la géométrie*, Traduction et introduction par J. Derrida, Paris: Presse Universitaires de France, 1962.

Gerrit Kouwenaar

Het woord is dood
(Gerrit Kouwenaar, 1966)

Het woord is dood, het moet geschreven
het schrijft zich om zich schoon te spreken

schrijft het een grijze bladzij of een lege
een brief die een adres zoekt of een leugen

mierenvleugels willen de mier ontstijgen, inkt
berouwt de taal die moet zwijgen

men verwondert zijn adem, spelt hoe
glashelder
de morgensterren hun naam verwelken –

Das Wort ist tot

Das Wort ist tot, es muss geschrieben
werden
es schreibt sich um sich rein zu sprechen

schreibt es eine graue Seite oder eine leere
einen Brief der eine Adresse sucht oder
eine Lüge

Ameisenflügel wollen der Ameise
entsteigen, Tinte
bereut die Sprache, sie muss schweigen

man verwundert seinen Atem, buchstabiert
wie glasklar
die Morgensterne ihren Namen
verwelken –

Dass die Schrift gegenüber der Stimme immer das Nachsehen hat, weist auf ein tiefgehendes Vorurteil in der Kultur hin, die Derrida zufolge auf zahllose Weisen von derartigen Gegensätzen durchzogen ist. Hoch-niedrig, Mann-Frau, nah-fern, eigen-fremd: das sind allesamt Begriffspaare, die die Logik unserer Lebenswelt auf eine Weise strukturieren, die wir schon bei Lévi-Strauss hatten zutage treten sehen. Sie sind jedoch alles andere als neutral und ganz und gar nicht harmlos, merkt Derrida an. Jedes dieser Gegensatzpaare trägt auch eine innere Hierarchie in sich: Das Hohe ist per definitionem dem Niederen vorzuziehen. Besser gesagt: So hat unsere Kultur das für uns festgelegt.

Dasselbe gilt auch für das Männliche gegenüber dem Weiblichen. Wie schon Simone de Beauvoir dargelegt hat, wurde das Weibliche dem Männlichen gegenüber traditionell als untergeordnet erachtet. Das kommt schon im Titel des Buches zum Ausdruck, mit dem sie einen Stein in den Teich der Geschlechterbeziehungen warf und einiges Aufsehen erregte:

Schon früh regte sich in der Kunst Widerstand gegen die Hierarchie von »hoher« und »niederer« Kunst. Die Emanzipation des (Volks-)Liedes in der Romantik haben wir schon in Kapitel 8 angesprochen. Etwa hundert Jahre später verarbeitete Picasso in seinem Gemälde ›Les demoiselles d'Avignon‹ (1907) afrikanische Masken aus einer Tradition, die oftmals noch als minderwertig angesehen wurde (© Sucession Picasso / VG Bildkunst, Bonn 2019. akg-images / Erich Lessing).

›Le deuxième sexe‹ (›Das andere Geschlecht‹). Von jeher wurde das Weibliche als vom Männlichen abgeleitet, daher als weniger wichtig, daher als »sekundär« erachtet.

Die Art und Weise, in der Derrida die Logik der Hierarchie kritisiert hat, die sich (verhohlen oder offensichtlich) in jedem dieser Gegensätze verbirgt, ist auch für den Feminismus von großer Bedeutung. Einer simplen Umkehr dieser Ordnung von Privilegien hat sich Derrida immer widersetzt. »Männlich« und »weiblich« müssen von einem »Unterschied« her gedacht werden, dem sie beide entspringen, macht er in seinem Essay *Sporen* in Bezug auf das Frauenbild von Nietzsche deutlich.

Auf dieselbe Weise werden auch Schrift und Stimme gemeinsam auf etwas zurückgeführt, was Derrida »archi-écriture« *(Urschrift)* nennt: Sie ist kein Urphänomen, auf das man mit dem Finger zeigen könnte (wie etwa eine historische Ursprungsgeschichte), es handelt sich vielmehr um ein Absinken beider in eine unauslotbare Tiefe.

Über die Hierarchie des Eigenen gegenüber dem Fremden, des Nahen gegenüber dem Fernen brauchen wir kaum noch Worte zu verlieren, allenfalls, um darauf hinzuweisen, dass diese Hierarchie auch im Sprachgebrauch der Existenzphilosophie und sogar in Heideggers Seinsphilosophie ihren Tribut fordert. »Eigentlichkeit« ist bei Heidegger das Zauberwort, das das entfremdete von dem echten Dasein unterscheidet – wobei das echte Dasein in der Region verwurzelt ist, aus der es stammt: der *Heimat,* an der Heidegger so viel gelegen war.

Doch in der Praxis entpuppt sich diese kulturelle »Eigenheit«, die der Nationalismus so überaus hochschätzt, oft als eine historische Konstruktion, die von der Realität ständig ausgehöhlt wird. Kulturen sind nun einmal fortwährend in Bewegung und vermischen sich miteinander. Neue und fremde Elemente werden allmählich absorbiert und nach einiger Zeit manchmal nicht einmal mehr als fremd wahrgenommen. Die niederländische Küche bietet dafür zahllose Beispiele. Pizza, vor einigen Jahrzehnten noch ein exotisches Gericht, hat die Kartoffel heute schon fast verdrängt.

Babi pangang, ein Schweinefleisch-Wok-Gericht, das sich nur an wenigen Orten in Indonesien großer Beliebtheit erfreut, gehört in den Niederlanden mittlerweile zur typischen Landesküche. »Gut möglich, dass bei einer Umfrage Kartoffel-Möhren-Eintopf oder Kartoffeln mit Fleisch und Gemüse als Nationalgericht genannt würden«, schreibt ›de Volkskrant‹ (10. Februar 2017). »Würde man aber zählen, was in den Niederlanden an einem gewöhnlichen Sonntag auf dem Teller landet, wäre es durchaus denkbar, dass ein liebgewonnener Exot das Rennen machte: Babi pangang.«

Trauma

Das augenscheinlich logisch kohärente Sprechen der Philosophie (und der Wissenschaft) verbirgt Derrida zufolge ein Trauma, das sie auf jede erdenkliche Weise den Blicken zu entziehen versucht. Immerhin hat sich die Geringschätzung der Schrift jahrhundertelang behaupten können – sogar bei Berufsgruppen, deren Denken und Tun von ebendieser Schrift besonders abhängig waren. Denn die Illusion, dass das Denken sein eigener Herr sei und es damit auch die Welt seinem eigenen Verständnis (und somit auch dem Handeln) unterwerfen könne, war ihnen zu kostbar. Dieser Glaube ist, wie wir im Verlauf dieses Buches gesehen haben, letztlich zu *der* geheimen Triebfeder der Moderne geworden, in der sich der Mensch selbst von jeder göttlichen Kontrolle befreit sah, sich selbst die Souveränität Gottes zuerkannte und mithin als Herr der Welt wähnen konnte.

Diese Illusion konnte die Philosophie nur aufrechterhalten, indem sie alles, was dagegen sprach, in die Verborgenheit abschob und buchstäblich darüber »hinwegredete«. Aber das ging auch auf Kosten ihrer eigenen Kohärenz. Wer genau hinsieht, so Derrida, sieht in allem, was der Mensch sagt und schreibt, kleine und größere Risse sowie flüchtige Nähte, wo das, was unerwünscht war, so gut wie möglich entfernt wurde. Dort setzt nach Derrida eine wirklich kritische Philosophie an. Sie macht sichtbar, was unter dem augenscheinlich glatten Sprechen und Denken der Philosophie und Wissenschaft und selbst unter allgemein geteilten und anerkannten Denkvorstellungen unsichtbar bleiben musste.

»Dekonstruktion« nennt Derrida diese philosophische Spurensuche, eine Art textuelle Psychoanalyse, noch kombiniert mit der Arbeitsweise und der Motivation investigativer Journalisten und Detektive. Das Wort leitet er von Heidegger her, der auch seinerseits bereits einen »Abbau« der Metaphysik anstrebte. Das Wort verknüpft den Abriss eines Systems, das nach dem Scheitern der hochmütigen Moderne einer anderen Art des Denkens Platz machen muss, mit einem Aufbau, der selbst in diesen Versuchen unweigerlich wieder stattfindet.

Versuchen wir, der Überwältigung der Welt innerhalb eines Schemas, das Übersicht, Beherrschung und Wahrheit beansprucht, zu entgehen, werden wir *dennoch* immer wieder mit unserer eigenen Suche nach Wahrheit und unserem unvermeidlichen Bedürfnis nach Erkenntnis und Halt konfrontiert. Allein die Sprache, die wir verwenden, die Wörter, mit denen wir die Welt nach unseren Vorstellungen gestalten, und die grammatikalischen Regeln, mittels derer wir sie in eine Ordnung fügen, lassen uns keine andere Wahl.

So ist Dekonstruktion ein nie zu vollendender Auftrag, bei dem das Denken lernen muss, gegen sich selbst anzudenken, so Derrida. Von dem, was Heidegger bereits kritisch »Metaphysik« nannte – die Illusion eines Denkens, das die Welt durchschaut und beherrscht –, sind wir nun einmal niemals befreit. Aber wir können seine Fallstricke erkennen lernen und so – *sadder but wiser* – besser verstehen, wer wir sind, oder eher: wie es mittlerweile um den Menschen steht nach seinem abenteuerlichen Weg durch die Moderne. Mehr als je zuvor, so scheint es, hat sich dieser Mensch in seinen eigenen Wörtern verloren und damit in seiner eigenen Welt, die sich für ihn ja als eine *Bedeutungs*welt entfaltet.

Von keinem einzigen Wort und keinem einzigen Text wird jemals gesagt werden können, dass deren definitive Bedeutung deutlich geworden ist. Diese ist immer im Fluss und kann sich erweitern, aber auch (aufgrund von Vergessenheit) ausdünnen. Letztendliche Wahrheit wird sie daher nie enthalten. Im Gegenteil: in dem Maße, in dem ein Text *lesbar* ist, so Derrida, wird er immer für neue Interpretationen offen sein – und sein Autor wird sich umso mehr verloren wissen. Er kann nun einmal keinen Anspruch darauf erheben, eine besondere Autorität darüber zu besitzen, was in dieser Lesbarkeit geschieht. Sobald ein Text niedergeschrieben oder ausgesprochen ist, ist er von dem »vouloir-dire« (*Sagen-Wollen*), aus dem er hervorgeht, abgeschnitten.

Regenschirm

In seinem Essay ›Sporen: Die Stile Nietzsches‹, den Derrida zuerst 1972 als Vortrag auf einem berühmten Nietzsche-Kongress gehalten hat, illustriert er dieses Abgeschnittensein anhand einer kurzen Bemerkung, auf die er in Nietzsches nachgelassenen Schriften gestoßen ist. Sie besteht nur aus einem einzigen Satz, der von Nietzsche selbst in Anführungszeichen gesetzt worden ist: »Ich habe meinen Regenschirm vergessen.«

Es ist ein Satz, dessen Bedeutung und Kontext rätselhaft sind. Wir wissen nicht, was Nietzsche damit sagen wollte. Seine Rätselhaf-

Dekonstruktion in der Architektur Auch in der postmodernen Architektur der Siebziger- und Achtzigerjahre wirkte der Dekonstruktionsgedanke fort. Entwürfe für Gebäude wurden auf dem Reißbrett in Einzelelemente zerlegt und auf »inkongruente« Weise wieder zusammengefügt. Traditionelle Ikonen wurden auf ironische Weise in hypermodernen Konstruktionen verarbeitet, oder man setzte beim Bau selbst dessen Verfall schon vorab in Szene. (oben: Günther Domenigs Steinhaus am Ossiachersee, Wikipedia, Foto: Horst Michael Lechner. Unten: Marta Herford, Außenansicht des Museumsbaus von Frank Gehry, Wikipedia, Foto: Wittekind).

tigkeit wird noch von den Anführungszeichen, in die der Satz gesetzt ist, gesteigert. Sie verweisen auf ein Zitat oder auf die Tatsache, dass er vielleicht nicht ganz »von Nietzsches Hand« stammt, auch wenn wir nicht wissen, von wem oder woher er diesen Satz entlehnt haben könnte. Auf den ersten Blick scheint der Satz vollkommen klar zu sein, gesteht Derrida zu. »Jeder versteht, was ›Ich habe meinen Regenschirm vergessen‹ bedeutet. Ich habe [...] einen Schirm, der sehr wohl mir gehört und den ich vergessen habe. Ich kann ihn beschreiben. Jetzt habe ich ihn nicht mehr – in der Gegenwart –; Ich habe ihn also wohl irgendwo vergessen usw.«*

Der Satz »Ich habe meinen Regenschirm vergessen« ist klar und lässt sich ohne den geringsten Bedeutungsverlust von einer Sprache in die andere übersetzen. Und doch konfrontiert er uns, gerade dank dieser augenscheinlichen Klarheit, mit der Tatsache, dass wir nicht wissen, was wir mit ihm anfangen sollen, dass er offenbar eine Bedeutung hat, die *wir* nicht kennen und die sich nicht herausfinden lässt. Die Struktur dieses Satzfragments ist dadurch gekennzeichnet, dass der Satz »zugleich vollständig sein und auf ewig ohne anderen Kontext bleiben kann«, so Derrida, »abgeschnitten nicht nur von der Umgebung, in der er entstand, sondern auch von jeder Absicht oder jedem Sagen-Wollen Nietzsches, jenem Sagen-Wollen und jener aneignenden Signatur, die uns in ihrem Ursprung unzugänglich bleiben.«**

Gerade hierin, so konstatiert Derrida, steht dieser Satz Modell für jede Äußerung, für jeden Satz und selbst für das gesprochene Wort, das doch so unlöslich mit der Person des Sprechers und mit der Situation verbunden scheint. In dieser Hinsicht ist jeder Text eine postume Schrift, die nur durch die Gnade dessen besteht, was der Semiotiker Roland Barthes »den Tod des Autors« genannt hat. Vielleicht ist auch genau das der Sinn des Fragments »Ich habe meinen Regenschirm vergessen«, meint Derrida, und vielleicht sogar von Nietzsches gesamtem Œuvre. Mit seinen vielfältigen Stilen und seinen Bruchlinien in der Schrift eröffnet das Werk ständig aufs Neue den Abgrund zu einem bodenlosen Raum, in dem sich jede Bedeutung, Eigentlichkeit und Wahrheit verlieren.

Und wie steht es um das Subjekt in diesem Gespinst von Texten, in dem es sich ausspricht und angesprochen wird? Wir *existieren* als Text, so Derrida – aber was bedeutet das? Wir sind die Wörter, die wir sprechen, aber diese Wörter sind niemals »die unseren«. Sie wurden schon endlose Male ausgesprochen (gerade deshalb können sie »Wörter« sein und Bedeutung haben) und sie werden auch, nachdem ich das getan habe, endlos oft neue Bedeutungen erhalten, die ich noch nicht überblicken kann. Ich bin also eingebettet in ein bewegliches Netz von Wörtern, das ich nicht überblicke, das mich aber dennoch zu dem macht, was ich bin. Nicht auf eine statische Weise wie im klassischen Strukturalismus, sondern auf eine fließendere (in gewissem Sinne eher nietzscheanische) Weise – indem die Bedeutungen, die ich erschaffe und die ihrerseits *mich* erschaffen, sich immer wieder verändern, angereichert werden und unerwartete Bedeutungshorizonte eröffnen.

Eines ist jedoch deutlich: In diesem beweglichen Netz der Sprache kann ich unmöglich

* Jacques Derrida, *Sporen. Die Stile Nietzsches*, übers. v. Richard Schwaderer, Venedig: Corbo e Fiore Editori, 1976, S. 99/101.

** Jacques Derrida, *Sporen. Die Stile Nietzsches*, S. 97/99.

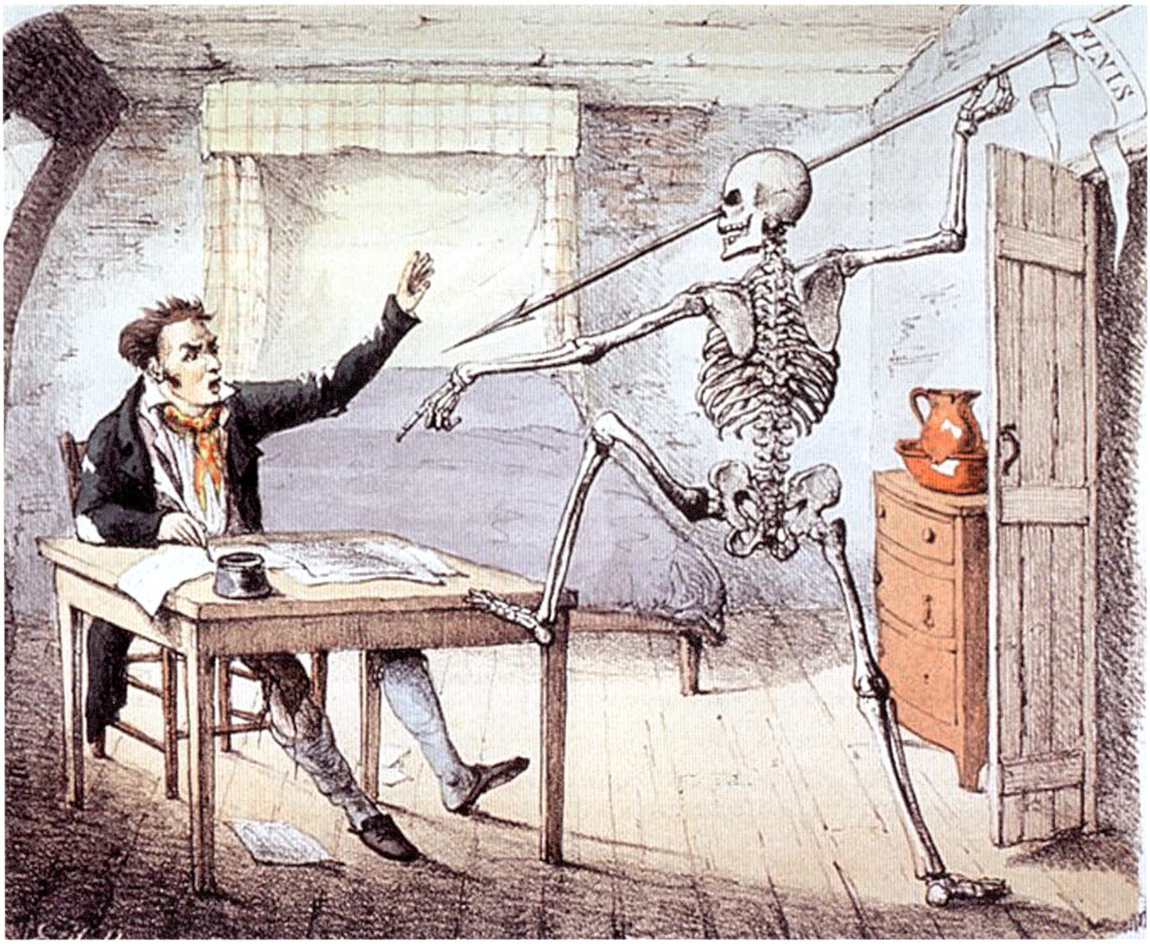

›Death found an author writing his life‹, Lithografie von Edward Hull veröffentlicht von C. Hullmandel, London, Dezember 1827 (Wikimedia Commons: Joel from Davis, CA, US).

noch die autonome, alles beherrschende Rolle spielen, die das moderne Denken, kulminierend in Sartres Philosophie, dem Subjekt zuschrieb. Auf eine ganz andere Weise als Heidegger, aber ebenso radikal, wird der Mensch vom Strukturalismus und Poststrukturalismus von dem göttlichen Thron gestoßen, auf den er sich selbst gesetzt hat. Er ist nicht länger das Fundament und ebenso wenig der Kulminationspunkt von allem.

Was ist das »Ich« *mehr* als der Punkt, an dem die kursierende Sprache und die zirkulierenden Zeichen für einen Augenblick in *diesem* Ausdruck zur Ruhe kommen? Um danach in einem neuen Kontext und einer neuen Konfrontation mit anderen Zeichen oder Texten wieder eine andere Farbe anzunehmen? Kann das »Ich« *mehr* sein als das sich stets verschiebende Wort, das – wie die Linguistik sagt – auf die »Instanz, die nun am Sprechen ist«, verweist, aber damit noch nichts gesagt hat?

Je est un autre, »Ich ist ein anderer«, schreibt der Dichter Arthur Rimbaud in dem berühmten »Seher-Brief« vom 15. Mai 1871 an seinen Dichterfreund Paul Demeny. Dieser Satz ist zu einem der berühmten Sätze aus und über die moderne Literatur geworden. Rimbaud zeigt, wie das langsame Verschwinden des »Ich« als Grundlage der Welt, aber auch als Autor des (literarischen) Œuvres, schon bei den Romantikern einsetzt, »die so gut beweisen, dass das Lied so selten das Werk, das heißt der vom Sänger gesungene und von ihm verstandene Gedanke ist«. Denn, so fährt er fort, »ich wohne dem Ausschlüpfen meines Denkens bei: ich betrachte es, ich lausche ihm: Ich vollführe einen Bogenstrich: die Symphonie erzeugt ihren Aufruhr in den Tiefen oder stürmt mit einem Satz auf die Bühne.« Der Dichter muss ein Seher werden, so Rimbaud: »Denn er gelangt zum *Unbekannten*!«*

Georges Moustaki, ›Je suis un autre‹, (Wikimedia Commons, Dutch National Archives, The Hague, Fotocollectie Algemeen Nederlands Persbureau, Urheber: Mieremet, Rob / Anefo).

Diese Worte haben im 20. Jahrhundert bei zahllosen Dichtern, Künstlern und Literaturtheoretikern Resonanz gefunden – und auch bei Sängern. Genau ein Jahrhundert und ein Jahr nach Rimbaud schreibt der griechisch-französische Chansonnier Georges Moustaki, mit einer kleinen Variation zu ›Je est un autre‹, ein Lied zu Rimbauds Zitat.

Je suis toi je suis moi je suis qui me ressemble
Et je ressemble à ceux qui font la route ensemble
Pour chercher quelque chose et pour changer la vie
Plutôt que de mourir d'un rêve inassouvi

Avec eux je m'en vais partout où le vent souffle
Partout où c'est la fête et partout où l'on souffre
Mais lorsque je m'endors au creux des herbes hautes
Je me retrouve seul et je me sens un autre

Ich bin du, ich bin ich, ich bin der, der mir gleicht
Und ich gleiche allen, die mit mir gehen, so weit die Straße reicht
Die lieber ihr Leben ändern und auf die Suche gehen
Als mit einem Traum zu sterben, den sie erlöschen sehen.

Mit ihnen ziehe ich, wohin der Wind mich weht
Wo man feiert, wo der Schmerz sein Unheil sät
Doch schlafe ich ein unter dem hohen Oleander,
Bin ich wieder allein und fühle mich wie ein anderer.

* Arthur Rimbaud, *Korrespondenz, Briefe, Texte und Dokumente*, Bd.1: 1868–1886, zus.gest. u. hg. v. Jean-Jacques Lefrère, überarb., erg. u. übers. v. Tim Trzaskalik, Berlin: Matthes & Seitz, 2018, S. 89–99.

Emmanuel Levinas, 1985 (akg-images / Marion Kalter).

23

Versprechen und Antlitz

Ricœur, Proust, Levinas

Gibt es nach den Umwälzungen des Strukturalismus und der Psychoanalyse, die die zentrale Stellung des »Ich« unter Beschuss genommen haben, noch Raum für den Menschen? Auf jeden Fall nicht in der Gestalt, die er sich selbst in der Zeit der Moderne angemaßt hat. Dessen Gestalt »verschwindet wie am Meeresufer ein Gesicht im Sand«, schrieb Foucault am Ende von ›Ordnung der Dinge‹. Aber ist der Mensch damit auf eine bloße Auswirkung von Kräften und Prozessen zu reduzieren, die ihm nicht mehr die geringste Mitsprache erlaubt? Oder trägt er noch immer die Fähigkeit in sich zu sagen: »Hört mich! denn ich bin der und der. Verwechselt mich vor Allem nicht!«

Diesen Ausruf tat Nietzsche schon in seinem ›Ecce Homo‹*, ungeachtet aller Sprachkritik, die er in seinem vorhergehenden Œuvre geübt hatte. Wörter mögen noch so sehr Werkzeuge des »Willens zur Macht« sein und die Wirklichkeit verfälschen, »amoralisch«, wie sie bis auf die Knochen sind, doch wer spricht, will dennoch »als ein Ich« gehört werden. Der Poststrukturalist Derrida zitiert seinerseits die letzten Worte aus der Erzählung ›Lenz‹ (1839) des deutschen romantischen Autors Georg Büchner.** Hinter die besondere Bedeutung eines Menschen, der »ich« sagt, können wir nicht zurückgehen.

Doch wie ist das möglich?, fragt sich der französische Philosoph Paul Ricœur in den Sechzigerjahren, mitten in den heftigsten Diskussionen rund um Psychoanalyse und Strukturalismus. Wie kann man nach aller Subjektkritik noch guten Gewissens reflexive Philosophie betreiben, in der sich der Mensch wieder auf sich selbst richtet und so zu bedeutsamen Einsichten *über* das »Selbst« kommt? Gerät er dabei nicht automatisch in eine zirkuläre Argumentation, die ihn in der Moderne zu der Illusion verleitet hat, sein eigenes Fundament sein zu können? Müssen wir nicht eine *bessere* Antwort auf die Kritik formulieren, die gegen das kartesianische *Cogito* vorgebracht wurde, um erhobenen Hauptes das »Ich« und »den Menschen« als Gestalten verteidigen zu

* Friedrich Nietzsche, *Ecco homo*, Digitale Kritische Gesamtausgabe Werke und Briefe, hg. v. Paola D'Iorio (http://www.nietzschesource.org/#eKGWB/EH-Vorwort-1).

** Jacques Derrida, *Schibboleth – für Paul Celan,* hg. v. Peter Engelmann, übers. v. Wolfgang Sebastian Baur, Wien: Passagen-Verlag 2002, S. 17.

Bartolomeo Manfredí, ›Kain erschlägt Abel‹, um 1610 (agk-images).

können, die noch immer ihren legitimen Platz in der Philosophie haben?

Für Ricœur ist diese Frage nicht nur von theoretischer Bedeutung. Der Ausgangspunkt seines Denkweges ist eine moralische Frage: Wie können wir bei Menschen die Verantwortung voraussetzen, die notwendig ist, um sie in ihrer ethischen und politischen Rolle ernst zu nehmen? Das heißt: Wie kann das Subjekt an einer bedeutungsvollen Welt teilhaben, ohne dass es darin *ganz* auf andere Elemente reduziert wird, die ebendiesem Subjekt alle Verantwortung dazu nehmen?

Diese Frage geht ihrerseits aus einer großen Studie hervor, die Ricœur zuvor der Frage nach dem Bösen und vor allem nach dem (bösen) Willen gewidmet hat: ›Philosophie de la volonté‹ (»Das Willentliche und das Unwillentliche«). Ricœur verleugnet darin nicht seine gläubige Herkunft – er wuchs in einem protestantischen Milieu auf, dem er immer treu geblieben ist. Das Problem des Bösen ist von jeher in religiösen Ursprungsgeschichten thematisiert worden, die er in dieser Studie eingehend untersucht. Aber damit ist die Frage nach der Beständigkeit eines verantwortlichen »Ich« und der Kritik des 20. Jahrhunderts an ihm noch nicht beantwortet.

Wir beschränken uns hier auf Ricœurs Auseinandersetzung mit dem Strukturalismus, den er vollkommen ernst nehmen will, in dem er jedoch eine fatale Einseitigkeit entdeckt. Wie wir gesehen haben, konzentrierte sich Saussure bei seiner Analyse der Sprache ganz auf deren *System*, weil er die Frage klären wollte, wie es möglich ist, dass Wörter Bedeutung haben, und wie *diese* Bedeutung an *dieses* Wort gekoppelt wird. Dazu musste er dem tatsächlichen Sprachgebrauch keine Aufmerksamkeit widmen und auch nicht einmal dem Verweisen des Wortes auf die Welt.

Doch diese Dinge gehören sehr wohl zur Sprache als Ganzes, konstatiert Ricœur. In Bezug auf eine konkrete Forschungsfrage kann man das methodisch außer Acht lassen, doch man riskiert große Probleme, wenn man das linguistische Modell, das daraus hervorgeht, zu einer Theorie über die Bedeutung in der Welt im Ganzen erweitert. Sprache *existiert letztendlich* realiter nur in der Form von (mehr oder weniger) artikulierten Sätzen, die auf eine *reale* Welt verweisen und nicht nur auf Begriffe oder Ideen.

Wenn sich der Strukturalismus auf Saussure und andere Linguisten beruft, um eine allgemeine Theorie der Kultur, der bedeutungsvollen Welt und des Menschen darin aufzustellen, dann wird er leicht blind für die Tatsachen. Diese Gefahr droht nun einmal immer, wenn eine Theorie – die die Welt per definitionem auf eine übersehbare Anzahl von Elementen reduziert – ausgeweitet wird, um die ganze unreduzierte Realität zu erklären.

Zu hastig

Der Strukturalismus ist also zu hastig damit, den Menschen als eine Instanz beiseitezuschieben, die über die Bedeutungen in der Welt mitbestimmt, stellt Ricœur fest. Das Wörtchen »mit« ist hier bedeutsam: Das Subjekt kehrt niemals mehr so mir nichts, dir nichts auf seinen alten, absoluten Platz als Schöpfer von Bedeutung und Welt zurück. Aber es entdeckt sich selbst als eine Instanz wieder, die bei der Konstitution einer bedeutungsvollen Welt eine Rolle spielt – *gemeinsam* mit der Sprache, die es nicht beherrscht, und den darin bereits konstituierten Bedeutungen, die es nicht geschaffen hat.

Ricœur betrachtet daher auch nicht das Zeichen (das Wort) als die zentrale Einheit der Sprache, sondern die artikulierte Äußerung oder den Satz. Erst darin erhält ein abstraktes Zeichen wie »ich« – der *shifter*, der Dreh- und Angelpunkt, der grammatisch lediglich besagt: »die nun sprechende Instanz« – eine konkrete Bedeutung. Die Tatsache, dass ein Zeichen in einem Satz steht, ist also nicht neutral. Sie fügt ihm eine Dimension hinzu, durch die das Zeichensystem aufgebrochen wird und auf eine konkrete Welt verweist. Während man bei der Analyse eines Wortes die Wirklichkeit ruhig einklammern kann, ist das bei der Analyse eines ganzen Satzes viel schwieriger, so Ricœur. Der Satz ist immer eine Äußerung innerhalb einer konkreten Welt mit einem realen sprechenden Subjekt.

Die Wirklichkeit wird zwar durch Sprache vermittelt und in ihrer Bedeutungsfülle zum Ausdruck gebracht, sie geht selbst aber der Sprache voraus, wendet Ricœur gegen die Strukturalisten ein. So ist auch das »ich bin« eher da als das »ich denke« oder »ich spreche«. Es geht hier folglich darum, dieses ursprüngliche »ich bin« in seiner Bedeutung *und* seiner Bedeutungsschöpfung aufzuspüren. Das kann niemals außerhalb der Sprache geschehen. Bedeutung ist nun einmal eine Frage des Be-zeichnens und des Bezeichnetwerdens. Hierbei müssen wir jedoch erneut die Frage stellen können, inwiefern die simple Feststellung »ich bin« noch *mehr* enthält als eine bloße Aussage über dessen Existenz. Was stellt dieses »ich« nun eigentlich dar? Was bedeutet es selbst?

Von diesem Moment an entwickelt sich die reflexive Philosophie, die Ricœur ausgestalten will, zu einer Hermeneutik, wie sie von Gadamer beschrieben worden ist. Zu einer Hermeneutik, die nicht nach der Bedeutung von Texten fragt, sondern nach der Bedeutung der Existenz selbst, zuallererst nach der Existenz des »*Ich*«. »Allein diese Hermeneutik des ›Ich bin‹«, so schlussfolgert Ricœur, »kann zugleich die apodiktische Gewissheit des kartesianischen *Ich denke* und die Ungewissheiten, ja die Lügen und Illusionen des unmittelbaren Bewusstseins über sich selbst umfangen; nur sie kann nebeneinander die ruhige Haltung: *Ich bin* – und den drängenden Zweifel: *Wer bin ich?* aufrecht erhalten.«*

Wir können die Bedeutung des *Cogito* niemals direkt herausfinden, muss auch Ricœur

* Paul Ricœur, »Die Zukunft der Philosophie und die Frage nach dem Subjekt«, übers. v. Karlhermann Bergner, in: *Die Zukunft der Philosophie*, hg. v. Heinz Robert Schlette, Olten und Freiburg im Breisgau: Walter-Verlag, 1968, S. 164.

zugestehen. Wir müssen uns dazu immer in das symbolische Universum der Sprache und der Zeichen begeben, in dem gesagt wird, was das konkrete *Cogito* ist – und in dem das *Cogito* zugleich wird, was es ist, in dem es ausgesprochen und be-zeichnet wird. Die Sprache macht uns – auch – zu dem, was wir sind.

Der Frage, wie wir uns eine solche »Hermeneutik des *Cogito*« vorzustellen haben, hat Ricœur in der Folge einen bedeutenden Teil seines umfangreichen Œuvres gewidmet. Nicht das System der Sprache steht dabei im Fokus, sondern die Frage, wie die artikulierte Sprache etwas in der Wirklichkeit ausrichten kann. Was geschieht beispielsweise, wenn ich ein Versprechen gebe? »Das schließt ein«, antwortet er, »dass ich, ganz gleich was geschieht, mein Wort halte. Aber wie kann ich das, wenn es nicht jemanden gibt, der das von mir erwartet und auf mich zählt? So liegt der andere in gewissem Sinne meinem Vermögen, ein Versprechen zu halten, zugrunde.«* Der andere wird vorausgesetzt, wenn ich die Person werden will, die ich werden sollte – das ist es, was dieser Sprechakt deutlich macht. Ich kann nie in absoluter und einsamer Souveränität ich selbst werden, sondern nur mittels eines Äußeren, wobei das andere und vor allem *der* andere entscheidend sind.

Darüber hinaus sucht Ricœur, ebenso wie Heidegger, seine Zuflucht bei der Literatur. Nicht um »die Stimme des Seins« zu hören, sondern um zu sehen, wie darin zwischen Leser und Buch ein Gespräch in Gang kommt, in dem das »Ich« des Lesers geformt wird. Das geschieht in der Begegnung mit den Figuren, denen der Leser im Buch begegnet, und dank der Form, in der deren Erfahrungen in einer abgerundeten Erzählung dargestellt werden. In seinem dreibändigen Werk ›Temps et recit‹ (»Zeit und Erzählung«), veröffentlicht zwischen 1983 und 1985, betrachtet Ricœur vor allem die Art und Weise, in der die Erzählung des Romans die Zeit organisiert. Als Subjekte finden wir uns ja – so lehrte uns schon die Phänomenologie – in der Zeit vor, die uns bis ins Innerste unseres Wesens bestimmt. Die Literatur hat diese Selbsterfahrung in Form von *Erzähltechniken* immer weiter exploriert und zugleich erweitert. Dank der Literatur und ihrer immer subtileren Erzählformen hat sich unser Zeitbewusstsein geschärft, und damit erhält auch unsere Selbsterfahrung als Subjekt immer klarere Konturen. Dank der Literatur lernt das Subjekt nicht nur sich selbst kennen, es entwickelt sich auch in einer zunehmend verfeinerten Selbsthermeneutik.

Literatur lehrt den Leser, wer er ist, sagt Ricœur, und verweist dabei gern auf Marcel Proust. Zu seinen Lieblingspassagen zählt jene, in der Proust ganz am Ende seines großen Zyklus ›Auf der Suche nach der verlorenen Zeit‹ das Schreiben eines Buches mit dem Bau einer Kathedrale vergleicht. Jedenfalls, so schreibt Proust, habe er sich auf diese Weise vorgestellt, wie die Schriftsteller, deren Bücher *ihn* geformt haben, vorgegangen sind: wie wahre Kathedralenbaumeister. »Um aber auf mich selbst zurückzukommen«, schreibt er weiter, »so dachte ich bescheidener an mein Buch, und es wäre sogar ungenau zu sagen, dass ich an die dachte, die es lesen würden, an meine Leser. Denn sie würden meiner Meinung nach nicht meine Leser sein, sondern die Leser ihrer selbst, da mein Buch nur etwas wie ein Vergrößerungsglas sein würde, ähnlich jenen, die der Optiker in Combray einem Käufer über den Ladentisch reichte – mein Buch, durch das

* Ger Groot, »De ruimte van de verbeelding vergroten. Gesprek met Paul Ricœur«, in: *Twee zielen. Gesprekken met hededaagse filosofen*, Nimwegen: SUN 1998, S. 217 ff.

ich ihnen ermöglichen würde, in sich selbst zu lesen.«*

»Lesen ist eine Art Handgemenge zwischen Leser und Buch«, fährt Ricœur fort. »Es ist ein Kampf. Keine Unterwerfung, wie im Fall von Don Quichote oder Madame Bovary, die sich vollkommen von den Büchern, die sie lesen, absorbieren lassen. Es ist eine distanzierte Haltung, in der ich lerne, den Raum meiner Fantasie zu erweitern, als probierte ich bestimmte Rollen aus. Es ist eine Übung in Freiheit und verleiht meinen eigenen Grundüberzeugungen eine gewisse Geschmeidigkeit und Großherzigkeit. Indem wir auf diese Weise andere Wege ausprobieren, schaffen wir wieder Raum dafür, unsere Haltung zu überdenken.«

Dennoch kehrt das Ich des Lesers letztendlich immer wieder zu sich selbst zurück, wie Ricœur betont. »Ich muss mir immer bewusst bleiben, dass ich mich von den Figuren im Buche unterscheide. Es gibt immer einen Moment der Entscheidung: hier stehe *ich*. Das ist der Moment meiner Verantwortung, die nicht mit den imaginären Erfahrungen verwechselt werden darf, die ich im Buch erlebe.« So ist die Literatur ein Spiegel für das *ego*, das sich in und dank des anderen entwickelt, das es selbst *nicht* ist, aber in dem dennoch ein »Selbst« zustande und zu immer größerer Artikulation kommt. Auf diese Weise, so Ricœur, entstehe ein Subjekt *und* seine Welt: nicht durch eine Selbstschöpfung, sondern in Wechselwirkung damit, was an Bedeutung bereits vorhanden ist. Dem kann und darf sich das Subjekt nicht entziehen, will es nicht der Illusion einer absoluten Selbstschöpfung erliegen oder in sich selbst als leeres Zeichen ohne Verantwortung und letztendlich ohne Welt kreisen.

Ein Manuskript von Proust mit den dazwischen gesteckten »Paperollen« (in Form eines Leporellos aneinandergeklebten und ineinandergefalteten Blättern), auf die er später Passagen hinzufügte. »Indem ich hier oder dort ein zusätzliches Blatt anheftete, würde ich nämlich mein Buch erbauen«, schrieb er dazu, »ich wage nicht in ehrgeiziger Weise zu sagen, wie eine Kathedrale, sondern nur ganz einfach wie ein Kleid.« (akg-images / Erich Lessing).

Raumfahrt

Ist das eine Welt der Vertrautheit, in der man »zu Hause« ist, so wie Heidegger in seiner *Heimat* zu Hause zu sein meint? Ganz und gar nicht, antwortet der französisch-jüdische Philosoph Immanuel Levinas Anfang der Sechzigerjahre. »Das Eingepflanztsein in eine Landschaft, die Verbundenheit mit dem *Ort*, ohne den das Universum bedeutungslos würde und kaum existierte – eben dies ist die Spaltung der Menschheit in Einheimische und Fremde«, schreibt er in seinem polemischen Artikel unter dem Titel »Heidegger, Gagarin und wir«**. Wer sich an die Erde bindet, vergöttert den Ort, an

* Marcel Proust, *Auf der Suche nach der verlorenen Zeit. Die wiedergefundene Zeit. Werke II*, Bd. 7, übers. v. Eva Rechel-Mertens, hg. u. rev. v. Luzius Keller, Frankfurt a. M.: Suhrkamp, 2002.

** Emmanuel Levinas, »Heidegger, Gagarin und wir«, in: ders., *Schwierige Freiheit. Versuch über das Judentum*, übers. v. Eva Moldenhauer, Frankfurt a. M.: Jüdischer Verlag, 1992, S. 173–176.

Juri Gagarin, der Kosmonaut, der am 12. April 1961 als erster Mensch in den Weltraum flog.

dem er wohnt, und wird früher oder später diejenigen, die dort nicht heimisch sind, in einen Limbus, eine Vorhölle, vertreiben, wo sie erst noch darauf warten müssen, ob ihnen ein Existenzrecht vergönnt ist.

Das wahre Symbol der heutigen Welt ist Juri Gagarin, schreibt Levinas: der russische Kosmonaut, der erst kurz zuvor als erster Mensch im All war und dazu, wenn auch nur für knapp zwei Stunden, die Erde verlassen hatte. Nicht zufällig wird das Verlassen dieser ultimativen *Heimat* für den Menschen erst dank der Technik möglich: für Heidegger die menschen- und seinsentfremdende Kraft schlechthin. Die Technik befreit uns aus unserer Begrenztheit. »Von nun an zeigt sich eine Chance«, fährt Levinas fort, die Chance, »die Menschen außerhalb der Situation wahrzunehmen, in der sie sich vorübergehend aufhalten«.

Levinas schreibt seine Werke im Schatten des Zweiten Weltkriegs und vor allem des Holocausts, worin ein großer Teil der europäischen Juden ermordet wurde. Der Nationalismus, dessen Aufkommen als Befreiungs- und Emanzipationsbewegung wir zu Beginn des Buches nachverfolgt haben, hat sich im 19. Jahrhundert mit sozialdarwinistischen Vorstellungen des Kampfes um *Lebensraum* und des zwangsläufigen Untergangs von Arten und »Rassen«, die sich damit als weniger »lebenstüchtig« erwiesen, verbunden. Das Resultat war ein ebenso grauenhafter wie mitleidloser Ausrottungskrieg, der auf dem deutschen und europäischen Gewissen eine bleibende Narbe hinterließ.

Daraus ließe sich leichterhand schlussfolgern, dass bei Levinas der Kampf zwischen Romantik und Aufklärung im Nachhinein auf einen Sieg der Aufklärung hinausliefe. Nicht das eigene Volk, sondern »*der* Mensch« müsse der Fokus sein, auf den sich das Denken richtet. Die Aufklärung hatte ja mit ihrer Betonung der universellen Vernunft nichts anderes im Sinn. Und so habe sich der Humanismus, der daraus hervorging und von Heidegger als eine übertriebene Verehrung der menschlichen Allmacht geschmäht worden ist, dann doch noch als der einzige Weg erwiesen, der eine menschenwürdige Zukunft verheißt.

Doch das wäre eine voreilige Schlussfolgerung. Denn die Technik, die Levinas als das Vehikel begrüßt, das Gagarin von seinem »Grund« gelöst und in den Weltraum gebracht hat, hat *auch* die *Endlösung* ermöglicht. Schon während des Zweiten Weltkriegs haben die nach Amerika emigrierten deutschen Denker Theodor W. Adorno und Max Horkheimer die bittere Zwiespältigkeit des aufgeklärten Denkens analysiert. Der humanistische Rationalismus und die aus ihm heraus entwickelte Technologie hat den Menschen nicht nur befreit, sondern auch die Konzentrationslager möglich gemacht, in denen in industriellem Maßstab gemordet werden konnte.

Die Technik bietet sich dafür an, weil sie als neutrales Hilfsmittel für gute und schlechte Zwecke eingesetzt werden kann, schreiben Adorno und Horkheimer in ihrem gemeinsamen Buch *Dialektik der Aufklärung* (1944). Auch hat sich die Tatkraft, mit der der universelle Rationalismus meint, die Welt nach seinem Gutdünken manipulieren zu können, ja sogar zu müssen, als keiner Beschränkung mehr unterworfen erwiesen. Wie leicht das in einen mörderischen Totalitarismus mündet, haben wir schon im 19. Kapitel sehen können. Mit der Aufklärung ist der Geist aus der Flasche entwichen, oft zum Guten, aber in diesem Fall auf katastrophale Weise zum Bösen.

Levinas' Kritik an Heidegger und dem Erbe des Nationalismus kann also nicht in einer simplen Rückkehr zum Optimismus und Universalismus der Vernunft des 18. Jahrhunderts resultieren. Auch wenn der Mensch sich von den Wurzeln, die ihn an seine *Heimat* und seine Herkunft binden, gelöst hat, so muss der unermessliche Raum, der sich damit eröffnet, dennoch begrenzt werden. Andernfalls drohen seine neu erworbenen Fähigkeiten und seine endlosen Visionen in eine Gewaltorgie auszuufern – wozu das menschliche Denken und Tun nun einmal immer neigt, wenn es sich keinem Gebot oder einem »Halte ein!« mehr gegenübersieht.

Levinas ist noch immer mit Heidegger in der Diskussion, während er diesem Gebot auf die Spur kommt. Nachdem Heidegger der Rhetorik der »Entschlossenheit« einmal entstiegen ist, erklärt er die Gelassenheit zur »eigentlichen« Art, in der wir uns zum Sein verhalten können. Wir müssen dasjenige, was, und denjenigen, der uns gegenübersteht, in der Eigenheit respektieren, in den wir es oder ihn sein lassen. Aber, so fragt Levinas dann, »handelt es sich in unserer Beziehung mit dem Anderen darum, ihn *sein zu lassen*? […] Ist derjenige, zu dem man spricht, schon im vorhinein verstanden in seinem Sein?« In der Frage liegt die negative Antwort bereits enthalten. Bevor wir jemandem den Raum lassen zu sein, wer er ist, müssen wir erst erkennen, wer er ist, so Levinas, und das können wir nur, indem wir mit ihm in Beziehung treten.

Auch für Levinas erfüllt die Sprache dabei eine zentrale Funktion: nicht im strukturalistischen Sinne, nach dem die Sprache ein »System« ist, sondern mehr noch als bei Ricœur als lebendiges Organ des Austauschs und der Beziehungen. »Vom Verstehen des Anderen ist seine Anrufung untrennbar. Eine Person verstehen heißt, bereits mit ihr zu sprechen«, stellt er fest. »Es kommt auf die Einsicht an, dass das Fungieren der *Sprache* nicht dem *Bewusstsein* untergeordnet ist, das ich von der Gegenwart des Anderen habe, von seiner Nachbarschaft oder der Gemeinschaft mit ihm, sondern dass es Bedingung dieser ›Bewusstwerdung‹ ist.« In dem Moment, in dem ich mit ihm spreche, konkretisiert sich diese Bedingung zu etwas Besonderem in der Relation zwischen mir und der anderen Person. »Ich habe mit ihr gesprochen, das heißt, ich habe das universale Sein, das sie verkörpert, vernachlässigt, um mich an das partikulare Seiende zu halten, das sie ist. […] Genau dadurch unterscheidet sich die Begegnung von der Erkenntnis.« Sie besteht aus einer »Beziehung, die auf das Verstehen nicht zurückgeführt werden kann«.*

* Emmanuel Lévinas, »Ist die Ontologie fundamental?«, in: ders., *Die Spur des Anderen. Untersuchungen zur Phänomenologie und Sozialphilosophie*, übers., hg. u. eingel. v. Wolfgang Nikolaus Krewani, Freiburg im Breisgau u. München: Alber, 1999, S. 103–119.

Erbe

Mit dieser letzten Feststellung hat Levinas die für sein Denken fundamentale Wende vollzogen. Wissen und Verständnis stehen in Beziehung zu dem, was existiert und was daher zur Ordnung der Ontologie, des Denkens in der Sprache des »Seins« gehört, so Levinas. Doch die Begegnung mit dem anderen spielt sich nicht auf diesem Wege ab. Es geht nicht um das abstrakte Sein, dem Heidegger so viel Bedeutung beimaß, sondern um das konkrete Seiende, dass ich in der anderen Person mir gegenüber habe.

Was wir bei Kierkegaard über die Bedeutung des konkreten »Ich« vernahmen, das nur in seiner Subjektivität und nicht in seiner Universalität für das wirkliche Leben des Menschen von Belang ist, finden wir bei Levinas in seiner Beschreibung des »Du« wieder, das ich mir gegenüber finde. »Das Seiende als solches (und nicht das Seiende als Verkörperung des universalen Seins) kann nur sein, wenn mit ihm gesprochen wird«, schlussfolgert er. »Das Seiende ist der Mensch, und der Mensch ist zugänglich als Nächster. Als Antlitz.«

Damit haben wir uns sehr weit von der Begegnung zwischen zwei Menschen entfernt, wie sie von Sartre beschrieben wurde. Der Blick, der sich mit dem des anderen kreuzt, wird von Sartre unvermeidlich in einen Kampf um die Macht hineingezogen. Die Anerkennung des anderen ist nur dadurch möglich, dass man sich diesem anderen unterwirft *oder* sich in seiner Selbständigkeit behauptet und den anderen unterwirft. »Das Wesen der Beziehungen zwischen Bewußtseinen«, so zitierten wir Sartre in Kapitel 17, »ist der Konflikt.« Der Ausgangspunkt von Levinas steht dem diametral entgegen. »Die Begegnung des Anderen besteht darin, dass ich ihn nicht besitze [...].«*

Es spielt keine so große Rolle, ob dieser Gegensatz in der Tatsache gründet, dass Sartre dennoch ganz ausdrücklich von einer Ontologie ausgeht (›Versuch einer phänomenologischen Ontologie‹ lautet der Untertitel von ›Das Sein und das Nichts‹) und es ihm trotz all seiner Versuche letztendlich doch nicht gelingt, von diesem Ansatz her eine authentische Ethik zu entwickeln. Bedeutsamer ist, dass Levinas seine Philosophie mit einem klaren Bewusstsein für die religiösen Wurzeln der Frage entfaltet, wie ein Mensch heute Mensch sein kann und soll.

»Die Beziehung zum Anderen [...], dieses Band mit dem Anderen, das sich nicht auf seine Vorstellung, sondern auf seine Anrufung zurückführt, [...] nennen wir *Religion*«, schreibt Levinas. Nicht weil er sie in direkten Zusammenhang mit Gott, der Mystik oder dem Heiligen bringen will. Die Verwendung dieses Begriffes ist nur erlaubt, um mit dem Wort *Religion* »eine Beziehung zwischen den Menschen anzukündigen, die [...] sich von der Ausübung der Macht entfernt, eine Beziehung, die vielmehr in den menschlichen Antlitzen das Unendliche erreicht.«**

Sartre, so konstatierten wir schon, nahm etwas zu leichtherzig Abschied von der Religion, die er damit einfach der Vergessenheit preisgeben zu können glaubte. Ironischerweise kehrte diese Religion dadurch umso störender als eine verdrängte Wirklichkeit wieder zurück. In der Gestalt eines Menschen, der alles daransetzt, selbst den Platz Gottes einzunehmen, strandet letztlich Sartres ganzes philosophisches Unternehmen: erhaben und mitreißend, wie eine Warnung an jede Philosophie, die ihre

---

* Emmanuel Lévinas, »Ist die Ontologie fundamental?«, ebd., S. 116.

** ebd., S. 112.

Befreiung von der Religion mit allzu frischem und fröhlichem Todesmut feiert.

Das bedeutet nicht, dass die Philosophie zu einem religiösen Denken *vor* dem Tod Gottes zurückkehren müsste – oder auch nur könnte. Auch Ricœur und Levinas propagieren das nicht. Beide halten ihre Meditationen über die Traditionen, in denen sie selbst verankert sind – der eine in der des christlichen Protestantismus, der andere in der des Judentums –, sorgfältig von ihrem philosophischen Werk getrennt.

Doch wenn die Philosophie meint, sie könne ihre Herkunft einfach vergessen, begibt sie sich schnell auf dünnes Eis. Selbst die Frage »Was ist der Mensch?« kommt irgendwo her und hat eine Geschichte, die ihr Bedeutung verleiht. Ohne diese Herkunft hat sie keinen Gehalt, geschweige denn Relevanz für ein Denken, das ebendiesem Menschen eine Gestalt und einen Platz in der Welt geben will.

Philosophie besteht nur deshalb, weil sie mit einem Problem konfrontiert wird. Nach dem Menschen fragen wir nur, weil dieser im Verlauf der Moderne immer weniger mit dem Platz anzufangen weiß, den er sich selbst als Stellvertreter Gottes zugedacht hat. Diese Ratlosigkeit ist nicht religiöser Natur, aber sie wurde doch von der Religion hervorgebracht. Besser gesagt: Sie ist aus den Dilemmata hervorgegangen, die mit ihrem Verschwinden zutage traten. *Diesen* Dilemmata hat die Philosophie Rechnung zu tragen, und das kann sie nur, wenn sie sich ihrer historischen Herkunft bewusst ist und bleibt. Obgleich sie selbst in keiner Weise mehr religiös ist, trägt sie ihr religiöses Erbe in ihren grundlegenden Fragen mit sich mit.

Das Antlitz des Anderen, das sagt »Töte mich nicht.« Settela Steinbach, Sintezza, die von Westerbork aus deportiert und in Auschwitz ermordet wurde.

Wie viele Wege die menschliche Wirklichkeit benötigt, um zum Ausdruck zu kommen, wird in einem unterhaltsamen Vortrag des niederländischen Kabarettisten Herman Finkers deutlich. »Glaubst du das denn alles, was du hier singst?«, wurde er einmal von »einem ziemlich rational eingestellten Mann« gefragt. »Dass er vollkommen durchgeknallt war, möchte ich nicht sagen, aber es fehlte nicht mehr viel dazu.« In der Schule wurde Finkers mit Dogmen überschüttet: »dem Dogma, dass eins und eins zwei ist; dem Dogma, dass ein Baum im Wesentlichen nicht anders als eine Sauerstofffabrik ist.« Aber dann kam der Kaplan in die Klasse und erzählte. »Es gibt nur *einen* Gott, und der besteht aus drei Personen.« »Gott sei Dank«, dachte da der kleine Herman. »Endlich jemand, mit dem man vernünftig reden kann.«

Figuras del Homo sapiens, Museo de la Evolución Humana, Burgos
(Wikimedia Commons: Ausejo1000).

Schluss

Widersprüchlich – und unerwartet

Was sollen wir von dem Wesen, das biologisch als *Homo sapiens* bezeichnet wird, halten? Mit dieser Frage haben wir dieses Buch begonnen und uns anschließend auf eine lange Reise durch gut vier Jahrhunderte Kulturgeschichte begeben. Wir haben gesehen, wie die Antworten, die darauf gegeben wurden, zugleich neue Fragen aufwarfen. Ist der Mensch eine Denkmaschine, wie Descartes meinte? Ist er sogar eine Maschine durch und durch, wie La Mettrie und die ihn beerbenden Neurophilosophen des 20. Jahrhunderts behauptet haben?

Ist der Mensch ein Wesen, das trotz seiner physischen Konstitution in seinem Innersten Freiheit birgt, wie wir bei Kant lesen können – und auf eine ganz andere Weise bei Sartre? Ist er ein politischer Souverän? Ein potentieller Künstler? Existiert er erst in seiner Subjektivität oder gerade in der Empfindsamkeit, die er durch seine kultivierten Verhaltensweisen hindurch für die Wildheit der Wirklichkeit hegt? Ist er das Wesen, das sich seine eigene Welt und Zukunft erschafft, oder kann er sich selbst nur vor dem Untergang bewahren, indem er zu hören sucht, was die Welt ihm zuflüstert? Ist er ein Zeichen in einem anonymen System, oder kann er darin noch eine eigene Stimme vernehmen lassen. Erzittert er unter dem Blick des anderen oder wird er gegenüber dessen Antlitz gerade zu einem wirklichen Menschen?

Kakofonie

All diese Fragen sind im Laufe der Geschichte in einer verwirrenden Kakofonie um das Mysterium zu hören, das im Zentrum dieses Buches steht: »Was für Wesen sind wir Menschen eigentlich?« und zunehmend auch die Frage: »Wer bin *ich* eigentlich?« Eine ungeheure Unsicherheit über unseren Platz und unsere Bestimmung in der Wirklichkeit hat sich unserer bemächtigt – und damit auch eine Unsicherheit über die Form, den Sinn und die Verständlichkeit dieser Wirklichkeit selbst. Mit dem lähmenden Skeptizismus der Frühmoderne habe ich meine Erzählung begonnen. Das Prestige der maßgeblichen Denker, der *auctoritates* des Altertums, ist verloren gegangen. Aber was tritt nun an ihre Stelle? Der eine behauptet dies, der andere das, ein klares Kriterium, um zu entscheiden, wer von ihnen recht hat, fehlt. Ist wahre Erkenntnis dennoch möglich?

Descartes fand einen Ausweg aus dieser Sackgasse, indem er zeigte, dass es zumindest *eine* Feststellung gibt, die sich jedem Zweifel gegenüber immun erweist. Ich mag denken, was immer ich will, ich mag so skeptisch sein wie nur möglich – und in seinem Gedankenexperiment trieb Descartes diesen Zweifel mutwillig auf die Spitze –, so bleibt doch *eines* unerschütterlich bestehen: die Tatsache, dass ich denke. Und weil sich Denken immer nach gewissen logisch-mathematischen Regeln richtet, kann ich daraus Schritt für Schritt wahre Erkenntnis ableiten – was zunächst bedeutet, Einsicht in die Möglichkeit wahrer Erkenntnis zu gewinnen.

Das war eine geniale gedankliche Leistung, die Descartes zu einem der Begründer der neuen, modernen Philosophie gemacht hat. Bei ihm erhielt das Denken eine größere Geltungskraft als je zuvor. Es wurde zum Fundament von allem. Wahre Erkenntnis fußte nicht länger auf Tradition und erst recht nicht auf der Weisheit Gottes, die den Menschen aus göttlicher Unendlichkeit erleuchtet hatte. Sie wurde nun durch die strenge wissenschaftliche Methodik des menschlichen Denkens selbst garantiert. *Ohne* Gott konnte Descartes noch nicht auskommen, aber das menschliche Denken nahm bereits den Platz eines Teils der Funktionen und des methodischen Fundaments Gottes ein.

Damit machte Descartes den ersten Schritt auf dem Weg, den die Moderne zurücklegen sollte, und wies auch die Richtung, in die sie gehen sollte. Allerdings hatte diese Emanzipation des menschlichen Denkens bei Descartes auch ihren Preis. Durch die geistig-körperliche Einheit, die der Mensch bis dahin gebildet hatte, wurde nun eine scharfe Trennlinie gezogen. Während sich das Denken auf einen göttlichen Sockel erhob, sah sich der Körper auf eine rein materielle Mechanik reduziert, die ebenso wie alle sonstige Materie gründlich und mit denselben Mitteln wie ein *Gegenstand* untersucht werden konnte.

Denkende Maschine

Schon Jahrhunderte hatten Philosophie und Theologie mit der schwierigen Beziehung zwischen Geist (»Seele«) und Körper gerungen, aber bis zu Descartes hatte noch nie jemand Geist und Körper so radikal in zwei unterschiedliche Wirklichkeiten geschieden. Während Descartes davon überzeugt war, *ein* grundlegendes Problem gelöst zu haben (Was ist sichere Erkenntnis?), bekam die Philosophie gleichzeitig eine ganze Liste neuer philosophischer Probleme hinzu. Wie verhalten sich die beiden Wirklichkeiten zueinander? Wie kann der Geist auf den Körper Einfluss nehmen und vice versa? Und eine vielleicht noch wichtigere, weil intimere Frage: Wie verhalte *ich* mich eigentlich zu meinem Körper? *Bin* ich ein Leib oder *habe* ich einen Leib? Und welche der beiden Wirklichkeiten hat in mir letztlich das Sagen?

Anderthalb Jahrhunderte nach Descartes schien Immanuel Kant in dieser Verwirrung eine gerechte Gütertrennung finden zu können. Körperlich ist der Mensch ebenso ein materielles Wesen wie alles andere, was ihm sonst in der Welt begegnet. Aber die mechanischen Gesetze, die darauf anwendbar sind, gelten nun gerade *nicht* für das Selbstbewusstsein, das sich demgegenüber mit Fug und Recht im Besitz einer unanfechtbaren Freiheit weiß. Denn die Gesetze der Kausalität sind keine äußeren Schemata, denen wir uns unterordnen. Im Gegenteil, die Gesetze gehören zu *uns*. Sie sind als Instrumente, mit denen wir die Welt ordnen und zu einer verständlichen Wirklichkeit machen, gewissermaßen unser Besitz.

Damit rettete Kant die menschliche Freiheit und bewahrte die Eigenart unseres Selbstbewusstseins; Kant rückte den Menschen *noch* mehr ins Zentrum der Welt und ließ ihn den Platz Gottes *noch* resoluter einnehmen – wenngleich er, ebenso wie Descartes, weiterhin am Glauben festhielt. Der Mensch garantierte mit seinem Denken nicht mehr nur die Sicherheit der Erkenntnis, er brachte auch und vor allem die Welt auf die Weise zum Erscheinen, in der sie erschien. Ihr Schöpfer war er noch nicht – aber viel fehlte dazu nicht mehr.

Leider setzte Kant damit der Objektivierung und Materialisierung des Menschen kein Ende. Mit Descartes hatte diese Entwicklung einsetzen können, weil er den Menschen zweigeteilt und mit der »Vergöttlichung« des Denkens den Leib der Materialität preisgegeben hatte. Bei La Mettrie blieb vom Menschen nur noch der zweite Teil übrig. »Der Mensch ist eine Maschine«, proklamierte er hundert Jahre nach Descartes. Und sosehr Kant auch dafür argumentierte, dass diese Maschine auch eine »Innenseite« habe, zögerte die Wissenschaft nicht, die menschliche Mechanik immer weiter zu zerlegen und damit, wie sie glaubte, die Existenz einer solchen »Innenseite« nach und nach zu widerlegen.

Selbst das Denken musste letztendlich dran glauben. Je bessere »denkende Maschinen« Wissenschaft und Technik konstruieren konnten, desto plausibler wurde auch der Gedanke, dass das Denken selbst letztlich ein bloß materieller Prozess ist. Das Resultat dieser Entwicklung war für das menschliche Selbstempfinden ziemlich paradox. Einerseits durften sich die Gelehrten in berechtigtem Stolz ihres nahezu übermenschlichen Erfindungsgeistes erfreuen, der offenbar zu zeigen vermochte, dass das, was wir unser Ich, unser Selbstbewusstsein oder notfalls unsere Seele nennen, in Wirklichkeit ein »Ding« ist, das sich neurologisch und kybernetisch erklären lässt. Andererseits beruhte dieser Stolz augenscheinlich auf einer Leistung, die aufgrund ihrer eigenen Erkenntnisse einzig dieser neurologisch-kybernetischen Mechanik zugeschrieben werden konnte, innerhalb derer jeglicher »Stolz« oder jegliches andere Gefühl fehl am Platze war.

Zauberlehrling

Dieses Paradox hängt der wissenschaftlichen Analyse des Menschen bis zum heutigen Tage an, ob sie nun von einem natur- oder einem humanwissenschaftlichen Ansatzpunkt her unternommen wird. »Haben Sie denn schon einmal einen Gedanken aus einem Neuron kommen sehen?«, fragt der Arzt und Philosoph Bert Keizer in seiner Kolumne in der Tageszeitung ›Trouw‹ vom 17. März 2017. Und er schlussfolgert: »Schmerz, Heimweh, Kenntnisse über das Mittelalter, Poesie, Mathematik und die Musik der Beatles, diese Dinge kann man nicht in Moleküle übersetzen.« Keizer schreibt das nur, weil etliche (Neuro-)Wissenschaftler und sogar Philosophen meinen oder zumindest behaupten, dass das durchaus möglich sein könnte, wobei sie an das naturalistische Menschenbild anschließen, für das Descartes einst eine von La Mettrie aufgegriffene Vorlage lieferte.

Neben Stolz auf den ständigen Fortschritt menschlicher Erkenntnis hat das von Anfang an auch Unbehagen hervorgerufen. So wie der Schlaf der Vernunft in der bekannten Radierung von Francisco de Goya Ungeheuer gebiert, so beschrieb Mary Shelley nicht viel später, zu Beginn des 19. Jahrhunderts, wie ein Gelehrter wie Doktor Frankenstein ein Monster erschaffen konnte. Der künstliche Mensch, dem er Leben einhauchte, war der Triumph seines Wissens – und wurde prompt auch zu dessen Katastrophe, als sich dieser als nicht zu bändigen erwies. Seither lebt die Menschheit zwischen Hoffen und Bangen vor ihren eigenen Fähigkeiten, entfesselt von dem Zauberspruch, mit dem sie sich selbst beinahe allmächtig gemacht hat, durch den sie aber letztlich Gefahr

Der Zauberlehrling Mickey Maus erweckt den Besen zum Leben, wird aber kurz darauf von demselben Besen über den Haufen gerannt (akg-images / Album / Walt Disney Productions).

läuft, überwältigt zu werden, ebenso wie der Zauberlehrling aus dem Gedicht von Goethe.

So ohne Weiteres konnte der Mensch den Platz Gottes also nicht einnehmen, auch wenn die traditionelle Religion im Laufe der Moderne immer mehr an Überzeugungskraft einbüßte. Das Göttliche wurde von seinem Thron gestoßen, aber damit war es noch nicht verschwunden – noch immer erwies es sich als zu groß für den Menschen in seinem Versuch, es sich zu unterwerfen. Während die menschliche Findigkeit die Welt einerseits immer tiefer durchforschte und nach ihrem eigenen Willen gestaltete, fiel ihr andererseits ständig das Bewusstsein ins Wort, dass die Wirklichkeit größer war, als sie sich je vorstellen könnte, und sie vor deren ungeheurer Übermacht letztlich ihr Haupt beugen müsse.

Der Zauberlehrling
(Auszug aus dem Gedicht von Johann Wolfgang von Goethe*)

Und nun komm, du alter Besen!
Nimm die schlechten Lumpenhüllen!
Bist schon lange Knecht gewesen;
Nun erfülle meinen Willen!
Auf zwei Beinen stehe,
Oben sei ein Kopf,
Eile nun und gehe
mit dem Wassertopf!

Walle! walle
Manche Strecke
Daß zum Zwecke
Wasser fließe,
Und mit reichem, vollen Schwalle
Zu dem Bade sich ergieße!

Seht, er läuft zum Ufer nieder;
Wahrlich! ist schon an dem Flusse,
Und mit Blitzesschnelle wieder
Ist er hier mit raschem Gusse.
Schon zum zweiten Male!
Wie das Becken schwillt!
Wie sich jede Schale
Voll mit Wasser füllt!

* Johann Wolfgang von Goethe, *Gedichte und Epen I, Werke. Hamburger Ausgabe*, Bd. 1, textkritisch durchgesehen u. komm. v. Erich Trunz, München: dtv, 1988, S. 277.

Stehe! stehe!
Denn wir haben
Deine Gaben
Vollgemessen! –
Auch, ich merk' es! Wehe! Wehe!
Hab' ich doch das Wort vergessen!

Von Ende des 18. Jahrhunderts an und das ganze nachfolgende Jahrhundert hindurch nahm diese Macht unterschiedlichste Gestalten an. Die Romantiker erfuhren sie in der erhabenen Berglandschaft oder in der Naturgewalt, während sie Sigmund Freud ein Jahrhundert später in dem unbezähmbaren Trieb des Unbewussten, in der Psyche selbst, lokalisierte. Schopenhauer sah die ganze Wirklichkeit von einem rasenden »Weltwillen« vorangetrieben, dem die Vernunft und selbst unser gesamtes systematisches Wissen nichts entgegenzusetzen hatten. Jede Hoffnung auf Erlösung, das Erbe des Christentums, das die Welt von einem wohlwollenden Schöpfer behütet sah, ging darin verloren. Schopenhauer nahm dies zum Anlass, den Menschen zur Ergebenheit und Akzeptanz des Leidens zu mahnen. Für Nietzsche lag darin zunehmend die Herausforderung, das Leben leidenschaftlich anzunehmen, im vollen Bewusstsein, dass keine himmlische Rettung oder Gerechtigkeit heraufdämmerte und selbst der *Übermensch* im Leben nur noch zugrunde gehen konnte.

So verschob sich das Verhältnis zwischen dem Menschen und dem Göttlichen, das nun, auf der Schattenseite der menschlichen Existenz, die Gestalt einer unüberwindlichen und letztlich niederschmetternden Wirklichkeit angenommen hatte. Selbst wenn sich jegliche Transzendenz verflüchtigte, kehrte diese Dimension, in der der Mensch sich allein seiner Verlorenheit gewiss sein konnte, in einer irdischen Gestalt zurück, der er, wie es Nietzsche seinem Propheten Zarathustra in den Mund legte, dennoch treu bleiben müsse.

Souverän und allmächtig konnte sich der Mensch jedenfalls nicht mehr nennen, auch wenn er diese Illusion als Erbe der Aufklärung weiterhin pflegte. Zwischen zwei Gestalten lavierte der moderne Mensch ständig hin und her: einerseits war er der stolze Fackelträger von Erkenntnis und Wissenschaft, andererseits war er der verlorene Sohn einer Welt, auf die er den Zugriff verloren hatte. Nach dem Verlust seines Gottes war er vaterlos geworden und fand sich stattdessen in einer düsteren Wüstenei wieder, in der er umherirrte wie Hänsel und Gretel in dem grausamen und beängstigenden Märchen der Gebrüder Grimm.

Unverwechselbar

Zusammenhängend und vertrauenerweckend konnte die Welt nur noch in der aufgeklärten Sicht sein, in der sich der Mensch selbst als Erbe Gottes erachtete. Aber ironischerweise verlor er auch darin immer mehr das, um was es ihm selbst letztendlich ging. Er konnte sein »Ich« nicht länger in den allgemeinen und universellen Begriffen fassen, mit denen das aufgeklärte und wissenschaftliche Denken operierte. Denn gerade das Ich verdankte seine Existenz seiner Einzigartigkeit und Unverwechselbarkeit. Erst als kollektives »Volk« und späterhin als Individuum begann der Mensch das Recht dessen einzufordern, was sich nicht in allgemeine Begriffe fassen ließ und daher der theoretischen, wissenschaftlichen und philosophischen Aufmerksamkeit bis dato als nicht würdig erachtet worden war.

Dieser Umbruch im Verhältnis zwischen dem Allgemeinen und dem Besonderen wurzelte seinerseits in der romantischen Entdeckung, dass die Wirklichkeit kein nahtlos zusammengefügtes und von aller Widersprüchlichkeit bereinigtes Ganzes war, ob es nun auf

Hänsel und Gretel verirrten sich im Wald, Illustration von Alexander Zick.

einen Schöpfungswillen Gottes zurückging oder nicht. Allerdings war es theoretisch vorstellbar, die Wirklichkeit in materieller Hinsicht als ein Ganzes zu betrachten, sodass die Naturwissenschaften weiterhin nach einer *theory of everything* suchen konnte, die alles in einem einzigen Modell und gleichsam in einem einzigen Blick einsichtig machen würde.

Aber ein derartiger göttlicher Einheitsblick prallte doch rettungslos an der Wirklichkeit ab, in der der Mensch lebte und die er erlebte, einer Wirklichkeit, die weniger aus Dingen und Tatsachen als aus Bedeutungen bestand und daher sein eigentliches »Zuhause« war. In dieser Wirklichkeit konnten Ideale durchaus miteinander kollidieren, auch wenn sich jedes einzelne hervorragend vertreten ließ. In ihr war ein Lebensstil ebenso gut möglich wie jeder andere. In ihr konnten zwei widersprüchliche Wahrheiten nebeneinander bestehen. Und in ihr legten Menschen sogar größten Wert auf diese Wahrheiten, gerade *weil* sie im Widerspruch zu den Wahrheiten anderer standen.

Der Kulturrelativismus, der in der zweiten Hälfte des 18. Jahrhunderts Gestalt annahm – lange bevor es diesen Begriff gab –, hatte keinen spezifisch religiösen Hintergrund. Er entsprang dem Emanzipationsverlangen von Völkern, die sich selbst allzu lange an den Rand der Zivilisation gedrängt gefühlt hatten. Aber er wurde erst möglich, als sich Risse in der stillschweigenden Überzeugung der metaphysischen Einheit der Welt bildeten, einer Überzeugung, die wie selbstverständlich aus dem Glauben an den *einen* Gott hervorging, der die Wirklichkeit *will* und in seinen Händen birgt.

Beim religiösen Individualismus, der bei Kierkegaard seinen radikalsten Ausdruck fand, schienen die Dinge anders zu liegen. Seine Überzeugung, dass jeder Mensch seine Seligkeit auf seinem eigenen Weg suchen sollte – einem Weg, der für jeden anderen Menschen nicht anders als absurd sein konnte –, gründete nicht im Verlust des Glaubens, sondern gerade in einer bis zum Äußersten getriebenen Angst, dass die eigene Seele womöglich nicht gerettet werden könnte. Doch auch hier stand letztlich mit der ewigen Seligkeit der Seele auch

Gott selbst auf dem Spiel. Ebenso wie Descartes' Zeitgenosse Pascal zweifelte Kierkegaard weniger daran, dass Gott da war, als daran, dass er für *ihn* da war.

Das Band zwischen Gott und Mensch war gespannt wie eine Saite und war zur gleichen Zeit nicht stärker als diese *eine* Saite. Es wurde nicht mehr von einer Gemeinschaft oder einer geteilten Kultur verstärkt – und lief so ständig Gefahr zu zerreißen. Vielleicht war der protestantische Individualismus mit seiner Betonung der eigenen, einzigartigen und daher »authentischen« Lebensweise eher Ursache als Folge des Faktums, dass Gott immer schon in ebendiesem Individualismus verloren zu gehen drohte – paradoxerweise, weil er von dem Band zu Gott so vieles, ja alles abhängig machte. Wie dem auch sei, wir kamen nicht umhin festzustellen, dass dieses Band im 20. Jahrhundert gerissen *ist* – und damit wurde die Frage, wie es nun mit dem Göttlichen und dem Menschen weitergehen sollte, dringlicher und problematischer denn je.

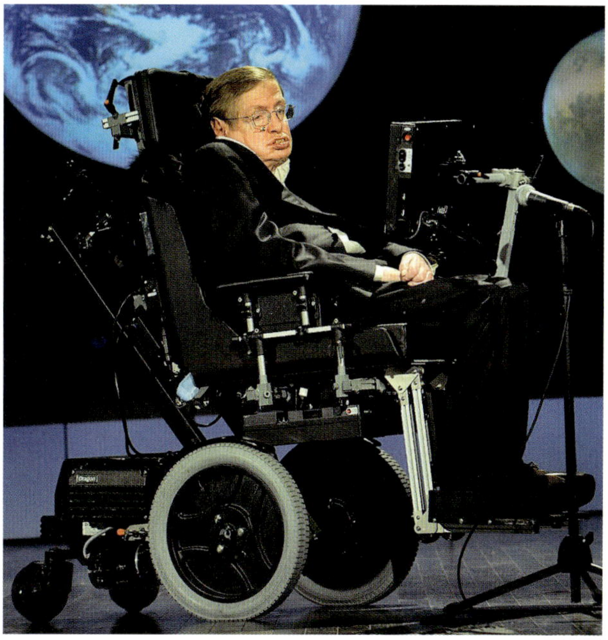

Der britische Physiker, Kosmologe und Mathematiker Stephen Hawking wurde mit seinem Buch ›The Theory of Everything‹ berühmt.

Anthropozän

Es lag eine bittere Ironie darin, dass das Verschwinden des Göttlichen diejenigen am härtesten traf, die es am unbekümmertsten begrüßten. Sartre, der den Menschen rückhaltlos als das neue *absolutum* darstellte, konnte nie die Kluft überbrücken zwischen dem politischen Freiheitsideal, nach dem jeder Mensch sein Lebensprojekt wählt, als hinge die ganze Menschheit davon ab, und dem Freiheitsideal des Individuums, für das die Beziehung zu den Menschen in seinem Umfeld prinzipiell konfliktreich ist und »die anderen« die Hölle sind. Politische Systeme und Regime, die resolut von der Souveränität des Menschen ausgingen, von der unfehlbaren Macht menschlichen Wissens und dem Recht, Erde und Menschheit nach dem durch das Denken vorgegebenen Modell zu formen, mündeten nach und nach allesamt in Katastrophen.

Aber welche Idee des Menschen können wir denn dann aus der abenteuerlichen Geschichte, die dieser in den vergangenen Jahrhunderten durchlaufen hat, herauslesen? Mit allen menschlichen Gestalten, die darin hervorgetreten waren, haben wir etwas gemeinsam, doch mit keiner von ihnen kommen wir hundertprozentig überein. Über unser Wesen waren wir uns ohnehin schon im Unklaren, diese Unklarheit hat sich durch die zahlreichen divergierenden Facetten, die mit der Zeit zu Tage getreten sind, nur noch weiter verstärkt. Wir sind uns selbst rätselhaft geworden: ein lebender Widerspruch – vielleicht ist gerade das unser wesentlichstes Kennzeichen.

Im 20. Jahrhundert hat die Philosophie er-

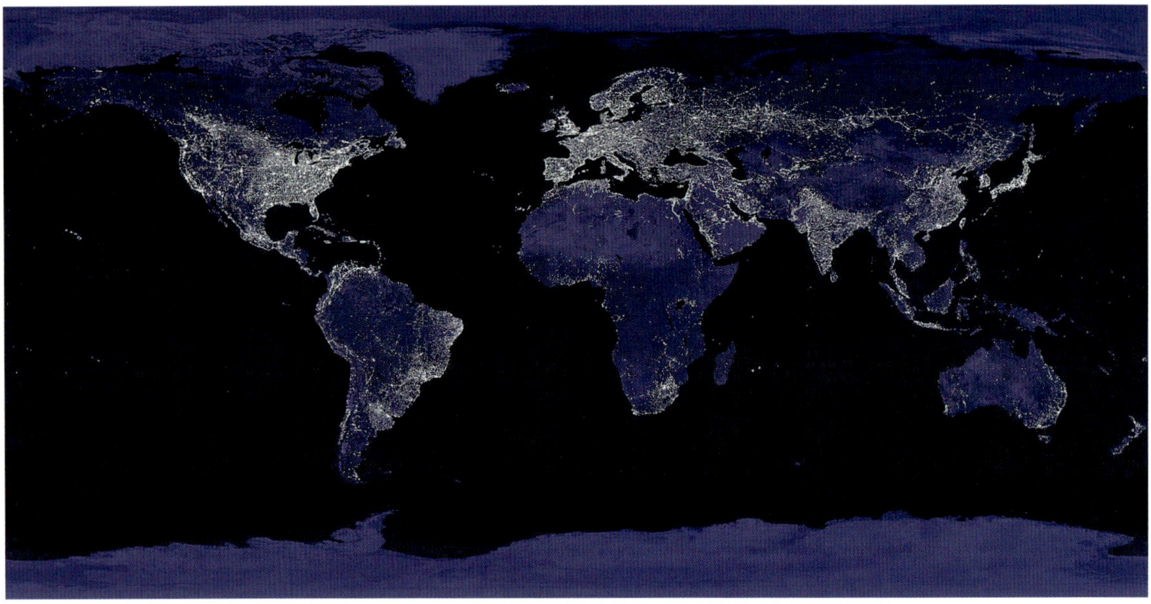

Die Erde bei Nacht, vom Weltraum aus gesehen.

neut den Versuch unternommen, die Autonomie des modernen Menschen mit der Einsicht zu verbinden, dass er von einer Einbettung in etwas Größeres begrenzt wird, über die der Mensch keine Verfügungsgewalt hat. Der Strukturalismus und seine Erben tilgten jede Spur menschlicher Ursprünglichkeit zugunsten eines anonymen Sprachen- und Zeichensystems, in dem der Mensch nur sein konnte, wer er war, wenn er sich in dieses System einfügte. Heidegger betonte ein ums andere Mal, dass der Mensch nicht der Herr des Seins ist, sondern hinhören muss, um dem Sein seine Bestimmung abzulauschen. Auch bei Heidegger war dabei der Sprache eine Schlüsselrolle vorbehalten; er nannte die Sprache »das Haus des Seins«, deren Wortführer waren die Dichter.

Wenn das den Menschen Bescheidenheit lehren sollte, dann war diesem Bemühen ein recht zweifelhafter Erfolg beschieden. Inzwischen leben wir nach Ansicht mancher Philosophen, Ökologen und Klimaforscher im Zeitalter des Anthropozäns. Zum ersten Mal in der Geschichte der Erde ist deren Antlitz unverkennbar vom Menschen gezeichnet. Betrachtet man unseren Planeten nachts aus dem Weltraum, kann man sehen, wie sich darauf Bevölkerungskonzentrationen als große Lichtflecken abzeichnen. Wer über die großen Metropolen hinwegfliegt, sieht schier endlose Aneinanderreihungen von Stein, Beton, Straßen und Menschen. Wer durch alte oder moderne Industriegebiete reist, trifft leicht auf Flüsse voller giftigen Schaums, auf Bodenabsenkungen, übersäuerte Wälder und auf ruß- und feinstaubbedeckte Landschaften. Weltweit verändert sich unter dem Einfluss menschlicher Aktivität das Klima, die Temperatur steigt. Die Pole und Gletscher beginnen zu schmelzen, während Orkane, Dürren oder regelrecht verheerende Wolkenbrüche die menschliche Existenz bedrohen.

»Das Anthropozän ist zu einer lebensfeindlichen Situation, zu einer Sackgasse geworden«, sagt der französische Philosoph Bernard Stiegler 2016 in einer Debatte mit dem deutschen Denker Peter Sloterdijk in Nimwegen. Aber was bedeutet das für den Menschen? »Wir scheinen uns als Geschöpfe, die nach dem Ebenbild Gottes geschaffen sind, in etwas Monströses verwandelt zu haben«, antwortet Sloterdijk. Der Zustand, in den wir die Erde gebracht haben, ist dafür Beweis genug.

Dahinter verbirgt sich, wie zu vermuten ist, eine heimtückische Doppelsinnigkeit der menschlichen Vernunft selbst. Kein Mensch wird diese massenhafte Naturvernichtung je gewollt haben. Im Gegenteil, sie entspringt gerade dem Wunsch, mit analytischen und technischen Mitteln das Leben – zumindest für den Menschen – besser zu machen, als es war.

Edward O. Wilson (Wikipedia: Jim Harrison).

Ökosysteme

Diese Überzeugung gründet in einer Wissenschaftstradition, die alles auf materielle Ursachen und Folgen reduziert, meint der amerikanische Soziobiologe Edward O. Wilson. Sie entäußert die Wirklichkeit ihrer tatsächlichen Existenz und reduziert sie auf Ideen, mit denen sie anschließend arbeitet, als seien diese die Realität *selbst*. Damit wird die Welt unter der Hand bis in ihre fernsten Winkel manipulierbar, sie wird zu einer Idee transformiert und der menschlichen Ratio rettungslos ausgeliefert.*

Die Wirklichkeit ist jedoch größer und komplizierter, als das, was das Denken erfassen kann, und daher weicht sie fast immer ein wenig, und gelegentlich sehr weit, von dem ab, was nach den Vorstellungen der Ratio der Fall sein sollte. Kleine oder große Unachtsamkeiten können zu gewaltigen Katastrophen führen, deren Ausmaß umso katastrophaler sein kann, je tiefer die Eingriffe in die Wirklichkeit sind und je geringer die Möglichkeiten, deren Folgen rückgängig zu machen.

Daher setzt Wilson wenig Vertrauen in die Hoffnung, dass das technische Vermögen des Menschen in der Lage sein wird, die Konsequenzen dessen zu neutralisieren, was ebendieses menschliche Vermögen an Unheil zuwege gebracht hat. »Es ist«, so schreibt er, »auf keine Weise möglich, die natürlichen Ökosysteme und die Millionen von Arten, die sie enthalten, zu micromanagen. Vielleicht können das zukünftige Generationen, aber dann wird es für diese Ökosysteme zu spät sein – und vielleicht auch für uns.«**

Der niederländische Philosoph René ten Bos pflichtet ihm darin bei. »Die Souveränität, die wir uns selbst so gerne zuschreiben, gibt es überhaupt nicht«, schreibt er in seinem Buch ›Dwalen in het antropoceen‹ (›Irren durch das Anthropozän‹). Ein gewisses Maß an Beschei-

* René ten Bos, *Dwalen in het antropoceen*, Amsterdam: Boom, 2017, S. 55.

** Zitiert nach René ten Bos, ebd. (Übers. Bärbel Jänicke).

denheit würde uns gut zu Gesicht stehen. Und ebenso wie Heidegger verweist er auf die Notwendigkeit hinzuhören – nicht auf das Sein, aber vielleicht doch auf den Planeten. Wie wir zuvor sahen, ist der Unterschied zwischen diesen beiden Ratschlägen nicht einmal besonders groß. Wer das aber unternimmt, geht doch ein Risiko ein, schreibt René ten Bos: »Es ist das seit Platon altbekannte Risiko: Der Weise wird für einen Narren gehalten.«*

Der Mensch wird sich selbst neu erfinden müssen, so ten Bos. Vielleicht sind wir in unserer Entwicklung gerade erst auf halbem Wege, gibt er zu bedenken, dabei greift er Nietzsches Prophezeiung eines (vielleicht ganz anders gearteten) *Übermenschen* auf. So kehren in der Sackgasse des Anthropozäns Themen und Einsichten wieder, deren Entstehung in den vergangenen Jahrhunderten ich nachzuzeichnen versucht habe. Philosophie ist eine Erzählung, die durch die Geschichte hindurch erzählt wird: nicht nur in Bezug auf das, was offiziell unter »Philosophie« verbucht wird, sondern auch unter Bezug auf alle, zuweilen die am wenigsten erwarteten, Aspekte unseres Lebens.

Eines springt in dieser Ideengeschichte ins Auge: Das Denken kann nie straflos über seine eigene Vergangenheit hinwegsehen. Die Strafe nimmt sich nur umso gravierender aus, je mehr es meint, das, was hinter ihm liegt, endgültig überwunden zu haben und als abgeschlossene Vergangenheit der Vergessenheit anheimgeben zu können. Ist es purer Zufall, dass die beiden im vorigen Kapitel vorgestellten Denker, die Antworten auf die Ausweglosigkeit der Moderne, sowohl in ihrer aufgeklärten als auch in ihrer romantischen Gestalt, formuliert haben, die Verbindung zu ihrer religiösen Herkunft aufrechterhielten: der eine zum christlichen Protestantismus, der andere zum Judentum?

Ricœur und Levinas taten das nicht, um sich als Philosophen von der Tradition geißeln und ihrer Denkkraft von religiöser Dogmatik Zügel anlegen zu lassen. Sie wollten sich weiterhin deutlich vor Augen führen, woher die Probleme kamen, auf die sie eine Antwort zu finden versuchten. Warum erhält die Frage: »Was für ein Wesen ist der Mensch?« ihre Relevanz durch ein vom Gottesglauben durchzogenes Universum, das zumindest in seiner traditionellen Gestalt der Vergangenheit angehört? Und warum ist es vor dem Hintergrund dieser alten Geschichte so wichtig, dass wir nicht nur den Menschen, sondern auch dessen ganze Lebenswelt neu durchdenken?

Die Architektur dieser Lebenswelt, so haben wir Kapitel um Kapitel nachverfolgen können, hat mit dem Verlust ihres göttlichen Fundaments ihren Zusammenhang verloren. Die gesamte Philosophie der vergangenen Jahrhunderte, die gerade darum um die Frage nach dem Menschen kreist, sucht nach einer Antwort auf den Zerfall dieses Zusammenhangs. Wie soll der Mensch sich selbst, Auge in Auge mit den neuen Problemen, mit denen er konfrontiert wird, definieren?

2001

So entpuppt sich die Frage nach dem Menschen schließlich als die Frage: Wo stehen wir Menschen heute? Auf welcher historischen Strecke befinden wir uns, wo kommen wir her und wohin gehen wir? Und welchen Platz nehmen wir selbst darauf ein? Inwieweit schaffen wir tatsächlich unsere eigene Geschichte, unsere Welt und unsere Gemeinschaft? Nach dem Fall der Berliner Mauer im Jahr 1989 meinte der amerikanische Politikwissenschaftler Francis Fuku-

* René ten Bos, S. 94–97.

yama, damit sei das Ende der Geschichte angebrochen. Der Liberalismus habe triumphiert und sich als unangreifbar erwiesen. Fortan würden sich die Uhren zwar weiterdrehen, politisch gesehen würde sich jedoch strukturell nichts mehr verändern, dachte Fukuyama – und viele folgten ihm darin.

Am 11. September 2001 erwies sich, wie trügerisch dieser Gedanke gewesen war. Das liberale Bollwerk wurde von einer religiösen Gegenkraft angegriffen, die man als anachronistisch abgeschrieben hatte, die in Wirklichkeit aber uralt und hypermodern zugleich war. Die Jahreszahl, die dank des Science-Fiction-Films ›2001 – A Space Odyssey‹ von Stanley Kubrick jahrzehntelang als Synonym für Zukunftsträume und eine allmähliche Erkundung des Weltalls gegolten hatte, ist umgangssprachlich mittlerweile zum Symbol erschütternder Gewalt und der Konfrontation mit einer fundamentalistischen Ideologie geworden, deren Stärke bis vor Kurzem undenkbar war.

In den Staubwolken von New York zerbrach mit *einem* Schlag die Illusion, dass der Mensch fortan seine eigene Geschichte schreiben und die Welt, in der er lebte, in ihren Grundzügen recht gut durchschauen könnte. Was damals tatsächlich passiert ist, begreifen wir noch immer nicht – geschweige denn, dass wir dessen Herr werden könnten. Zugleich sind wir auch noch lange nicht mit der Frage zu Rande gekommen, worin im Zeitalter des Anthropozäns die Bedeutung des Menschen besteht und bestehen sollte.

Die Philosophie versucht ebenso wie ihre Zwillingsschwester, die Wissenschaft, den Menschen und seine Welt zu begreifen. Damit sind unvermeidlich immer Träume, Visionen und Versprechungen verbunden. Das ist nun einmal das Wesen von Wissen und Erkenntnis. Die Philosophie bleibt nie bei sich selbst stehen, sie ist sich selbst immer einen Schritt voraus und entwirft eine Zukunft – die sich selten genau gemäß *diesen* Vorstellungen bewahrheitet. Das ist nicht schlimm. Die Geschichte ist voller Irrwege und unvermuteter Wendungen. Riskant wird es erst, wenn sich die Erkenntnis ihrer selbst *zu* sicher wähnt und wenn der Mensch vergisst, dass er kein Gott ist. Das ist der Moment, in dem sich die großen historischen Katastrophen ankündigen und die Geschichte Rache an ihrer eigenen Humanisierung nimmt.

In die Frage »Was und wer ist der Mensch?« ist somit die Doppelfrage eingewoben: »Was machen wir aus uns selbst?« und »Was wird uns widerfahren?« Wir entwerfen neue Welten, und wenn wir ehrlich sind, wissen wir, dass deren Versprechungen wahrscheinlich nie eingelöst werden. In den idealistischen Sechzigerjahren entwarfen utopische Denker und Architekten eine freie Gesellschaft von Menschen, die nicht länger in unabänderliche Verhältnisse und einengende Bande in Arbeit, Familie und Sexualität eingeschnürt werden. Sie nannten sie *New Babylon*. Dieser Traum fiel in der Realität der folgenden Jahrzehnte der Krise und dem Verlangen nach Sicherheit zum Opfer, ist aber nie ganz verschwunden.

Wir erwarten für uns selbst eine Zukunft, der die Desillusionierung von vornherein eingeschrieben ist – jedenfalls, wenn wir uns selbst nichts vormachen. So schwankend ist die Stellung des Menschen und so unbestimmt ist daher auch seine Welt. Selbstbewusst und immer besser über unsere physische Wirklichkeit informiert, bleiben wir doch unsicher und unwissend in Bezug auf unser eigenes Wesen. Wir versuchen ein ums andere Mal, »uns selber in die Hand zu nehmen«, wie Nietzsche einst schrieb. Aber wir wissen auch, wie prophetisch die Worte waren, mit denen der alte, in seinem Aufklärungsglauben erschütterte Sigmund Freud sein Buch über das Unbehagen des Menschen abschloss: »Wer kann den Erfolg und Ausgang voraussehen?«

Dank

Dieses Buch geht auf eine Vorlesungsreihe zurück, die ich über Jahre hinweg für Philosophiestudenten im ersten Studienjahr an der Erasmus-Universität Rotterdam gehalten habe. Ich danke der Universität für die Gelegenheit, die sie mir dazu gegeben hat, und den Studenten für ihre Geduld und Aufmerksamkeit. Sehr zu Dank bin ich dem Verlag Lemniscaat verpflichtet, der dieses Buch in der besonderen Form, die es nun hat, veröffentlichen wollte und dazu eine spezielle Website ins Leben gerufen hat. Tijn Boon, Marc Suvaal, Leena Jaarsveld und Jean Christophe Boele van Hensbroek danke ich für die Sorgfalt, die sie bereitwillig dafür aufgewendet haben. Ebenso danke ich Folef van Nispen von Home Academy, für die ich eine Kurzfassung der Vorlesungsreihe unter dem Titel ›De menselijke toon‹ (»Der menschliche Ton«) eingesprochen habe. Und wie immer bin ich Charo Crego für ihre kritische Lektüre des Manuskripts und ihre Vorschläge für Illustrationen dankbar und auch für die Gespräche, in denen so viele Ideen entstanden sind, die in ›Und überall Philosophie‹ ihren Niederschlag gefunden haben.

Verwendete Literatur

Andreas-Salomé, Lou, *Friedrich Nietzsche in seinen Werken*, hg. v. Ernst Pfeiffer, Frankfurt a. M.: Insel, 1983.

Anselm von Canterbury, *Proslogion*, übers. u. hg. v. P. Franciscus Salesius Schmitt O. S. B., Stuttgart-Bad Cannstatt: Friedrich Frommann, 1962.

Arendt, Hannah, *Über den Totalitarismus. Texte Hannah Arendts aus den Jahren 1951 und 1953,* übers. v. Ursula Ludz, Kommentar v. Ingeborg Nordmann, hg. v. Klaus-Dietmar Henke, Dresden: Hannah-Arendt-Inst. für Totalitarismusforschung, 1998.

Arendt, Hannah, *Vita activa oder Vom tätigen Leben*, 15. Aufl., München: Piper, 2015.

Augustinus, *Bekenntnisse*, eingel. u. übers. v. Wilhelm Thimme, München: dtv, 1982.

Barthes, Roland, *Système de la mode*, Paris: Seuil, 1983; dt. *Die Sprache der Mode*, 3. Aufl., Frankfurt a. M.: Suhrkamp, 1993.

Bataille, Georges, *Nietzsche und der Wille zur Chance (Atheologische Summe). Das theoretische Werk in Einzelbänden*, Bd. 1, hg. u. übers. v. Gerd Bergfleth, Berlin: Matthes und Seitz, 2005.

Bataille, Georges, »Der verfemte Teil«, in: ders., *Die Aufhebung der Ökonomie. Das theoretische Werk in Einzelbänden*, Bd. 9, hg. v. Gerd Bergfleth, übers. v. Traugott König, Berlin: Matthes und Seitz, 1985.

Baudelaire, Charles, »Der Maler des modernen Lebens«, in: ders., *Aufsätze zur Literatur und Kunst 1857–1860. Sämtliche Werke/Briefe*, Bd. 5, Darmstadt: Wissenschaftliche Buchgesellschaft, 1989, S. 213–258.

Baudelaire, Charles, »Mein entblößtes Herz«, in: ders., *Les Paradis artificiels / Die künstlichen Paradiese. Sämtliche Werke/Briefe*, Bd. 6, Darmstadt: Wissenschaftliche Buchgesellschaft, 1991, S. 222–258.

Beauvoir, Simone de, *Das andere Geschlecht. Sitte und Sexus der Frau*, übers. v. Uli Aumüller u. Grete Osterwald, Reinbek: Rowohlt, 1992.

Bergson, Henri, *Zeit und Freiheit. Versuch über das dem Bewusstsein unmittelbar Gegebene*, übers. u. hg. v. Margarethe Drewsen, Hamburg: Felix Meiner, 2016.

Berlin, Isaiah, *Das krumme Holz der Humanität. Kapitel der Ideengeschichte*, Frankfurt a. M.: Fischer, 1995.

Bloem, Jacobus Cornelius, *Verzamelde gedichten*, Amsterdam: Athenaeum-Polak & Van Gennep, 2007.

Borges, Jorge Luis, »Die deutsche Literatur zur Zeit von Bach« (1953), in: ders., *Ein ewiger*

Traum. Essays, hg. u. übers. v. Gisbert Haefs, München: Hanser, 2010, S. 118 ff.

Bos, René ten, *Dwalen in het antropoceen*, Amsterdam: Boom, 2017.

Büchner, Georg, *Lenz*, hg. v. Hubert Gersch, Stuttgart: Reclam, 2012.

Camões, Luís de, *Sämtliche Gedichte, portugiesisch – deutsch*, hg., bearb. u. kommentiert v. Rafael Arnold, übers. v. Hans-Joachim Schaeffer, Berlin: Elfenbein, 2008.

Camus, Albert, *Der Mythos von Sisyphos: ein Versuch über das Absurde*, übers. v. Hans Georg Brenner u. Wolfdietrich Rasch, Reinbek: Rowohlt, 1990.

Cercas, Javier, *Soldaten von Salamis*, übers. v. Willi Zurbrüggen, Frankfurt a. M.: Fischer Taschenbuch, 2017.

Clarke, Stephen, *1000 Years of Annoying the French*, London: Bantam Press, 2010; dt. *die Engländer Frankreich erfunden haben*, übers. v. Johannes Sabinski, München u. Zürich: Piper, 2011.

Darnton, Robert, *Literaten im Untergrund. Lesen, Schreiben und Publizieren im vorrevolutionären Frankreich*, München u. Wien: Hanser, 1985.

Derrida, Jacques, De la grammatologie, Paris: Minuit, 1967; dt. *Grammatologie*, Frankfurt a. M.: Suhrkamp, 2003.

Derrida, Jacques, *Glas*, übers. v. Hans-Dieter Gondek u. Markus Sedlaczek, Paderborn: Fink, 2006.

Derrida, Jacques, *Husserls Weg in die Geschichte am Leitfaden der Geometrie. Ein Kommentar zur Beilage 3 der »Krisis«*, übers. v. Rüdiger Hentschel u. Andreas Knop, München: Wilhelm Fink, 1987.

Derrida, Jacques, *Sporen. Die Stile Nietzsches*, übers. v. Richard Schwaderer, Venedig: Corbo e Fiore Editori, 1976.

Derrida, Jacques, *Schibboleth – für Paul Celan*, hg. v. Peter Engelmann, übers. v. Wolfgang Sebastian Baur, Wien: Passagen-Verlag 2002.

Descartes, René, *Discours de la Méthode. Im Anhang: Brief an Picot, Adrien Baillet: Olympica*, übers. u. hg. v. Christian Wohlers. Hamburg: Meiner, 2015.

Descartes, René, »L'homme / Der Mensch«, in: ders., *Die Welt. Abhandlung über das Licht. Der Mensch*, übers. u. hg. v. Christian Wohlers. Hamburg: Meiner, 2015.

Descartes, René, *Meditationes de prima philosophia*, übers. u. hg. v. Christian Wohlers, Hamburg: Meiner, 2008.

Descartes, René *Die Passionen der Seele*, übers. u. hg. v. Christian Wohlers, Hamburg: Meiner, 2014.

Descartes, René, *Regeln zur Leitung des Geistes. Die Erforschung der Wahrheit durch das natürliche Licht*, übers. u. hg. v. Artur Buchenau, Hamburg: Meiner, 1959.

Diderot, Denis, »Gespräche mit d'Alembert«, in: ders., *Philosophische Schriften I*, Frankfurt a. M.: Europäische Verlagsanstalt 1967.

Dijksterhuis, Eduard J., *Die Mechanisierung des Weltbildes*, Berlin u. Heidelberg: Springer, 1956.

Draaisma, Douwe, *Het verborgen raderwerk*, Baarn: Ambo 1990.

Draaisma, Douwe, *Die Metaphernmaschine. Eine Geschichte des Gedächtnisses*, Darmstadt: Primus:1999.

Duby, Georges, *Die Zeit der Kathedralen. Kunst und Gesellschaft 980–1420*, übers. v. Grete Osterwald, Frankfurt a. M.: Suhrkamp, 1992.

Duby, Georges, *Guillaume le Maréchal oder der beste aller Ritter*, übers. v. Reinhard Kaiser, Frankfurt a. M.: Suhrkamp, 1997.

Eco, Umberto, *Die Suche nach der vollkommenen Sprache*, übers. v. Burkhart Kroeber, München: dtv, 2002.

Einheitsübersetzung der Neuen Jerusalemer Bibel, hg. v. Alfons Deissler u. a., Freiburg i.Br.: Herder, 1985, S. 1209.

Foucault, Michel, *Wahnsinn und Gesellschaft. Eine Geschichte des Wahns im Zeitalter der Vernunft*, übers. v. Ulrich Köppen, Frankfurt a. M.: Suhrkamp, 1973.

Foucault, Michel, *Die Ordnung der Dinge. Eine Archäologie der Humanwissenschaften*, 12. Aufl., Frankfurt a. M.: Suhrkamp, 1993.

Freud, Sigmund, *Massenpsychologie und Ich-Analyse / Die Zukunft einer Illusion*, Frankfurt a. M.: Fischer Taschenbuch, 1993.

Freud, Sigmund, »Das Unbehagen in der Kultur«, in: ders., *Fragen der Gesellschaft. Ursprünge der Religion, Studienausgabe*, Bd. 9, hg. v. Alexander Mitscherlich u. a., Frankfurt a. M.: Fischer Taschenbuch, 1989.

Freud, Sigmund, *Vorlesungen zur Einführung in die Psychoanalyse, Studienausgabe*, Bd. 1, hg. v. Alexander Mitscherlich u. a., Frankfurt a. M.: Fischer Taschenbuch, 1989.

Fukuyama, Francis, *Das Ende der Geschichte. Wo stehen wir?,* übers. v. Helmut Dierlamm, Ute Mihr u. Karlheinz Dürr, München: Kindler, 1992.

Gadamer, Hans-Georg, *Wahrheit und Methode. Grundzüge einer philosophischen Hermeneutik*, 5., durchges. u. erw. Aufl., Tübingen: J. C. B. Mohr (Paul Siebeck), 1986.

Geulincx, Arnout, *Ethik oder über die Kardinaltugenden*, Meiner, Hamburg, 1948.

Groot, Ger, »De ruimte van de verbeelding vergroten: Gesprek met Paul Ricoeur«, in: *Twee zielen: Gesprekken met hedendaagse filosofen*, Nimwegen: SUN, 1998.

Groot, Ger, *De uitgelezen Sartre*, Amsterdam/ Tielt: Boom/Lannoo, 2000.

Hartley, L. P., *The Go-between,* übers. von Maria Wolff, rev. u. erg. v. Adrian Stokar, Frankfurt a. M.: Suhrkamp, 2010.

Hartmann, Eduard von, *Philosophie des Unbewussten*, Leipzig: Haacke, 1904.

Harvey, William, *Die Bewegung des Herzens und des Blutes*, übers. u. erl. v. R. Ritter von Töply, Stuttgart: Belser, 1970).

Hegel, Georg Wilhelm Friedrich, *Phänomenologie des Geistes*, Werke, Bd. 3, 4. Aufl., Red. Eva Moldenhauer u. Markus Michel, Frankfurt a. M.: Suhrkamp, 1993.

Heidegger, Martin, »Brief über den Humanismus«, in: ders., *Wegmarken*, Frankfurt a. M.: Klostermann, 2013, S. 313–364.

Heidegger, Martin, *Die Selbstbehauptung der deutschen Universität / L'autoaffirmation de l'université allemande [Rektoratsrede]*, Mauvezin: T. E. R. Editions, 1987.

Heidegger, Martin, *Die Technik und Die Kehre,* Stuttgart: Klett-Cotta 2002.

Heidegger, Martin, »Die Zeit des Weltbildes«, in: ders., *Holzwege*, 2. Aufl., Frankfurt a. M.: Klostermann, 1952, S. 69–104.

Heidegger, Martin, *Sein und Zeit*, 16. Aufl., Tübingen: Niemeyer, 1986.

Heidegger, Martin »Zur Seinsfrage«, in: ders., Wegmarken, Frankfurt a. M.: Klostermann, 2013, S. 385–426.

Herder, Johann Gottfried, *Herders Reisejournal*, mit einer Einleitung v. Elisabeth Blochmann, Weinheim: Beltz, 1961.

Herder, Johann Gottfried, Gedichte, Berlin: Contumax, 2014, S. 278f.

Hoffmann, E. T. A., »Der Sandmann (Olimpia)«, in: ders., *E. T. A. Hoffmanns Erzählungen.* München u. Wien: Hanser, 2000, S. 225–263.

Horkheimer, Max u. Adorno, Theodor W., *Dialektik der Aufklärung,* Frankfurt a. M.: Fischer Taschenbuch, 2012.

Hume, David, *Ein Traktat über die menschliche Natur*, auf der Grundlage der Übers. v. Theodor Lipps neu hg. v. Horst D. Brandt, Hamburg: Meiner, 2013.

Huntington, Samuel P., *Kampf der Kulturen. Die Neugestaltung der Weltpolitik im 21. Jahrhundert,* übers. v. Holger Fliessbach, München: Goldmann, 2015.

Husserl, Edmund, *L'origine de la géométrie*, traduction et introduction par J. Derrida, Paris: Presse Universitaires de France, 1962.

Husserl, Edmund, »Philosophie als strenge Wissenschaft«, in: ders., *Aufsätze und Vorträge (1911–1921), Husserliana. Gesammelte Werke*, Bd. XXV, hg. v. Th. Nenon u. H.-R. Sepp, Dordrecht, Boston u. London: Martinus Nijhoff, 1986, S. 3–62. Dieser Text erschien ursprünglich 1911 als Artikel in der Zeitschrift *Logos*. Kant, Immanuel, »Beantwortung der Frage: Was ist Aufklärung?«, in: ders., *Schriften zur Anthropologie, Geschichtsphilosophie, Politik und Pädagogik, Erster Teil*, Werke in zehn Bänden, hg. v. Wilhelm Weischedel, Bd. 9, Darmstadt: Wissenschaftliche Buchgesellschaft, 1983, S. 53–61.

Kant, Immanuel, *Kritik der reinen Vernunft, Werke in zehn Bänden*, hg. v. Wilhelm Weischedel, Bde. 3 u. 4, Darmstadt: Wissenschaftliche Buchgesellschaft, 1983.

Kant, Immanuel, *Kritik der Urteilskraft und Schriften zur Naturphilosophie, Werke in zehn Bänden*, hg. v. Wilhelm Weischedel, Bd. 8, Darmstadt: Wissenschaftliche Buchgesellschaft, 1983.

Kant, Immanuel, *Schriften zur Anthropologie, Geschichtsphilosophie, Politik und Pädagogik, Zweiter Teil*, Werke in zehn Bänden, hg. v. Wilhelm Weischedel, Bd. 10, Darmstadt: Wissenschaftliche Buchgesellschaft, 1983.

Kant, Immanuel, *Schriften zur Ethik und Religionsphilosophie. Erster Teil: Grundlegung zur Metaphysik der Sitten; Kritik der praktischen Vernunft*, Werke in zehn Bänden, hg. v. Wilhelm Weischedel, Bd. 6, Darmstadt: Wissenschaftliche Buchgesellschaft, 1983.

Kant, Immanuel, *Schriften zur Metaphysik und Logik*, Werke in zehn Bänden, hg. v. Wilhelm Weischedel, Bd. 5, Darmstadt: Wissenschaftliche Buchgesellschaft, 1983.

Kierkegaard, Søren, *Abschließende unwissenschaftliche Nachschrift zu den Philosophischen Brocken, Erster Teil, Gesammelte Schriften*, Abt. 16, hg. v. Julian Hirsch u. a., übers. v. Hans Martin Junghans, Gütersloh: Gütersloher Verlagshaus Gerd Mohn, 1982.

Kierkegaard, Søren, *Entweder-Oder: Teil I und II*, Unter Mitw. v. Niels Thulstrup u. der Kopenhagener Kierkegaard-Gesellschaft hg. v. Hermann Diem u. Walter Rest, übers. v. Heinrich Fauteck, München: dtv, 2005.

Kierkegaard, Søren, *Philosophische Brocken oder ein Bröckchen Philosophie, Gesammelte Schriften*, Abt. 10, hg. u. übers. v. Julian Hirsch, Hayo Gerdes u. a., Gütersloh: Gütersloher Verlagshaus Gerd Mohn, 1991.

La Mettrie, Julien Offray de, L'homme machine. Die Maschine Mensch, übers. u. hg. v. Claudia Becker, Hamburg: Meiner, 1990.

Lefort, Claude, *Wat is politiek?*, Amsterdam: Boom, 2016.

Levinas, Emmanuel, »Heidegger, Gagarin und wir«, in: ders., *Schwierige Freiheit. Versuch über das Judentum*, übers. v. Eva Moldenhauer, Frankfurt a. M.: Jüdischer Verlag, 1992, S. 173–176.

Levinas, Emmanuel, *Het menselijke gelaat*, übers. v. O. de Nobel u. A. Peperzak, Bilthoven: Ambo, 1967.

Lévinas, Emmanuel, »Ist die Ontologie fundamental?«, in: ders., *Die Spur des Anderen. Untersuchungen zur Phänomenologie und Sozialphilosophie*, übers., hg. u. eingel. v. Wolfgang Nikolaus Krewani, Freiburg i. Br. u. München: Alber, 1999, S. 103–119.

Levinas, Emmanuel, *Totalität und Unendlichkeit. Versuch über die Exteriorität,* übers.

v. Wolfgang Nikolaus Krewani, Freiburg i. Br. u. München: Alber 1987.

Lévi-Strauss, Claude, *Das wilde Denken*, übers. v. Hans Naumann, Frankfurt a. M.: Suhrkamp, 1973.

Lévi-Strauss, Claude, *Traurige Tropen*, übers. v. Eva Moldenhauer, Frankfurt a. M.: Suhrkamp, 1993.

Löwith, Karl, *Mein Leben in Deutschland vor und nach 1933. Ein Bericht*, Frankfurt a. M.: Fischer Taschenbuch, 1989.

Marsman, Hendrik, *Verzamelde gedichten*, Amsterdam: Athenaeum-Polak & Van Gennep, 2002.

Mauss, Marcel, *Die Gabe. Die Form und Funktion des Austausches in archaischen Gesellschaften*, m. einem Vorw. v. E. E. Evans-Pritchard, übers. v. Eva Moldenhauer, Frankfurt a. M.: Suhrkamp, 1990.

Miller, Stephen, *Conversation. A History of a Declining Art*, New Haven u. London: Yale University Press, 2006.

Montaigne, Michel de, *Essais*, 2. Aufl., übers. v. Hans Stilett, Frankfurt a. M.: Eichborn, 1998.

Montesquieu, *Persische Briefe*, übers. u. hg. v. Peter Schunck, Stuttgart: Reclam, 2012.

Murger, Henri, *Die Bohème*, übers. v. Wilhelm Cremer, Altenmünster: Jazzybee Verlag, 2012.

Nietzsche, Friedrich, *Digitale Kritische Gesamtausgabe Werke und Briefe*, hg. v. Paola D'Iorio (http://www.nietzschesource.org/#eKGWB), 2009 ff.), basierend auf der Kritischen Gesamtausgabe, hg. v. Giorgio Colli u. Mazzino Montinari, Berlin u. New York: de Gruyter, 1967 ff.

Nietzsche, Friedrich, *Also sprach Zarathustra* (http://www.nietzschesource.org/#eKGWB/Za-I).

Nietzsche, Friedrich, *Ecco homo* (http://www.nietzschesource.org/#eKGWB/EH-Titelblatt).

Nietzsche, Friedrich, *Die fröhliche Wissenschaft* (http://www.nietzschesource.org/#eKGWB/FW-Titelblatt).

Nietzsche, Friedrich, *Die Geburt der Tragödie* (http://www.nietzschesource.org/#eKGWB/EH-GT-1).

Nietzsche, Friedrich, *Genealogie der Moral* (http://www.nietzschesource.org/#eKGWB/EH-GM).

Nietzsche, Friedrich, *Morgenröthe* (http://www.nietzschesource.org/#eKGWB/EH-M-1).

Nietzsche, Friedrich, *Über Wahrheit und Lüge im außermoralischen Sinne* (http://www.nietzschesource.org/#eKGWB/WL).

Pamuk, Orhan, *Rot ist mein Name*, Frankfurt a. M: Fischer Taschenbuch, 2003.

Paul, Jean, *Siebenkäs / Flegeljahre, Werke in zwölf Bänden*, Bd. 3, München u. Wien: Hanser, 1975.

Paul, Jean-Marie, *Dieu est mort en Allemagne*, Paris: Payot, 1995.

Pope, Alexander, *Essay on Man and Other Poems*, New York: Dover Publ., 1994.

Proust, Marcel, *Auf der Suche nach der verlorenen Zeit. Die wiedergefundene Zeit. Werke II*, Bd. 7, übers. v. Eva Rechel-Mertens, hg. u. rev. v. Luzius Keller, Frankfurt a. M.: Suhrkamp, 2002.

Proust, Marcel, *Auf der Suche nach der verlorenen Zeit. Unterwegs zu Swann.* Werke II, Bd. 1, übers. v. Eva Rechel-Mertens, hg. u. rev. v. Luzius Keller, Frankfurt a. M.: Suhrkamp, 1994.

Ricœur, Paul, *Die Fehlbarkeit des Menschen: Phänomenologie der Schuld I*, übers. v. Maria Otto, Freiburg i. Br.: Alber, 2018.

Ricoeur, Paul, *Philosophie de la volonté*, Paris, Aubier, 1950–1960.

Ricœur, Paul, *Symbolik des Bösen: Phänomenologie der Schuld II*, übers. v. Maria Otto, Freiburg i. Br.: Alber, 2018.

Ricœur, Paul, *Zeit und Erzählung*, 3 Bde., Paderborn: Fink, 2002–2007.

Ricœur, Paul, »Die Zukunft der Philosophie und die Frage nach dem Subjekt«, übers. v. Karlhermann Bergner, in: *Die Zukunft der Philosophie*, hg. v. Heinz Robert Schlette, Olten u. Freiburg i. Br.: Walter, 1968, S. 128–165.

Rimbaud, Arthur, *Korrespondenz, Bd. 1, 1868-1886*, zusammengestellt u. hg. v. Jean-Jacques Leferère, überarb., erg. u. übers. v. Tim Trzaskalik, Berlin: Matthes & Seitz, 2018.

Rosenblum, Robert, *Die Moderne Malerei und die Tradition der Romantik*, übers. v. Reinhard Kaiser, München: Schirmer-Mosel, 1981.

Rousseau, Jean-Jacques, *Bekenntnisse*, ungekürzte Ausg., übertr. v. Ernst Hardt, Leipzig: Insel, 1959.

Rousseau, Jean-Jacques, *Der Dorfwahrsager*. Ein Singspiel, übers. v. Carl Dielitz, Leipzig: Rowohlt, 1911.

Rousseau, Jean-Jacques, *Emile oder über die Erziehung*, übers. v. Karl Große, Leipzig: Otte Wiegand, 1844.

Rousseau, Jean-Jacques, *Vom Gesellschaftsvertrag oder Grundsätze des Staatsrechts*, Stuttgart: Reclam, 1977.

Ryle, Gilbert, *Der Begriff des Geistes*, übers. v. Kurt Baier, Stuttgart: reclam, 1982.

Saine, Thomas P., *Von der Kopernikanischen bis zur Französischen Revolution. Die Auseinandersetzung der deutschen Frühaufklärung mit der neuen Zeit*, Berlin: Erich Schmidt, 1987.

Sartre, Jean-Paul, *Das Sein und das Nichts. Versuch einer phänomenologischen Ontologie*, hg. v. Traugott König, übers. v. Hans Schöneberg u. Traugott König, Reinbek: Rowohlt, 1991.

Sartre, Jean-Paul, *Der Aufschub*. Die Wege der Freiheit, Bd. 2, übers v. Uli Aumüller, Reinbek: Rowohlt, 1987.

Sartre, Jean-Paul, »Der Existentialismus ist ein Humanismus«, in: ders., *Der Existentialismus ist ein Humanismus und andere philosophische Essays 1943–48*, Reinbek: Rowohlt 2000, S. 145–192.

Sartre, Jean-Paul, »Die Transzendenz des Ego«, in: ders., *Die Transzendenz des Ego. Philosophische Essays 1931–1939*, hg. v. Bernd Schuppener, übers. v. Uli Aumüller u. a., Reinbek: Rowohlt, 2010, S. 39–96.

Sartre, Jean-Paul, *Die Zeit der Reife*. Die Wege der Freiheit, Bd. 1, übers v. Uli Aumüller, Reinbek: Rowohlt, 1987.

Sartre, Jean-Paul, *Gesammelte Erzählungen*, Reinbek: Rowohlt,1971.

Sartre, Jean-Paul, *Kritik der dialektischen Vernunft*, 2 Bde., übers. v. Traugott König, Reinbek: Rowohlt, 1978–1980.

Sartre, Jean-Paul, »Présentation des Temps Modernes«, in: ders., *Situations II*, Paris: Gallimard, 1948.

Sartre, Jean-Paul, »Und défaite«, in: *Écrits de jeunesse*, Paris: Gallimard, 1990.

Saussure, Ferdinand de, *Grundfragen der allgemeinen Sprachwissenschaft*, hg. v. Charles Bally u. Albert Sechehaye. Unter Mitw. v. Albert Riedlinger. Übers. v. Herman Lommel, Berlin u. New York: de Gruyter, 2001.

Schierenberg, Rudolph Eilhard (Hg.), *Freundschaftsdichtung in den Niederlanden 1880–1935*, Jacques Perk, Willem Kloos, Albert Verwey, übers. u. m. einer Einf. vers. v. R. E. Schierenberg, Heidelberg: Universitätsverlag C. Winter, 1996.

Schiller, Friedrich, *Theoretische Schriften*, Werke und Briefe in 12 Bänden, Bd. 8, Frankfurt a. M.: Deutscher Klassiker Verlag, 1992.

Schoot, Albert van der, *Die Geschichte des goldenen Schnitts. Aufstieg und Fall der göttlichen Proportion*, Stuttgart-Bad Cannstatt: Friedrich Frommann, 2016.

Schopenhauer, Arthur, *Die Welt als Wille und Vorstellung.* Sämtliche Werke, Bde. I u. II, hg. v. Wolfgang von Löhneysen, Frankfurt a. M.: Suhrkamp, 1986.

Scott, Walter, *Ivanhoe*, übers. v. Leonhard Tafel, Frankfurt a. M.: Fischer Taschenbuch, 2008.

Shelley, Mary Wollstonecraft, *Frankenstein oder Der neue Prometheus*, München u. Wien: Carl Hanser, 1993.

Sophokles, *König Ödipus*, hg. u. übers. v. Jean Bollack, Frankfurt a. M. u. Leipzig: Insel, 1994.

Staël, Madame de, *Über Deutschland*, Frankfurt a. M. u. Leipzig: Insel, 1985.

Swaab, Dick, *Wir sind unser Gehirn. Wie wir denken, leiden und lieben*, übers. v. Bärbel Jänicke u. Marlene Müller-Haas, München: Droemer, 2010.

Taylor, Charles, *Ein säkulares Zeitalter*, übers. v. Joachim Schulte, Berlin: Suhrkamp, 2012.

Taylor, Charles, *Quellen des Selbst. Die Entstehung der neuzeitlichen Identität*, übers. v. Joachim Schulte, Frankfurt a. M.: Suhrkamp, 1996.

Todorov, Tzvetan, *Die Eroberung Amerikas. Das Problem des Anderen*, übers. v. Wilfried Böhringer, Frankfurt a. M.: Suhrkamp, 1985.

Twitchell, James B., *Romantic Horizons: Aspects of the Sublime in English Poetry and Painting 1770–1850*, Columbia: University of Missouri Press, 1983.

Vall, Renée van de, *Een subliem gevoel van plaats*, Groningen: Historische Uitgeverij, 1994.

Villalonga, Llorenç, *L'hereva de donya Obdúlia o Les temptacions*, Barcelona: Ariel, 1964.

Zit. nach: ders., *Dood van een dame & De verleidingen*, Leiden: Menken Kasander & Wigman Uitgevers, 2016.

Voltaire, *Filosofische vertellingen*, übers. v. J. M. Vermeer-Pardoen, Amsterdam: Van Gennep, 2004.

Voltaire – Friedrich der Große. *Briefwechsel*, hg. v. Hans Pleschinski, München: dtv, 2010.

Walpole, Horace, »Letter to Hannah More«, in: *Private Correspondence of Horace Walpole*, Bd. IV, London: Printed for Rodwell and Martin, Bond-Street; and Colburn and Co., Conduit-Street, 1820, S. 429.

Winckelmann, Johann Joachim, *Een portret in brieven*, übers. v. Hein L. van Dolen u. Eric M. Moormann, Baarn: Ambo, 1993.

Wordsworth, William, The *Prelude, The Four Texts (1798, 1799, 1805, 1850)*, London: Penguin Books, 1995.

Register